編著

浅野有紀
原田大樹
藤谷武史
横溝 大

著

会沢 恒　　加藤紫帆　　松尾 陽
飯島淳子　　清水真希子　　松中 学
大西 楠テア　　須田 守　　山田哲史
興津征雄　　濱真一郎

グローバル法・
国家法・ローカル法

弘文堂

はしがき

　経済活動のグローバル化が惹起する社会問題の広域化・複雑化・複合化は、国家法の制御能力を低下させ、それが、従来の法学を明示的・黙示的に規定してきた法概念そのものに大きな変容をもたらしてきた。グローバル化に対応する法理論を模索する作業により、一方では、従来の法学の議論が無意識に国家と結び付いて展開されてきたことに改めて光を当て、他方では、法規範の生成・実現が多層的・多元的かつ様々な態様でなされていることが解明されてきた。そこで、法の本質や機能を予断なく把握するために、国家法中心主義からある程度距離を置き、法秩序を理論的に多元的なものとして正面から把握し、その調整法理を模索することが重要と考えられる。

　本書を構成する諸論文は、こうした問題意識に基づく共同研究（JSPS科研費基盤研究(A)「グローバル法・国家法・ローカル法秩序の多層的構造とその調整法理の分析」〔課題番号 19H00568〕、代表：原田大樹）の成果の一部である。本書は、三部構成をとっている。まず、第1部「グローバル法秩序と国家」では、財・サービス等のモノの移動が国境を越えて展開する中で必要となる法理論の対応可能性を検討している。次に、第2部「ローカル法秩序と国家」では、人の移動に着目して、経済・社会のグローバル化がローカルな法秩序にどのような影響を与えるかを論じている。グローバル化は、人々の行動のハードルを劇的に引き下げることで、場所というファクターの意義を小さくすることに成功したようにみえる。しかし、人は物理的な存在であって、必ずいずれかの場所と結び付いている。近時のグローバル化に対する揺り戻しの動きの背景には、地域における包摂・統合・共同性等の要素が存在すると考えられ、グローバル化の対抗原理の分析を進めることは、グローバル化と法に関する研究を促進する手がかりとなるものと思われる。さらに、第3部「多層的法秩序と法理論」では、分析軸を複数設定して、法学の各分野から多層的法秩序とその調整に関する問題の把握と分析を試みている。

本書は、『グローバル化と公法・私法関係の再編』（2015 年）、『政策実現過程のグローバル化』（2019 年）に続く、3 冊目のグローバル化と法に関する研究書である。最初の共同研究（JSPS 科研費基盤研究(B)「グローバル化に対応した公法・私法協働の理論構築——消費者法・社会保障領域を中心に」〔課題番号 24330008〕、代表：藤谷武史）を開始した 2012 年から早くも干支が一巡し、今回の基盤研究(A)では、21 名（会沢恒〔北海道大学〕、浅野有紀〔同志社大学〕、飯島淳子〔慶應義塾大学〕、伊藤一頼〔東京大学〕、大西楠テア〔東京大学〕、興津征雄〔神戸大学〕、加藤紫帆〔東京大学〕、加藤陽〔近畿大学〕、清水真希子〔大阪大学〕、須田守〔京都大学〕、田村哲樹〔名古屋大学〕、内記香子〔名古屋大学〕、濱真一郎〔同志社大学〕、原田大樹〔京都大学〕、藤谷武史〔東京大学〕、松尾陽〔名古屋大学〕、松中学〔名古屋大学〕、村西良太〔大阪大学〕、山田哲史〔京都大学〕、横溝大〔名古屋大学〕、吉政知広〔京都大学〕）の大所帯となった。同時に進行した他の研究者の類似の問題関心に基づく研究プロジェクトとともに、本プロジェクトもまた、法学の各分野における「グローバル化と法」の議論の場の設定に成功し、広く学界の認知と関心を集めることができるようになったことは、大きな喜びであった。本書をもって、グローバル化に関する研究に区切りを付け、新たなフィールドでの共同研究を行いたいと考えている。

本書の刊行に際しても、前 2 作と同様に、弘文堂の北川陽子さんに大変お世話になった。今回の共同研究は、その大半がコロナ禍と重なり、当初の計画通りに進行管理ができず、そのために本書の刊行も当初の予定から遅れることとなった。しかし、北川さんの緻密かつ粘り強い作業のおかげで、ようやく刊行にたどり着くことができた。学術研究に対する編集者の極めて大きな役割を改めて認識するとともに、北川さんの多大なるご尽力に心より御礼申し上げる。

2025 年 1 月

浅野有紀
原田大樹
藤谷武史
横溝　大

目　次

はしがき　*i*

凡　例　*x*

序　章　グローバル法・国家法・ローカル法／原田大樹 ………… *1*

 Ⅰ　グローバル法・国家法・ローカル法──本書の問題意識…… *1*

  1　グローバル化と法学の課題　*1*

  2　政策実現過程のグローバル化　*3*

  3　グローバル法・国家法・ローカル法　*4*

 Ⅱ　本書の構成…… *5*

第1部　グローバル法秩序と国家──「資本の移動」に着目して　*13*

第1章　グローバル法における国家法秩序の特色
 ──総論的考察／横溝　大 ……………………………………… *15*

 Ⅰ　序…… *15*

 Ⅱ　国際金融分野に対する国家の対応の変容…… *17*

  1　はじめに　*17*

  2　特　色　*17*

  3　小　括　*20*

 Ⅲ　法的位置付け…… *21*

 Ⅳ　評　価…… *23*

  1　正統性　*24*

  2　実効性　*26*

 Ⅴ　結　語…… *27*

第2章　多層的法秩序の中の金融取引と国家裁判所
 ──イスラーム金融を例に／加藤紫帆 ……………………………… *29*

 Ⅰ　序…… *29*

 Ⅱ　イスラーム金融の多様性…… *30*

  1　地域的多様性　*30*

  2　新たな金融商品がもたらす多様性　*31*

  3　具体的紛争　*33*

Ⅲ　イスラーム法遵守のための仕組み……34

　　　　1　個々の金融機関レベル　34
　　　　2　国家レベル　36
　　　　3　国際レベル　37
　　　　4　小　括　39

Ⅳ　イスラーム金融と国家裁判所……39

　　　　1　国家裁判所の役割　39
　　　　2　具体的課題　42

Ⅴ　結　　語……42

第3章　米国海外汚職行為防止法の「域外適用」の構造と運用

／会沢　恒………………………………………………………44

Ⅰ　はじめに……44

Ⅱ　FCPA の概観……45

　　　　1　法規制の概要　45
　　　　2　沿革と経緯　48

Ⅲ　FCPA の執行状況……50

Ⅳ　FCPA の規制対象と「域外適用」の構造……56

　　　　1　適用対象の基本類型　56
　　　　2　国際金融における米国のプレゼンスと FCPA　57

Ⅴ　FCPA の拡張的適用とその限界（？）……61

　　　　1　エージェント、教唆・幇助、共謀罪　61
　　　　2　二つの Hoskins 判決　63
　　　　3　若干の検討　67

Ⅵ　結びに代えて──国際的な反発の欠如の意義……72

第2部　ローカル法秩序と国家──「人の移動」に着目して　77

第4章　多層的法秩序における「人の移動」／原田大樹………79

Ⅰ　はじめに……79

Ⅱ　検疫の法的課題……80

　　　　1　検疫と国際保健協力　80
　　　　2　検疫法制の課題　82

Ⅲ　出入国管理・難民認定の法的課題……85

　　　　1　出入国管理の法的課題　85
　　　　2　難民認定の法的課題　89

Ⅳ　地縁的統合の法的課題……93

目　次　*v*

　　　　　1　地縁団体としての地方自治体　*93*
　　　　　2　地縁団体と国籍　*94*
　Ⅴ　おわりに……*99*

第5章　在留資格と訴えの利益——一在留一資格の原則は訴えの利益を
否定する理由にならない／興津征雄…………………………… *100*
　Ⅰ　問題の所在……*100*
　　　　　1　本章の課題　*100*
　　　　　2　在留資格制度　*101*
　　　　　3　本件問題の背景事情　*108*
　　　　　4　裁判例および学説の動向　*109*
　Ⅱ　申請権による訴えの利益の根拠付け……*115*
　　　　　1　不許可処分のみがされた場合　*115*
　　　　　2　先行不許可処分後に後行許可処分がされた場合　*118*
　　　　　3　取消判決の拘束力　*122*
　Ⅲ　実務と学説の課題……*128*

第6章　難民認定の手続法論／須田　守 ………………………… *131*
　Ⅰ　問題状況……*131*
　　　　　1　グローバルな実体法／国家の手続法　*131*
　　　　　2　難民条約とその運用　*132*
　　　　　3　前提問題：実体法の解釈　*133*
　　　　　4　用語について　*134*
　Ⅱ　議論の概観……*135*
　　　　　1　難民認定の特徴　*135*
　　　　　2　実務の趨勢と批判者　*136*
　　　　　3　一般論における突出例　*137*
　　　　　4　裁判例の位置付け　*139*
　Ⅲ　基準の操作可能性……*141*
　　　　　1　証明度と論証度　*141*
　　　　　2　立証責任と推定　*142*
　　　　　3　事情変更の処理　*144*
　　　　　4　実体法上の基準の解釈　*145*
　Ⅳ　より大きな文脈へ……*146*
　　　　　1　行政による事案解明　*146*
　　　　　2　裁判手続における事案解明　*148*
　　　　　3　裁判所の審査範囲　*150*
　　　　　4　国際的な指針の取扱い　*151*

第7章 外国人と地方公共団体／飯島淳子 ………………………… 153

　Ⅰ　問題設定……153
　Ⅱ　行政事象の把握……154
　　　　1　外国人「住民」政策の展開　154
　　　　2　外国人施策の「問題」と理念　159
　Ⅲ　法事象の分析……162
　　　　1　他の法事象との比較　162
　　　　2　法的規律のあり方　165
　Ⅳ　結語──「グローバル」概念の意義……171

第8章 多層的法秩序と国籍／大西 楠テア ………………………… 173

　Ⅰ　はじめに……173
　Ⅱ　国民国家と「国籍」……176
　　　　1　「国籍」の法的機能　176
　　　　2　国民国家と国籍　178
　Ⅲ　EU市民権と「連邦」論……180
　Ⅳ　現代ドイツの国籍法……182
　　　　1　第二次世界大戦後のドイツ国籍法史　182
　　　　2　2024年の国籍法改正──複数国籍の容認　185
　　　　3　複数国籍の原則容認と民主主義　188
　Ⅴ　おわりに……190

第3部　多層的法秩序と法理論　　　　　　　　　　　193

第9章 多層的法秩序
──グローバル化時代の保険の可能性／浅野有紀 ………………… 195

　Ⅰ　はじめに……195
　Ⅱ　「過去の保険」、「現在の保険」、「未来の保険」、「仮想の保険」
　　……197
　　　　1　過去の保険　197
　　　　2　現在の保険　201
　　　　3　未来の保険　204
　　　　4　仮想の保険　208
　Ⅲ　考　察……213

目　次　*vii*

第10章　法体系の範囲と継続性について
　　　──ジョセフ・ラズの議論を手がかりとして／濱　真一郎⋯⋯ *217*

Ⅰ　はじめに⋯⋯*217*

Ⅱ　法体系と法秩序──予備的考察⋯⋯*218*

Ⅲ　法体系の同一性──「法と国家の関係」を視野に入れる必要性⋯⋯*220*
　　1　法体系の同一性に関するラズの議論　*220*
　　2　範囲と継続性という側面への注目　*222*
　　3　社会組織への注目　*222*

Ⅳ　法体系の継続性⋯⋯*223*
　　1　社会組織（社会）の下位組織の一つとしての政治組織（国家）への注目　*223*
　　2　法体系の継続性と政治組織および非法的規範の継続性との関連　*225*

Ⅴ　法体系の範囲⋯⋯*225*
　　1　法体系の範囲の問題の明確化──四つの部分問題　*225*
　　2　法体系に必要不可欠な特徴　*228*
　　3　法体系とそれ以外の規範体系を区別する特徴　*228*

Ⅵ　おわりに⋯⋯*233*

第11章　人権・環境デューディリジェンスのハードロー化
　　　──EU「企業のサステナビリティ・デューディリジェンス指令」の
　　　発効を受けて／清水真希子 ⋯⋯⋯⋯⋯⋯⋯⋯⋯⋯⋯⋯⋯⋯ *238*

Ⅰ　はじめに⋯⋯*238*

Ⅱ　ビジネスと人権に関する指導原則⋯⋯*240*

Ⅲ　ヨーロッパの人権・環境デューディリジェンス法⋯⋯*243*
　　1　フランス法　*243*
　　2　ドイツ法　*246*
　　3　比　較　*249*

Ⅳ　CSDDD⋯⋯*254*
　　1　概　要　*254*
　　2　指令案とCSDDDの比較　*256*
　　3　検　討　*259*

Ⅴ　ハードロー化に対する評価⋯⋯*260*

Ⅵ　おわりに⋯⋯*263*

第12章　会社法とグローバル・多層的な法秩序
　　　──敵対的買収を素材に／松中　学 ⋯⋯⋯⋯⋯⋯⋯⋯⋯⋯⋯⋯ *264*

Ⅰ　はじめに⋯⋯*264*

Ⅱ　敵対的買収の規律の多層性とアクター……265
　　　1　多層性　265
　　　2　アクターと多層的な法ルールの形成への関与　269
Ⅲ　企業買収行動指針の形成過程……271
　　　1　経　緯　271
　　　2　普遍性のあるアイディアとグローバルなアクターの影響
　　　　　──企業価値と株主意思　274
　　　3　ローカルな法ルールという限界　278
Ⅳ　おわりに……285

第13章　デジタル立憲主義をめぐって
──社会的立憲主義からの展望／山田哲史 ……………………… 286
　Ⅰ　はじめに……286
　Ⅱ　社会的立憲主義再訪……290
　　　1　社会的憲法の認識・分析の枠組み　291
　　　2　社会的立憲主義から規範的に導かれる内容　293
　Ⅲ　デジタル立憲主義論の見取図……294
　　　1　デジタル立憲主義論の源流　294
　　　2　ボトム・アップ型デジタル立憲主義　296
　　　3　デジタル主権論と親和的なデジタル立憲主義論　298
　　　4　まとめ　299
　Ⅳ　社会的立憲主義論からみたデジタル立憲主義……300
　　　1　デジタル世界における従来の立憲主義の限界　300
　　　2　デジタル世界における社会的立憲主義の応用　301
　　　3　デジタル立憲主義への評価　304
　Ⅴ　おわりに……309

第14章　規制手法の多様化とその戦略のあり方・枠組み
／松尾　陽 ………………………………………………… 311
　Ⅰ　問題の所在──行動変容をもたらす多様な規制手法……311
　Ⅱ　規制概念の展開──拡大と動態化……315
　　　1　出発点としての規制概念の拡大　315
　　　2　市場に基づく規制──政府と市場の二項対立を超えて　316
　　　3　動態的な規制手法──応答規制論を中心に　317
　Ⅲ　規制戦略論の課題……320
　　　1　戦略論とは？　320
　　　2　戦略論に伴う課題──恣意性の制御　321
　　　3　戦略論のレベル　322

Ⅳ　戦略の方向性──「リスク・マネジメント」における二つの潮流……323
　　1　規制の現場を捉える枠組み　323
　　2　RI パラダイムと DC パラダイム　325
　　3　二つのパラダイムの意義と限界　327
Ⅴ　結びに代えて……329

終　章　グローバル化と法学
　　──多層的法秩序間の「調整」という営み／藤谷武史 …………… 331

Ⅰ　はじめに……331
Ⅱ　「グローバル化と法学」の現在地……332
　　1　法学にとっての「グローバル化」　332
　　2　グローバリゼーションの終焉と「グローバル化と法学」　335
Ⅲ　「グローバル化と法学」の展開──グローバル・国家・ローカル
　　の関係……337
　　1　検討の方針　337
　　2　グローバル化と「ローカル」の相互作用・相互牽制としての
　　　「調整」　338
　　3　市場と企業の区別──規範の在処としての私的レジーム　341
　　4　国家法の相対化──国家（法）を疑いつつ、なお起点とする　343
Ⅳ　おわりに──ポスト「グローバル化」社会における法学の自己規定……345

事項・人名索引……347
編著者・著者紹介……353

〔凡　　例〕

民録　　　大審院民事判決録
民集　　　最高裁判所民事判例集
集民　　　最高裁判所裁判集民事
高民集　　高等裁判所民事判例集
刑録　　　大審院刑事判決録
刑集　　　最高裁判所刑事判例集
行裁例集　行政事件裁判例集

最判解民　最高裁判所判例解説　民事篇
重判解　　ジュリスト重要判例解説
新聞　　　法律新聞
判時　　　判例時報
判タ　　　判例タイムズ

『グローバル化Ⅰ』　　浅野有紀＝原田大樹＝藤谷武史＝横溝大編著『グローバ
　　　　　　　　　　　ル化と公法・私法関係の再編』(弘文堂・2015)
『グローバル化Ⅱ』　　浅野有紀＝原田大樹＝藤谷武史＝横溝大編著『政策実現
　　　　　　　　　　　過程のグローバル化』(弘文堂・2019)

序　章　グローバル法・国家法・ローカル法

原田大樹

　Ⅰ　グローバル法・国家法・ローカル法──本書の問題意識
　Ⅱ　本書の構成

Ⅰ　グローバル法・国家法・ローカル法──本書の問題意識

1　グローバル化と法学の課題

　(1)　**グローバル化の意義**　　ここ 20 年間の法学におけるキーワードをいくつか挙げるとすれば、その中に「グローバル化」が含まれることに異論はないだろう。近代の法学は、国家という単位（行為との関係では国境、行為者との関係では国籍）で区切られた人的集団（＝社会）に妥当する法（秩序）が存在し、それらが相互に独立して生成・適用・実現されることを暗黙の前提としてきた。しかし、第二次世界大戦後から進展し、冷戦終結後に急展開した経済のグローバル化に伴って、社会のグローバル化も進むこととなった。すなわち、人やモノ（ここでは、物理的な「物」だけでなく、サービス等の無形財を含む意味で用いる）の移動や通信技術が急激に発展することで、社会問題の発生規模もグローバル化し、問題解決に関する国家の制御能力が低下する事態を生じさせた。こうした状況を踏まえ、社会を統合する単位としての「国家」を維持すべきか、あるいは、そもそも「法」とは何かという理論的な課題が、改めて立ち上がってきたのである。

　(2)　**分散と統合**　　これらの問題がとりわけ顕在化した領域が、国内公法（行政法）学と国際私法（抵触法）学との間であった。行政法学においては、伝統的な公法・私法二元論が弱体化し、両者の組み合わせによる社会問題の解決への関心が高まっていた。これに対して抵触法学では、問題

となっている規範の性格に応じて適用されるべき法規範が変わり得ること
や、各国私法の同質性と政策法としての国内公法との峻別が当然視されて
いた。そこで、こうした公法学と私法学の大きく異なるようにみえるアプ
ローチを理論的に整理するとともに、両者を架橋する必要性が意識された
のである。

　日本の行政法学においては、ドイツの行政法学の影響を受け、国民全体
を意思形成の淵源として捉える民主的正統性（民主政的正統化）の議論や、
行政の各分野を通底する法理論・法概念を醸成する行政法総論の枠組みが
大きな役割を果たしてきた。グローバル化による意思形成過程の垂直的関
係における分散は、同時に、グローバルレベルにおける分野特定的な政策
形成の誘因ともなり（＝政策形成の断片化）、国家による統合的な意思形成
を阻害するようにもみえる。そこで、グローバルレベルにおいて機能分化
した政策形成過程を国家において再統合し、あるいは、国家における民主
政の過程にグローバルレベルの政策形成への介入権限を認めるアプローチ
（国際的行政法論）と、国家レベルにおいても機能分化を前提としつつ利害
関係者による調整を重視するアプローチ（グローバル行政法論）とが、理
論的な選択肢として存在する。

　これに対して私法分野では、もともと個々の権利・義務関係への分解・
還元思考がベースに存在しており、分散的な意思形成には適合的な枠組み
をもっている。その意味では、グローバル化に伴う多元的な法秩序への適
応は公法に比べると容易であるともいえる。他方で、私法においても義務
履行確保の局面においては、国家機関である裁判所に大きな役割が与えら
れており、グローバル化との関係では、多層的に存在する裁判所（紛争解
決機関）間の判断の調整や執行の協力という問題が生じることになる。そ
の際に適用されるルールの判断においては、個々の権利・義務関係の特性
に配慮するだけでなく、それらの背景にある社会的制度の意義やその機能
条件への配慮、換言すれば、「グローバルガバナンス」の観点も視野に収
める必要がある。

　このように、公法学と私法学のアプローチは、出発点において対極にあ
るようにみえるものの、分散と統合を志向する法理論がそれぞれに存在し
ている。また、抵触法が前提としている各国（私）法秩序を同列に捉え、

その内容に交換可能性があるという見方は、公法における越境的な問題解決についても、相互承認やその前提となる信頼関係の醸成という考え方と共通している（以上の点につき参照、『グローバル化Ⅰ』）。

2　政策実現過程のグローバル化

(1)　**法（政策）過程からみたグローバル化**　国内法における公法学と私法学の考え方の背景には、法の適用や実現を図る中心的な国家機関が、公法学では行政機関であるのに対して、私法学では裁判所であるという違いがある。また、グローバル化における「法」の変容を検討する場合、法規範の定立とその個別的な適用・実現とでは問題とすべき状況が異なり得る。そこで、グローバル化の問題を政策実現過程の中で改めて捉え直し、法定立・法執行・権利救済（紛争解決）のプロセスが国境を越えて展開する際の法的課題を検討することが、上記の分析を深化させることに役立つと考えられる。従前のグローバル化の議論は、国家権力との接点が強い法執行・権利救済に関しての実例があまり多くなかったことも影響して、規範定立の局面を念頭に置いたものが多かった。しかし、仔細に分析すれば、近時、法執行・権利救済に関するグローバル化の影響の実例が増加し始めており、こうした視点の導入が喫緊の課題と考えられた。

(2)　**グローバル化と法・規範・秩序**　法執行・権利救済との関係で重要な法発展は、租税法や経済法における国際的な執行協力関係の展開や、投資協定仲裁と国内裁判所との関係にみられる。法執行・権利救済は、国家法との結び付きが強く、グローバルな政策実現とは断片的に接続しているようにも思われる。しかし、これらの分野から得られる知見は、規範定立と法執行の共時性という特色であり、グローバルレベルにおける動態的な法発展過程が観察される。具体的には、法執行の可能性を意識した法定立や、法執行の問題点を解決するための法規範の定立がなされている。また、規範定立と法執行とでは、グローバルな政策実現の相互調整の考え方に類似性がある。例えば、法律と条約との関係において語られる等位理論の考え方は、投資協定仲裁と国内裁判所との関係の調整に応用可能である。このように、公法の分野において、権限の優劣関係を基軸にするのではなく、両者の調整の問題としてグローバルな政策実現の問題を捉えることは、抵

触法における当事者の意思と公序・強行的適用法規との関係を調整する発想を、公法にも反映させる可能性をもたらすものである（以上の点につき参照、『グローバル化Ⅱ』）。

3 グローバル法・国家法・ローカル法

(1) **国家法の相対化**　政策実現過程のグローバル化という見方が、規範定立と法執行の共時性を明らかにしたことにより、グローバル化をめぐる法学的分析の課題は、グローバル法・国家法・ローカル法の多層的構造の分析とその調整原理の模索へと移行した。国家権力との接点が豊富に認められる法執行・権利救済の領域においても、多層的な法秩序の「調整」という観点からグローバル化の問題を整序できるとすれば、グローバル化を単一の価値秩序に基づく統一的な法秩序志向のものと捉えるのではなく、多様性を許容しながら緩やかな統合を図ることも可能だからである。また、グローバル化への対抗言説の高まりは、物理的存在としての人間という要素に原因の一つがあり、通信技術の発展による移動問題の比重の低下は、かえって人間と空間との結び付きの重要性を認識させるに至っている。そこで、ローカルの局面において、居住という事実に着目した社会的な統合可能性を模索し、上記のような緩やかな統合を実現することも重要な課題と考えられる。

(2) **多様性と統合を実現する法理論**　これまで 20 年間にわたるグローバル化の動きを法学的な観点から分析した結果として、その潮流の中心は、多元的な統治（ガバナンス）構造あるいは多様な価値の措定を志向するものであって、「世界政府」の構築による単一の法秩序の創出や、グローバルな政策形成に関する「国家」による逐一の包摂を求めるものではないことが明らかになった。それゆえ、グローバル化の影響を受けた統治機構は、その構造の複線化と相互牽制関係の重視に代表される多層的なガバナンスという特色を有する。他方でそれは、政策分野ごとの断片化を無批判に受容するものではなく、分野を越えた社会統合のための係留点の設定もなお意図している。例えば、係留点として国家を想定する立場は、構成員の権利・自由防御と、その意向を反映するための決定プロセスを、少なくとも国家という層で作動させることを保障するものである。もっとも、国家だ

けがこうした役割を担えるわけではなく、係留点としてローカルを想定し、地縁的な利害関係の共通性に着目した統合・包摂を行うことも十分に考えられる。ただし、ローカルにおける多様性の統合や社会への包摂を実現することは、統治機構と私人との物理的近接性に起因する権利・自由侵害のリスクを低減するという新たな課題を生み出すことになるから、ローカルとは異なる統治機構による牽制が必要となる可能性が高い。

II　本書の構成

　本書は、公共部門がグローバル・国家・ローカルの各層を中心に多層化する時代において、多様な法秩序の多様な価値追求を許容しながら、それらを緩やかに統合するための法理論を模索することを中心的な課題としている。具体的には、次の三つの研究課題を設定し、法学を構成する様々な分野からの複合的な考察を試みることとしたい。

◆第1部　グローバル法秩序と国家──「資本の移動」に着目して

　第1部は、グローバル法秩序と国家との関係である。ここでは、財・サービスを含むモノの移動が国境を超えて展開されることにより、既存の法理論がどのような影響を受け、また、いかなる理論的な対処がなされようとしているのかを分析する。その際、主として分析の対象とするのが、「資本の移動」である。資本の移動の自由は、経済のグローバル化を推進する重要な要素であり、第二次世界大戦後、その自由化が進められてきた。しかし、金融のシステミックリスクやテロ対策・安全保障上の考慮から、国家による規制が進行しつつある。

　第1章「グローバル法における国家法秩序の特色」（横溝大）は、国際金融分野における各国の国家機関（とりわけ行政機関）の国際的ネットワークの発展を抵触法の観点から分析している。この分野では、金融安定理事会（FSB）、証券監督者国際機構（IOSCO）、国際会計基準審議会（IASB）、金融活動作業部会（FATF）等、数多くの国際的ネットワークが存在する。抵触法の観点からは、これらは国家法秩序の相互作用による規

範収束の一形態であり、現在の国家法中心の構造を維持しつつ、漸進的な変革を目指すプラグマティックなアプローチと評価され得る。

第2章「**多層的法秩序の中の金融取引と国家裁判所**」（加藤紫帆）は、イスラームの教義に即した金融サービスであるイスラーム金融を素材に、その規律構造の多層性を分析している。教義を遵守していることを担保するシャリーア適格性認証を国家レベルで行う例もあるものの、基本的には、個々の金融機関のシャリーア・ボードが判断を行っており、国際的な機関による認証は十分には発展していない。そこで、イスラーム法を法として適用できない法秩序の裁判所が紛争解決に携わる場合には、当事者の合意解釈の問題として、契約準拠法の下でシャリーア適格性をめぐる争点について判断するアプローチを提唱している。

第3章「**米国海外汚職行為防止法の『域外適用』の構造と運用**」（会沢恒）は、米国によるドラスティックな域外適用の例としてしばしば紹介される海外汚職行為防止法（FCPA）の制定経緯や執行状況の実証分析を踏まえ、域外適用の実像に迫っている。これまでの法執行の分析の結果、外国企業等を攻撃する手段として同法が使われているとの評価はミスリーディングであって、その実像は、米国企業・米国籍者を中心とし、一部に非米国籍者が執行対象者に含まれているパターンが目立つとする。また、具体的な紛争事例を踏まえ、汚職・腐敗の防止が国際的コンセンサスとなったこと、他国のカウンターパートとの協力による執行が一般化していること、刑事罰を前面に出さないソフトな手法を基調としていることが、他国からの反発の緩和に寄与しているとの指摘は、極めて興味深い。

◆第2部　ローカル法秩序と国家──「人の移動」に着目して

第2部は、ローカル法秩序と国家との関係である。ここでは、「人の移動」に着目して、経済・社会のグローバル化がもたらすローカル法秩序への影響と、これに対する理論的な対応の方向性を検討する。具体的には、人の移動行為そのものに起因する論点として、検疫・出入国管理・難民認定の問題を取り上げ、また、地縁的な統合可能性と関連する論点として、外国人と地方公共団体との関係や、日本法における「国籍」の位置付けの問題を取り上げる。

第4章「**多層的法秩序における『人の移動』**」（原田大樹）は、人の移動行為と移動後の状態に着目し、検疫・出入国管理・地域的統合の三つの問題を取り上げている。検疫については、国際的な法原則として移動の自由が国際保健規則から読み取られ得るものの、具体的な公衆衛生確保の制度設計・運用は各国に委ねられており、日本法に関していえば、法的根拠の明確性や行政資源の確保の点で課題が残されている。出入国管理については、権力的事実行為の連鎖として設計されていた退去強制手続が、近年の法改正によって「法化」される可能性を指摘している。地域的統合との関係では、政治的統合の局面において、地方公共団体に公権力が分有される統治構造が最高裁の判断に影響を与えており、地縁的な統合に純化させる場合には、この点の理論的な解決が求められることを示している。

第5章「**在留資格と訴えの利益**」（興津征雄）は、在留資格変更申請に対する不許可処分を受けた後、別の在留資格（多くは、出国準備のための短期滞在を認める内容）への変更申請の許可処分を得た場合に、先行する不許可処分の取消・無効確認を求める訴えの利益が失われるかという問題を取り上げ、出入国管理及び難民認定法（入管法）の一在留一資格の原則を中心とする実体法の検討を行っている。そして、手続的権利としての申請権に着目し、先行する不許可処分によって生じた権利侵害が、後続の変更許可処分によっても解消されていないことを手がかりに、訴えの利益の存続を認める解釈論を提示している。さらに、取消判決の拘束力や撤回の適法性についても説き及んでおり、入管法の実体法的構造を行政法学的な問題関心から鋭く分析するものとなっている。

第6章「**難民認定の手続法論**」（須田守）は、グローバルな実体法と国家の手続法が交錯する難民認定の立証責任や証明度の問題に焦点を当て、ドイツの議論とも比較しながら、事案解明のあり方を分析している。難民認定は、重要な事実の解明や立証の際に、類型的に大きな困難を伴う。そこで、証明度・論証度、立証責任・推定、事情変更と違法判断の基準時、実体法上の基準の解釈という四つの観点から、証明に関する一般的な基準を難民認定について変更すべきかが検討される。次に、行政手続・裁判手続における事案解明の観点から、難民認定申請者と行政・裁判所の事案解明に関する役割分担と、立証責任との関係が論じられている。こうした検

討を踏まえ、証明に関する問題は、必ずしも現在の難民認定の過小状況の主因とはいえず、また、国際的な指針を参照することは許容されるべきだが義務付けられてはいない、との結論を導く。

第7章「**外国人と地方公共団体**」（飯島淳子）は、外国人に対する国・地方公共団体の施策を概観した後、「移動」の観点と「共生」の観点からその法的課題を分析している。移動の観点からは、かつての高度成長期における地方から国への移動をめぐる要綱行政との対比を試みている。また、共生の観点からは、地域共生社会施策を手がかりとしつつ、外国人の「引受人」に着目して、その法的規律を検討する方向性として公私協働の枠組みと、地域づくり支援に倣った枠組みを提示している。さらに、外国人の把握の問題（非正規滞在者等）や参政権（受益と負担の決定に関与する権利）との関係では、住民概念の平等性に着目した議論構築を模索している。外国人が地域社会に包摂されていないのは包摂できない社会の側の問題であって、平等原則を用いて資源配分を規律するルールを調整すべきとの指摘は、外国人に対する公法理論の支柱としての意義をもち得るものと思われる。

第8章「**多層的法秩序と国籍**」（大西楠テア）は、ドイツとEUにおける国籍をめぐる議論を素材に、多層的な公共部門において国籍が果たす役割を検討している。国籍は、近代国民国家の成立期には、一定の地理的・政治的・社会的な意味空間における人間集団としての「国民」を創出する要請に応えるものであった。これに対して、多層化の動向を前提に、領域団体への帰属とその成員として有する諸権利とが区別される見解が示されている。さらに、ドイツにおける近年の国籍法の動向を手がかりに、国籍の有する境界画定機能を再評価し、滞在権と帰属とを区別する視点を導入することで、権利保障と民主政的正統性の均衡点を模索している。

◆第3部　多層的法秩序と法理論

第3部は、多層的な法秩序の法理論分析である。多層的な法秩序は、法学の各分野に大きな影響を与えている。そこで、分析軸を複数設定し、法学の各分野から問題状況の把握と分析を試みる。具体的には、総論的考察の後に、法思想・取引法・ソフトロー・会社法・情報法・レギュレーション（規制）の各観点からの分析を行う。

第 9 章「**多層的法秩序**」（浅野有紀）は、法多元主義に関する議論が提示する問題意識を前提に、グローバル化時代の保険の役割に着目している。近代国民国家においては、国家が所得再分配機能を担っていたのに対して、多元的・多層的な秩序が存在感を強くする時代においては、生活保障のための保険技術がその代替として機能する可能性がある。そこで、これまでの民間保険の展開（過去の保険）、保険法の現在の規律状況（現在の保険）、ビッグ・データや AI を用いたオンデマンド保険に代表される今後の保険技術の発展可能性（未来の保険）が検討され、その問題点を明確化するための評価軸として、ロナルド・ドゥオーキンの「仮想保険」が取り上げられている。保険は、理念的には自由選択の重視であり、平等のための手段である。しかし、未来の保険が示す方向性は、自由契約化・個別契約化によって高リスクの人々が排除される可能性が高くなると考えられることから、その是正のための法理論・法制度の必要性が提言されている。

第 10 章「**法体系の範囲と継続性について**」（濱真一郎）は、ジョセフ・ラズの法体系の範囲と継続性の議論を詳細に検討することで、グローバル化時代の法理論への示唆を得ようとしている。まず、法体系の概念を提示し、ラズのここでの議論における国家の意味が「政治組織の一形態としての国家」であることに注意を促す。次に、継続性については、国家は社会の政治組織であって、法体系も政治組織の一部であるから、法体系の継続性は政治組織の継続性と関連していることになるとする。続いて、法体系の範囲については、法体系の包括性・最高性（の主張）・開放性という特色を提示し、ある規範が裁判所によって適用されるのは、それが法体系の一部であるからではなく、法体系が開放的であるからと説明する。そして、ラズの法体系に関する議論は、一方では、法体系は全ての行為を統制する権威であることや自らが最高であるとの主張をする点で、一元的な法秩序に親和的であるようにみえるものの、他方で、国家法がそれ以外の形態の社会集団を存続・援助する機能をもち、法体系の開放性によってこれらを包摂する点で、多元的な秩序の緩やかな統合を可能にするものである。

第 11 章「**人権・環境デューディリジェンスのハードロー化**」（清水真希子）は、国連による「ビジネスと人権に関する指導原則」（2011 年）という支配的なソフトローが存在する領域において、EU で成立した「企業のサ

ステナビリティ・デューディリジェンス指令」（CSDDD）が 2024 年に発効したことを手がかりに、ハードロー化がどのような要因によって進行したのかを明らかにしている。EU における法制化に先行したフランスとドイツにおける立法過程の議論も踏まえて、その言説を「国家中心的ディスコース」、「市場主義的ディスコース」、「多中心的ガバナンス・ディスコース」の三つに類型化し、各々の特色と、フランス・ドイツおよび CSDDD への反映のされ方を検証している。成立から間もない CSDDD に関する初の本格的な学術的分析の成果であり、人権・環境デューディリジェンスがもたらす法的課題を鮮やかに描き出している点においても、多層的な法秩序の現状と課題の一つを明確に提示している。

第 12 章「**会社法とグローバル・多層的な法秩序**」（松中学）は、敵対的買収の規律を素材に、グローバル法秩序および多層的な法秩序、ハードロー・ソフトローの交錯の状況を印象的に描いている。敵対的買収のルール形成には、当事者の選択と裁判例の積み重ねのほか、政策を形成するアイディアにも着目する必要があると指摘する。また、ルール形成のアクターとして、機関投資家の影響力が無視できなくなっており、外国人投資家を中心に多層的なルール形成のプロセスが展開されていると説く。もっとも、ミクロな問題については、必ずしも機関投資家の意向が反映されているとはいえず、それは、機関投資家という結集しづらいアクターがその利益を代表する者をルール形成の場に送り込むことの難しさや、法的な問題について技術的・専門的な知見をもつ代表者・代弁者を創出していないことに原因があると指摘する。これらの要素は、法的な知見を前提にルール形成がなされる会社法の特色が、多層的なルール形成に投影されている証左であるように思われる。

第 13 章「**デジタル立憲主義をめぐって**」（山田哲史）は、多様な意味で用いられるデジタル立憲主義の議論状況を社会的立憲主義の考え方を手がかりに整序するとともに、憲法学の発展可能性を提示している。伝統的な国家に対する制限規範としての憲法という図式にとらわれない社会的立憲主義は、ラディカルな多元主義に依拠している。今日までに登場しているデジタル立憲主義は、その規律を国家（法）・国家機関から演繹するか、草の根的なボトム・アップ型の規範形成を想定するかという軸と、憲法規

律の最終目標として私的組織を含むデジタル・レジームを念頭に置くか、国家等（EU含む）公共部門の組織とするかという軸で整理することができるとする。こうした議論は、国家以外のアクターにも視野を広げ、古典的な強制以外の作用や、私的レジームの問題における基本権の問題にも眼を向けることができる点に理論的な意味が認められるのである。さらに、具体的な素材として、Meta の監督委員会を取り上げ、その理論的意義や評価が示されている。

　第 14 章「**規制手法の多様化とその戦略のあり方・枠組み**」(松尾陽) は、行動変容を広く射程に含めた規制＝行動「制御」の理論枠組みを、グローバルガバナンスのコンテクストを意識しつつ展開している。応答的規制をはじめとするこれまでの規制に関する基礎理論を提示した後、規制戦略論の意義と課題を整理し、戦略の方向性を見通すために、リスクマネジメントにおける二つの潮流（峻別説・融合説）に着目している。そして、それぞれの特色と相互関係を分析した後、規制戦略における法の役割にも言及し、この問題の広がりと奥行きを改めて印象付けている。

　終章「**グローバル化と法学**」(藤谷武史) は、本書および本書を含む『グローバル化』三部作の研究を総括し、これらを通底する方法論的な特色と、「グローバル」が「ローカル」と結び付く意味を解明する。グローバル化と法学の理論的課題は、越境する人やモノの移動がもたらす問題それ自体ではなく、そこから生じた規範的現象を従来の国家を基軸とする体系といかに整合的に説明できるかという法学のインテグリティにとっての課題であって、グローバリゼーションの終焉がたとえ訪れたとしても、その理論的課題は縮減しないと主張する。また、グローバル化が生じさせる脱空間化とは真逆の問題が人間の身体性・一体性という物理的存在に起因して生じることや、グローバル化の中で国家法自体にローカルの性格が見出されることが、分析の対象をローカルへと拡大した理由である。こうしたコンテクストの中に本書を構成する諸論文が立体的に位置付けられ、本書のメッセージをクリアに提示している。

第1部
グローバル法秩序と国家
―― 「資本の移動」に着目して

第1章 グローバル法における国家法秩序の特色
　　　 ―― 総論的考察
第2章 多層的法秩序の中の金融取引と国家裁判所
　　　 ―― イスラーム金融を例に
第3章 米国海外汚職行為防止法の「域外適用」の構造と運用

第1章 グローバル法における 国家法秩序の特色
——総論的考察

···横溝　大

　I　序
　II　国際金融分野に対する国家の対応の変容
　III　法的位置付け
　IV　評　価
　V　結　語

I　序

　本章の目的は、金融分野を題材としつつ、グローバル化の下での国家法秩序の特色について考察することにある。

　グローバル化[1]がもたらした影響として、個人の自律性の拡大や、多国籍企業等の支配的集団の登場とともに、国家主権の相対化、すなわち、国家の私人に対する規律能力の減少がしばしば指摘される[2]。これに対し、経済のグローバル化は、他の多くの省庁を弱体化させる一方で、財務省のような国際的金融機能と結び付いた省庁を強化してきており、グローバル化により国家が弱体化しているという見方は単純にすぎるという批判があ

---

1)　本章では、グローバル化を「通信革命と急激な技術革新によりもたらされた人・物・貨幣・情報の移動範囲やその量の拡大」という意味で用いる。グローバル化とその法に対する影響につき、さしあたり、横溝大「グローバル化時代の抵触法」『グローバル化 I』109頁・111頁。

2)　Charalambos P. Pamboukis, "Droit international privé holistique: droit uniforme et droit international privé", *Recueil des cours de l'Académie de droit international*, vol. 330 (2007), p. 9, pp. 53-76. Cf. Ralf Michaels, "Globalization and Law: Law Beyond the State", in Reza Banakar and Max Travers (eds.), *Law and Social Theory* (Hart Publishing, 2013), p. 289.

る[3]。すなわち、現在では、国家ではなく国家の一部である裁判所、規制
当局、省庁、立法部等が、情報交換、執行、規範の調和化に関してネット
ワークを形成し、互いに連携・協力して規整[4]を行うようになっていると
指摘されるのである[5]。このような動向は、とりわけ金融分野において顕
著であり、2008年の世界金融危機を受けて、さらに発展したといわれて
いる[6]。

　それでは、「単一の国家から細分化された国家へ（from the unitary state
to the disaggregated state）」といった標語で示される、これまで国際法上
独立した地位が認められてこなかった一部の国家機関同士が協力して国境
を越えた事象を規律するという上述のような動向[7]は、国家間関係を規律
する国際法と国境を越える私人間活動を規律する国内抵触法（広義の国際
私法）という、国際的な規律に関する既存の枠組み[8]の下で、どのように
位置付けられるのだろうか。また、このような新たな規整手法は、正統性
や実効性という観点から、どのように評価されるのだろうか。

　以上のような問題意識の下、本章では、まず、金融分野における国境横
断的な規整の発展について確認する（II）。次に、これらの新たな規整手法
が、既存の国際法・抵触法の法的枠組みにおいて、どのように位置付けら
れるのかという点につき、その議論動向を確認する（III）。さらに、金融
当局等の連携により形成される規範に対する評価について、正統性と実効

---

3)　サスキア・サッセン（伊豫谷登士翁訳）「日本語版への序論」『グローバリゼーションの時
　　代―国家主権のゆくえ』（平凡社・1999）13頁・33頁。
4)　本章では、国家機関により形成された公的な準則については「規制」の語を、適正な機能
　　の保障については「規整」の語を用いる（réglementation と régulation との区別に対応）。
　　諸外国における見解が "regulation" という語を用いている場合には、文脈によるいずれかの
　　語に訳し分ける。規整（régulation）という概念につき、Marie-Anne Frison-Roche, "Défini-
　　tion du droit de la régulation économique", *Recueil Dalloz*, 2004, nº 2, p. 126, p. 129. なお、松
　　尾陽「規制形態論への前哨―規制の分散化と規制作用の静態的分析」近畿大学法学60巻1
　　号（2012）119頁・131頁も参照。
5)　Anne-Marie Slaughter, *A New World Order* (Princeton University Press, 2005), pp. 1-35.
6)　David Zaring, *The Globalized Governance of Finance* (Cambridge University Press, 2020),
　　p. 6.
7)　Slaughter, *supra* note 5), p. 12.
8)　ただし、このような国際法と抵触法との区別を疑問視し、両者の合流を主張する見解が登
　　場していることにつき、横溝大「抵触法と国際法との関係に関する新たな動向―抵触法と国
　　際法との合流について」法律時報85巻11号（2013）26頁。

性の観点から若干の検討を行う (IV)。最後に、今後の展望について触れ、結語とする (V)。

II　国際金融分野に対する国家の対応の変容

1　はじめに

　当初、規制当局間の国際的協力は行われていなかったが、1970年代前半のヘルシュタット銀行（ドイツ法人）およびフランクリン国立銀行（米国法人）の倒産を契機として、国境を越えた規制の調整が次第に行われるようになったといわれている[9]。

　現在、金融分野においては、各国金融当局等の連携を通じたネットワーク型の新たなガバナンスが行われているとされており[10]、そのような規整は、いわゆるソフトローによる「法なきガバナンス」の一例であると評される[11]。これらの国境を越えた規整のための協力の目標は、金融の安定性と消費者保護にあるとされる[12]。以下では、金融分野における国境を越えた規整の特色を確認する。

2　特　色

　ある論者は、現在の国際金融規整体制を、①内国民待遇、②最恵国待遇、③裁決よりもむしろ規範形成による制度化、④補充性、⑤相互審査（peer review）プロセス、⑥ネットワークという六つの法的・組織的原則で表している[13]。ここでは、主体、規範、プロセスに着目してその特色を確認しよう[14]。

---

9)　Zaring, *supra* note 6), p. 13.

10)　Zaring, *supra* note 6), p. 9.

11)　Zaring, *supra* note 6), p. 3.

12)　Chris Brummer, *Soft Law and the Global Financial System* (2nd ed., Cambridge University Press, 2015), p. 16.

13)　Zaring, *supra* note 6), pp. 21-32.

14)　主体、規範、プロセスをトランスナショナル・ローの方法論的土台とするものとして、Peer Zumbansen, "Law and Legal Pluralism: Hybridity in Transnational Governance", in Paulius Jurčys, Poul F. Kjaer and Ren Yatsunami (eds.), *Regulatory Hybridization in the Transnational Sphere* (Martinus Nijhoff Publishers, 2013), p. 49, p. 57.

（1）**主　　体**　国際金融分野における規整の主体としては様々な国際機関が存在するが、それらの多くは、国家間合意により設立され独立した法人格を有する伝統的な国際組織と異なり、非公式の細則・合意・宣言に基づいた、「ソフトな」行政的構造を有していると指摘される[15]。これらの機関は、国内の規制機関と同様、規整当局・官吏が支配しており、中央集権的な機関は存在せず、それぞれの機関が国際金融分野において断片化された領域を規整している[16]。

　このような状況は、しばしばネットワーク理論により、規整者のネットワークとして説明される[17]。ただし、各規整機関は、国際金融分野においてその規整する領域が異なるだけではなく、果たしている制度的機能もまた異なっている[18]。この点につき Chris Brummer は、関連する国際機関を、議題設定機関（agenda settlers）、基準策定機関（standard settlers）、および遵守状況評価機関（monitors）の三つに分類する[19]。

　議題設定機関とは、規整の対象となる金融上の問題を決定し、合意された目標を達成するために必要な手段を決定する機関であり、G20 と金融安定理事会（FSB）がこれに当たる[20]。また、基準策定機関とは、市場参加者のために規律上の指針を実際に考案する機関であり、バーゼル銀行監督委員会（BCBS）、証券監督者国際機構（IOSCO）、保険監督者国際機構（IAIS）のような部門別に基準を策定する機関と、国際会計基準審議会

15）　Brummer, *supra* note 12), pp. 65-66.

16）　Brummer, *supra* note 12), pp. 66-67. 銀行・証券・保険等個別部門における国際機関による規整の態様については、Zaring, *supra* note 6), pp. 46-121 参照。

17）　Slaughter, *supra* note 5), p. 38; Zaring, *supra* note 6), pp. 31-32. ただし、論者の中には、金融危機以後の G20 の頻繁で重要な介入が、従来の独立した規整者のネットワークというパラダイムからの離脱を示していると指摘する者もある。Stavros Gadinis, "The Financial Stability Board: The New Politics of International Financial Regulation", *Texas International Law Journal*, Vol. 48, No. 2 (2013), p. 157, p. 161.

18）　ネットワーク理論による国際金融規整の分析が、規整主体と制度とがいかに結び付いているかを説明せず、また、ネットワークの主体と国際組織についての制度設計を見落としがちであるかを指摘するものとして、Brummer, *supra* note 12), p. 69.

19）　Brummer, *supra* note 12), p. 69. Brummer の議論を参考に国際金融分野における諸機関を紹介したものとして、久保田隆「金融監督規制に関する国際制度の展開」論究ジュリスト 19 号（2016）43 頁・45 頁以下。なお、ここでの訳語は同 44 頁を参考とした。

20）　Brummer, *supra* note 12), pp. 69-70, pp. 71-76.

（IASB)、国際会計士連盟（IFAC)、決済・市場インフラ委員会（CPMI)、金融活動作業部会（FATF)、経済協力開発機構（OECD)、国際預金保険協会（IADI)、国際スワップ・デリバティブ協会（ISDA）のような、特定の複雑な問題に関するより限定的なマンデートをもつ基準策定機関がこれに当たる[21]。最後に、遵守状況評価機関とは、各国の規制者が策定された基準を遵守しているか否かを評価し、またその遵守の程度を特定することに主たる責任を有する機関であり、国際通貨基金（IMF）と世界銀行がこれに当たる[22]。

このように、国際金融分野においては、異なる規整領域や機能を有する様々な国際機関が並存している。また、これらの機関のメンバーが排他的か普遍的か、民間団体か公的機関か、部門別か部門横断的かといった点も、機関ごとに様々である[23]。

(2) **規　範**　これらの国際機関が作成する文書は、ベスト・プラクティスや報告書、また、情報共有や執行協力のための覚書等、国際法上拘束力をもたないものであり、国際金融分野においては、いわゆる「ソフトロー」が中心的役割を占めている[24]。例えば、ベスト・プラクティスは、自己資本比率、開示規則、マネーロンダリングやテロリスト資金供与抑止のためのデュー・ディリジェンスといった個別の問題領域に用いられ、健全な金融規整システムのために必要な、共有されるべき最低基準を定義する[25]。また、報告書は、市場を規整し監督する金融当局が依拠する事実の公式記録であり、政策を考案する国内・国際の規整者が集め、評価し、利用する情報を示すものである[26]。さらに、情報共有や執行協力に関する覚書は、その手続的手段を明らかにするものであり、国家当局が自国での監視・監督を高めるために互いに連携することを約束し、自国の規則や義務

---

21)　Brummer, *supra* note 12), p. 70, pp. 76-92.
22)　Brummer, *supra* note 12), p. 70, pp. 93-98. ただし、監督は、国際機関のメンバー間の相互審査によっても行われる。*Ibid.*, pp. 96-98.
23)　簡単には、Brummer, *supra* note 12), pp. 100-107. より詳細には、Zaring, *supra* note 6), pp. 46-121.
24)　Brummer, *supra* note 12), pp. 119-123. 久保田・前掲注 19) 46 頁以下。
25)　Brummer, *supra* note 12), p. 121.
26)　Brummer, *supra* note 12), p. 122.

を国外で執行しようとする際に共助を約束するものである[27]。

（3）**プロセス**　意思決定プロセスは、国際機関ごとに異なっている。国際機関の中には多数決により決定するものもあるが、大抵の機関は、通常、同意を基にした意思決定を行っている[28]。

これらの国際機関が形成する規範は、メンバーである各国の金融当局が自国金融機関に対しこれらを適用することにより実施されることになる[29]。各国の実施状況は、IMF や世界銀行が実施する金融セクター評価プログラム（FSAP)[30]や、国際基準の遵守状況に関する報告書（ROSCs)[31]、さらには相互審査により評価される[32]。

3　小　括

このように、国際金融分野においては、様々な国際機関が、特定の領域や問題について、議題設定、基準策定、遵守状況評価といったそれぞれの機能を果たしつつ、ベスト・プラクティスや報告書、情報共有・執行共助に関する覚書といった非拘束的な文書による規範を中心とした規範形成や実施プロセスを発展させている。同分野においては、なぜこのような状況が生じたのだろうか。

この点につき Brummer は、制度には、①その先駆者や支援組織・創設組織の組織的性格を共有する傾向があるという制度的な経路依存性、②問題解決型の組織が共通の課題に取り組むためにしばしばメンバーを最少化しようとするという制度設計理論における調整の論理、③国際機関における特権的なプレイヤーが自らの政策選好に好意的なルールを構築することができるという力関係、および、④それぞれの組織は構成員や利害関係者が適切と考える制度的慣行を受け容れて生き延びようとするという正統性

---

27)　Brummer, *supra* note 12), p. 123.

28)　Brummer, *supra* note 12), pp. 98-100. 久保田・前掲注 19) 47 頁の図表 4 も参照。

29)　Zaring, *supra* note 6), p. 15. 久保田・前掲注 19) 46 頁。

30)　国際金融基金「金融セクター評価プログラム（FSAP）」〈https://www.imf.org/ja/About/Factsheets/Sheets/2023/financial-sector-assessment-program-FSAP〉（最終閲覧日：2024年 11 月 8 日。以下、他のウェブサイトについても同様）。

31)　IMF, "Reports on the Observance of Standards and Codes（ROSCs）"〈https://www.imf.org/en/Publications/rosc〉.

32)　Brummer, *supra* note 12), pp. 93-98.

の追求、という四つの要素を指摘している[33]。一定の説得力をもつ説明であるように思われる。

III 法的位置付け

それでは、国家機関が主体となり、国際機関が非拘束的な規範を形成し、各国が同規範を実施するといった、国際金融分野における上述の状況は、国際法または国内法上どのように位置付けられるのだろうか。

いわゆるソフトローが国際法上議論されるようになったのは 1970 年代であり、当初は、ソフトローも含めた新たな国際法の体系化を図ろうとする議論もなされたが、その後は、ソフトローが国際公益の実現のために果たす役割という観点から論じられるようになっている[34]。現在では、グローバル化の結果必要となった国際的な規範不足への対抗手段として、ソフトローの役割を一定程度肯定的に捉える見解が少なくないように見受けられる[35]。だが、国際金融分野において、「主権平等は国際金融規整の備品(fixture)ではない」といった指摘や、「金融ネットワークが同意を基礎とした行動を装ってはきたものの、そのような同意は、これを観察する者には、時として相当強いられたものだとみられてきた」といった指摘[36]を踏まえれば、同分野におけるこれらの制度的枠組みを国際法上位置付けることがいかにして可能なのか、疑問が生じてくる。

この点につき、Anne-Marie Slaughter は、「細分化された主権(disaggre-

---

33) Brummer, *supra* note 12), pp. 108-115.

34) 小寺彰「現代国際法学と『ソフトロー』―特色と課題」小寺彰＝道垣内正人編『国際社会とソフトロー』(有斐閣・2008) 9 頁以下。また、齋藤民徒「『ソフト・ロー』論の系譜」法律時報 77 巻 8 号 (2005) 106 頁、川副令「国際法学上のソフトロー研究の学説史的分析―ソフトロー・データベース作成の前提として」COESOFTLAW-2004-19 (2004) 1 頁も参照。

35) 例えば、小寺・前掲注 34) 17 頁は、「正式の『条約』という形の合意でなくても、行政機関レベルの合意または各国内を代表する専門家レベルの合意、また国際機関の決議や国際機関と私企業の間の契約(グローバルコンパクト)等の形式であっても十分に問題に処置できる場合がある」として、ソフトロー文書が規範不足への対抗手段の一つに十分なり得ると指摘する。

36) Zaring, *supra* note 6), p. 33.

gated sovereignty）」という概念により説明しようとする。すなわち、主権は細分化することが可能であり、裁判所、規制当局、立法部ないし立法委員会のような特定の政府機関に付することができ、これらの機関により行使される場合には、主権の中核的な特徴は、外部による干渉からの自立から、全ての種類の政府間ネットワークへの参加へと移行する。そして、このような細分化された主権は、世界中の政府機関がネットワークにおいて互いに関わり、自らを強化し、指定された政府業務を個別的・集合的に遂行する能力を改善する、とSlaughterは主張するのである[37]。

　また、David Zaringは、国際法を、価値の画一的遵守を期待することなく価値を議論する手法（way）として捉え直すことにより、国際金融分野の規整を国際法に包摂しようとする[38]。そこでは、他分野同様、国際金融分野においても、根本的な問い（「安全で健全なグローバルな金融システムが要求するものは何か」）を制度設計者や規範形成者が発することが重要であり、そのような問いに答えることが交渉過程であり、基準についての不断の再評価となるとされる[39]。

　この問題を国際法の構造転換との関係で論じる能力は現在の筆者にはないが[40]、抵触法（広義の国際私法）を専門とする筆者の立場からすれば、ここでの現象は、国家法秩序間の相互作用による規範収束の一形態として理解できる。抵触法分野においては、他国の抵触法規則の採用・参照による相互作用がしばしば見受けられ、近時は、将来の統一化を目指したモデル法・勧告・原則といったソフトローの利用が提案されている[41]。このような動向は、各々の法秩序の政治的意思を尊重し現在の抵触法システムの安定性を維持しつつ、漸進的な収束を目指したプラグマティックなアプロ

---

37)　Slaughter, *supra* note 5), pp. 34-35, p. 267（「新たな主権は、地位であり、会員資格であり、『世界の他の部分への接続とその中での主体となり得る政治的能力』である」）.

38)　Zaring, *supra* note 6), p. 130.

39)　Zaring, *supra* note 6), p. 131（「結局、確固とした国際ガバナンスの理想を体現する恒常的なルールではなく、金融規整は混乱した議論である。実際、それは、本当は、より公式な他の国際法とそれほど異ならないのである」）.

40)　なお、齋藤民徒「国際社会におけるソフトロー――規範の重要性と概念の有用性」法学セミナー64巻9号（2019）41頁。

41)　横溝大「私法領域における条約・国家法間および条約間の相互作用」国際法外交雑誌119巻2号（2020）89頁。

ーチと評価することができる。国際金融分野におけるソフトローの形成と
各国におけるその実施も、同様に、多様な国際機関をフォーラムとした法
秩序間の交渉・対話および相互調整のプロセスを通じた政治的解決として
位置付けることができるのではないだろうか[42]。

IV　評　価

　金融当局等の連携により形成される上述のような規範形成・実施メカニ
ズムは、どのように評価されるのだろうか。ここでは、正統性（legitima-
cy）と実効性の観点から検討する。

　なお、トランスナショナルなまたはグローバルな空間における制度の正
統性という観念は多様である[43]。国際金融分野においてこの問題を正面か
ら論じる Brummer は、正統性を、規律される者の同意に関するインプッ
ト的正統性（"input" legitimacy）と、規整者が形成する準則の最適性に基
づく黙示的同意に関するアウトプット的正統性（"output" legitimacy）とに
区別して論じている[44]。だが、Brummer が依拠していると見受けられる

---

42)　このような発想は、Nico Krisch のラディカル多元主義に基づいている。Nico Krisch,
"Who is Afraid of Radical Pluralism? Legal Order and Political Stability in the Postnational
Space", *Ratio Juris,* Vol. 24, No. 4 (2011), p. 386.　なお、Dai Yokomizo, "Conflict of Laws and
Global Governance", in Roxana Banu, Michael S. Green and Ralf Michaels (eds.), *Philosophical
Foundations of Private International Law* (Oxford University Press, 2024), p. 390, pp. 400–401.
ただし、FATF につき、そのアゴラ（agora）としての側面よりも参加国からの一定の自律
性という側面に着目するものとして、Mari Takeuchi, "Non-State Actors as Invisible Law
Makers? – Domestic Implementation of Financial Action Task Force (FATF) Standards", in
Karen N. Scott, Kathleen Claussen, Charles-Emmanuel Côté, and Atsuko Kanehara, *Changing
Actors in International Law* (Brill, 2021), pp. 211–212.

43)　例えば、正統性が政治的・文化的概念であり、論理的演繹よりも実務と叙述（narra-
tive）の産物であるという理解の下、トランスナショナルな空間における規範の正統性につ
き、規範の有用性、頻繁な相互作用、名宛人の規範形成プロセスへの参加、および、参加者
間の信頼を、そのような叙述を基礎付ける要素として挙げるのは、T. Alexander Aleinikoff,
"Transnational Spaces: Norms and Legitimacy", *The Yale Journal of International Law,* Vol.
33 (2008), p. 479, p. 489.

44)　Brummer, *supra* note 12), p. 185.　後者は、関係国によるルールの遵守と、ルール自体が
所期の結果に到達できたか否かにより判断される、規整主体の問題解決能力による正統性で
あるとされる。*Ibid.*, p. 186.

Robert O. Keohane と Joseph S. Nye Jr. の共著論文[45]においては、前者は答責性（accountability）のための手続、後者は実効性と同視されている[46]。そこで、本章では、正統性を前者の意味で用い、後者は実効性として論じることとする[47]。

1 正統性

　国際金融分野における規範形成については、従来、正統性の不十分さが指摘されるところであった。すなわち、その国際的平面においては、少数の先進国やそれらの国々における民間の金融専門家が基準策定から実施に至るまでのプロセスを支配しており、発展途上国やその市民が排除されているという、いわゆる「民主主義の赤字」が批判されてきたのである[48]。とりわけ、国際的平面における規整上の意思決定は、国内レベルに比し、より一層政治的であり、そのような政策判断に関わる政治的決定を技術的専門家のみで行っていることが問題とされてきた[49]。また、規整上の基準は、国家機関により自国において実施されることを通じて正統化されるといわれているものの[50]、実際には、その国内での実施に際しては、多くの基準は、既存の法律に変更を迫るものではなく、単に監督実務に影響を与えるにすぎないものであることから、批准等の国内における公式な政治的

---

45)　Robert O. Keohane and Joseph S. Nye Jr., "The Club Model of Multilateral Cooperation and Problems of Democratic Legitimacy", in Robert O. Keohane, *Power and Governance in a Partially Globalized World* (Routledge, 2002), p. 219, pp. 234-238.

46)　ただし、Brummer は、Keohane と Nye Jr. がインプット的正統性の鍵となる問題として答責性（accountability）を扱っているのに対し、答責性を正統性とは独立した問題として扱っており、両者の間には若干の相違も感じられる。

47)　なお、統治機構（governments）の正統性としては、インプット的正統性のみでは不十分であり、アウトプット的正統性（実効性）も重要であるとされる。Keohane and Nye Jr., *supra* note 45), p. 237.

48)　Robert P. Delonis, "International Financial Standards and Codes: Mandatory Regulation Without Representation", *International Law and Politics*, Vol. 36 (2004), p. 563 (主権平等原則からも問題であると指摘される。*Ibid.*, pp. 617-618); Brummer, *supra* note 12), p. 195. 久保田隆「国際金融システム改革の法的検討」国際商事法務 28 巻 9 号 (2000) 1047 頁・1052 頁も参照。このような批判は、金融分野に限らずクラブ型の多国間協力に共通して指摘されるものである。Keohane and Nye Jr., *supra* note 45), pp. 220-221.

49)　Brummer, *supra* note 12), p. 194.

50)　Zaring, *supra* note 6), p. 124.

プロセスを経ないことも少なくなく、この点も正統性の観点から批判されてきた[51]。

これらの批判につき、国際規整システムは二つの方法で対応してきたとされる。まず、G20 および FSB を通じた基準策定プロセスのさらなる政治化である[52]。国際機関と市民社会の構成員との間を仲介する政治家の存在が、当該機関の正統性を高めるために重要である点はつとに指摘されてきた[53]ところであるが、G20 および FSB における財務大臣等の政治的リーダーの直接参加は、この点に関する対応として位置付けることができる[54]。

次に、議題設定および基準策定プロセスにおける参加国数の劇的な拡大である[55]。G7 は G20 へと変わり、FSB や BCBS も、ブラジルや南アフリカ等の新たなメンバーを追加した[56]。ただし、各国の代表数には依然として差があり、したがってメンバー間の取扱いには不平等が残る[57]。

これらの対応につき、Brummer は、国際機関において完全な民主的参加を実現するのは、不可能でないとしても非現実的であるとし、G7 からG20 への拡張は、グローバル経済の変容を反映し、伝統的な支配的国家に集約された権力を希釈化するという点で注目に値すると述べ、このような対応を肯定的に評価する[58]。

この点、世界には一貫した公衆もいなければ、議論のための公共空間もなく、選挙を通じて公衆を政府組織に連携する制度もないという意味で、国際的共同体が存在していない現状においては[59]、正統性の問題は、国際的に共通した評価基準から語るべきものではなく、各国家法秩序ごとに、

---

51) Brummer, *supra* note 12), p. 194, p. 198. FATF につき、この点を指摘するものとして、Takeuchi, *supra* note 42), pp. 231-232.

52) Brummer, *supra* note 12), p. 199.

53) Keohane and Nye Jr., *supra* note 45), pp. 232-233.

54) Gadinis, *supra* note 17), p. 159; Brummer, *supra* note 12), p. 200.

55) Brummer, *supra* note 12), p. 200. 久保田・前掲注 19) 47 頁も参照。

56) 詳細につき、Brummer, *supra* note 12), pp. 200-201.

57) 例として、FSB における代表数の差につき、Brummer, *supra* note 12), p. 202.

58) Brummer, *supra* note 12), pp. 207-208. また、久保田・前掲注 19) 47 頁も、「一般に意思決定の迅速性や基準の高度な専門性に照らして全員参加方式は困難であり、現状以上のメンバーシップ拡大には限界がある」として、現状を肯定的に評価している。

59) Keohane and Nye Jr., *supra* note 45), pp. 234-235.

その政治的・文化的文脈に応じて論じるべきであろう[60]。そして、我が国との関係では、国際基準の国内実施がしばしば批准等の国内手続に乗らないことを考えれば、国際機関での基準策定等の動向に関する情報提供による透明化と、その際のパブリックコメントの募集等による参加手段の提供[61]が、これらの国際規範の正統性を確保するのに役立つことだろう。また、我が国の目から見て当該国際機関が一定の質をもった民主的決定システムを備えているか否かも、正統性の判断に影響を与えることになろう[62]。

2　実効性

国際金融分野における規範の実効性については、ネットワーク理論の観点からこれを楽観視する見解[63]もあるが、懐疑的な見解[64]も少なくなく、現行の制度的枠組みは、システムリスクや規制上の裁定（regulatory arbitrage）への対応として不十分であると指摘される[65]。そこでは、そもそも各国の規制当局には専門的知識が欠如しており、暗号資産やスマートコントラクト等の急速な技術的進展に対応できないといった点[66]も挙げられるが、国際的な文脈では、国際的な準則がいかにあるべきかという点についてのグローバルな合意が欠如している点[67]や、仮に合意が成立したとして

---

60)　Cf. Aleinikoff, *supra* note 43), p. 489.

61)　なお、久保田・前掲注 19) 47 頁は、基準案に対するパブリックコメントやフィードバックの実施といった改革が進行していることに言及する。

62)　なお、法整備支援という文脈においてではあるが、他の法秩序から抵触法上の法秩序として認められるための最低基準という観点から「法の支配」を論じる意義を述べたものとして、横溝大「『法の支配』の確立と法整備支援―抵触法的観点から」国際法外交雑誌 111 巻 3 号（2012）26 頁。金融分野における国際機関に一定の質をもった民主的決定システムを正統性の観点から求めるという本章での議論も、同論文の発想とある程度共通性を有するものであるといえよう。

63)　Slaughter, *supra* note 5), pp. 166-215; Zaring, *supra* note 6), pp. 31-34.

64)　なお、ネットワーク理論の主張を非現実的であると批判するのは、Brummer, *supra* note 12), p. 134.

65)　Annelise Riles, "Managing Regulatory Arbitrage: A Conflict of Laws Approach", *Cornell International Law Journal*, Vol. 47, No. 1 (2014), p. 63, p. 65.

66)　Hilary J. Allen, *Driverless Finance: Fintec's Impact on Financial Stability* (Oxford University Press, 2022).

67)　Riles, *supra* note 65), p. 77; Ethiopis Tafara and Robert J. Peterson, "A Blueprint for Cross-Border Access to U.S. Investors: A New International Framework", *Harvard International Law Journal*, Vol. 48, No. 1 (2007), p. 31, p. 40（各国における規制哲学の根本的相違を指摘する）。

も、国内法化や執行を望まない国々が存在している点[68]が指摘される。ま
た、規制の調和化には時間がかかり、本来的に、規整が市場の活動よりも
一歩遅れるという点も挙げられる[69]。さらに、同一の準則の経済的効果は、
国ごとの文脈により様々である[70]。最後に、2008年の金融危機において、
カナダや日本といった米国と異なる規制を有する国々がより良く対応した
ことにもみられるように、規制の調和化が、金融危機において同意を受け
容れた国々にかえってリスクをもたらし得る点も指摘される[71]。

　この点については容易には判断できないが、現在の国際金融分野におけ
る規範の実効性に関し、上述のように懐疑的な見解が少なからず存在して
いる点には留意しておいてよいだろう[72]。

Ⅴ　結　語

　以上、金融分野を題材に、グローバル化の下での国家法秩序の特色につ
いて考察した。①グローバル化の下でも、金融分野においては、一部の国
家機関が互いに連携・協力してネットワークを構築し、様々な国際機関に
おいて非拘束的な規範を形成し、各国において同規範を実施するという状
況となっていること、②そのような状況を国際法・国内法上位置付けるべ
く、「細分化された主権」といった新たな概念が提案されているが、むし

---

68)　Riles, *supra* note 65), pp. 77-78; Onnig H. Dombalagian, "Choice of Law and Capital
　　Markets Regulation", *Tulane Law Review*, Vol. 82, No. 5 (2008), p. 1903, p. 1940.
69)　Riles, *supra* note 65), p. 82.
70)　久保田隆「金融監督規制の国際調和と相互承認に関する一考察(1)―バーゼルⅡの制定過
　　程を素材にして」早稲田法学83巻3号 (2008) 1頁・4頁。Cf. Tafara and Peterson, *supra*
　　note 67), p. 50.
71)　Riles, *supra* note 65), p. 75.
72)　なお、Brummer は、一方において、投資家が国際基準に照らして国家規制を評価する
　　といった市場規律や、IMFや世界銀行による融資の際のコンディショナリティ、氏名の公
　　表、資本市場による制裁、会員資格についての制裁といった制度的規律が、ソフトローであ
　　る金融に関する規範の遵守を促している点を指摘しつつ、他方において、遵守状況の評価に
　　おいては、プログラムへの参加が自発的であること、情報が非公開となっていること、さら
　　に、評価対象主体の誇大宣伝により、その評価に限界があることを指摘している。Brum-
　　mer, *supra* note 12), pp. 119-182. また、久保田・前掲注19) 46頁も参照。

ろ、多様な国際機関をフォーラムとした法秩序間の交渉・対話および相互調整のプロセスを通じた政治的解決として位置付けることができること、③正統性の問題は、国際的に共通した評価基準から語るべきものではなく、国家法秩序ごとに、その政治的・文化的文脈に応じて論じるべきであること、そして、④実効性については懐疑的な見解も少なからず存在していること、以上が本章の骨子である。

最後に、国際金融分野における規整に関する今後の展望について触れて本章を結ぶことにしたい。

世界貿易機関と同様、世界金融機関のような統一的機関の確立を模索する方向も考えられるものの、各国の規制哲学と国益の相違から、そのような方向は非現実的でありほとんど不可能であると考えられる[73]。むしろ、多様な国際機関をフォーラムとした国家法秩序間の交渉・対話および相互調整のプロセスの下、形成される基準を参照点とし、各国が自らの文脈に応じて取捨選択することで、漸進的に調和化を達成していくという現在のアプローチを維持し、その正統性・実効性を高めていくという方向の方が、より望ましいのではないだろうか[74]。

このようなアプローチの下では、各国規制の抵触を避けることはできず、その調整が試みられなければならない。そこで、抵触法的アプローチの応用可能性も含め[75]、今後は、この問題の解決が一層検討されねばならないだろう[76]。

【附記】　本章は、JSPS 科研費基盤研究(A)「グローバル法・国家法・ローカル法秩序の多層的構造とその調整法理の分析」(課題番号 19H00568)(代表：原田大樹)の研究成果の一部である。

---

73) Brummer, *supra* note 12), pp. 326-331.

74) ソフトローが、各国間の調整メカニズムの鍵としての役割を果たすべきであると主張するのは、Brummer, *supra* note 12), p. 344.

75) さしあたり、筆者の序説的検討として、Dai Yokomizo, "Regulation of Cross-Border Financial Transactions by Conflict of Laws", in Alexander Bruns and Masabumi Suzuki (eds.), *Preventive Instruments of Social Governance* (Mohr Siebeck, 2017), p. 163.

76) 国際金融分野における規制間抵触に関する調整についての先駆的業績として、Hal S. Scott, "International Finance: Rule Choices for Global Financial Markets", in Andrew T. Guzman and Alan O. Sykes, *Research Handbook in International Economic Law* (Edward Elgar Publishing, 2007), p. 361 がある。

第2章 多層的法秩序の中の金融取引と国家裁判所
──イスラーム金融を例に

加藤紫帆

I 序
II イスラーム金融の多様性
III イスラーム法遵守のための仕組み
IV イスラーム金融と国家裁判所
V 結 語

I 序

　本章の目的は、多層的法秩序の中で行われる金融取引としてイスラーム金融を例にとり、イスラーム金融の多様性やその統御のあり方を紹介しつつ、イスラーム金融との関係で国家裁判所が果たすべき役割について検討することにある。

　イスラーム金融とは、イスラームの教義に即した金融サービス全般の総称である[1]。その最も顕著な特徴は、シャリーア適格性（Shari'ah compliance）と呼ばれるイスラーム認証の重要性にあるといわれる[2]。このように、イスラーム法遵守を保証するためにイスラーム金融業界に関わる利害関係者によって採られる構造やプロセスのことを、一般に、シャリーア・ガバナンス[3]と呼ぶ。シャリーア・ガバナンスは、一般的なコーポレ

---

1) 吉田悦章『グローバル・イスラーム金融論』（ナカニシヤ出版・2017）14頁。
2) Mahmoud A. El-Gamal, *Islamic Fiance: Law, Economics, and Practice* (Cambridge University Press, 2006), p. 7.
3) See IFSB, *IFSB-10: Guiding Principles on Shari'ah Governance Systems for Institutions Offering Islamic Financial Services* (December 2009), para. [3]. See also, Habib Ahmed, "Shari'ah Governance Regimes for Islamic Finance: Types and Appraisal", *Economia*

30　第2章　多層的法秩序の中の金融取引と国家裁判所

ート・ガバナンスとは異なり、金融機関の活動の宗教的側面に関わる点で独自性を有するとされるが[4]、その課題の一つにイスラーム金融の多様性への対応が挙げられる[5]。イスラーム金融は、特に解釈におけるイスラーム法[6]の多元性[7]ゆえに、「高度に断片的なグローバル法秩序」[8]であるといわれる。シャリーア・ガバナンスでは、イスラーム金融の多様性はどのように統御されており、また、国家法秩序との関係では、どのような課題が存在するのだろうか。

　以上のような問題関心から、本章では、イスラーム金融の多様性を確認した上で（II）、イスラーム金融において重要な役割を果たすシャリーア・ガバナンスのあり方について紹介し（III）、最後に、いわゆる中央集権的なシャリーア・ガバナンス[9]を欠く法秩序に着目し、その中でも特に、国家裁判所が果たすべき役割について考察する（IV）。

II　イスラーム金融の多様性

1　地域的多様性

　イスラーム金融の多様性は、従来、イスラーム法学派[10]の地域的分布の差異により説明されてきた[11]。例えば、マレーシアでは、1980 年代中頃

　　Internazionale（*International Economics*), vol. 64(4)（2011), p. 393, p. 396.
4)　Bashar H. Malkawi, "Shari'ah Board in the Governance Structure of Islamic Financial Institutions", *American Journal of Comparative Law,* vol. 61(3)（2013), p. 539, p. 544.
5)　その他の課題については、Malkawi, *id,* pp. 563-572 参照。
6)　イスラーム法とは、「人間の行動に関するアッラーの命令の総体」であり、その具体的内容は、「アッラーから下された啓示および法学者たちによる啓示解釈」に見出されるとされる。両角吉晃『イスラーム法における信用と「利息」禁止』（羽鳥書店・2011）6 頁。
7)　大河原知樹＝堀井聡江『イスラーム法の「変容」―近代との邂逅』（山川出版社・2015）15 頁。
8)　Jonathan G. Ercanbrack, "Islamic Financial Law and the Law of the United Arab Emirates: Disjuncture and the Necessity for Reform", *Arab Law Quarterly*, vol. 33(2)（2019), p. 152.
9)　後述 III 2 参照。
10)　「特定の優れた法学者の学説への忠誠を軸に形成された法学の流儀とそれを受容した法学者たちの集団」であり、多数派であるスンニー派の法学派には、スンニー派四正統法学派と呼ばれる四つの法学派（ハナフィー派・マーリーキー派・シャーフィイー派・ハンバリー派）がある。両角・前掲注6）17～18 頁。

以降、「イーナ（*inah*）」という契約概念に基づく消費貸借等[12]が行われてきたが、中東地域では、そのシャリーア適格性に疑問が呈されてきた[13]。この論争の背景には、前近代のイスラーム世界におけるイーナに関して、これを基本的に容認する学派（マレーシアを含む東南アジアで有力なシャーフィイー派）と、それに否定的な学派（マーリク派や中東地域で有力なハンバリー派）との間の対立があったことが指摘されている[14]。ただし、このような法学派の地域的差異は、イスラーム金融に多様性をもたらす要因の一つにすぎず[15]、2000 年代以降の国際的な標準化[16]の流れの中で、地域的差異は克服されつつあるともいわれる[17]。

2　新たな金融商品がもたらす多様性

　他方で、西洋起源の資本主義・市場経済に基づく金融（以下、「コンベンショナル金融」という）[18]との競争を通じ、イスラーム金融が発展を遂げる中で、新たな論争が生じるようになっている[19]。一例として、Muhammad Taqi Usmani の 2007 年論文[20]に端を発する「スクーク（*sukuk*）」をめぐる

---

11)　鈴木均＝濱田美紀「地域的多様性のなかのイスラーム金融」濱田美紀＝福田安志編『世界に広がるイスラーム金融―中東からアジア、ヨーロッパへ』（アジア経済研究所・2010）3頁・15〜16頁等参照。

12)　イーナを用いた金融取引においては、まず、流動性制約に直面する顧客 A が、イスラーム金融機関 B から、何らかの財を延べ払いで購入する（購入価格 X + α 円）。次に、B は、A から当該財を即時払いで買い戻す（買戻し価格 X 円）。この二者間の二重取引を通じて、A は、買戻し価格（X 円）に相当する現金を得て自らの流動性制約を解決し、B は、差額分（α 円）の利益を得るのである。長岡慎介「イーナとタワッルクからみた現代イスラーム金融のダイナミズム―地域的多元性から東西市場の融合へ」イスラーム世界研究 2 巻 1 号（2008）163 頁・167 頁参照。

13)　長岡・前掲注 12) 166 頁。ただし、その後、マレーシアにおいても、イーナの利用を再考する動きが生じたことにつき、同 172 頁参照。

14)　長岡・前掲注 12) 168 頁。

15)　吉田悦章＝長岡慎介「イスラーム金融の現在と変容する多様性」濱田＝福田編・前掲注11) 255 頁・261 頁。

16)　後述 **III 3** 参照。

17)　吉田＝長岡・前掲注 15) 268 頁参照。

18)　桑原尚子「神の法に則った『正しい』金儲け―法学者の知的営為としてのイスラーム金融」法学教室 495 号（2021）4 〜 5 頁参照。

19)　吉田＝長岡・前掲注 15) 270 頁。

20)　Muhammad Taqi Usmani, "Sukuk and their Contemporary Applications", available at ⟨https://iefpedia.com/english/wp-content/uploads/2009/11/Sukuk-and-their-Contemporary-

論争が挙げられる[21]。スクークとは、「シャリーア適格な金融資産（債権等）の持分を表象する証書」[22]であり、その保有者はスクークの裏付けとなる事業や資産から生じる利益を得る[23]。

上記論文の中で Usmani は、当時発行されていた多くのスクークにつき、コンベンショナル金融における利付債を複製するものであるとして批判した[24]。例えば、Usmani は、利付債と同じ方法で満期時にスクーク保有者への元本返還を保証する点を問題視した[25]。これは、スクークに代表される資産を、満期時の真の価値または市場価値ではなく、スクーク保有者が当初購入した時の価格（額面価格）で、借主が買い戻すことを約することによって実現されるのであるが[26]、このような資本返済の約束は、スクークが基礎とすべきイスラーム法上の損益分配（profit-and-loss sharing; PLS）の原則に反するというのである[27]。

Usmani の論文および国際機関である AAOIFI[28]によるこれと同趣旨のガイドライン[29]は、「イスラーム法の原則を実質的に遵守することの優位性を再確認するイスラーム金融業界による目に見える試み」[30]と評され、国際的なスクーク市場に大きな衝撃を与えたとされる[31]。この論争が示す

Applications.pdf〉（最終閲覧日：2024 年 11 月 1 日。以下、掲記の URL につき同じ）.

21）　See Atif Hanif *et al*, "Sukuk", in C. R. Nethercott & D. M. Eisenberg (eds.), *Islamic Finance: Law and Practice* (Oxford University Press, 2nd ed., 2020), p. 299, p. 308.

22）　田原一彦「日本法制下のイスラーム金融取引」イスラーム世界研究 2 巻 2 号（2009）188 頁・193 頁。See also, AAOIFI, Governance Standard No. 12, para. [7.o].　長岡慎介『現代イスラーム金融論』（名古屋大学出版会・2011）36 頁は、邦訳としては「イスラーム型証券」とするのが、その機能を的確に示しており、相応しいとする。

23）　西村あさひ法律事務所編『ファイナンス法大全(上)〔全訂版〕』（商事法務・2017）968 頁。

24）　Usmani, *supra* note 20), p. 3.

25）　Usmani, *id*, p. 4. See also, Hanif *et al, supra* note 21), p. 308.

26）　Usmani, *id*, p. 4.

27）　Jason Benham, "Islamic bond market 'wrecked' by critical remarks" (*ArabianBusiness*, 28 October 2008), available at 〈https://www.arabianbusiness.com/markets/equities/sukuk/islamic-bond-market-wrecked-by-critical-remarks-83923〉. See also, Usmani, *supra* note 20), p. 2.

28）　後述 III 3 参照。

29）　ガイドラインは、次の URL から入手可能（「AAOIFI Ruling on Sukuk」と題する PDF としてアップロードされている）。〈https://islamicbankers.me/2008/09/25/sukuk-illegal/〉. See also, Hanif *et al, supra* note 21), p. 308.

30）　Hanif *et al, id*, p. 309.

ように、コンベンショナル金融との競争・競合の中でのイスラーム金融の発展は、コンセンサスが得られにくい商品の開発を招来する側面があるとされる[32]。

3 具体的紛争

上述したイスラーム金融の多様性は、シャリーア適格性をめぐる具体的紛争をも生じさせてきた。例えば、スクークをめぐる論争に関連する著名な事件として、ダナ・ガス（Dana Gas）事件[33]がある。ダナ・ガス事件は、発行済みのスクークのシャリーア適格性に疑義が生じ、イギリスとアラブ首長国連邦の両国において裁判[34]にまで至った事案である。

アラブ首長国連邦法人である天然ガス開発会社ダナ・ガスは、2017 年 6月、投資家に対し、同年 10 月に満期を迎える合計 7 億米ドルのスクークの再編要求を行った[35]。このスクークは 2007 年に発行され、2012 年に再編されたものであった[36]。ダナ・ガスは、2017 年の再編要求の理由として、イスラーム金融商品およびその解釈の発展により、現状の取引形態のスクークはシャリーア適格性を欠き、シャリーアを法源の一つとするアラ

---

31) See Benham, *supra* note 27).

32) 例えば、「ワアド（*wa'd*：約束）」を利用したトータル・リターン・スワップ（TRS）をめぐる論争につき、Wafica Ali Ghoul, "The Standardization Debate in Islamic Finance: A Case Study", 8th International Conference on Islamic Economics and Finance, Doha, 18th-20th December 2011, available at 〈https://iefpedia.com/english/wp-content/uploads/2012/01/Wafica.Ali_.pdf〉; Jonathan Ercanbrack, *The Transformation of Islamic Law in Global Financial Markets* (Cambridge University Press, 2015), pp. 136-138 参照。

33) 「世界のイスラム金融揺さぶるダナガス問題とは」（日本経済新聞、2017 年 9 月 23 日）〈https://www.nikkei.com/article/DGXMZO21307140Q7A920C1000000/〉参照。

34) なお、イングランド・ウェールズ高等法院（Leggatt 判事）は、準拠法をイギリス法とするいくつかの契約につき、同法の解釈として有効であると述べ、結論として、ダナ・ガスの訴えを退けている。Dana Gas PJSC v. Dana Gas Sukuk Ltd & Ors [2017] EWHC 2928 (Comm) (17 November 2017), para. [86]. アラブ首長国連邦における裁判に関しては、最終的に当事者間の裁判外合意により解決されたという。See FitchRatings, "Dana Gas Repayment Leaves Sukuk Legal Precedents Still Lacking" (15 October 2020), available at 〈https://www.fitchratings.com/research/islamic-finance/dana-gas-repayment-leaves-sukuk-legal-precedents-still-lacking-15-10-2020〉.

35) Omair Haroon *et al*, "Dana Gas: The Sukuk Dispute", *Asian Journal of Management Cases*, vol. 17(1_suppl) (2020), p. 42S, p. 47S.

36) Haroon *et al, id*, p. 47S.

ブ首長国連邦法上、違法である旨のイスラーム法学者の助言を受けたことを挙げた[37]。

ダナ・ガスのスクークについては、イスラーム法上、いくつかの問題点が指摘されている[38]。例えば、AAOIFI が策定しているシャリーア適格性に関する「シャリーア標準 (*Shari'ah* Standards)」[39]によれば、投資により発生するリスクは当事者間で負担することとされ、資産は、実際の売却価格、公正価値または清算時に合意されたレートで売却されなければならないところ[40]、償還時の資産の買戻価格を額面価格に固定するというダナ・ガスのスクークに関する慣行は、この原則に反するとされる[41]。

III イスラーム法遵守のための仕組み

1 個々の金融機関レベル

II で述べたような多様性を包含するイスラーム金融において、シャリーア適格性を保証するための鍵となる仕組みが、シャリーア・ボード (*Shari'ah* Boards) によるシャリーア適格性認証である。シャリーア・ボードとは、通常、イスラーム金融商品・サービスを提供する金融機関(以下、

---

37) See Dana Gas PJSC v. Dana Gas Sukuk Ltd & Ors, *supra* note 34), para. [24]; Haroon *et al, id,* p. 47S.

38) See Muhammad Salahuddin Hekmatyar & Ebrahim Parkar, "An Evaluation of Dana Gas's Mudarabah Sukuk from Shariah and Legal Perspectives", *European Journal of Islamic Finance,* no. 9 (April 2018), p. 1, available at 〈https://ojs.unito.it/index.php/EJIF/issue/view/276〉, p. 5, p. 8; Saheed Abdullahi Busari *et al,* "Dana Gas Sukuk Default: A Juristic Analysis of Court Judgement", *International Journal of Islamic and Middle Eastern Finance and Management,* vol. 12(4) (2019), p. 572.

39) 後述 III 3 も参照。

40) See AAOIFI, Shari'ah Standards No. 13. para. [8/8] and No. 12. para. [3/1/6/2].

41) Hekmatyar & Parkar, *supra* note 38), p. 5. なお、この点に関する AAOIFI のシャリーア標準は 2008 年に改訂されたものであり、問題となったスクークは、発行当初(2007 年)は、当時のシャリーア標準に合致していたが、2008 年改訂によりシャリーア適格性が否定されることとなったのであった。ただし、III 1 で述べるイスラーム法学者によるシャリーア適格性認証に関しては、2012 年の再編時点では、新たなシャリーア標準が公表されていたが、再度のシャリーア適格性認証はなされず、2007 年に発出されたシャリーア適格性認証が再利用されたという。*Id*, p. 6.

「イスラーム金融機関」という）に設置されるイスラーム法の専門家[42]から成る会議体のことである[43]。イスラーム金融機関は、シャリーア・ボードより、個々の取引がシャリーア適格性を有しているとするイスラーム法上の法学裁定（ファトワー〔fatwa〕）[44]を取得することで、イスラーム法を遵守していることの認証を得る[45]。

シャリーア・ボードの役割としては、自らが設置されているイスラーム金融機関による個々の取引に関するシャリーア適格性認証のほか、当該金融機関によるイスラーム金融商品の開発やストラクチャリング活動への参加、イスラーム法に関連する問題の検討・承認、イスラーム法の観点からの会計監査、シャリーア適格性の年次認証の発行等[46]、様々なものが挙げられる。シャリーア・ボードは、国家法により設置が義務付けられる場合もあるが[47]、一般には、個々のイスラーム金融機関が、自らの経営の正統性や信頼性を確保するために[48]、商業上の慣行として設置しているとされる[49]。

---

42) シャリーア・ボードの委員は、イスラーム法学（フィクフ〔fiqh〕）の中でも、売買を含む人間同士の関係を定めた規範（フィーク・ムアーマラート〔fiqh-mualamat〕）（片倉もとこ編集代表『イスラーム世界事典』（明石書店・2002）362〜363頁〔棚橋博之〕等参照）の専門家であることが求められる。See AAOIFI, Governance Standard No.1. para. [2]; IFSB, IFSB-10, p. 30.

43) 吉田・前掲注1）68頁。なお、金融機関によっては、シャリーア・アドバイザーと呼ばれる外部のイスラーム法学者にシャリーア・ボードの機能を求める場合もあるとされる。イスラム金融検討会編『イスラム金融─仕組みと動向』（日本経済新聞出版社・2008）216〜217頁。このような業務を提供する会社や組織が多く存在することにつき、IFSB, IFSB-10, fn. 2; Malkawi, *supra* note 4), pp. 554-555 参照。

44) ファトワーとは、「イスラーム神学・法学・伝承学等の宗教諸学……を修めた人々」（ウラマー〔ulama〕）が、「公的または私的な請託を受けて具体的な法的案件に関して発行する法学意見ないし鑑定」を指す。アジア法学会編『現代のイスラーム法』（成文堂・2016）255頁・262頁参照。理論上、請託者にとって拘束力はないとされるが（同262頁）、イスラーム金融実務においては、イスラーム金融機関は、自らが設置したシャリーア・ボードのファトワーに拘束されると考えられている。See AAOIFI, Governance Standard No.1, para. [2].

45) 吉田・前掲注1）14頁。

46) Malkawi, *supra* note 4), p. 550. ただし、その役割は機関ごとに様々であるとされる。*Id*, p. 547.

47) 例えば、アラブ首長国連邦、マレーシア、クウェート等が挙げられる。See Malkawi, *id*, pp. 550-551; Ahmed, *supra* note 3), p. 402.

48) Ahmed, *id*, p. 400.

49) イスラム金融検討会編・前掲注43）216頁。

36　第2章　多層的法秩序の中の金融取引と国家裁判所

　上記の通り、個々の金融機関のシャリーア・ボードは、私的な金融監督機関[50]として、個々の金融機関による活動の宗教的側面に関するガバナンス機能を担っている。ただし、このように個別的で分権的なシャリーア・ガバナンス[51]においては、例えば、特定の金融商品のシャリーア適格性に関する好意的なファトワーを探し求める「ファトワー・ショッピング（*fatwa* shopping）」[52]といった行為も、制度上、容認されてしまうおそれがある[53]。こうした問題を克服するために、一部の国において採られている対応が、中央シャリーア・ボードの設置である。

2　国家レベル

　イスラーム金融を政策的に推進する国家の中には、中央銀行や証券取引委員会等に国家レベルのシャリーア・ボードを設置するものがある[54]。例えば、マレーシアの銀行規制においては、個々の金融機関のシャリーア・ボードと中央銀行のシャリーア・ボード（*Shariah* Advisory Council; SAC）[55]とによる二層構造[56]のシャリーア・ガバナンスが行われている。SAC は、

---

50)　Ralf Michales, "Religiöse Rechte und postsäkulare Rechtsvergleichung", in R. Zimmermann (hrsg.), *Zukunftsperspektiven der Rechtsvergleichung* (Mohr Siebeck, 2016), p. 39, p. 94. 加藤紫帆「我が国裁判所におけるイスラーム金融をめぐる国際民事紛争の解決」法学会雑誌（東京都立大学）63 巻 1 号（2022）231 頁・250 頁・254 頁も参照。

51)　分権的と中央集権的との対比につき、Abd Hakim Abd Razak, "Centralisation of Corporate Governance Framework for Islamic Financial Institutions: Is it a worthy cause?", *International Journal of Islamic Finance,* vol. 10 (1)（2018), p. 36, p. 40 参照。

52)　Umar A. Oseni *et al*, "The Legal Implications of 'Fatwa Shopping' in the Islamic Finance Industry: Problems, Perceptions and Prospects", *Arab Law Quarterly*, vol. 30 (2)（2016), p. 107, p. 121.

53)　IFSB（後述 **3** 参照）は、IFSB-3: Guiding Principles on Corporate Governance for Institutions Offering Only Islamic Financial Services (December 2006), para. [114] において、「世をすねた（cynical）『ファトワー・ショッピング』ないし『ファトワー・フィッシング』——すなわち、様々なシャリーア学者にシャリーアの意見を求め、最も都合の良い意見を選ぶこと——は、許容される行為とはみなされない」、と述べている。

54)　Malkawi, *supra* note 4), p. 554; Ahmed, *supra* note 3), pp. 400-401. マレーシアのほか、インドネシアやパキスタンが挙げられる。Ahmed, *id*, p. 401. また、アラブ首長国連邦でも、中央銀行に中央シャリーア・ボード（Higher *Shari'ah* Authority）が設置されている。See〈https://www.centralbank.ae/en/our-operations/islamic-finance/shariah/〉.

55)　See〈https://www.bnm.gov.my/shariah-advisory-council〉.

56)　Oseni *et al, supra* note 52), p. 132.

マレーシアのイスラーム金融機関による裁定の一貫した適用を確保する重要な役割を担うとされる[57]。例えば、2009年のマレーシア中央銀行法[58]によれば、イスラーム金融機関は、SACに裁定や助言を求めることができ[59]、個々の金融機関のシャリーア・ボードの裁定とSACの裁定とが矛盾する場合、後者が優先するとされる[60]。紛争解決に関しても、裁判所や仲裁廷は、SACが公表した裁定を考慮に入れるか、SACにその裁定を付託しなければならないとされる[61]。そして、付託に基づき下されたSACの裁定は、付託したイスラーム金融機関、裁判所または仲裁廷を拘束するとされる[62]。

このように中央集権的なシャリーア・ガバナンスは、一国内部でのイスラーム金融の調和を図るのには有効といえるが、グローバルなシャリーア・ガバナンスを行うには、国際機関の役割が重要となる。

3　国際レベル

2000年代以降、イスラーム金融のグローバル化を下支えすべく、標準化の取組みが行われてきた[63]。イスラーム金融に関する標準策定を行う代表的な国際機関として、マレーシアで設立された「イスラーム金融サービス委員会」(IFSB)[64]や、バーレーンで設立された「イスラーム金融機関会計監査機構」(AAOIFI)[65]が挙げられる[66]。

IFSBは、イスラーム金融商品やイスラーム金融機関経営に関する標準

---

57)　See *supra* note 55).

58)　Central Bank of Malaysia Act (CBMA) 2009, available at 〈https://www.bnm.gov.my/-/central-bank-of-malaysia-act-2009-1〉.

59)　Section 55(2) of CBMA 2009.

60)　Section 58 of CBMA 2009.

61)　Section 56 of CBMA 2009.

62)　Section 57 of CBMA 2009.

63)　小杉泰＝長岡慎介『イスラーム銀行―金融と国際経済』(山川出版社・2010) 79頁、長岡・前掲注22) 37頁等参照。

64)　IFSBのメンバー (合計188) には、規制・監視当局、国際政府間組織および市場関係者が含まれる。See 〈https://www.ifsb.org/membership/〉.

65)　AAOIFIのメンバー (合計180。ウェブサイトより筆者が集計) には、中央銀行・規制当局および金融機関が含まれる。See 〈https://aaoifi.com/membership-categorise/?lang=en#〉.

66)　小杉＝長岡・前掲注63) 79頁、長岡・前掲注22) 37〜38頁等参照。

を策定・公表してきた[67]。シャリーア・ガバナンスに焦点を当てた標準と
しては、「イスラーム金融サービスを提供する機関のためのシャリーア・
ガバナンス・システムに関する指針」(2009 年 12 月採択)[68]がある。同指針
では、シャリーア・ボードの独立性や委員の能力、守秘義務、裁定の一貫
性等に関する指針が提示されている[69]。ただし、IFSB の標準は、拘束力
を有するものではなく、各国当局等が参照し、必要な場合には国内規制と
して施行すべき性質のものとされ[70]、上記指針も、拘束力を有するもので
はない[71]。

　AAOIFI は、イスラーム金融機関および同業界に対し、会計標準、監
査標準、ガバナンス標準およびシャリーア標準を策定・公表しており、シ
ャリーア・ガバナンスに関しても、いくつかのガバナンス標準を策定して
いる[72]。AAOIFI の標準は、中東地域を中心とする一部の国・法域におい
て強制力を伴う規範として採用されている[73]。ただし、その他の国・法域
では、利害関係者によりガイドラインとして参照されるにとどまり[74]、
IFSB の国際標準と同様に、個々のイスラーム金融機関は AAOIFI の標準
に従う義務はないとされる[75]。また、AAOIFI は、その独自のシャリー
ア・ボードを通じて、ファトワーの調和やイスラーム金融商品の開発支援、
イスラーム金融機関からの照会に対する回答、AAOIFI のシャリーア標
準の審査[76]を行うことで、イスラーム金融に関する規範の統一化・調和化
機能を果たしている[77]。ただし、AAOIFI のシャリーア・ボードは、個々

---

67)　吉田・前掲注 1) 70 頁。
68)　IFSB, IFSB-10.
69)　See *id,* para. [7].
70)　吉田・前掲注 1) 70〜71 頁。
71)　ただし、IFSB は、「遵守せよ、さもなくば説明せよ (comply or explain)」という考えを
　　採用し、イスラーム金融機関が、利害関係者に対し、同指針の採用の有無の表明や採用しな
　　い理由の説明を行うよう推奨している。IFSB, IFSB-10, para. [9].
72)　See ⟨https://aaoifi.com/ageb-separated/?lang=en⟩.
73)　See AAOIFI, Adoption of AAOIFI Standards, available at ⟨https://aaoifi.com/adoption-of-
　　aaoifi-standards/?lang=en⟩.
74)　Malkawi, *supra* note 4), pp. 569-570.
75)　Oseni *et al, supra* note 52), p. 116.
76)　AAOIFI, Shari'ah Standards, p. 28.
77)　AAOIFI のシャリーア・ボードのほか、イスラーム諸国・地域の地域機構である「イス
　　ラーム協力機構 (OIC)」の下部組織である「国際イスラーム法学アカデミー (IIFA)」

のイスラーム金融機関に対し、自らの判断を執行する権限までは有していないとされる[78]。

4 小 括

以上で紹介したように、シャリーア・ガバナンスは、シャリーア適格性の存在が、イスラーム金融の存在意義に関わる[79]という意味で、イスラーム金融において重要な役割を担う。ただし、シャリーア・ガバナンスは、国家レベルで行われている一部の国を除き、基本的には個々の金融機関のシャリーア・ボードにより、個別的かつ分権的に行われており、国際機関によるシャリーア・ガバナンスに関しても、拘束力という点で一定の限界があった。

さらに、イスラーム金融に関する国際取引においては、契約当事者が準拠法としてイギリス法や米国ニューヨーク州法を選択することが多いとされるが[80]、これらの国家においては、中央シャリーア・ボードは存在しない。このように、いわゆる市場主導型のシャリーア・ガバナンス[81]を採用する法秩序においてシャリーア適格性をめぐる問題が生じた場合、国家法秩序は、どのように対応すればよいのだろうか。この問題は、国家裁判所における紛争解決の場面で具体化する。最後に、この点について検討する。

IV イスラーム金融と国家裁判所

1 国家裁判所の役割

グローバルなイスラーム金融取引を含む、国境を越えた取引に関しては、

〈https://iifa-aifi.org/en〉も、同様の機能を果たすとされる。See Rodney Wilson, "Shari'ah Governance for Islamic Financial Institutions", *ISRA International Journal of Islamic Finance*, vol. 1(1)(2009), p. 59, p. 74.

78) Malkawi, *supra* note 4), p. 549.

79) See IFSB, IFSB-10, para. [1].

80) Andrew White, "Dispute Resolution and Specialized ADR for Islamic Finance", in C. R. Nethercott & D. M. Eisenberg (eds.), *Islamic Finance: Law and Practice* (Oxford University Press, 2nd ed., 2020), p. 104. II 3 で紹介したダナ・ガス事件でも、イギリス法を準拠法とする契約が一部含まれていた。前掲注 34) も参照。

81) See Ahmed, *supra* note 3), p. 402.

その規整における国家裁判所の役割に注目が集まってきた。特に 2000 年代以降、経済・社会のグローバル化により、国家の規制能力が相対的に低下する中で、私人間の紛争解決を担う国家裁判所が、国境を越えた取引の適切な規整へ向けて一定の規整的役割を担うべきであると主張されてきた[82]。加えて、国家横断的に様々な非国家法規範が形成されている状況[83]を踏まえ、国家裁判所や、国際的な私法の法律関係から生じる法的問題を扱う抵触法（または国際私法）が、非国家法を含む、様々な規範の調整的機能を果たすべきであるとも主張されてきた[84]。グローバル空間において、国家の私法以外の規範間の関係についてもますます調整が必要となっているという現状[85]に鑑みれば、国家裁判所は、紛争解決を通じて、異なる法秩序の規範間の調整を行っていくべきであると考えられる[86]。

　以上の議論を踏まえれば、ますますグローバルに発展し[87]、それに伴い国境を越えた紛争も増加することが予測されている[88]イスラーム金融取引との関係でも、国家裁判所は、グローバル平面におけるその適切な規整へ向け、イスラーム法という非国家法も含めた関連する規整的権威の調整と

---

82)　See, e.g., Robert Wai, "Transnational Liftoff and Juridical Touchdown: The Regulatory Function of Private International Law in an Era of Globalization", *Colombia Journal of Transnational Law*, vol. 40 (2002), p. 209. Wai の見解やその他の論者の見解については、さしあたり、加藤紫帆『文化財の不正取引と抵触法』(信山社・2024) 184 頁以下参照。

83)　横溝大「グローバル化時代の抵触法」『グローバル化 I』111 頁参照。

84)　See, e.g., Horatia Muir Watt, "Private International Law Beyond the Schism", *Transnational Legal Theory*, vol. 2(3) (2011), p. 347. 加藤・前掲注 82) 193 頁・203 頁も参照。

85)　例えば、競争法規範や国際法秩序内部の規範の競合・抵触につき、加藤紫帆「コミティ（礼譲）の現代的展開(1)(2・完)」名古屋大学法政論集 268 号 (2016) 155 頁・271 号 (2017) 65 頁参照。

86)　抵触法の役割に焦点を当てた検討であるが、詳しくは、加藤・前掲注 82) 200～213 頁参照。

87)　グローバルなイスラーム金融サービス産業が、2021 年末に 3 兆億米ドルを突破し、年率 19.75％の成長を示していることにつき、Cambridge Institute of Islamic Finance, Global Islamic Finance Report 2023, available at ⟨https://gifr.cambridge-ifa.net/⟩, p. 38 参照。

88)　See, e.g., Heba Hashem *et al*, "International standards and tribunals being developed to solve global islamic finance disputes" (Salaam Gateway, 12 July 2022), available at ⟨https://salaamgateway.com/story/international-standards-and-tribunals-being-developed-to-solve-global-islamic-finance-disputes⟩.

いう役割を担うべきであると考えられる。そこで問題となるのは、どのように調整すべきか、という点である。すなわち、古典イスラーム法学と現代的な金融という二つの祖[89]をもつイスラーム金融について、国家裁判所は、イスラーム法と世俗国家法との間で、どのような調整を行えばよいのだろうか。

　この点について考えるにあたっては、一方で、Ⅲで概観したイスラーム法の遵守を確保するためのシャリーア・ガバナンスの重要性を踏まえるべきであろう。契約準拠法が世俗法であり、法廷地に中央シャリーア・ボードが存在しないからといって、シャリーア適格性の問題を等閑視することは、シャリーア・ガバナンスのグローバルな実現を阻害することに繋がり、イスラーム金融の正統性や信頼性の確保という観点からは、必ずしも望ましくない[90]。他方で、各国家法秩序とイスラーム法やイスラーム金融との関係は様々[91]であるから、法秩序ごとに採り得る法的対応を検討していく必要があると考えられる[92]。

　そこで、国家レベルのシャリーア・ボードが存在せず、イスラーム法の「法」としての適用も認められない法秩序[93]の裁判所としては、グローバル平面におけるシャリーア・ガバナンスの促進へ向け、イスラーム法上の規範やその権威を適切に尊重しつつも、当事者間の合意の解釈問題として、契約準拠法の下でシャリーア適格性をめぐる争点につき判断する、という対応が考えられるのではないだろうか[94]。このような世俗法の下での宗教規範の考慮[95]という対応は、グローバルな平面におけるシャリーア・ガバナンスの実現を間接的に支える試みとして、積極的な評価が与えられるべ

---

89) El-Gamal, *supra* note 2), p. 8.

90) 　加藤・前掲注50) 250～251 頁も参照。

91) 　鈴木＝濱田・前掲注11) 11 頁以下参照。

92) 　加藤・前掲注82) 204～209 頁も参照。

93) 　See Shamil Bank of Bahrain EC v. Beximco Pharmaceuticals Ltd and others ［2004］ EWCA Civ 19. 加藤・前掲注50) 242～244 頁も参照。

94) 　加藤・前掲注50) 261 頁。その際には、イスラーム法学者による鑑定意見や当事者が提出した証拠、国際標準等を参照することとなろう。

95) 　加藤・前掲注50) 260～261 頁。

きであると考える。

2　具体的課題

　上述した対応には、当然、課題ないし限界もある。例えば、金融機関の
シャリーア・ボードが発出したファトワーを審査できるか、といった問題
がある。シャリーア適格性は、イスラーム法学者が判断すべき問題であり、
裁判所はその再審査を行うべきではない[96]と考えるならば、裁判所として
は、ファトワーを正当なものとして扱うほかなく、ファトワー・ショッピ
ングといった、その妥当性につき、場合によっては宗教上の判断を要する
ような問題への対応には、限界があるといえよう[97]。また、イスラーム金
融におけるローン契約には、借主はシャリーアに基づくいかなる抗弁も放
棄する旨の条項（シャリーア抗弁放棄〔waiver of *Shari'ah* defense〕条項）が
挿入されることがあるとされるが[98]、当事者の合意解釈の問題としてシャ
リーア適格性をめぐる争いを扱う場合、このような合意も、世俗法である
契約準拠法上、合意としての瑕疵が問題とならない限り、その効果を認め
ざるを得ないのではないだろうか[99]。

V　結　語

　本章では、多層的法秩序の中で行われる金融取引としてイスラーム金融
を例にとり、グローバル平面におけるその適切な規整へと向け、中央集権
的なシャリーア・ガバナンスが存在しない法秩序において、国家裁判所が

---

96)　Malkawi, *supra* note 4), p. 568. 加藤・前掲注50) 262 頁も参照。

97)　ただし、例えば、ダナ・ガス事件におけるシャリーア適格性認証の再利用（前掲注41)
　　参照）のように、以前のファトワーの不注意な採用（see Oseni *et al, supra* note 52), p.126)
　　として、取得方法に問題があるとされる余地はあるのではないだろうか。

98)　Kilian Bälz, "Islamic Finance Litigation", in Bloomsbury Publishing (ed.), *Islamic Finance:
　　Instruments and Markets* (Bloomsbury Publishing, 2010), p. 49, p. 51.

99)　この点に関し、Bälz は、借主が銀行のシャリーア・ボードのファトワーを検討した上で、
　　借主と銀行が当該ファトワーに示された解釈に同意する旨の条項を挿入する方法を挙げ、こ
　　の方法は、シャリーア抗弁放棄条項と比べ、合意とコンセンサスが解釈的多元性のカウンタ
　　ーバランスとなってきたイスラーム法の伝統に整合的であるとする。Bälz, *id,* p. 51.

果たすべき役割につき、若干の検討を行った。IV 2 で述べたように、裁判所による対応には限界もある。そのため、イスラーム金融をめぐる紛争解決に関しては、より柔軟な対応が可能な仲裁の利用に注目が集まっており[100]、イスラーム金融をめぐる紛争に特化した仲裁規則を作成する仲裁機関も存在する[101]。このようなイスラーム金融仲裁の将来は未だ見通せないものの[102]、イスラーム金融に関する仲裁合意の有効性や仲裁判断の承認等が問題となる場合[103]、国家裁判所は、イスラーム法だけでなく仲裁との関係でも、適切な規整的・調整的役割を果たすことが求められるだろう。この問題は、今後の検討課題としたい。

【附記】 本章は、JSPS 科研費基盤研究(A)「グローバル法・国家法・ローカル法秩序の多層的構造とその調整法理の分析」(課題番号 19H00568)(代表：原田大樹)の研究成果の一部である。

---

100) See, e.g., Farouq Saber Al-Shibli, "Litigation or Arbitration for Resolving Islamic Banking Disputes", *Arab Law Quarterly*, vol. 32 (2018), p. 413. See generally, A.F.M. Maniruzzaman, "Islamic Finance and Dispute Resolution," *Transnational Dispute Resolution*, vol. 19(6) (2022), p. 9.

101) See, e.g., Asian International Arbitration Centre (AIAC), i-Arbitration Rules 2023, available at 〈https://admin.aiac.world/uploads/ckupload/ckupload_20231029100536_40.pdf〉.

102) See, e.g., Ilias Bantekas, "Transnational Islamic Finance Disputes: Towards a Convergence with English Contract Law and International Arbitration", *Journal of International Dispute Settlement*, vol. 12(3) (2021), p. 505; International Chamber of Commerce (ICC), ICC Commission Report: Financial Institutions and International Arbitration (March 2018), available at 〈https://iccwbo.org/news-publications/policies-reports/financial-institutions-international-arbitration-icc-arbitration-adr-commission-report/〉, pp. 18-19.

103) See, e.g., Jivraj v. Hashwani [2010] EWCA Civ 712; Abdullah Abdul Rahman, "Islamic finance arbitration: enforceability under the New York Convention 1958 of arbitration awards made following a reference to the Shariah Advisory Council under the Central Bank of Malaysia Act 2009", *Arbitration International*, vol. 35(2) (2019), p. 245.

第3章 米国海外汚職行為防止法の「域外適用」の構造と運用

.... 会沢　恒

I　はじめに
II　FCPA の概観
III　FCPA の執行状況
IV　FCPA の規制対象と「域外適用」の構造
V　FCPA の拡張的適用とその限界（？）
VI　結びに代えて——国際的な反発の欠如の意義

I　はじめに

　1977 年に制定されたアメリカ合衆国の連邦立法である海外汚職行為防止法（Foreign Corrupt Practices Act of 1977）（以下、「FCPA」という）[1]は、企業やその従業員等による外国の公務員・政府関係者等に対する贈賄行為を刑事制裁を伴って禁止するものである。この種の法規制としては世界に先駆けるものであるとされる。

　FCPA は、ロッキード事件もその制定の契機の一つとなっており、また日本企業やその関係者が摘発された事例もみられることから、我が国でも国際取引や企業法務の関係者から注意が払われてきた[2]。あるいは、FCPA はその性質上、米国外の行為ないし行為者が規制対象に含まれることがあり、また OECD 外国公務員贈賄防止条約（以下、「OECD 条約」と

---

1)　Foreign Corrupt Practices Act of 1977, Pub. L. No. 95-213, 91 Stat. 1494 (1977) (codified as amended in scattered sections of 15 U.S.C.).
2)　例えば、森・濱田松本法律事務所グローバルコンプライアンスチーム編『海外進出企業のための外国公務員贈賄規制ハンドブック』（商事法務・2018）。

いう）とも密接に関わることから、国際法研究者の関心も集めてきた[3]。本章は英米法研究の観点から、FCPAの「域外適用」の構造および運用につき、アメリカ国内法からみた眺望の提示を試みるものである。

　本章では、まずFCPAの概要を確認し（Ⅱ）、続いてその執行状況を概観する（Ⅲ）。その上で、FCPAがいかなる回路を通じて「域外適用」されているかを検討する（Ⅳ・Ⅴ）。それに対するリアクションにつき触れて、本章を閉じる（Ⅵ）。

Ⅱ　FCPAの概観

1　法規制の概要

　FCPAによる規制は大別して、贈賄禁止条項（Anti-Bribery Provisions）と会計条項（Accounting Provisions）とから成る。贈賄禁止条項[4]は、①外国の公務員や政党とその関係者、公職の候補者に対して、②ビジネスを獲得または維持するために、②-a その権限に基いた決定をなすことに影響を与え、もしくはその法的義務に違反することを誘発し、その他不適切な優位を確保し、または②-b 外国政府やその代行機関への影響力の行使を誘発することを目的として、③汚職の意図をもって、④金銭その他の利益を有するあらゆるものを⑤供与しまたはその申出・約束・授権を推進するために⑥郵便その他の州際通商の手段を利用すること、を違法な行為として禁止する（⑥の要件につき後述Ⅳ1）。外国政府関係者等にそのような利益供与が間接的になされるであろうことを認識しながら、第三者に金銭等を供与などした場合も同様である。

　会計条項のうち、帳簿・記録条項（Books and Records Provision）[5]は、「発行者」（後述Ⅳ1）に対し、その取引および資産の処分を合理的な詳細

---

3)　例えば、梅田徹『外国公務員贈賄防止体制の研究』（麗澤大学出版会・2011）。特に、竹内真理「国内法の拡張的適用を制約する判断枠組みについての一考察─米国の外国腐敗行為法（FCPA）の実践を素材として」芹田健太郎ほか編『安藤仁介先生追悼　実証の国際法学の継承』（信山社・2019）307頁は本章とも考察対象が重なる。

4)　15 U.S.C. §§ 78dd-1(a), 78dd-2(a), 78dd-3(a).

5)　15 U.S.C. § 78m(b)(2)(A).

さで正確・公正に反映した帳簿・記録・会計の作成・保存を義務付けている。内部統制条項（Internal Accounting Controls Provision）[6]は、同様に「発行者」に対し、経営者の授権に従って取引・資産処分が行われるとともに、それらが適切に記録されることを合理的に確保するために十分な内部統制システムを構築・維持することを義務付けている。贈賄禁止条項が規制の中核であり、二重帳簿等で不明朗な資金の動きなどがないようにしてその実効性を担保すべく、会計条項の規制がなされている、と位置付けることができる[7]。IV 以下の検討では、主として贈賄禁止条項を念頭に置いて議論する。

　FCPA の執行は、連邦司法省（U.S. Department of Justice）（以下、「DOJ」という）および連邦証券取引委員会（U.S. Securities and Exchange Commission）（以下、「SEC」という）が担当する。SEC の管轄下にある会社がその執行対象となり、個人および SEC の規制対象ではない法人等が DOJ の執行対象となる。両者が協働することも珍しくない[8][9]。詳細は省略するが、FCPA 違反については、個人・法人ともに[10]、DOJ の訴追により罰金および拘禁刑という刑事罰の対象となり得るほか、DOJ・SEC ともに課徴金（民事制裁金 civil penalty）を課すことができる[11]。加えて、FCPA 違反の利益は刑罰としての没収の対象となり得[12]、また SEC はエクイティ上

---

6)　15 U.S.C. § 78m(b)(2)(B).

7)　もっとも、会計条項上の義務は FCPA の贈賄禁止条項にのみ対応したものではなく、他の企業不正の抑止も含意するものとされる。*See* Resource Guide 2d., *infra* note 27), at 38.

8)　Resource Guide 2d., *infra* note 27), at 3-6. DOJ の『司法マニュアル（Justice Manual）』（旧『合衆国検察官マニュアル（U.S. Attorneys' Manual）』）は、FCPA 違反事件の捜査・訴追につき、SEC と協調すべきことを強調している。Justice Manual § 9-47.110〈https://www.justice.gov/jm/jm-9-47000-foreign-corrupt-practices-act-1977#9-47.110〉（updated Mar. 2024). 他の政府機関が関与することもあり得るが、本章では立ち入らない。

9)　制定法上、民事訴権の規定はなく、これを認めるべきとの論者もいるが、裁判例では認められていない。Resource Guide 2d., *infra* note 27), at 101, n.22（citing Lamb v. Phillip Morris, Inc. 915 F.2d 1024 (6th Cir. 1990); McLean v. Int'l Harvester Co., 817 F.2d 1214 (5th Cir. 1987)）.

10)　（現在の）英米刑事法においては、我が国の両罰規定のような法人処罰の制約は特にない。*See generally* Wayne R. LaFave, Criminal Law § 13.5 (6th ed. 2017); *see also id.*, at § 13.4.

11)　15 U.S.C. §§ 78ff(c), 78dd-2(g), 78dd-3(e); Resource Guide 2d., *infra* note 27), at 69-71. 森・濱田松本法律事務所編・前掲注 2) 37〜39 頁。

12)　18 U.S.C. § 981; Resource Guide 2d., *infra* note 27), at 71. 森・濱田松本法律事務所編・前掲注 2) 38 頁。

の救済として、違反行為から得た利得の吐出しを求めたり、再発防止措置等を命じるよう裁判所に請求することもできる[13]。このほかFCPA違反については、その直接の効果ではないが付随的に、米国の政府調達に応札する資格を失ったり、国際開発金融機関（世界銀行等）の事業に参加できなくなるといった間接的な不利益処分を被るリスクもある[14]。

　もっとも、DOJやSECの摘発対象となったとしても、刑事裁判等でフォーマルに争われることは少ない。多くの場合、司法の場での本格的な争いには至らず、不訴追合意（NPA）、訴追猶予合意（DPA）、答弁合意（PA）等により、執行対象者がいかなる制裁を受けるか、執行当局と合意する形で事件が決着するとされる[15]。この種の合意に付随して執行対象者に対し義務・条件が課されるのが通例であり、これには、制裁金の支払い

13）　15 U.S.C. § 78u(d); Resource Guide 2d., *infra* note 27), at 71; Karen Woody, *"Declinations with Disgorgement" in FCPA Enforcement*, 51 U. Mich. J. L. Reform 269, 292-299 (2018).　森・濱田松本法律事務所編・前掲注2）39頁。

14）　*See* Resource Guide 2d., *infra* note 27), at 72-73.　森・濱田松本法律事務所編・前掲注2）39〜40頁・140〜143頁。

15）　Resource Guide 2d., *infra* note 27), at 75-79.　森・濱田松本法律事務所編・前掲注2）135〜138頁、渡邊肇「米国における海外腐敗行為防止法（FCPA）執行の現状と対策―反トラスト法との比較において」NBL1022号（2014）42頁。内田芳樹「米国連邦政府の企業犯罪対応と司法取引・訴訟代替手段利用に際しての留意点― US Attorneys' Manualの日本企業への適用の視点から」国際商事法務43巻9号（2015）1299頁、稲谷龍彦「企業犯罪対応の現代的課題(1)― DPA/NPAの近代刑事司法へのインパクト」法学論叢180巻4号（2017）40頁も参照。

　　不訴追合意（non-prosecution agreement）とは、被疑者が一定の義務・条件に服することで、執行当局がフォーマルな訴追を差し控えることに合意するものである。訴追猶予合意（deferred prosecution agreement）がなされると、当局は裁判所に起訴状を提出すると同時に一定期間（2〜3年が多いとされる）訴追を猶予することを申し立てる。この期間内に被告人が一定の義務・条件を遵守すると、当局は裁判所に訴追の却下を申し立てる。答弁合意（plea agreement）とは、検察官が譲歩する代わりに被告人が罪状認否について有罪の答弁をなすとの合意を広く包含するが、本章のコンテクストにおいては（フォーマルな訴追後の答弁取引〔plea bargaining〕を経ての合意というよりも）フォーマルな訴追の前の段階でPAに達していることが多い模様である。エンロン事件の余波でアーサー・アンダーセン会計事務所が解散に追い込まれたことが、2000年代半ば以降、DOJが企業をフォーマルに訴追することを避け、NPAやDPAの利用を強めた契機となったともされる。*See* Woody, *supra* note 13), at 279-287.

　　これらの実務は、我が国では報道も含めて、「司法取引」との語で総称されることが多い。執行当局と執行対象者との交渉と合意を基礎とするという点で共通点を有するものの、かように性質の異なる法実務を一つの概念で語ることができるか、学術的分析概念としての有用性については慎重でありたい。

や利得の吐出し、執行当局の捜査・調査への協力、是正措置の履行や再発防止体制の構築等が含まれる（もちろん無条件の不起訴処分で終結する可能性もないわけではない）。この法執行パターンは、事案の性質上、関係者の捜査協力が解明に不可欠であるとの訴追当局側の事情と、前段で述べた制裁のリスク（間接的なものを含め）をコントロールしたいビジネス組織たる執行対象者との利害が交錯することから生じていると考えられる（他方、裁判手続で本格的に争うのは刑事制裁のリスクに直面した個人被告人の場合が多い[16]）。もっとも、こうした事案解決手法に対しては、憲法上の刑事被告人の権利の放棄となるなどとした批判も根強い[17]。特に、DPA や PA に対してはまがりなりにも司法のチェックがある一方で、NDA の場合はそもそも裁判所に持ち込まれることなく事件が終結することから、司法のチェックを受けないことへの懸念も指摘される。

2　沿革と経緯[18]

　1970 年代、ウォーターゲート事件を契機として政界・産業界双方の腐敗に対する関心が高まる中、SEC や連邦議会等の調査により、メジャーな米国企業が海外で円滑に事業を進めるために現地の政治家等に違法な（少なくとも疑わしい）利益供与をしている事例が、ロッキード事件を含めて明るみになった[19]。米国企業と資本主義市場システム、そしてアメリカ合衆国という国それ自体の対外的な信用の毀損が懸念されたこともあり

---

16)　茨城敏夫＝杉山日那子「米国 FCPA の域外適用が正面から争点となった Hoskins 事件の事例研究―日本企業への域外適用リスクに与える影響」NBL1183 号（2020）32 頁・34 頁。

17)　例えば、内田芳樹「米国海外腐敗行為防止法（FCPA）の域外適用と各国の対応」日本国際経済法学会年報 24 号（2015）148 頁・156～163 頁参照。

18)　*See generally* Resource Guide 2d., *infra* note 27), at 2-3; Rachel Brewster, *Enforcing the FCPA: International Resonance and Domestic Strategy,* 103 Va. L. Rev. 1611, 1622-31, 1646-1648 (2017); Sean J. Griffith & Thomas H. Lee, *Toward an Interest Group Theory of Foreign Anti-Corruption Laws,* 2019 U. Ill. L. Rev. 1227, 1236-1246. 内田芳樹「米国 FCPA を起源とする内部統制システムの国際的普及―COSO の内部統制フレームワーク及び連邦量刑ガイドライン等との関係」横浜法学 27 巻 3 号（2019）479 頁・483～491 頁も参照。

19)　日本では「ロッキード事件を契機として FCPA が制定された」とされることも多い。だが、ロッキード事件は確かに問題視された事件の中でメジャーなものの一つであったが、唯一の事例ではなかったから、やや誇張した描写と思われる。内田・前掲注 18) 489～490 頁参照。

（冷戦下におけるソビエト連邦との対抗関係も意識されていたとされる）、ビジネスにおける透明性を求めて、カーター政権期に入ってから[20]の1977年12月、1934年証券取引所法[21]を一部改正する形式で、FCPAが成立した。

だが、米国企業が一方的にFCPAの制約を受けることとなり、ギフトがある種のビジネス慣行となっている海外市場において他国企業と比べて不利になりかねないなどとして、アメリカ産業界は抵抗した。これに応じる形で、1988年包括的通商・競争力法[22]は、FCPAを一部改正して要件を明確化するとともに、一定の免責規定を導入した。もっとも同改正では、個人に対する罰則の強化も行われている。

また同法は、「より開かれ、衡平で互恵的な市場アクセス」、「［貿易］障壁その他の通商阻害的な政策・慣行の低減・撤廃」および「より効果的な国際貿易の規律と手続」を獲得することを全般的な目的として、大統領に対し通商交渉を行うことを授権するものだが、腐敗防止の領域でも米国外交がイニシアティブを発揮することが求められ[23]、1997年のOECD外国公務員贈賄防止条約の締結として結実することとなった（1999年2月発効）[24]。1998年には同条約に対応するためにFCPAの改正も行われた[25]。本章との関係では、この改正により、外国人・外国企業による米国内での贈賄行為、米国人・米国企業による米国外での贈賄行為が規制対象に含ま

---

20)　先行する共和党フォード政権は情報開示（disclosure）アプローチを志向したが、議会および民主党カーター政権が犯罪化を目指したとされる。*See* Mike Koehler, *The Story of the Foreign Corrupt Practices Act,* 73 Ohio St. L.J. 929, 984-1003 (2012).

21)　Securities Exchange Act of 1934, 15 U.S.C. ch. 2B.

22)　Omnibus Trade and Competitiveness Act of 1988, Pub. L. No. 100-418, 102 Stat. 1107 (1988).

23)　Omnibus Trade and Competitiveness Act of 1988, § 5003(d). もっとも、腐敗防止をターゲットとする外交努力の要請は、これが初めてのものではなかった。Brewster, *supra* note 18), at 1635-1637; Koehler, *supra* note 20), at 982-984.

24)　国際商取引における外国公務員に対する贈賄の防止に関する条約（OECD Convention on Combating Bribery of Foreign Public Officials in International Business Transactions, Nov. 21, 1997, 37 I.L.M. 1)、さらにこの後、全世界レベル・地域レベルの双方でビジネス上の腐敗防止に関する様々な国際的取組みも進展するが、本章では立ち入らない。*See* Resource Guide 2d., *infra* note 27), at 7-8. 森・濱田松本法律事務所編・前掲注2）8〜9頁、内田・前掲注17）163〜166頁。

25)　International Anti-Bribery and Fair Competition Act of 1998, Pub. L. No. 105-366, 112 Stat. 3302 (1998).

れるようになった点が大きい。

　こうした拡充を経て、III で述べる通り、21 世紀に入ろうとする頃から FCPA の本格的な執行が行われるようになった。もっともこのことは、企業と産業界に不透明性とそれによる混乱や不満をもたらすことになった。これを受ける形で、2012 年、DOJ と SEC は共同して、『FCPA リソースガイド』と題するハンドブックを公表し、FCPA の概要とその執行方針を解説している[26]。2020 年にはその第 2 版が公表されたが、基本的に初版を踏襲した上で、明確化が図られている[27][28]。

III　FCPA の執行状況[29]

　DOJ および SEC は、FCPA 関係事件について、関連する情報をそのウェブサイト上で公表している[30]。また、DOJ および SEC による FCPA の

---

[26]　Crim. Div., U.S. Dept of Justice & Enforcement Div., U.S. Securities & Exchange Comm'n, A Recourse Guide to the U.S. Foreign Corrupt Practices Act (2012). 『FCPA リソースガイド』の検討として，杉浦保友「米国の新しい FCPA (Foreign Corrupt Practices Act) ガイドラインについて—執行当局は，FCPA 運用批判に対してどこまで応えたか」日本大学法科大学院法務研究 11 号（2014）23 頁。

[27]　Crim. Div., U.S. Dept of Justice & Enforcement Div., U.S. Securities & Exchange Comm'n, A Resource Guide to the U.S. Foreign Corrupt Practices Act (2d ed. 2020) [hereinafter Resource Guide 2d], available at FCPA Resource Guide, Crim. Div., U.S. Dept of Justice 〈https://www.justice.gov/criminal/criminal-fraud/fcpa-resource-guide〉(updated Aug. 11, 2023). 2023 年にはスペイン語版も公表されている。Id. 深水大輔「FCPA リソースガイドの改訂を踏まえたコンプライアンス・プログラムの整備—日本企業が直面することの多い論点を中心に」旬刊商事法務 2246 号（2020）37 頁、西垣建剛「FCPA リソースガイド第二版の概要と日本企業への影響」ビジネスロー・ジャーナル 13 巻 12 号（2020）50 頁も参照。

[28]　さらに 2023 年 12 月には、2024 会計年度国防授権法（National Defense Authorization Act for Fiscal Year 2024, Pub. L. No. 118-31, 137 Stat. 136 (2023)）の一部として、収賄側を規制する海外強要行為防止法（Foreign Extortion Prevention Act of 2023）が成立した。だが、FCPA とは性質をかなり異にするとの指摘もある。同法については、内田芳樹「米国 FEPA（外国公務員強要防止法）と域外適用」国際商事法務 52 巻 6 号（2024）649 頁参照。

[29]　See generally Brewster, supra note 18), at 1646-1656. 2010 年頃までの執行状況および事件の概観につき、梅田・前掲注 3）第 8 章も参照。

[30]　Enforcement Actions, Crim. Div., U.S. Dept of Justice 〈https://www.justice.gov/criminal/criminal-fraud/enforcement-actions〉(updated Apr. 1, 2024); SEC Enforcement Actions: FCPA Cases, U.S. Securities & Exchange Comm'n 〈https://www.sec.gov/enforce/sec-enforcement-actions-fcpa-cases〉(last reviewed or updated Apr. 22, 2024).

執行事例を追跡している研究機関
や法律事務所もいくつか存在する。
【表1】および【グラフA】は、ス
タンフォード大学の蓄積している
データ[31]を基礎として、DOJ・
SEC それぞれの執行件数の推移
を示したものである。

　FCPA 成立後の約 20 年間、20
世紀のうちの法執行は低調であっ
た（【表1】では 1970 年代、80 年代、
90 年代それぞれの合計件数を示してい
るが、【グラフA】では 1 年当たりの平
均値で描画している）。DOJ・SEC
ともに、FCPA の執行を優先事
項としていなかったし、そもそも
執行のための十分なリソース自体、
配分されていなかった。しかし、
OECD 条約が締結された 1997 年
頃から DOJ・SEC ともに執行体
制を拡充し、積極的な執行方針に
転じたとされる。特に 2000 年代
後半には執行件数の増大がみら
れ[32]、その後は年ごとの変動はあ
るものの、その水準が概ね維持さ
れている。同様の変容は、執行件

【表1】　FCPA の執行件数の推移：執行機関別

	DOJ	SEC	計
1970's	2	3	5
1980's	19	3	22
1990's	20	2	22
2000	1	2	3
2001	6	6	12
2002	5	5	10
2003	5	1	6
2004	5	4	9
2005	7	7	14
2006	6	8	14
2007	22	21	43
2008	22	12	34
2009	34	13	47
2010	33	23	56
2011	14	16	30
2012	17	12	29
2013	21	9	30
2014	15	8	23
2015	14	11	25
2016	30	29	59
2017	32	8	40
2018	29	18	47
2019	37	17	54
2020	34	9	43
2021	16	4	20
2022	20	7	27
2023	13	9	22
2024	5	1	6
合計	484	268	752

出典：*Foreign Corrupt Practices Act: Statistics &
Analytics,* STANFORD LAW SCHOOL FOREIGN CORRUPT
PRACTICES ACT CLEARINGHOUSE〈https://fcpa.stanford.
edu/statistics-analytics.html〉（last visited July 31,
2024）に基づき、筆者作成。

---

31)　STANFORD LAW SCHOOL FOREIGN CORRUPT PRACTICES ACT CLEARINGHOUSE〈https://fcpa.stan
　　ford.edu/index.html〉（last visited Aug. 12, 2024）.
　　　このほか、ニューヨーク市を拠点とする多国籍法律事務所である Shearman & Sterling
　　LLP（2024 年 5 月 1 日付で英国の法律事務所 Allen & Overy LLP と合併し、A&O Shear-
　　man となった）のウェブサイトも有用な情報を蓄積している。*Cases,* A&O SHEARMAN FCPA
　　DIGEST〈https://fcpa.aoshearman.com/cases〉（last visited July 31, 2024）.
32)　OECD 条約締結の 1997 年から執行件数の顕著な増加までタイムラグがあることについ

【グラフＡ】　FCPA の執行件数の推移：執行機関別

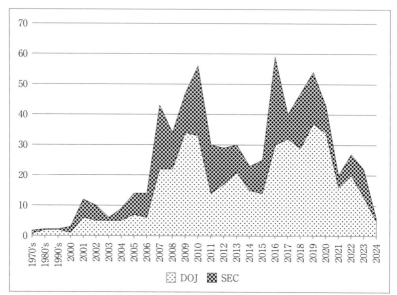

出典：*Foreign Corrupt Practices Act: Statistics & Analytics*, STANFORD LAW SCHOOL FOREIGN CORRUPT PRACTICES ACT CLEARINGHOUSE〈https://fcpa.stanford.edu/statistics-analytics.html〉(last visited July 31, 2024) に基づき、筆者作成。

数のみならず、その結果として課せられる制裁の規模にもみられ、1 件当たりで課せられる制裁も年ごとの振り幅が大きいものの、長期的に増大傾向にある[33]。

　トランプは大統領就任前に FCPA を含む経済規制に対し批判的なコメントを表明していたことから、その政権下では FCPA の執行が低調にな

ては、方針変更がなされてから執行の成果が結実するまでには時間がかかり得るという一般論以上の説明は論者により分かれる。エンロン事件を契機として制定された 2002 年 Sarbanes-Oxley 法が当局に追加的な執行手段（特に企業自身からの違法行為の自己申告のインセンティブ）を与えたとする見解（Brewster, *supra* note 18), at 1674-1677)、リーマン・ショック（2007 年）の影響を指摘する見解（柿﨑環「FCPA の展開と資本市場規制としての意義」ビジネス法務 15 巻 9 号（2015）95 頁）などがある。

[33] *See Foreign Corrupt Practices Act: Statistics and Analytics, Total and Average Sanctions Imposed on Entity Groups per Year,* STANFORD LAW SCHOOL FOREIGN CORRUPT PRACTICES ACT CLEARINGHOUSE〈https://fcpa.stanford.edu/statistics-analytics.html?tab=2〉(last visited Aug. 12, 2024).

るとの予測もあったが、実際にはそのようなことはなかった[34]。DOJ・SEC の官僚機構としての安定性が示されているとも指摘される。民主党バイデン政権に交替してからの 2020 年代の数字は直前の時期と比較すると低調であるが、これは COVID-19 パンデミック下で執行活動が制限されたためと解すべきであろう[35]。

本章の関心は FCPA の域外適用であるが、【表 2】および【グラフ B】は、弁護士事務所 Shearman & Sterling LLP のデータ[36]に基づき執行対象者別の執行件数の推移を示したものである。「1 件」に

【表 2】 FCPA の執行件数の推移：対象者別

	米国	混合	海外	計
1970's	3	0	0	3
1980's	11	3	0	14
1990's	6	4	1	11
2000	1	0	0	1
2001	6	2	1	9
2002	4	0	2	6
2003	1	1	0	2
2004	4	1	1	6
2005	9	0	1	10
2006	5	1	4	10
2007	22	4	3	29
2008	17	2	12	31
2009	17	4	4	25
2010	20	7	17	44
2011	15	1	8	24
2012	14	1	6	21
2013	13	2	9	24
2014	13	2	1	16
2015	9	2	5	16
2016	24	6	20	50
2017	8	9	7	24
2018	9	2	15	26
2019	10	4	19	33
2020	10	4	7	21
2021	0	1	5	6
2022	0	0	2	2
計	251	63	150	464

出典：*Cases*, A&O SHEARMAN FCPA DIGEST〈https://fcpa.aoshearman.com/cases〉(last visited June 28, 2024) に基づき、筆者作成。

複数の対象者（法人・個人）を含むことがあるが、米国企業・米国籍者のみ（「米国」）、外国企業・非米国籍者のみ（「海外」）、両者がともに執行対

---

34) 蒲野宏之「トランプ政権下での日本企業に係る経済犯罪の摘発状況」国際商事法務 46 巻 2 号（2018）145 頁。

35) 茨城敏夫「新時代における商事紛争解決の国際的潮流(6)―米国 FCPA の最近の執行傾向とバイデン新政権における見通し」JCA ジャーナル 68 巻（2021）12 号 55 頁。

36) 前掲注 31) 参照。

54　第3章　米国海外汚職行為防止法の「域外適用」の構造と運用

【グラフB】　FCPA の執行件数の推移：対象者別

出典：*Cases*, A&O Shearman FCPA Digest〈https://fcpa.aoshearman.com/cases〉(last visited June 28, 2024) に基づき、筆者作成。

象に含まれる場合（「混合」）に分類している[37]。

　まず指摘すべきことは、執行件数のマジョリティが米国企業・米国籍者のみを対象としているということである。このデータにおいて、463 件のうちの 250 件、54.0% がそうした事件である。「混合」事件も、多数の米国企業・米国籍者に交じって一部に非米国籍者が執行対象者に含まれている、というパターンが目立つ。「米国」と「混合」の事件を合わせると 67.6% に達する[38]。米国当局が「世界の検察官」として振る舞い、外国企業等を攻撃する手段として FCPA が使われているとの批判は、ここでみた点を踏まえると些かミスリーディングであろう。米国企業等を中核的

---

37)　1970〜90 年代の数字の取扱いについては【表1】・【グラフA】と同様。なお、米国と他国との多重国籍を有する個人については米国籍者として取り扱っている。

38)　スタンフォード大学のデータによっても傾向は同様である。同大学のデータでは、Shearman & Sterling LLP とは数え方および分類が異なり、執行対象を「米国」と「海外」に二分している。本章執筆時点での累計では、前者が 184 件（64.1%）、後者が 103 件（35.9%）となっている。*See Foreign Corrupt Practices Act: Statistics and Analytics, Foreign & Domestic Entities Charged per Year*, Stanford Law School Foreign Corrupt Practices Act Clearinghouse〈https://fcpa.stanford.edu/statistics-analytics.html?tab=1〉(last visited Aug. 12, 2024).

な執行対象として位置付けつつ、性質上、国外の事象が自ら含まれる事案が通例であることから、事件全体を包括的に解決するために非米国籍者も執行対象に含まれる、と解する方が適切であると考える[39]。

そもそも20世紀においてFCPAの執行がほとんどなされていなかったことも、こうした理解の傍証となろう。Ⅱで述べた通り、1977年にFCPAが成立したものの、米国産業界はこれに対して反発しており、同様の腐敗防止法の導入を他国に働きかけるよう大統領に義務付ける法改正が行われた。その結果として1997年にOECD条約が成立し、その後の21世紀に入ってから、FCPAの執行件数の増加がみられるようになった。当初、産業界の抵抗に対する配慮から当局はFCPAの執行に慎重であったのに対し、米国外の企業も米国企業と同じ条件で規制対象とされたことで初めて、本格的に執行できる環境が整ったとも考えられる[40]。

もっとも裏を返せば、「海外」事件は3分の1を占めており、無視できる数字ではない。特に2010年代後半に入ると、「米国」（＋「混合」）事件の件数がその前の時期に比べて落ち着きをみせる一方で、「海外」事件が目立つ形になっている。これは、オバマ政権期後半に、企業よりは違法行為を行った個人に執行の重点を置く方針が示されるとともに、違反者が違反を自己申告することを奨励する制度が導入され、トランプ政権もこれを引き継いだ（どころか恒久化した）こと[41]が影響していると推測する。こうした執行方針の変化に米国企業が追随していったのに対し、海外企業は相対的に対応が後手に回っているのではなかろうか。

---

39)　他国企業をその国の執行当局が摘発対象としている場合、米国執行当局はその行動を尊重（のみならずサポート）しているとの指摘もある。Brewster, *supra* note 18), at 1672.

40)　Brewster は、「国際［経済］競争力中立的執行戦略 international-competition neutral enforcement strategy」を規制当局が採用できるようになったことが、FCPA執行件数の増加の基礎にあるとする。Brewster, *supra* note 18).

41)　*See* Justice Manual § 9-47.120〈https://www.justice.gov/jm/jm-9-47000-foreign-corrupt-practices-act-1977#9-47.120〉(updated Nov. 2019); Woody, *supra* note 13), at 284-286. 蒲野・前掲注34)、茨城敏夫＝杉山日那子「米国司法省のFCPA違反企業に対する執行方針（FCPA Corporate Enforcement Policy）－FCPAパイロット・プログラムの正式採用」NBL1118号（2018）12頁。

IV　FCPA の規制対象と「域外適用」の構造

1　適用対象の基本類型

　さて、本章の中心的な関心は、「米国外」の行為ないし行為者に対し、FCPA がいかなる回路を通じて適用されるかにある[42]。Ⅱの概観では、FCPA の適用対象ないし規制の名宛人について述べていなかった。贈賄禁止条項は適用対象として三つの類型を挙げており（条文自体、同様の行為を規制する三つの規定が適用対象ごとに並立する体裁となっている[43]）、これが FCPA の「域外適用」の枠組みとも連関している。

　適用対象の第一の類型は「発行者 issuer」である[44]。これはまず、1934 年証券取引所法 12 条「に基づいて証券を登録している」者であり、具体的には米国内の証券取引所に上場している会社等がこれに当たる。加えて、同法 15 条「の下で［SEC への］報告義務を負っている」者が規制対象とされており、これは米国内の店頭市場において証券が取引されている会社等の一部が該当する。これらの企業の、役職員（officer、director）、従業員（employee）、エージェント、「発行者」のために行動する株主もまた、規制対象となる。なお、「発行者」に対しては会計条項の規制も及ぶ[45]。

　第二の類型は「国内関係者 domestic concern」である[46]。これは、①合衆国の市民、国民、居住者たる個人、および、②会社・組合・法人化されていない組織等あるいは個人事業で、合衆国内に主たる事業所を有するか、米国の州法等に基づいて組織されたもの、と定義されている[47]。これらの役職員等が規制対象となることは「発行者」の場合と同様である。

　第三に、「あらゆる者」が合衆国の領域内で贈賄行為をなすことが禁じ

---

42)　*See generally* LaFave, *supra* note 10), at §§ 4.3, 4.2(d).

43)　ただし、完全に同一なわけではない。

44)　15 U.S.C. §§ 78dd-1.

45)　15 U.S.C. § 78m(2).

46)　15 U.S.C. § 78dd-2.

47)　15 U.S.C. § 78dd-2(h). ただし、「発行者」に該当する場合には「国内関係者」の適用対象から除外されている。15 U.S.C. § 78dd-2(a).

られる[48]。ただし、第一・第二類型の対象についてはここから除外されているから、第三類型はいずれにも該当しない外国人・外国法人による米国内での贈賄行為に適用されることになる。前記二類型と同様に、その役職員等も規制対象となる。

なお、「発行者」および「国内関係者」に対しては、贈賄禁止条項の追加的な要件として「郵便その他州際通商のあらゆる手段の利用」（前述Ⅱ1での整理の要件⑥）が求められている[49]。この要件は、FCPA が連邦法であることから、連邦議会の立法権限上の要請として挿入されたものである[50]。だがこれは、州境や合衆国国境を跨ぐ通信（電話や電子メールを含む）や旅行等を幅広く包含するものとされ[51]、実質的な制約とはなっていない。さらに、1998 年改正により、これらの規制対象者が米国の領域外で贈賄行為を行った場合には、州際通商の利用という要件なくして FCPA 違反が成立する[52]。同様に 1998 年改正で導入された第三類型においても、州際通商の利用と並んで、利益供与のための「あらゆる行為」が禁止されており、すなわち州際通商の利用の有無にかかわらず FCPA 違反が成立し得る[53]。

2 国際金融における米国のプレゼンスと FCPA

1 で述べた FCPA の規制対象の基本類型は、米国企業および米国人を中核とし、その周辺を拡張的にカバーする、という構成になっている。経営の不透明性と贈賄行為が米国企業への信頼を低下させるとの認識から採択された[54] FCPA は、まずは米国での上場会社等の「発行者」を規制対象として掲げる。「発行者」に対しては会計条項上の義務も課される。さらに、個人および未上場の米国企業等も「国内関係者」として対象とされ

---

48) 15 U.S.C. § 78dd-3.
49) 15 U.S.C. §§ 78dd-1(a), 78dd-2(a).
50) 合衆国憲法上の連邦議会の立法権限とその一つとしての州際通商条項についてはさしあたり、岩田太ほか『基礎から学べるアメリカ法』（弘文堂・2020）第 10 章Ⅱ〔会沢恒〕参照。
51) Resource Guide 2d., *supra* note 27), at 10.
52) 15 U.S.C. §§ 78dd-1(g)(1), 78dd-2(i)(1).
53) 15 U.S.C. § 78dd-3(a).
54) 前述Ⅱ2参照。

た。OECD 条約を受けた 1998 年改正で、第三の類型として外国人・外国企業による米国の領域内での贈賄行為が規制対象となった。

とはいえ、やはり1で述べたように、「発行者」等の役職員・従業員・エージェント・一定の株主と、幅広い範囲に規制の網が掛けられている。法人の意思決定や業務遂行を現実に行っているのが自然人であるという点は措くとしても、会社等が組織構成を操作することで適用対象から外れて禁止行為を行うことが可能になるとすれば、規制は無意味となる。FCPAの場合、海外での事業が問題となる局面が通例なわけだが、現地に子会社等を設立して事業に当たらせることは頻繁にみられる事業形態である。現地子会社が贈賄行為をなした場合に、米国内の親会社が実質的な意思決定を行っているにもかかわらず、子会社は別人格であるとして親会社を不問に付するしかないとなるのは不合理であろう（米国内の親会社が「発行者」または「国内関係者」、現地子会社がその「エージェント」となる）[55][56]。

このように、米国ドメスティックな対象を中核として FCPA の規制が掛けられている、というのが筆者の理解である。だが、このことは（米国からみた）外国人・外国企業が無関係になるということを意味しない。米国籍を有していなくとも米国内に居住していれば「国内関係者」として取り扱われるし、外国企業が米国内でいずれかの州法に基づいて子会社を設立すれば当該子会社はやはり「国内関係者」となる（そしてもちろん当該外国企業は「国内関係者」の「株主」である）。さらに、外国人であったとしても、そして米国領域外の行為であったとしても、「発行者」や「国内関係者」の役職員や従業員等であれば FCPA の規制対象となることも、前述の通りである。しかし、こうした個人・法人に米国法が適用されることは属人主義による一般的な管轄権行使であって、FCPA に固有の事象ではない[57]。

---

55) Garrett は、多国籍企業の活動について米国企業か否かを問うことの重要性が低いかもしれないとして、ノルウェイの政府系企業だが米国の証券取引所にも上場されていた企業が訴追された例を挙げる。Brandon L. Garrett, *Globalized Corporate Prosecutions*, 97 VA. L. REV. 1775, 1833-34 (2011).

56) もっとも、この種の事業構造の各法人格を FCPA の適用対象の射程に含めることと、実際に子会社の行為について親会社が責任を負うか否かは区別できる論点である。後者は事案次第であり、『FCPA リソースガイド』は一般法の原則に従うとしつつ、二つの類型を挙げる。RESOURCE GUIDE 2d., *supra* note 27), at 28-29.

57) 米国関係者に雇用されている外国人による米国領域外での行為に対し、米国の連邦刑事

あるいは、外国会社であっても、米国の証券取引所等で株式を流通させていれば、「発行者」として FCPA の適用対象となる[58]。このことも、米国内のサービスを利用している以上、さしたる「拡張的適用」ともいえない。しかし、FCPA 採択後の状況の変化は結果として適用対象の拡大をもたらした。1970 年代に米国内の証券取引所に上場していた外国企業は少数にとどまっていた。そこから約半世紀の間に、その数は著しく増大した[59]。例えば、2024 年現在、ニューヨーク証券取引所には、45 か国の「世界で最も大きく影響力のある国際企業が 530 以上」上場しているという[60]。FCPA 立法当時もすでに米国は大国であったが、その後の世界経済のグローバル化の進展は、より幅広い範囲の外国企業を射程に収めることを可能にした。

さらに、FCPA 立法後の法制度の変容が、意図せずしてその適用対象の拡大をもたらした場面もある。外国会社の場合、米国の証券取引所に直接に上場する代わりに、米国預託証券（American Depositary Receipt）（以下、「ADR」という）によって間接的に流通させることがある。FCPA 成立前の 1967 年の SEC による行政規則では、ADR を発行する外国企業を登録対象から免除していた。1983 年に SEC は規則を変更し、証券取引所に上場された ADR も SEC への登録義務の対象となった。すなわち FCPA 上の「発行者」となったことになる。この規則変更は、NASDAQ 市場の進化という米国証券市場の発展を背景としつつ、それに伴う外国企業の行動変容に SEC が政策的に対応する必要があったという、FCPA とは無関

　法を適用するとの立法例は FCPA に限られない。*See* Military Extraterritorial Jurisdiction Act of 2000, 18 U.S.C. §§ 3261 *et seq.*（米軍の軍人・軍属による米国領域外での行為につき、米国内と同様に処罰すると規定）; *see also* LaFave, *supra* note 10), at § 4.4(b).

[58]　Pierre-Hugues Verdier, *Transnational Enforcement Leadership and the World Police Paradox*, 64 Va. J. Int'l L. 239, 261, 276 (2024).

[59]　FCPA 成立の 1977 年におけるニューヨーク証券取引所上場外国企業は 37 社であった。100 社に達したのが 1991 年、特に 1990 年代の伸びが大きく、2000 年 7 月に 400 社に達している。伊豆久「ニューヨーク証券取引所の外国株取引」証研レポート 1575 号（1999）21 頁・23〜24 頁、同「ニューヨーク証券取引所と外国株式」同 1587 号（2000）11 頁・11 頁（伊豆論考については萬澤陽子准教授〔筑波大学〕にご教示いただいた。記して謝意を表する）。

[60]　*International Listings*, NYSE〈https://www.nyse.com/listings/international-listings.〉(last visited Aug. 18, 2024).

係な理由のためであった。しかし、結果的にこれにより、FCPA の射程が広がることとなったのであった[61]。

　あるいは前述の通り、外国人・外国企業であっても米国の領域内で贈賄行為を行えば、FCPA の適用対象となるが、このこと自体は伝統的な属地主義に基づく管轄権行使である。例えば、日本企業の従業員が米国内で贈賄行為に関する打合せに参加したことが摘発対象となった事例[62]などがこれに当たる。だが、FCPA の執行当局は些細な行為であっても米国内で生起していれば執行対象となるとしており、例えば米国の銀行からの送金や米国の銀行への送金等もこれに該当する、と『FCPA リソースガイド』は述べる[63]。第 2 巡回区連邦控訴裁判所の裁判例はこの執行当局の立場を支持しているともされる[64]。国際取引において米国の銀行を利用することはポピュラーなことであり、この決済市場における米国金融機関のプレゼンスが、「米国の領域内での行為」という名目の下、幅広い射程でのFCPA の執行を可能たらしめている。

　FCPA の規定それ自体が掲げる適用対象は、属人主義または属地主義に基づく伝統的な管轄権行使と一致するものである[65]。しかし、資本市場にせよ、決済市場にせよ、国際的な金融取引において米国の有するプレゼンスが、結果として米国当局に対し FCPA のグローバルな適用を可能にしているという面があるのもまた、事実である。

---

61)　Brewster, *supra* note 18), at 1672-1674, nn.250-252 & accompanying text. ただし、この場合でも、店頭での相対取引のみが行われるいわゆる "Level I ADR" の発行者は登録義務を負わず、よって FCPA の（「発行者」としての）適用対象とはならない。

62)　内田・前掲注 17) 150～151 頁、蒲野・前掲注 34) 147 頁。

63)　Resource Guide 2d., *supra* note 27), at 10.

64)　Licci v. Lebanese Canadian Bank, SAL, 834 F.3d 201, 214-215, 217 (2d Cir. 2016), United States v. Napout, 963 F.3d 163, 180-181 (2d Cir. 2020)（ただし、いずれも FCPA の事件ではない）; *see also* Joel Slawotsky, *U.S. Extraterritorial Jurisdiction in an Age of International Economic Strategic Competition,* 52 Geo. J. Int'l L. 427, 459-460, 465-468 (2021).

65)　名越真子「国際摩擦を生じさせない米国 FCPA の国外企業への拡張的適用と執行手法─規制法の重畳適用と執行の国際調和に向けた前提的考察」関西大学大学院法務研究科法科大学院ジャーナル 19 号（2024）41 頁・44～45 頁は、第三類型を念頭に置いてであるが、「域外適用」の定義から外れるとする。

V FCPA の拡張的適用とその限界（？）

1 エージェント、教唆・幇助、共謀罪

繰り返しになるが、「発行者」や「国内関係者」等の役職員・従業員・一定の株主も FCPA の適用対象となる。これらの者は、多くの場合で会社組織である「発行者」等の内部において現実の意思決定・業務執行を行っている者であり、こうした者を規制の射程に含めることはその実効性確保のために、ある意味、当然に求められているといえる[66]。

だが、条文上、これらの者と並んで「エージェント」が規制対象として挙げられている。"agent" は日本法での「代理人」に相当するが、本章のコンテクストでは、日本（民）法上の「代理人」とはかなりニュアンスが異なる（このため本章では片仮名で「エージェント」と表記している）[67]。この規定に依拠すれば、狭義の代理関係にとどまらず、「発行者」等の意を受けて、そのために行動する者を広く包含することが可能である。役職員や従業員といった企業の内部構成員にとどまらず、事業・取引のアレンジメントについての事実認定次第で、組織外の者も幅広く「エージェント」として取り扱われる余地があることになる。当該「エージェント」がもっぱら米国外で活動しており、FCPA 違反行為を米国領域内で行う——前述 IV 1 の第三類型に該当する——ことがなかったとしても、である。

また、FCPA（の贈賄禁止条項）は刑罰法規であるから、（日本法の刑法総論に相当する）刑事一般法の規律に服する。共犯の一種である教唆・幇助（aiding and abetting）に関するルール[68]はその一つであって、FCPA 違反を教唆・幇助した者は、直接の違反者と同様に刑事制裁の対象となり得る。民事・行政上の制裁についても、教唆・幇助をなした者の責任が追及され

---

66) なお、法人それ自体とその内部者との間で違法行為に向けて合意したとしても、次に述べる共謀罪を構成しない、というのがアメリカ法における一般的な取扱いである。LAFAVE, *supra* note 10), at 12.4(c)(3).

67) アメリカ代理法についてはさしあたり、樋口範雄『アメリカ代理法〔第 2 版〕』（弘文堂・2017）参照。

68) 18 U.S.C. § 2; *see generally* LAFAVE, *supra* note 10), at § 13.1(b).

る可能性がある[69]。あるいは英米刑事法に特徴的な点の一つとして、共謀（conspiracy）、すなわち犯罪を行うことを複数主体間で合意することそれ自体が独立した犯罪類型として取り扱われるということがある[70]。FCPA自体には、教唆・幇助の規定や共謀罪の適用を排除する条項は置かれていない。

　米国執行当局は、FCPA違反について「発行者」等を教唆・幇助したり、FCPA違反行為について共謀した外国人・外国企業を訴追対象とする態度を明確にしている[71]。複数主体の一部に「発行者」または「国内関係者」が含まれる場合、これを教唆・幇助した者、あるいはこれと共謀した外国人・外国企業全体に対し、米国の管轄権が主張され、当局は訴追対象とする。前述の「エージェント」の場合と同様に、当該外国人・外国企業が米国領域内で違反行為を行っていなかったとしても、である。仮に共謀した複数主体が全て外国人・外国企業であって「発行者」または「国内関係者」を含まなくとも、一部の主体が米国内でFCPA違反行為を行った（したがって第三類型に該当する）場合も同様である。

　例えば、日本企業も巨額の制裁を受けた、ナイジェリアの石油開発をめぐる事件はそうしたものの一つである[72]。当該日本企業はそれ自体「発行者」でも「国内関係者」でもなく、米国領域内でのFCPA違反行為を捕捉する前記第三類型に基づく訴追もなされていない[73]。当該日本企業はその代わりに、「発行者」ないし「国内関係者」に該当する米国企業の共謀者ないしエージェントとして訴追対象となった。

　このナイジェリア石油開発事件は、日本企業が多数のヨーロッパ企業と

---

69)　15 U.S.C. §§ 78t(e), 78u-3(a); RESOURCE GUIDE 2d., *supra* note 27), at 36.

70)　18 U.S.C. § 371; *see generally* LAFAVE, *supra* note 10), at ch. 12. 川崎友巳「アメリカ経済刑法におけるコンスピラシー罪の意義」同志社法学63巻1号（2011）475頁も参照。

71)　RESOURCE GUIDE 2d., *supra* note 27), at 35-36.『FCPAリソースガイド』は、連邦議会が1977年のFCPA制定の際にその旨を明示している、と述べる。*Id.* at 113, n.204 (citing H.R. Rep. No. 95-640).

72)　ナイジェリア石油開発事件の詳細な紹介・検討として、髙巖＝國廣正＝五味祐子「グローバルリスクとしての海外腐敗行為―ナイジェリア贈賄事件を巡って」麗澤経済研究20巻2号（2012）1頁等がある。

73)　もっともこの事件では、日系M社の関係者が米国企業トップとヒューストンで面談した事実をもって、DOJは第三類型の適用も念頭には置いていた、との指摘もある。髙＝國廣＝五味・前掲注72）5頁。

ともに訴追され、その結果として巨額の制裁金の支払い等もなされていることから、注目を集める事件の一つである（本件で日系 J 社の支払った制裁金の額は歴代 11 位に該当するともいわれる）[74]。かようにこの事件は、米国執行当局が FCPA を積極的に域外適用している事例の一つとして描写されるわけであるが、本章の観点からは、この贈賄スキームの中核に米国企業が存在する[75]ことに着目したい。この米国企業の存在が、本件において日系・欧系の外国企業を米国の管轄権行使の下に引き込む基礎となった。執行当局の側からこの事件を眺めれば、当該米国企業のみを訴追対象として、他の外国企業は手の届かないものとして取り扱うのは、贈賄スキーム全体の解明と事件の包括的解決という観点からは片手落ちともなる。事件の全容解明とその処理という見方をすれば、米国当局の対応も奇妙なものでもないのではなかろうか。

　なお、教唆・幇助が成立するためには正犯による犯罪結果の実現が必要であるのに対し、共謀罪は合意それ自体が犯罪行為であることからその必要はない、と概念上は区別される。だが、連邦共謀罪の規定[76]は共謀罪の成立に際し、単なる合意のみならず、共謀者の少なくとも一者が実行行為に着手すること（いわゆる overt act）を要求しており、教唆・幇助との差は相対的である。また、複数主体 A・B が FCPA 違反に向けて能動的に協力すれば共謀罪や教唆・幇助が成立するのに対し、ある者 C がもっぱら他者 D の意を受けて行動する場合には C は D の「エージェント」ということになる、と区別できるが、C の関与のあり方次第でこれらの区別もやはり相対的である[77]。

2　二つの Hoskins 判決

　それでも、エージェント、教唆・幇助、共謀罪といった法的ツールを活用して、外国人・外国企業にも執行の手を伸ばそうとする米国当局の態度を精査することは、理論的にも実践的にも意味がある。その点で、近時こ

---

74)　竹内・前掲注 3) 314 頁。Brewster, *supra* note 18), at 1671, n.244.

75)　*See* Griffith & Lee, *supra* note 18), at 1262-1263.

76)　18 U.S.C. § 371.

77)　後述 **2** の Hoskins 判決を参照。

の論点をめぐる議論の焦点となっているのが、第2巡回区連邦控訴裁判所のHoskins判決である。以下、同判決とそれへのリアクションを検討しよう。

この事件は、インドネシアにおける発電所プロジェクトを獲得するために、同国政府関係者に対し、フランスのA社を中心とするコンソーシアムがコンサルタント経由で贈賄を行った、というものである[78]。このスキームにはA社の様々な部門が関わっており、そこにA社の米国子会社も加わっていたことが米国当局によるFCPA執行の基礎となっている。被告人H（個人）はもともとA社の英国子会社の従業員であったが、A社の別の在仏子会社にてアジア地区の国際プロジェクトの調整業務を担当することとなり、このスキームに関与するようになった。この間、Hは米国領域内に立ち入ることはなく、本件スキームの具体的な実行行為はもっぱら米国外で行われていた[79]。DOJはHを、A米国子会社（「国内関係者」に当たる）とFCPA違反の共謀をしたとして起訴した。Hは起訴の却下の申立てを行い、地裁がこれを認めたので、中間上訴（interlocutory appeal）がなされた。

控訴審の争点は、H自身（の行為）がFCPAの条文上の適用対象のいずれにも該当しない場合に、適用対象になる他者と共謀したことをもって訴追対象となるか、である。第2巡回区は消極に解した[80]（以下、「Hoskins I 判決」という）。

Hoskins I 判決における第2巡回区は、一方で基本犯罪が（日本法でいう）身分犯である場合であっても、身分をもたない行為者に対する共謀罪や共犯規定の適用が排除されないというコモンロー上の原則、他方で特定のカテゴリに属する者を刑事罰の対象としないことが立法趣旨である場合にはこの原則が適用されないとの連邦最高裁および第2巡回区の判例法[81]

---

78) このコンソーシアムには日本企業も参加しており、制裁を受けている。他の法人・個人被告はPAまたはDPAにより事件が終結している。内田・前掲注17) 152〜153頁。

79) ただし、米国の銀行経由での資金移動・送金が行われており、これが他の犯罪（資金洗浄罪）として訴追されているものの、FCPA違反の第三類型としては取り扱われていない。

80) United States v. Hoskins, 902 F.3d 69 (2d Cir. 2018). 邦語での同判決の検討として、竹内・前掲注3) 317頁以下、茨城＝杉山・前掲注16) 等がある。

81) Gebardi v. United States, 287 U.S. 112 (1932); United States v. Amen, 831 F.2d 373 (2d Cir.

を確認するところから検討を始める。その上で、FCPAの条文および法構造によれば、(1)米国内外でFCPAに違反した米国人、(2)米国内外でFCPAに違反したほとんどの米国企業、(3)米国内外でFCPAに違反したほとんどの米国企業の役職員等、(4)米国内でFCPA違反行為を行った外国人、がFCPAの適用対象とされる一方で、（米国人・米国企業のために活動しない）外国人の米国外での行為については明白に欠落がある、と指摘する。

第2巡回区は引き続き、1977年法および1998年改正の立法過程を検討する。前者については、当初の法案では個人責任につき規定がなく共謀罪や共犯の理論に依拠することが予定されていたこと、だがそれが従業員等の個人責任を明記する条文に改められて最終的に成立したこと、を重視する。また、自然人・法人双方を含む外国人の責任について意図的にラインが引かれたことを強調する（他方で共謀罪や教唆・幇助について言及のない）両院協議会報告書を適示する。

1998年改正については、OECD条約の要請に適合させることが意図されたものであるが、本件の論点とは無関係だと述べる。この改正でカバーされる外国人も、(i)米国内に存在する、(ii)米国企業の役職員等である、(iii)米国企業のエージェントである、のいずれかのカテゴリに属することが強調されている（そしてやはり共謀罪や教唆・幇助について言及のない）上院委員会報告書が引用される。

OECD条約が共犯を含め幅広い腐敗行為の違法化を求めている[82]とのDOJの指摘に対しては、これは実体規範についての規定であって、同条約は管轄権について別途定めがあるし[83]、後者も領域と何らかの接触があることを求めている、と退ける。

こうした立法経緯に照らすと、本件のHのような人々をFCPAの適用から除外するとの議会の積極的な意思が示されており、共謀罪や教唆・幇助の規定を利用することでこれを訴追当局が上書き（override）することは許されない、と述べる。

1987).

82)　OECD条約1条1項・2項参照。

83)　OECD条約4条1項参照。

さらに第2巡回区は、域外適用を認めない推定（presumption against extraterritorial application）についても言及する。直近の連邦最高裁判決[84]を参照しつつ、ここから、(A)制定法が域外適用の要素をもつ場合でも、そうした適用は当該制定法の条項によって制限される、(B)救済規定が域外適用されるかについては［実体規定とは］とは独立して検討される、との規範を引き出す。その上で、確かにFCPAには域外適用される規定が含まれているものの、反域外性推定はこれを限定する方向で働き、DOJが共謀罪や教唆・幇助の規定を利用することを妨げる、と結論付ける。

もっとも、HoskinsＩ判決は、HがA米国子会社のエージェントとして行動し、もってFCPAの適用対象となる可能性を明示的に留保していた。これを受けて差戻審の地裁でトライアルが開催され、陪審は有罪と判断した。これに対しHは、自身がA米国子会社のエージェントであることの立証なきまま有罪評決が下されたとして異議を申し立て、地裁はこれを認めたので、改めて控訴がなされた。

第2巡回区は、HがA米国子会社のエージェントに該当しないとした地裁判断に誤りはない、とした[85]（以下、「HoskinsⅡ判決」という）。FCPAに「エージェント」の定義は置かれていないところ、両当事者ともコモンロー上の「エージェント」の定義に従うことを争っていないとして、①エージェントが本人のために行動する旨の本人による表明、②当該業務のエージェントによる引受け、③本人が当該業務の主導権を握るだろうとの両当事者間の了解、の3要素を挙げる。

その上で、HはA仏国本社の下で業務に従事しており、A米国子会社に雇用されていなかったことが強調される。贈賄行為（の一環としてのコンサルタントの雇用）の決定に際し、Hと他のA米国子会社の役員は、協

---

84) RJR Nabisco, Inc. v. European Cmty., 579 U.S. 325 (2016)（RICO法の民事訴権既定の域外適用を否定）. 同判決の邦語での紹介・検討として、西岡和晃「RJR Nabisco, Inc. v. European Community, 136 S. Ct. 2090 (2016)―外国で生じた事実に対するRICO法の域外適用が肯定されるも、外国損害に対するRICO法の域外適用が否定された事例」アメリカ法2017-1号（2017）157頁がある。

85) United States v. Hoskins, 44 F.4th 140 (2022). 多数意見を執筆したのはHoskinsＩ判決でも多数意見を著したPooler裁判官であるが、他の2名は異なる。なお、Hの側からも、迅速な裁判を受ける連邦憲法第6修正および制定法上の権利の侵害、および陪審説示の過誤について異議が提出されたが、第2巡回区はいずれも退けている。

働してはいたものの、組織構成上 A 社グループの別々の部門に属してお
り、後者は H の雇用や解雇、報酬について何らの権限を有していなかっ
た。この権限の欠如は決定的だと、第 3 次代理法リステイトメントを引用
しつつ述べる。H が A 米国子会社の役員に指示や承認を求めた証拠は提
出されているものの、せいぜい協働や支援と呼ぶべきものであって、「エ
ージェント」たらしめるのに足るほどのコントロールはなかった、と言う。
H が A 米国子会社のために行為する権限も有していなかったし、後者が
この権限を撤回することができたわけでもなく、エージェントとしての不
可欠の要素を欠いていたことが記録上示されている、とする。第 2 巡回区
はこのように分析した上で、H の異議を認めてエージェント該当性を否
定した地裁の判断を是認した[86]。

3 若干の検討

前述の通り、執行当局は共謀罪や教唆・幇助規定を活用して外国人・外
国企業を訴追することに積極的だったわけだが、Hoskins I 判決はこれに
冷や水を浴びせた形になる。同判決後に発行された『FCPA リソースガ
イド』の第 2 版は、同判決の影響はあくまでも第 2 巡回区の範囲において
であるとして、共謀罪や教唆・幇助規定を積極的に運用する姿勢を崩さず、
他の巡回区に属する連邦地裁判決に言及する[87]。

第 7 巡回区に属するイリノイ北部地区連邦地裁による Firtash 判決[88]は

---

86) なお、この分析は FCPA 違反についてのものであって、H の別罪（資金洗浄）について
は有罪評決が維持されており、量刑手続を経て 15 か月の拘禁刑が命じられた。この直後に
COVID-19 パンデミックによるロックダウンとなり、収監が延期される中、H は高齢およ
び健康状態を理由として温情的釈放（*see* 18 U.S.C. § 3582(c)）を申し立てたが退けられた、
という後日談がある。United States v. Hoskins, Criminal No. 3: 12cr238, 2021 U.S. Dist. LEXIS
34279, 2021 WL 723522 (D. Conn. Feb. 24, 2021).

87) Resource Guide 2d., *supra* note 27), at 36.

88) United States v. Firtash, 392 F. Supp. 3d 872 (N.D. Ill. 2019). なお、同判決中では RICO
法等他の法令の域外適用についても争われているが、いずれも被告人の主張は退けられてい
る。この地裁判決に対し控訴がなされ第 7 巡回区が第 2 巡回区と異なる判断を行えば、控訴
裁判所間の意見の食い違い（いわゆる circuit split）が生じ、連邦最高裁が事件を取り上げ
る可能性が高まったはずだが、果たして控訴審判決は出ていない。被告人 F が米国領域外
に所在していることが原因と思われる。同判決中では犯罪者引渡手続が進行中とされている
が、そこでも述べられている通り一筋縄ではいかない模様である。*Id.* at 879.

See also United States v. Bleuler, 60 F.4th 982, 995-996 (5th Cir. 2023)（ベネズエラの石油開

次のように判示する。教唆・幇助規定の適用につき、Hoskins I 判決のように FCPA の立法経緯に依拠するのではなく、第 7 巡回区自身の先例に従って、あくまで制定法の条文自体に基づくべきである。それは三つの状況に限られるが本件ではいずれも該当しない。反域外性の推定により共謀罪や教唆・幇助規定の適用が左右される可能性はあるものの、Hoskins I 判決の依拠した連邦最高裁判決[89]はこの点につき述べていないため、あくまで第 7 巡回区の先例に従う。このように述べて、被告人による FCPA 違反の訴因の却下を認めなかった。

ここで議論している FCPA の拡張的適用の状況においては、属地主義や属人主義といった管轄権行使のための伝統的な連結素との関連性が薄い状況をいかに取り扱うか、果たしてこのような米国による管轄権行使が正当化できるかが理論的に課題となる。国内法の解釈は国際法の規範と調和するように行うべしとする Charming Betsy 準則[90]に照らせば、米国当局が国際法規範に逆らおうとしていると邪推する必要はない。だが、前述の通り NDL 等でインフォーマルに事件が終結することが通例であり、司法判断を経由することが少ないことから、法執行における権限行使の観点からも理論的正当化の観点からも、不明瞭さが残ることも否めない。

Hoskins I 判決の議論では、域外適用を認めない推定則も一定のウェイトを占めていた。もっとも同判決は、国際法上の管轄権行使の限界として反域外適用推定則が外的に FCPA の適用を制約しているというより、あくまでも議会の立法趣旨の内在的明確化のためにこの推定則を参照している、と考えるべきであろう。国際法に基づいて連邦議会の権限に限定を加えることに、連邦最高裁は前向きではない、とも指摘されている[91] [92]。

発に関わるスイス人・ポルトガル人に対する訴追。原審は、エージェント性・米国内での行為の実行行為性についての検察による主張が不十分であるとするとともに、Hoskins I 判決に依拠して教唆・幇助および共謀を否定して、訴状却下。第 5 巡回区は、前者につき訴状の記載は十分であったとした。後者については、原審がこの点につき判断をしていなかったとして判断せず、全体として差戻し).

89) *RJR Nabisco.*

90) *See* RESTATEMENT (FOURTH) OF THE FOREIGN RELATIONS LAW OF THE UNITED STATES § 406 (AM. L. INST. 2018); Murray v. Schooner Charming Betsy, 6 U.S. (2 Cranch) 64 (1804). 山田哲史「国内法の国際法適合的解釈と権力分立—米国における Charming Betsy Canon の紹介を中心に」岡山大学法学会雑誌 65 巻 3 = 4 号 (2016) 399 頁・434〜446 頁も参照。

そもそも、この推定則は近時の連邦最高裁が強調するものであるが[93]、そのあり方自体、不安定さないし混乱があるともされる[94]。長期的にみれば連邦最高裁はそのような推定則を継続的に採用してきたとはいえない。対外関係法リステイトメントにおいても、第2次リステイトメントでは規定が設けられたものが、第3次ではオミットされ、第4次で改めて採用された。近時の最高裁が導入した基準の内実も明確さを欠くとも指摘されている。

むしろ、反域外適用の推定則を働かせず、積極的に国内法を拡張適用していくのが望ましい——少なくともそのような局面が存在し、国際的汚職の問題はこれに当たる——と主張する論者もいる[95]。となると、FCPAの主題である国際的汚職について、これをめぐるグローバルな規範をいかに評価するかが一つのポイントとなる。HoskinsⅠ判決の第2巡回区は、OECD条約の実体規定と管轄権規定とが別々に置かれていることなどに着目し、連邦議会もこれを念頭に置いて1998年のFCPA改正を行ったとして限定的な解釈を導いた。だが、OECD条約は緩やかに解釈すべしと

---

91) Cassandra Burke Robertson, *Conspiracy and Complicity under the FCPA*, 55 WILLAMETTE L. REV. 539, 556 (2019). 仮に米国の管轄権行使が他国からの批判を招いたとしても、米国政府は国際裁判には応じないだろうとの指摘として、松下満雄＝梅島修＝内田芳樹「最近の国家規制法の域外適用を巡る動向についての座談会(2)」国際商事法務51巻2号（2023）151頁・154〜155頁〔松下発言〕。

92) 指摘するにとどめるが、管轄権行使の限界に係る伝統的連結素の取扱いについては、前掲注88）のFirtash判決が興味深い議論をしている。外国人である被告人Ｆらが米国外に所在するまま米国裁判所で訴追されていることについて、Ｆらは連邦憲法第5修正上のデュープロセスの侵害を主張している。連邦地裁はこの主張を、管轄権行使に関する国際法規範に照らして評価すべしとして第3次対外関係法リステイトメントを参照し、デュープロセス侵害はないと結論している。ここでは、国際法上の管轄権行使の基準が国内憲法上の主張と連動されている一方で、本章の主題であるFCPAの拡張的適用の分析とは必ずしもリンクしていない。*See also* Robertson, *supra* note 91), at 557.

93) *See* EEOC v. Arabian Am. Oil Co., 499 U.S. 244 (1991); Morrison v. Nat'l Austr. Bank Ltd., 561 U.S. 247 (2010); *RJR Nabisco*. 樋口範雄『アメリカ渉外裁判法』（弘文堂・2015）第11章Ⅱも参照。

94) Franklin A. Gevurtz, *Extraterritoriality and the Fourth Restatement of Foreign Relations Law: Opportunities Lost*, 55 WILLAMETTE L. REV. 449 (2019).

95) Slawotsky, *supra* note 64), at 435. Slawotskyは、Morrison判決（前掲注93））の域外適用に消極的な判断は、Dodd-Frank法およびこれを受けたSEC v. Scoville判決（913 F.3d 1204 (10th Cir. 2019)）によって乗り越えられたとする。Slawotsky, *supra* note 64), at 440-442. また、FCPAを域外適用する連邦議会の意図は明確だとも評価する。*Id.* at 455-459.

する同条約の注釈等を参照して、第 2 巡回区の理解を批判する見解もある[96]。

　国際的な汚職をいかに考えるかについては、HoskinsⅠ・Ⅱ判決それぞれの少数意見が興味深い議論をしているので、ここで紹介しよう。HoskinsⅠ判決では Lynch 裁判官が補足意見を執筆している[97]。Lynch 補足意見は、FCPA 違反の共謀の射程から外した先例[98]の事案における収賄者たる外国公務員と異なり、Ｈのような人物を連邦議会が FCPA の射程から外すつもりであったかは明白ではない、と言う。多数意見が FCPA の立法経緯と反域外適用推定則とを別々に分析しているのに対し、同補足意見は両者を組み合わせることで、在外非米国人である共謀者を適用対象から外すことが正当化される、と述べる。

　Lynch 補足意見はさらに、HoskinsⅠ判決の帰結は政策的見地からは疑わしいかもしれない、とも言う。FCPA は収賄者たる外国公務員自身は処罰対象としないことで他国の主権侵害を回避するようバランスをとっているわけだが、Ｈの訴追にそのような懸念はない。Ｈは外国公務員ではなく、フランス企業に勤務する英国人である。いずれも、米国や他の西側諸国と同様のビジネスカルチャーをもち、OECD 条約の締約国でもある。外国における外国人を訴追することが一般論として国際的摩擦の懸念を引き起こすとしても、Ｈのような人物の訴追は他国の主権を脅かすようなものではない。また、Ｈの行為の影響は英国なりフランスなりにとどまるものではなく、むしろ米国企業を含むチームに参加して米国企業による米国犯罪に関与したとされているのであって、こうした事実に基づいて訴追したとしても米国が「世界を支配する」[99]とは言い難い、とする。加えて、HoskinsⅠ判決はＨが「エージェント」として認定されれば FCPA の適用対象となる余地を残したが、意思決定の中核に位置していれば適用対象から外れ、末端の小物であれば適用対象となる、というのは捻じれた帰

---

96) *Id.* at 457.

97) United States v. Hoskins, 902 F.3d 69, 98 (2d Cir. 2018) (Lynch, J., concurring).

98) United States v. Castle, 925 F.2d 831 (5th Cir. 1991). HoskinsⅠ判決の多数意見でも肯定的に引用されている。

99) *Hoskins I,* 902 F.3d at 103 (Lynch, J., concurring) (citing RJR Nabisco, Inc. v. European Cmty., 579 U.S. 325, 335 (2016)).

結で議会も意図していなかっただろう、とも指摘する。

　HoskinsⅡ判決においては、Lohier 裁判官が一部同意・一部反対意見を著している[100]。「エージェント」性の基準については原審および多数意見と同様のものを採用するが、Lohier 反対意見は訴追当局が「エージェント」性の立証を十分に行っていると評価する。多数意見の重視するＡ社組織図においてＨがＡ米国子会社の下にいないという事実は確かであるが、これは両者の関係の現実を覆い隠していると指摘する。実際のプロジェクトではＡ米国子会社の役員が主導権を握っており、Ｈはその監督下にあった、との証言が提出されている。「エージェント」性の認定にあたり、多数意見はＡ米国子会社が解雇などでＨを完全に排除できたかに着目するようだが、そこまでの必要はない。プロジェクトへの関与を制限する程度の権限があれば十分であるし、その立証はなされている、とする。

　Lohier 反対意見は、「エージェント」としての責任を排除すれば、Ｈは本件プロジェクトにおいて決定的な役割を果たしていたにもかかわらず、FCPA 上の責任から全く逃れることになる、と言う。これは、米国企業が、海外での贈賄行為に関与する従業員の監督を回避すべくその組織構造を操作するという、連邦議会が全く望まないインセンティブを作り出すことになる、とも指摘する。

　さらに Lohier 反対意見は、「捻じれた帰結」に言及する HoskinsⅠ判決・Lynch 補足意見にも触れつつ、HoskinsⅡ判決が米国を OECD 条約違反の状態に置くかもしれない、とも述べる。米国に関する OECD フォローアップ報告書[101]が、HoskinsⅠ判決を念頭に、米国人と外国人とで共謀罪や教唆・幇助規定の適用にズレがあることに懸念を表明していることに言及している。HoskinsⅠ判決が「エージェント」という回路を通じて

---

100)　United States v. Hoskins, 44 F.4th 140, 158 (2d Cir. 2022) (Lohier, J., concurring in part and dissenting in part). この意見は本章で主として論じる「エージェント」の論点については多数意見に反対しているので、以下、「Lohier 反対意見」という。

101)　OECD, Implementing the OECD Anti-Bribery Convention Phase 4 Report: United States 36–39 (2020), available at ⟨https://www.oecd.org/en/publications/implementing-the-oecd-anti-bribery-convention-phase-4-report-united-states_0cd34e9f-en.html⟩ (last visited Aug. 18, 2024). OECD 条約のフォローアップ制度一般については、梅田・前掲注 3) 第 4 ～ 5 章参照。

の FCPA 執行の余地を残していたところ、Hoskins II 判決の多数意見はその余地も塞いだと批判し、議会ないし最高裁の介入を期待している。

この Lohier 反対意見の指摘が当たっているとすれば、FCPA の「域外適用」こそが、OECD 条約のコンテクストでは求められているのかもしれない。

VI　結びに代えて──国際的な反発の欠如の意義

本章でみてきたように、米国当局は外国人・外国企業に対して（も）FCPA を積極的に執行していく姿勢を崩しておらず、これは米国の論者の間でも意見の分かれるポイントでもある。だが、こうした米国執行当局の態度に対し、他国からのあるいは国際的な反発は実際問題としてほとんど生じていない、というのも衆目の一致するところである[102]。その意義についてコメントすることで、本章の結びに代えたい。

前提として、1990 年代以降、汚職・腐敗の防止という価値が国際的コンセンサスとなった、という状況がある。このことは、さらに以前の時期においては自明の価値ではなかった。（途上国における）汚職・腐敗は「現地のビジネス慣行」かせいぜい必要悪と了解され、贈賄物を課税の際の費用として控除することを認めるなど、間接的に推奨されてきたことすらあったとされる。だが、1970 年代から 80 年代にかけて、開発経済学の専門家や実務家の間で、経済発展に対する汚職・腐敗の悪影響が（倫理的な理由とは別に）認識されるようになった[103]。こうしたコンテクストの上に、前述の通り米国のイニシアティブで 1990 年代後半に OECD 条約が成立し、これを契機に風向きが変わる。各国で国内法が整備されるとともに、同様の規範を追求する世界的・地域的な国際合意も広がっていった[104]。かく

---

102)　名越・前掲注 65) 41〜42 頁・49〜50 頁、竹内・前掲注 3) 308 頁・315〜316 頁。

103)　Brewster, *supra* note 18), at 1630-1631.

104)　前掲注 24) およびその対応する本文参照。より大きなコンテクストとして、冷戦の終結とともに、東西それぞれの陣営が途上国の「開発独裁」体制を取り込む必要がなくなった、ということも指摘できるだろう。

して汚職・腐敗をネガティブに評価する規範は国際的に広く受け容れられるようになった。1990年代半ば頃には米国企業の側も、「賄賂フリー」な市場環境を確保して、米国企業も外国企業も同一の規制に服することが望ましいと態度を変化させた、とも指摘される[105]。このような環境下で腐敗防止法の積極的な執行に批判的な態度をとることは、むしろ国際的な公共価値に背を向けるようにもみえるかもしれない[106]。

　このように変容した国際環境において、海外の汚職行為の摘発に積極的なのは米国の執行当局に限られたものではない。OECD条約の下で、同条約の加盟国での実施状況がモニタリングされている[107]。これによると、腐敗行為防止法の執行に最も積極的なのはドイツ当局、その次が米国当局であり、英仏両国がこれに続く。すなわち、米国執行当局の態度は確かに目立つものではあるが、唯一の、唯我独尊というわけでもない。

　現在では、米国当局が摘発に動くに際しては、他国のカウンターパートと協力することも一般的になっている、とも指摘される。そもそも、腐敗防止の国際的なコンセンサスが得られていなかったかつての状況では、他国政府のいずれの部門がそのような問題に対応の責任を負っているのか、そもそもそのような部門が存在するのかすら明らかではなかったから、協調的執行は困難であった。OECD条約等を通じて各国が越境的汚職の取締体制を整備することが求められたことにより、協調すべきカウンターパートが明確になった。OECD条約自体、捜査等の執行に際し相互に援助する義務を締約国に課しており[108]、そして実際にそのような協調的調査・

---

105)　Brewster, *supra* note 18), at 1630-1631, 1658-1659.

106)　もっとも、「汚職・腐敗の防止」が価値として実現し得るのか、「汚職が摘発」されれば「クリーン」な状態になるのか、については留保しておく。汚職が蔓延している——統治関係者であれば誰もが「汚職」に手を染めている——政府の下においては、汚職の摘発とは単に政治的ライバルを攻撃するための政争の一手段にすぎないのかもしれない。が、本章の射程を越えるため、これ以上は立ち入らない。

107)　*See* OECD Working Group on Bribery, 2021 Enforcement of the OECD Anti-Bribery Conventon: Investigatons, Proceedings, and Sanctions (Dec. 20, 2022), available at *Working Group on Bribery*, OECD ⟨https://www.oecd.org/en/about/committees/working-group-on-bribery.html⟩ (last visited Aug. 18, 2024); *see also Fighting foreign bribery,* OECD ⟨https://www.oecd.org/en/topics/sub-issues/fighting-foreign-bribery.html⟩ (last visited Aug. 18, 2024).

108)　OECD条約9条。

執行が行われるようになった[109]。前段で述べたのとは逆に、海外での汚職行為の摘発に必ずしも積極的ではない国もあるが、そういったところでも米国等の当局の調査・執行には協力する他国政府もある。米国執行当局も、そのような他国政府機関の協力に対して感謝する姿勢をオープンにしている[110]。

また、米国当局による執行パターンが、刑事罰等を前面に出すものではなく、前述 II 1 の通り NDA や DPA などを活用したソフトなものを基調としていることが、他国からの反発を回避することに寄与している、との指摘もある[111]。特に、企業組織に対する執行に際しては、米国当局はそうした方針を近年より明確に打ち出している[112]。このことは、国際的な汚職行為に対して罰・制裁を与えるという回顧的な視角よりも、そうした行為が発生しないような体制と状況を、個々の企業組織レベルでも（グローバル）マーケット全体でも拡大していくことに軸足を置く、forward-looking な姿勢として把握することができるだろう。

本章は、米国 FCPA が、その適用対象として米国人・米国企業を中核に据えつつも、結果的に外国人・外国企業を巻き込む形で執行されている状況を検討した。FCPA 執行当局の関心の中核は米国人・米国企業にありつつも、事案の包括的解決のために外国人・外国企業に対しても執行の網を及ぼしており、そのような体制が前者への執行を下支えしていることを指摘した。また、資本・決済双方のグローバルな金融市場における米国のプレゼンスが、管轄権行使における伝統的な連結素に依拠しつつも、外国人・外国企業を執行対象とすることを可能ならしめているとも論じた。

加えて、共謀罪、教唆・幇助、エージェントといった法技術を利用して、米国執行当局が FCPA を拡張的に適用する姿勢を明らかにしている点についても検討した。こうした FCPA の拡張的執行については不明瞭な点

---

109)　茨城・前掲注 35) 56〜57 頁。
110)　名越・前掲注 65) 50 頁・注 83。
111)　名越・前掲注 65) 49〜50 頁。
112)　蒲野・前掲注 34)、井上朗「米国司法省が公表した企業犯罪の新訴追方針について」国際商事法務 51 巻 4 号（2023）451 頁。

も少なからず残っているが、現実問題としては必ずしも他国からの批判を招いてはいない。幸いにも、と付け加えるべきであろうか。概ね国際的批判を招かずに執行できている現状は、一部は関係者の意識的な努力でありつつ、国際的汚職という問題の特殊性やその他の偶然の要因も排除できない。

　本章は、FCPA を題材として、米国の執行当局が、ドメスティックな論理を推し進めてグローバルな問題にアプローチしている様子を論じた。過度な一般化には慎重であるべきであるが、「法とグローバリゼーション」を考える一素材を提供することができていれば、本章の目的はさしあたり果たされる。

【附記】　本章は、JSPS 科研費基盤研究(A)「グローバル法・国家法・ローカル法秩序の多層的構造とその調整法理の分析」(課題番号 19H00568)(代表：原田大樹)、基盤研究(C)「現代アメリカ行政国家の動揺と『保守』の憲法観——大統領の人事権を手がかりに」(課題番号 22K01107)の助成を受けた研究成果の一部である。
　　脱稿後、トランプ大統領(第2期)が、司法長官に対し、FCPA の執行を停止し、執行ガイドラインを見直すよう指示する大統領令に署名したとの報に接した(2025年2月)。

第 2 部

ローカル法秩序と
国家
―「人の移動」に着目して

▶▶▶▶▶▶▶▶

第 4 章　多層的法秩序における「人の移動」

第 5 章　在留資格と訴えの利益
　　　　――一在留一資格の原則は訴えの利益を否定
　　　　　する理由にならない

第 6 章　難民認定の手続法論

第 7 章　外国人と地方公共団体

第 8 章　多層的法秩序と国籍

第4章 多層的法秩序における「人の移動」

原田大樹

 I はじめに
 II 検疫の法的課題
 III 出入国管理・難民認定の法的課題
 IV 地縁的統合の法的課題
 V おわりに

I　はじめに

　本書では、グローバル化が進展する中で、グローバル法・国家法・ローカル法の三層構造がどのように変容しているかを、「資本」と「人」という二つの具体例を手がかりとして分析している。第1部で取り上げた「資本の移動」は、物理的な移動のみならず観念的な移動であることも多く、また、人の生活拠点とは別に移動を観念できるという特色がある。これに対して、本章以下、第2部で取り上げる「人の移動」は、グローバル化との緊張関係を強く有している。その一つの理由は、人が政治過程あるいは社会の担い手であることである。人は、国内においては国民として政治過程に組み込まれ、国家の政策的判断の影響を受けやすい。また人は、当該国家・社会の構成員であって、国家・社会による統合の対象でもある。もう一つの理由は、人が権利主体あるいは人権享有主体としての性格をもっていることである。人権としての「移動の自由」は、立憲主義・民主主義諸国の多くの憲法で人権（基本権）として保障されていることに加え、国際人権条約体制の中でも相応に保護がなされている。こうした人の権利の側面と、前述の国家の政策的判断とが衝突する一つの典型的局面が、人の移動であるといえる。なお、ここでは、人が各人の自由な判断に基づいて

移動する場合（積極的移動）のみを想定し、強制移住・退避のような消極的移動の問題は検討の対象外とする[1]。

　人の移動に対する法的コントロールを構想する場合、着目するポイントとして、人の「移動行為」と「移動後の状態」の二つが挙げられる。移動行為とは、人がある場所から別の場所に移動する動作であり、その目的や移動後の滞在時間の長短を問わない。移動行為そのものは、個人の日常的生活への影響のほか、個人が帰属する企業等の活動に影響を与えることもある。国境を越えた移動をコントロールする法的手段としては、出入国管理（在留管理）や検疫が代表的である。これに対して、移動後の状態とは、地点移動後に移動先で生活している状態を指している。短期滞在であればそれほど大きな法的問題にはならないものの、中・長期の滞在になると、滞在国・地域の政治過程や社会統合に対して強い影響を与えることになる。

　第2部を構成する論文のうち、入管法制の法的構造を扱う興津論文（第5章）と、難民認定の立証責任の問題を扱う須田論文（第6章）は、「移動行為」を主たる対象としている。これに対して、外国人と地方公共団体との関係を論じる飯島論文（第7章）と、多層的法秩序における国籍を扱う大西論文（第8章）は、「移動後の状態」に関心を有する。本章では、こうした後続の論文への架橋を図るため、主として、「移動行為」をコントロールする検疫の法的課題（II）、「移動行為」と「移動後の状態」の双方に関連する出入国管理・難民認定の法的課題（III）、「移動後の状態」と強い接点を有する地縁的統合の法的課題（IV）を素描することとしたい。

II　検疫の法的課題

1　検疫と国際保健協力

　人類の歴史は感染症の歴史でもある。そして、人の移動の範囲が広がれば、感染症の流行も広域化する。その流行を抑制する対策として中世から

---

1)　この二つの概念につき参照、瀧川裕英「帰属でなく移動を」広渡清吾＝大西楠テア編『移動と帰属の法理論』（岩波書店・2022）27〜51（33〜37）頁［初出2021］。

とられていたのが、船舶の停留等による検疫措置である。そして近代以降、船舶の航行や船舶内部の問題への対応が国際法上は旗国の権限とされても、検疫は、船舶から人や物資が寄港国に移動することのコントロールとして、寄港国の権限と考えられてきた。そこで、感染拡大の危険を最小化したい寄港国が、必要以上に移動を制限したり、感染症予防の名の下に移動を制限したりする可能性がある。

国際行政の具体例の一つである国際保健協力は、こうした背景から成立した[2]。早くも 1851 年には国際衛生会議が開催され、国際保健協力に関する多数国間条約の制定が議論された。しかし、通商の利益と公衆衛生の利益とが厳しく対立し、国際衛生協定の締結は 1903 年の第 11 回国際衛生会議まで待たなければならなかった。その後、第一次世界大戦後の国際連盟体制の下で、国際保健協力は継続的に展開され、日本も比較的長期にわたってその役割を果たしてきた[3]。しかし、第二次世界大戦によって協力関係は一旦停止され、戦後に世界保健機関（WHO）が成立するとともに、国際保健規則（IHR）が基本的な国際ルールを設定することとなった。

国際保健規則は、国際交通および取引に対する不要な阻害を回避することを重視し（同規則 2 条）、感染症発生等に関して参加国から WHO に対する通報義務が課されている（同規則 6 条）。そして、WHO 事務局長が国際的に懸念される公衆衛生上の緊急事態の認定（同規則 12 条）をすると、同事務局長は人・手荷物・貨物等に対する保健上の措置を含む暫定的勧告を行うことができる[4]。また、参加国は保健上の追加措置（同規則 43 条）をとることができ、これが寄港制限禁止（同規則 28 条）の例外として位置付けられている。もっとも、「適当な保健水準を満たすと思われる合理的に利用可能な代替措置よりも国際交通を制限せず且つ人に対して侵襲的又は立ち入ったものであってはならない」（同規則 43 条 1 項後段）と規定されており、国際保健協力における一般原則としての「移動の自由保障」が存在し、これに対する参加国による公衆衛生確保措置は必要性・相当性を有するも

---

2) 詫摩佳代『人類と病』（中央公論新社・2020）9 ～ 18 頁、西平等「グローバル・ヘルスにおける国際法の役割」法律時報 93 巻 1 号（2021）54 ～ 59（55 ～ 56）頁。

3) 詫摩佳代「感染症と国際協調」国際問題 695 号（2020）5 ～ 14（6）頁。

4) 山田哲史「グローバルな感染症対応」公法研究 84 号（2023）138 ～ 149（140）頁。

のでなければならないとされている。しかし、特に感染症流行の初期段階において、他国が隔離措置を伴う検疫を行うことを恐れて、国際保健規則に基づく通報を参加国が実施しようとしない問題が、新型コロナウイルス感染症の場合でもみられた。

　新型コロナウイルス感染症に対する WHO の対応については多くの問題が指摘されており、WHO の権限強化を狙った新たな条約（パンデミック条約）を制定しようとする動きが続いている[5]。もっとも、WHO は本来、情報の収集や提言機能をもつにとどまり、実際の公衆衛生・保健政策の実施は各参加国に委ねられている[6]。また、国際保健規則が想定する原則が国際交通への過剰な介入抑制であることからすると、WHO が参加国に対して積極的に検疫を要請することは容易ではなく、参加国側にもそのインセンティブが強くないことが問題解決のネックとなり得る。さらに、WHO を支える分担金はその比率が低下しており[7]、参加国以外の民間セクターからの資金が大きな割合を占めつつある。活動資金が潤沢に存在することは望ましいことである反面、特定の出資者が大きな比率の出資を行う構造になると、特定の利益が政策形成過程において重視されるおそれが生じることは否定できない。

2　検疫法制の課題

　検疫制度は、世界的にみれば、ペストの流行に対応する形で 1377 年にラグザ共和国（現、クロアチア）で 40 日停泊規制を導入したことに始まるという[8]。日本においては、1877 年に西南戦争の帰還兵がコレラの大流行を引き起こし、1879 年には清国におけるコレラ流行への対策としての太政官布告が出されて、地方検疫所の設置と検疫実施が始まったとされる[9]。

---

5)　詫摩佳代「多層的な協力枠組みの整備が備えに」公明 186 号（2021）20～25（23）頁、笹沢教一「パンデミック条約制定へ―教訓と課題」読売クオータリー 58 号（2021）18～31 頁。

6)　五十嵐元道「WHO による感染症情報の生成機能と限界」法律時報 93 巻 1 号（2021）66～71（71）頁。

7)　西真如「グローバル・ヘルスにおける WHO 事務局長の役割」法律時報 93 巻 1 号（2021）72～77（75）頁。

8)　守屋章成「よりよい水際対策、検疫システムとは？」診断と治療 111 巻 13 号（2023）371～376（371）頁。

9)　福島靖正「検疫法の変遷と新型コロナウイルス感染症の経験を踏まえた今後の対応」公衆

当時の日本の検疫は、医師の検査よりも船舶留置を中心とする法制度であり、日本の検疫官の制止を無視して入港した外国船（ドイツ船）が出現したことが治外法権回復への契機の一つともなった[10]。その後、1899 年に海港検疫法が制定されて、恒常的な検疫が実施されるようになり、1921年の航空法および 1927 年航空検疫規則は、航空機の場合の検疫を規定した。第二次世界大戦後には、1951 年に検疫法が制定され、1970 年の改正によって、前述 1 の国際保健規則への対応が図られた[11]。

　検疫法は、感染症対策の要の一つとして、感染症の予防及び感染症の患者に対する医療に関する法律（以下、「感染症法」という）とも連動している。同法 15 条の 2 は、都道府県知事は、検疫所長から健康状態に異状を生じた者に対して指示した事項等の通知を受けたときは、当該都道府県の職員に、その者らに対して質問・調査させることができ、その結果を厚生労働大臣に報告しなければならない、と規定する（同条 1 項・2 項）。他方で、行動制限については検疫法で規定されており、検疫済証・仮検疫済証の交付がなければ、外国からの船舶・航空機からの上陸や陸揚げが禁止され（同法 5 条）、検疫感染症患者が見つかれば、新たな患者の発生・まん延防止の指示を行い（同法 13 条の 3）、さらに、検疫感染症患者の隔離や感染したおそれがある者の停留等ができる（同法 14 条）。もっとも、新型コロナウイルス感染症の流行当初、その連動関係は必ずしもスムーズなものではなかった。感染症法は、「既に知られている感染症の疾病」で感染症対策に関する規定を準用しなければまん延により国民の生命および健康に重大な影響を与えるおそれがある場合に、政令でこれを「指定感染症」とすることができ（同法 6 条 8 項）、感染症法の規定を 1 年以内の政令で定める期間に限り準用し、さらに、1 年以内の政令で定める期間に限り延長できる、と規定している（同法 44 条の 9）。これに対して、検疫法上の検疫感染症以外の感染症への準用についても、政令で指定することが可能であったものの（検疫法〔令和 2 年法律 75 号による改正前〕34 条）、指定は 1 年以内で延長の規

　　衛生 85 巻 4 号（2021）239〜243（239）頁。

10)　市川智生「明治期日本の海港検疫をめぐる政治外交」年報政治学 73 巻 2 号（2022）98〜121（101〜111）頁。

11)　福島・前掲注 9) 239〜243（240）頁。

定がなかった。そこで、2020年末の検疫法改正により、感染症法と平仄を合わせて、1年以内の延長ができるようになった[12](同条2項)。

検疫法と感染症法との力点の置き方の違いは、感染症の発見の部分にある。感染症法17条によれば、都道府県知事は、一類・二類・三類感染症または新型インフルエンザ等感染症に罹っていると疑うに足りる正当な理由のある者に対し、当該感染症に罹っているかどうかに関する医師の健康診断を受けるべきことを勧告することができ（同条1項）、その者がこれに従わない場合には、当該職員に健康診断を行わせることができる（同条2項）。これに違反した場合の制裁は用意されていないものの、同条2項の規定は即時強制（即時執行）であるから、物理的な実力行使によって相手方に健康診断を受けさせることができる[13]。これに対して検疫法13条1項は、検疫所長が、検疫感染症について、船舶等に乗ってきた者等に対する病原体の有無に関する検査を行い、または検疫官に行わせることができるとし、感染症法とは異なり勧告が前置されていない。さらに、検査を拒否・妨害・忌避した場合には6か月以下の懲役または50万円以下の罰金が予定されている（同法36条4号）。即時強制（即時執行）に対して相手方が抵抗すれば、公務執行妨害罪に問われる可能性があるものの、抵抗が拒否・忌避であればこれに該当しない。そこで、こうした消極的な抵抗に対しても刑事罰を補完的に用意している点に、検疫法の特色がみられる[14]。このことは、検疫法の力点が感染症の発見と国内流入抑制にあることをよく示している。

もっとも、新型コロナウイルス感染症に関する検疫法の執行は、必ずしも順調には機能せず、法的な課題も残された。検疫所の人的資源は限定的であり、空港を中心に待機対象者を待機させるスペースが想定されておらず、とりわけ感染症流行の初期段階において混乱がみられた[15]。また、機

---

12) 福島・前掲注9) 241頁。

13) 厚生労働省健康局結核感染症課監修『詳解 感染症の予防及び感染症の患者に対する医療に関する法律〔5訂版〕』（中央法規・2024) 144頁。

14) 須藤陽子「即時強制と即時執行」『即時強制と現代行政法理論』（信山社・2024) 61～93 (88) 頁 [初出2021]。

15) 田中一成「空港検疫における COVID-19 検査の選択」治療104巻7号 (2022) 898～901 (898) 頁、宮本秀晴「国際空港における COVID-19 対応と国際渡航再開への課題」学術の

内での質問票作成、宿泊療養や自宅待機に関する根拠規定がないまま、行政指導ベースでの対応が続いていた[16]。他方で、入国との関係では、検疫法が、基本的に検疫前については船舶・航空機単位での入港・上陸拒否を予定しているのに対して、実際には個人単位での対応が行われていることへの疑問が呈されていた[17]。さらに、最終的な上陸許可については、検疫法ではなく出入国管理及び難民認定法（以下、「入管法」という）5条1項14号の規定（「前各号に掲げる者を除くほか、法務大臣において日本国の利益又は公安を害する行為を行うおそれがあると認めるに足りる相当の理由がある者」）を根拠に、日本人および在留資格を有する外国人等以外の上陸を包括的に認めなかったことが問題視されていた[18]。

III　出入国管理・難民認定の法的課題

1　出入国管理の法的課題

　入管法をめぐっては、このところ下級審裁判例が急増しており[19]、社会的に耳目を集める事件も目立っている。入管法は、他の行政法令と比較して、法的な規律が緩やかな点が目立つ。その背景には、マクリーン事件最高裁判決（最大判昭和53年10月4日民集32巻7号1223頁）の影響があるように思われる。同判決は、外国人に対する基本的人権（この文脈では「移動の自由」）の保障を否定したことで知られている。そして、そのことを背景として、法務大臣の広範な政治的裁量判断を肯定し、裁判所の審査の範囲・密度を抑制したことに加え、裁量基準の不適用に対しても寛容な判断

　　動向27巻3号（2022）61〜64（64）頁。
16)　田中一成『成田空港検疫で何が起きていたのか』（扶桑社・2022）34頁、河嶋春菜「パンデミックにおける人権保障」ジュリスト1591号（2023）40〜45（41）頁。
17)　土井翼「日本におけるCOVID-19対策と感染症法制」行政法研究43号（2022）63〜97（73〜75）頁。
18)　川村真理「新型コロナウイルス感染症と入国制限」杏林社会科学研究36巻1＝2号（2020）63〜84（71）頁、大西楠テア「出入国管理体制から考えるコロナ後の法学」法律時報95巻9号（2023）22〜27（25）頁。
19)　原田大樹「行政訴訟の審理と行政裁量」『公共紛争解決の基礎理論』（弘文堂・2021）234〜253頁［初出2016］。

を示した。しかし同判決は、憲法から直接、外国人の移動の自由が権利として保障されていることを否定したにとどまり、このことは、外国人に関する法制度一般が憲法の予定する法的拘束を受けないことを意味しない[20]。また、裁量基準の適用に関する消極的な評価についても、裁量基準を用いた司法審査一般において個別事情考慮義務も重視されていることからすれば、基準からの自由な逸脱可能性を殊更に強調する判示[21]は、少なくとも現在の最高裁判例の考え方[22]からみれば適切ではないように思われる。そこで、入管法の規定を法治主義に適合的な形で解釈し、場合によっては立法論を展開することが、法学研究者にとって喫緊の課題と考える[23]。そして、近時の立法の中には、こうした方向に適合的な動きが散見される。

　入管法の外国人に対する出入国管理の規律は、受入れの部分である上陸や在留の手続と、不法滞在に対する退去強制手続という二つの柱から構成されている。このうち上陸の手続では、入国審査官の審査および上陸許可（入管法7条・9条）の際に、在留資格とこれに伴う在留期間（同法2条の2）が必要となる[24]。外国人が日本に在留する場合には、この在留資格と在留期間の範囲内であることが必要で、在留資格は当該外国人が日本で行ってよい活動の範囲を示している（一在留一資格の原則）[25]。これに対して、外国人の本邦からの退去を強制する手続は、上記の手続と裏腹の関係にあるといわれることがある。入管法24条が定める退去強制事由は必ずしも在留資格・在留期間をはじめとする入国許可との関連だけではないものの、確かに、「入国審査官から上陸の許可等を受けないで本邦に上陸した者」（同条2号）、「在留資格を取り消された者」（同条2号の2）、「在留期間の更

---

20)　泉徳治「マクリーン判決の間違い箇所」判例時報2434号（2020）133〜145（135）頁。

21)　福山宏「出入国管理及び難民認定法（入管法）の構造と行政的理解」広渡＝大西編・前掲注1）122〜146（136）頁は、法務大臣の自由裁量権の行使のあり方について正面から論じることは可能であり、避けるべきでないと指摘する。

22)　最判平成27年3月3日民集69巻2号143頁。

23)　国際法学の観点からの見直しの議論として参照、中村勇輝「交通の自由と国際公共圏」国家学会雑誌（東京大学）135巻1＝2号（2022）79〜131頁。

24)　黒木忠正「出入国管理及び難民認定法・余話(上)」書斎の窓664号（2019）19〜23（22）頁、早川智津子「入管法政策の展開」『外国人労働者と法』（信山社・2020）47〜105（52〜54）頁［初出2017〜2019]。

25)　小畑郁「日本の外国人法史における『在留資格』概念の肥大化」広渡＝大西編・前掲注1）76〜98（81）頁［初出2021]。

新又は変更を受けないで在留期間……を経過して本邦に残留する者」（同条4号ロ）なども規定されている。具体的な手続は、入国警備官による違反調査（同法27条）に始まり、収容令書による収用を経て（同法39条1項）、入国審査官の審査・認定（同法45条・47条）、特別審理官による口頭審理・判定（同法48条）、法務大臣への異議の申出と裁決（同法49条）という三段階の手続が進行する。法務大臣が異議の申出に理由がないと裁決した場合には、主任審査官が退去強制令書を発付する（同法49条6項）。その執行は入国警備官によりなされ、退去強制を受ける者を送還先に送還し（同法52条3項本文）、送還可能のときまでは入国者収容所等に収容することができる（同条9項）。ただし、法務大臣は、異議の申出に理由がないと認める場合でも在留特別許可を与えることで、退去強制令書の発付を回避し、在留の継続を認めることができる（同法50条1項本文）。退去強制に関する手続は、拘束と送還を中心とする即時強制（即時執行）＝権力的事実行為の連鎖として構成されており、退去強制に至る認定・判定・裁決は、その事前手続[26]として位置付けられている。このルートの例外として、在留特別許可が法務大臣の恩恵的な決定として存在し[27]、これが与えられなければ、建前としては全ての退去強制対象者が収容され、最終的に送還されることとなっている（全件収容主義）[28]。

　こうした構造は、上陸コントロールが量的にみて十分に機能し、退去強制対象者の数が限定されている場合には、一部の悪質な不法滞在者を迅速に国外に退去させる手続として合理性があるように思われる。しかし、実際には、退去強制手続を少数の例外事例における物理的な実力行使として位置付けにくい状況がみられる。また、大半の事例で退去強制令書の執行としての強制送還よりも自主的な帰国が選択され、自主的な帰国をしない

26）　興津征雄「退去強制手続における法務大臣の裁決と裁決書不作成の瑕疵」自治研究83巻10号（2007）123〜147（132）頁は、「退去強制事由（法24条各号）の存否に関する認定判断を丁寧に行うことを目的とし、二当事者対立構造と聴聞（hearing＝口頭審理）とを組み込んだ事前手続の一種」と解している。これに対して、多賀谷一照＝髙宅茂『入管法大全I　逐条解説』（日本加除出版・2015）428頁は、「準司法的な手続」と表現する。

27）　その起源につき参照、柏崎正憲「難民条約締結前における日本の入国管理政策と在留特別許可」平和研究48巻（2018）109〜126（110）頁。

28）　全件収容主義の建前と実際の齟齬につき参照、福山宏ほか「元東京出入国在留管理局長・福山宏氏に聞く」商学討究（小樽商科大学）72巻4号（2022）105〜189（185〜186）頁。

場合には収容期間が極めて長期にわたるという現状は、退去強制を即時強制（即時執行）と位置付け、退去強制令書はその予告の書面にすぎないと捉えていては、改善されないように思われる。そこで、退去強制令書の発付を、義務を賦課する行政行為として明確に位置付けて義務賦課行為と執行・制裁行為とを完全に分離し、義務賦課行為に対する実効的な（仮の救済を含む）権利保護の機会と事前手続の保障を強化することが、今後、目指すべき方向であるように思われる[29]。入管法の 2023 年改正[30]においては、この方向と整合的な変更がいくつかなされている。

　第一に、送還先に送還することが困難である場合に、本邦からの退去を命令する規定（入管法 55 条の 2）の導入である。この命令に違反して本邦から退去しなかった者には、1 年以下の懲役または 20 万円以下の罰金が科され得る（同法 72 条 7 号）。この規定だけであれば、退去強制令書とは別に命令の制度が設けられ、その命令によって新たに国外退去義務が課されているようにもみえ、そうであるとすると、退去強制令書そのものの法的性格は変わっていないことになりそうである。もっとも、入管法 55 条の 2 第 6 項は、退去命令により本邦から退去させられた者は「退去強制令書により退去を強制されたものとみなす」こととされ、同条 2 項 2 号は、「退去強制の処分の効力に関する訴訟が係属」し、かつ、執行停止決定がされた場合には命令の効力が停止されるとする。そこで、退去命令の規定は、退去強制令書によって生じた受忍義務を送還忌避等の一定の場合に作為義務に転換するとともに、刑事罰の構成要件として明確化する趣旨の規定とも考えられる[31]。

　第二に、退去強制令書の執行手続の中で、自主的な帰国が明確に位置付けられたことである。退去強制令書の発付を受けた者が自らの負担で自ら退去しようとするときは、その者の申請に基づいて入国者収容所長または主任審査官が許可を与えることとされ（入管法 52 条 4 項）、さらに法務大臣

---

29)　つとに、亘理格「退去強制手続の構造と取消訴訟」『行政行為と司法的統制』（有斐閣・2018）348～382（350）頁［初出 2004］。

30)　改正内容の概要を紹介するものとして、宮本征「入管法等の一部を改正する法律（令和 5 年入管法改正）の概要」法律のひろば 76 巻 7 号（2023）42～48 頁。

31)　小畑郁「人類関心事項としての日本の『入国管理』法制」法律時報 95 巻 9 号（2023）1～3（2）頁は、直接強制から間接強制に切り替わったとの見解を示している。

は、「その者の素行、退去強制の理由となった事実その他の事情を考慮して相当と認めるとき」は、当該許可を受けた者の申請に基づき、再入国拒否期間を原則として1年とする決定ができることとされている（同条5項）。これは、退去強制令書の名宛人の多くが、今日本を離れるかよりも、今後日本に戻ることができるのかを強く考慮している現状を前提に、再入国拒否期間を短縮することで、自主的な帰国のインセンティブを設定したものである[32]。もっとも、こうした仕組みの前提として、退去強制令書の発付をもって、名宛人に退去の義務が課されていると考えるのが素直とも思われる。

第三に、送還の前になされてきた収容に代わる監理措置が導入されたことである。主任審査官は、（収容されている者や仮放免されている者以外の）退去強制を受ける者に、送還可能のときまで収容しないことが相当と認めるときは、監理措置に付する旨の決定をすることとされた（入管法52条の2第1項前段）。そして監理措置を受けている間は、不法在留に該当しないものとみなされることとされた（同条8項）。改正前から、退去強制令書の内容は収容部分と送還部分に分かれるものと理解され、収容は送還までの短期間にわたる身体拘束を、送還は国外への物理的・強制的な退去を意味し、いずれも相手方に受忍義務があると考えられてきた。しかし、収容がなされず、かつその間の滞在が不法在留ではないとすると、この場合の退去強制令書は端的に出国の義務を課したものと理解することが可能となる。

2 難民認定の法的課題

入管法の規定のうち、出入国管理とは異なる性格をもっているのが、難民に関する規定である。この部分は、日本が、「難民の地位に関する条約」に1981年に加入するために整備した国内法であり、その実体的規定は、同条約や1967年に採択された「難民の地位に関する議定書」に準拠している。例えば、難民の定義に関する入管法2条3号は、難民を「難民の地位に関する条約（以下「難民条約」という。）第1条の規定又は難民の地位に関する議定書第1条の規定により難民条約の適用を受ける難民をいう」と

---

32) 木下洋一『入管ブラックボックス』（合同出版・2023）210頁。

定義しており、どのような場合に難民となるかの認定基準を条約に完全に委ねている。ロシア・ウクライナ間の戦争によるウクライナ避難民の受入れ等を念頭に置いて2023年改正で追加された同条3号の2は、「難民以外の者であって、難民条約の適用を受ける難民の要件のうち迫害を受けるおそれがある理由が難民条約第1条A(2)に規定する理由であること以外の要件を満たすもの」を「補完的保護対象者」として、難民とは別に定義している。これに対して、難民条約には難民認定に関する手続を定めた規定がほとんどなく[33]、締約国の国内法に委ねられているとされる。日本では、難民条約加入時に入管法を改正して、61条の2以下に規定を置いた。当初の規定の仕方の特色は、難民の認定と在留許可を峻別する点にあった[34]。すなわち、難民認定は当該外国人が難民条約にいう難民であるかを認定するためだけのものであり、難民認定を得たからといって当然に日本国内に在留できるわけではなかった。そこで、難民認定とは別に、一時庇護のための上陸許可の規定（同法18条の2）を設け、難民であることの厳格な立証なしに上陸を認め、最終的に第三国に出国することが想定されていた。しかし、実際にはこの規定が利用されることは稀で、観光等を目的とする短期滞在で日本に入国し、その後に難民認定を申請するケースが多かった。そこで、2004年改正入管法で、難民認定がなされると定住者[35]の在留資格の取得を法務大臣が許可するものとされた（同法61条の2の2第1項）。また、不法在留になった後に難民認定を申請した場合等、定住者の在留資格を付与できない場合や、難民認定が与えられなかった場合でも、在留特別許可によって引き続きの在留を認めることができる制度（同条2項〔令和5年法律56号による改正後50条1項4号〕）を維持した。

　一般的な出入国管理と難民認定の手続上の大きな違いは、行政不服審査法の定める審査請求手続の利用可能性にも認められる。行政不服審査法は「外国人の出入国又は帰化に関する処分」（同法7条1項10号）を適用除外に

---

33)　前田直子「入管法改正と日本の難民認定制度の現在」ジュリスト1591号（2023）72〜77 (76) 頁。「国連難民高等弁務官事務所（UNHCR）規程」の基準を満たす「マンデート難民 (mandate refugees)」認定と国家による難民認定との関係につき参照、興津征雄「グローバル行政行為？」横浜法学（横浜国立大学）27巻3号（2019）291〜342頁。

34)　多賀谷＝髙宅・前掲注26) 558〜560頁・580〜582頁。

35)　大西楠テア「出入国管理と就労資格拡大」法学教室464号（2019）40〜46 (45)頁。

しているため、退去強制に関して行政不服審査法に基づく手続を利用することはできない。しかし、難民認定はこの適用除外に含まれていないため、難民認定拒否処分に対する行政不服審査法に基づく審査請求が認められる。さらに入管法では、難民審査参与員の制度（同法61条の2の13第1項）を定めている。これは、法律または国際情勢に関する学識経験者を法務大臣が任命し（同条2項）、行政不服審査法の審査請求手続における第一段階の手続である審理員審理を主宰する審理員（同法9条）と同様の役割を果たさせるものである（入管法61条の2の12第5項）。その人選や事件の配分に疑念が向けられている[36]ものの、少なくとも退去強制手続と比較して、事後的な権利救済の可能性と手続全体の透明性が高められている。

　もっとも、よく知られているように、難民条約の先進加盟国と比べて、日本の難民認定の実績は低い水準にとどまっている[37]。その最大の原因と考えられるのが、立証責任と立証の程度の問題である。入管法61条の2第1項は、難民認定の申請者が「その提出した資料に基づき」法務大臣が難民認定を行うことができると規定している。この規定の趣旨は、難民であることの立証責任を申請者側に課す点にあると解されている。具体的には、難民の要件に適合することとなる事実が存在することを申し立てる責任と、提出された資料に書かれた事実が真実であることを証明する責任とが想定されており、前者については申請者自身が申し立てなければならず、しかし後者については、迫害から逃れる際に十分な資料を持って来ることができないことが多いため、難民調査官による事実の調査（同法61条の2の17）も踏まえて判断するものとされている[38]。

　申請に対する処分において、申請者側に立証責任が割り当てられることは、一般的にみて、それほど珍しいことではない[39]。それは、申請者側が自らにとって有利な一定の権利・地位を得るために、自らの支配領域にあ

---

36)　小田川綾音「『改正』入管法が成立、露呈した難民認定制度の構造的な課題」法学セミナー68巻8号（2023）42〜49（48）頁、木下・前掲注32）169〜173頁。

37)　生田志織「難民行政40年」難民研究ジャーナル11号（2022）4〜22（9）頁。

38)　多賀谷＝髙宅・前掲注26）562〜564頁。

39)　これに対して、入管法46条の退去強制事由該当性に関する立証責任の容疑者側への転換は、不利益処分の一般論からみると異例である。参照、坂中英徳＝齋藤利男『出入国管理及び難民認定法逐条解説〔改訂第4版〕』（日本加除出版・2012）661頁。

る資料を提出させることが、特段不公平とはいえないからである。また、申請に基づく処分であっても、行政の調査義務は存在しているから、真偽不明の場合に行政機関が調査権を行使することは否定されない[40]。しかし、難民認定の場合には、申請者自身の支配領域にある資料が極めて限定的であって、立証上の困難が生じることが多い。他方で、立証責任を転換したとしても、行政機関側が紛争地域等において十分な情報を集めることができる保証はないことから、立証責任の緩和が穏当な方法と思われる。例えば、国連難民高等弁務官事務所（UNHCR）駐日事務所の『難民認定基準ハンドブック』が採用する「灰色の利益（benefit of the doubt）」論は、証拠に基づく十分な立証ができていなくても、申請者の供述が信憑性を有すると思われるときは、当該事実が存在しないとする十分な理由がない限り、申請者が供述する事実は存在するものとして扱う、という考え方である[41]。日本の法執行実務においては、『同ハンドブック』の法的拘束力は否定されている例が多い[42]ものの、『同ハンドブック』の基準を明示的に援用しなくても、同様の帰結は生じ得るように思われる。あるいは、「迫害を受けるおそれがあるという十分に理由のある恐怖」（難民条約1条A(2)）の判断にあたって、個別的・具体的な迫害の危険を要求する（個別把握論）ことの適否も、検討の余地があるように思われる[43]。

---

40) 原田大樹「不動産登記法の行政法学的分析」『公共部門法の組織と手続』（東京大学出版会・2024）103〜133（124〜126）頁［初出2021］。

41) 竹内真理「難民条約」法学教室423号（2015）113〜119（118）頁、国連難民高等弁務官事務所（UNHCR）駐日事務所編『難民認定基準ハンドブック〔第4版〕』（2015）52〜54頁。

42) 小坂田裕子「国際人権法から見た日本の難民行政の40年」難民研究ジャーナル11号（2022）23〜34（25）頁。ただし、2021年7月に出入国在留管理庁とUNHCRとの間でなされた「協力覚書（MoC）」の交換も契機として、2023年3月に策定された出入国在留管理庁『難民該当性判断の手引』の内容は、『難民認定基準ハンドブック』と類似するものとなっている。また、裁判例においても、『同ハンドブック』の法的意義を、これまでよりも強いものと位置付ける判断が登場している（例：名古屋高判令和6年1月25日LEX/DB25597228）。さらに、『難民該当性判断の手引』を参照する裁判例として、大阪地判令和6年7月4日裁判所ウェブサイトがある。

43) 木下・前掲注32) 158頁。

IV　地縁的統合の法的課題

1　地縁団体としての地方自治体

　人の移動の状態が継続し、新たな定住者が現れた場合、移動先において
は、その広い意味での処遇が大きな問題となる。そこで、大きな役割を果
たし得るのが地縁団体としての地方自治体である。地縁団体は一般に、一
定の地域に居住していることのみをもって団体の構成員とする組織原理を
もち、当該地域内における共通課題の解決に向けた活動を行っている。そ
こで、人種や国籍とは無関係に新たな定住者を地域に統合する作用を果た
すことが、地方自治体には期待されている。

　日本の地方自治法が定める地方公共団体も、概ねこれと共通の性格を有
していると考えられる。「地域における行政を自主的かつ総合的に実施す
る役割」（地方自治法１条の２第１項）を担う地方公共団体である市町村の
「区域内に住所を有する者」は、当該市町村とこれを包括する都道府県の
住民となる（同法10条１項）。これは、居住という事実に着目し、それのみ
によって地方公共団体の構成員となることを意味する。さらに、住民は、
地方公共団体の「役務の提供をひとしく受ける権利を有し、その責任を分
任する義務を負う」（同条２項）。負担分任義務の中には、住民税均等割の
ように、居住という事実によって負担が正当化されているものも含まれる。

　地方公共団体は、「地域における事務及びその他の事務で法律又はこれ
に基づく政令により処理することとされるもの」（地方自治法２条２項）を処
理するとされている。地方自治法は「地域における事務」の定義規定を置
いていないものの、法令により処理することとされているその他の事務と
対比されていることからすると、法令の規定の有無にかかわらず、地方公
共団体の区域内で生じる社会的需要に対応した公的事務が全て含まれると
考えられる。すなわち、地域における事務の遂行について、法令による創
設・介入は排除されていないものの、地方公共団体は自主的に地域におけ
る事務を創設・変更・廃止することができる[44]。

44）「地域における事務」の概念の法学的分析として参照、太田匡彦「区域・住民・事務」地

こうした地方公共団体の特性は、人の移動に伴って区域内に流入してきた定住者にとって重要である。地方公共団体の構成員たる「住民」としての属性は、定住という事実のみによって確定される[45]。基礎的自治体である市町村は、「住民たる地位に関する正確な記録を常に整備しておかなければならない」（地方自治法13条の2）。その記録である住民基本台帳には、2009年の住民基本台帳法改正によって、外国人（中長期在留者等）も記載されることとなった（同法30条の45以下）。また、地縁団体である地方公共団体にとって、住民を地域に統合することは極めて重要な政策課題であって、その自主的な判断により具体的な地域における事務を創設・遂行することが期待されている。

2　地縁団体と国籍

このように、日本の地方自治法は、国籍とは関係なく、住所を有する者＝定住者かどうかを住民のメルクマールとしている。もっとも、国籍を一定の居住期間の経過によって付与する制度も、理論的には考えられるところである。実際に、ドイツの19世紀の帝国籍立法においては、あるゲマインデ（Gemeinde：市町村）に10年間定住することで国籍を獲得するルール（暗黙的帰化）が設けられていた。このルールは次第に血統主義に取って代わられており、その背景には、定住を基準とすると法執行にコストがかかるという要因も存在したとされる[46]。現在の日本の国籍法には、一定期間の定住だけで国籍が付与されるルールは存在していない。そこで、事実としての定住に軸足が置かれている「住民」概念と国籍との関係をどのように考えるべきかが、課題として登場する[47]。このことが問題となった事例として、次の三つの最高裁判決がよく知られている。

第一は、外国人の地方参政権が問題となった最判平成7年2月28日（民集49巻2号639頁）である。これは、在日韓国人が選挙人名簿に登録するよう求める異議の申出に対する却下決定の取消請求の事案であった。最

方自治807号（2015）2～29頁。

45)　太田匡彦「住所・住民・地方公共団体」地方自治727号（2008）2～22（4）頁。

46)　佐藤成基『国民とは誰のことか』（花伝社・2023）82頁。

47)　居住と統治の関係につき参照、瀧川裕英『国家の哲学』（東京大学出版会・2017）111～124頁。

高裁は、「憲法の国民主権の原理における国民とは、日本国民すなわち我が国の国籍を有する者を意味することは明らかである。そうとすれば、公務員を選定罷免する権利を保障した憲法 15 条 1 項の規定は、権利の性質上日本国民のみをその対象とし、右規定による権利の保障は、我が国に在留する外国人には及ばないものと解するのが相当である」とした。そして、「地方公共団体が我が国の統治機構の不可欠の要素を成すものであることをも併せ考えると、憲法 93 条 2 項にいう『住民』とは、地方公共団体の区域内に住所を有する日本国民を意味するものと解するのが相当であり、右規定は、我が国に在留する外国人に対して、地方公共団体の長、その議会の議員等の選挙の権利を保障したものということはできない」とした。他方でこの判決は、「住民の日常生活に密接な関連を有する公共的事務は、その地方の住民の意思に基づきその区域の地方公共団体が処理するという政治形態を憲法上の制度として保障しようとする趣旨に出たものと解されるから、我が国に在留する外国人のうちでも永住者等であってその居住する区域の地方公共団体と特段に緊密な関係を持つに至ったと認められるものについて、その意思を日常生活に密接な関連を有する地方公共団体の公共的事務の処理に反映させるべく、法律をもって、地方公共団体の長、その議会の議員等に対する選挙権を付与する措置を講ずることは、憲法上禁止されているものではないと解するのが相当である」とも述べている。この判決は、首長主義＝直接公選を規定する憲法 93 条 2 項が想定する選挙権者たる「住民」を、国民主権の原理に基づき、「日本国民」（日本国籍保有者）であるという条件が付いた住民と理解する[48]。他方で、永住者等への地方参政権の付与が立法政策に属する問題であるとする判示では、地方自治法が想定する「住民」が念頭に置かれているようにもみえる。

　第二は、不法在留外国人が国民健康保険法の被保険者となり得るかが争点となった最判平成 16 年 1 月 15 日（民集 58 巻 1 号 226 頁）である。市町村を保険者とする国民健康保険法においては、被保険者となる資格として「住所を有する者」（同法 5 条）が規定されている。その解釈として最高裁

---

48)　福岡右武・最判解民（平成 7 年度）(上) 257〜281 (266) 頁は、「『住民』と『国民』とは部分と全体との関係にあるものにすぎないから、憲法 15 条 1 項の『国民』に外国人を含めることができない以上、93 条 2 項の『住民』に外国人を含めることもできない」とする。

は、「市町村の区域内に継続的に生活の本拠を有する者をいうものと解するのが相当である」とした。そして、国籍との関係では、「日本の国籍を有しない者は、法制定当初は適用除外者とされていたものの、その後、これを適用除外者とする規定が削除されたことにかんがみれば、［国民健康保険］法5条が、日本の国籍を有しない者のうち在留資格を有しないものを被保険者から一律に除外する趣旨を定めた規定であると解することはできない」とした。そして、外国人が「住所を有する者」に該当するかの判断の際には、在留資格が重要な考慮要素となるとしつつも、「在留資格を有しない外国人は、入管法上、退去強制の対象とされているため、その居住関係は不安定なものとなりやすく、将来にわたって国内に安定した居住関係を継続的に維持し得る可能性も低いのであるから、在留資格を有しない外国人が［国民健康保険］法5条所定の『住所を有する者』に該当するというためには、単に市町村の区域内に居住しているという事実だけでは足りず、少なくとも、当該外国人が、当該市町村を居住地とする外国人登録をして、入管法50条所定の在留特別許可を求めており、入国の経緯、入国時の在留資格の有無及び在留期間、その後における在留資格の更新又は変更の経緯、配偶者や子の有無及びその国籍等を含む家族に関する事情、我が国における滞在期間、生活状況等に照らし、当該市町村の区域内で安定した生活を継続的に営み、将来にわたってこれを維持し続ける蓋然性が高いと認められることが必要であると解するのが相当である」との判断基準を示し、この事案では「住所を有する者」に当たると判断した。この判決は、地方自治法の住民に関する定義規定と同様に「住所を有する者」を被保険者資格としている国民健康保険法5条の解釈として、国籍の有無を考慮から除外し[49]、また、不法在留外国人であっても当該市町村内で安定

---

49) 福井章代・最判解民（平成16年度）(上)70〜96 (87) 頁は、「難民の地位に関する条約及び難民の地位に関する議定書に加入するに際し、同条約24条に定める社会保障に関する内国民待遇を実現するために、『日本の国籍を有しない者』を原則として被保険者から除外する旨を定めていた国民健康保険法施行規則1条2号が削除されたという経緯があることに照らせば、法5条の規定は、日本の国籍を有しない者のうち在留資格を有しないものを被保険者から一律に除外する趣旨を含むものではないとみるのが自然であって、不法滞在者を被保険者としない旨の明文の規定が存在しない以上、不法滞在者も同条所定の要件を満たす限り、法の適用を受けうるものと解するのが相当ではないかと思われる」とする。

した生活を継続的に営む蓋然性があれば被保険者たり得るとの判断を示したところに、大きな特色を有する。

　第三は、東京都の職員が管理職に昇任する資格要件として日本国籍を有することを定めた都の措置が労働基準法3条・憲法14条1項に違反するかが争われた最大判平成17年1月26日（民集59巻1号128頁）である。地方公務員法には、外国人の任用やその待遇に関する規定が設けられていないものの、最高裁は、「地方公務員のうち、住民の権利義務を直接形成し、その範囲を確定するなどの公権力の行使に当たる行為を行い、若しくは普通地方公共団体の重要な施策に関する決定を行い、又はこれらに参画することを職務とするもの（以下「公権力行使等地方公務員」という。）については、次のように解するのが相当である。すなわち、公権力行使等地方公務員の職務の遂行は、住民の権利義務や法的地位の内容を定め、あるいはこれらに事実上大きな影響を及ぼすなど、住民の生活に直接間接に重大なかかわりを有するものである。それゆえ、国民主権の原理に基づき、国及び普通地方公共団体による統治の在り方については日本国の統治者としての国民が最終的な責任を負うべきものであること（憲法1条、15条1項参照）に照らし、原則として日本の国籍を有する者が公権力行使等地方公務員に就任することが想定されているとみるべきであり、我が国以外の国家に帰属し、その国家との間でその国民としての権利義務を有する外国人が公権力行使等地方公務員に就任することは、本来我が国の法体系の想定するところではないものというべきである」とした。そして、「日本国民である職員に限って管理職に昇任することができることとする措置を執ることは、合理的な理由に基づいて日本国民である職員と在留外国人である職員とを区別するものであり、上記の措置は、労働基準法3条にも、憲法14条1項にも違反するものではない」と判断した。この判決は、国民主権の原理を根拠に公権力行使等地方公務員への外国人の就任を理論的に排除し[50]、その際に、外国籍保有者が当該外国との間で国民としての権利義務関係を

---

50)　他方で、最高裁の「当然の法理」が法律に明文規定のない制限を加えていることは法律の留保に反すると批判するものとして参照、興津征雄「外国人の公務就任と国民主権」広渡＝大西編・前掲注1) 147〜171 (164) 頁。

98 第4章 多層的法秩序における「人の移動」

有することに言及した点[51]に、その特色がみられる。

　上記の三つの最高裁判決の特色をまとめると、政治過程への参加に関する権利や公権力の行使が問題となっている局面では、居住の事実よりも国籍の有無が優先される傾向を読み取り得る。日本の地方公共団体が、日本国憲法下においていわゆる「統治団体」としての性格をもち、公権力を国と地方公共団体とが分有する構造となっていることからすると、国籍要件を地方公共団体の住民概念にも及ぼす見解には相応の理由があるように思われる[52]。これに対して、難民条約への加入に伴って国籍要件を明確に削除した国民健康保険法5条の「住所を有する者」の解釈にあたっては、居住の事実に着目した判示がなされている。地方自治法の「住民」要件は、それが「日本国民たる普通地方公共団体の住民」（地方自治法11条〜13条）と書き分けられている以上、国籍とは関係なく定義されていると解するべきであろう[53]。そうすると、地方自治法が想定する地縁に着目した社会的な統合には国籍の要素は含まれておらず、政治的な統合をどの程度認めるかについては国の立法者の明示的な判断を要するというのが、現在の最高裁の考え方であるように思われる[54]。

51）　高世三郎・最判解民（平成17年度）(上)60〜90（76）頁は、国籍国の国民としての義務と日本の公務員としての義務の衝突可能性や、自国民として庇護する国家が我が国ではなく国籍国である点にその根拠を見出す。これに対して、山本隆司「外国籍公務員と民主的正統化」『判例から探究する行政法』（有斐閣・2012）122〜147（138）頁［初出2009］は、「国際法秩序、国の民主的正統化秩序、地方公共団体の民主的正統化秩序といった多層的な法秩序に十分注意せず、これらを擦り合わせる努力を欠いた結果」として国籍を要求する公務の範囲が結局はっきりしていないと評価する。

52）　同旨、興津征雄「在留外国人の地方選挙権について」地方自治857号（2019）2〜30（20〜21）頁。

53）　これに対して、仲野武志「国及び地方公共団体の概念」稲葉馨先生・亘理格先生古稀記念『行政法理論の基層と先端』（信山社・2022）53〜81（63）頁は、地方公共団体の公権力の行使の主体としての性格を重視し、「地方公共団体の構成員は地方自治法10条1項にいう『住民』の全部でなく、同法11条にいう『日本国民である……住民』に限られる」とする。

54）　太田・前掲注45）11頁は、国と地方公共団体という二層の統治団体による統合の役割分担という観点から、外国人の地方参政権付与に今少し積極的な態度を示すべき可能性が生じると指摘する。

V　おわりに

　本章では、第2部を構成する各論文が示す問題意識の相互関係を有機的に結合させるため、三つの問題を取り上げてその現状を素描した。移動行為をコントロールする検疫の法的課題については、国際的な法原則としての「移動の自由」が国際保健規則から看取されるものの、公衆衛生の確保に関する具体的な制度の設計や運用は各国に委ねられていること、日本の検疫法においては法的根拠の整備や行政資源の確保に関してなお課題が残されていることが確認できた。「移動行為」と「移動後の状態」の双方に関連する出入国管理・難民認定の法的課題については、権力的事実行為の連鎖として設計されてきた退去強制手続を「法化」する試みとも評価できる制度改正が行われていること、難民認定における立証責任の議論を分配論から緩和論に転換する方が生産的であることが示された。最後に、「移動後の状態」と強い接点を有する地縁的統合の法的課題については、地方自治法の規定する「住民」や「地域における事務」の概念との関係では、居住の事実に重点があり国籍の要素が排除されているとみられるのに対して、政治的な統合との関係では、地方公共団体にも公権力が分有される統治構造を前提に、居住の事実だけではなく「国籍」の要素も憲法上の与件に含まれており、そこからの逸脱には立法者の明示的な判断が求められると解するのが、現在の最高裁の立場と思われる。もっとも、地方公共団体を地縁的統合に純化させ、国家全体の公権力に関わる問題についてのみ自治監督を用意する方策も、理論的な選択肢としては考えられるところである。

　このように、多層的法秩序における「人の移動」の問題は、参照領域としての保健法・警察法・地方自治法のほか、行政法総論や公法学全般にも波及効果のある諸論点を多く含んでいる。第2部を構成する各論文は、こうした課題にそれぞれの論者の関心からアプローチしており、そこに示された知見は、「人の移動」をめぐる様々な具体的課題に解決の契機を与えるとともに、公法理論全般の見直しの手がかりを示すものともいえる。

第5章 在留資格と訴えの利益
——一在留一資格の原則は訴えの利益を否定する理由にならない

興津征雄

I 問題の所在
II 申請権による訴えの利益の根拠付け
III 実務と学説の課題

I 問題の所在

1 本章の課題

本章[1]は、出入国管理及び難民認定法（入管法）[2]の下で生じ得る次の問題（以下、「本件問題」ということがある）に答えることを課題とする。

　　ある在留資格 α をもって本邦[3]に在留する外国人[4]が、在留期間更

---

1) 本章は、東京高裁令和4年(行コ)294号在留資格変更不許可処分無効確認等、国家賠償請求控訴事件（いわゆる同性パートナー在留資格訴訟）につき、筆者が控訴人（第1審原告）訴訟代理人弁護士の依頼により執筆し、東京高裁に証拠（甲163）として提出した意見書（令和5年5月10日付）のうち、無効確認訴訟の訴えの利益に係る部分（同意見書第2）を基にしたものである。本章の執筆にあたっては、同意見書をそのまま転載するのではなく、記述を見直して論文の体裁に整え、無効確認訴訟を前提とする記述を取消訴訟を前提とする記述に改め、在留期間更新不許可処分への言及を加え、文献の引用を補充するとともに、Iと III を書き下ろした。同意見書は、CALL4 ウェブサイト「日米同性カップル在留資格訴訟—家族そろって日本で暮らすために」に掲載されている（訴訟資料→高裁→証拠）〈https://www.call4.jp/file/pdf/202401/858d36d5c37074133f0a1b21bc3c7da9.pdf〉。同意見書の執筆にあたっては、控訴人（第1審原告）訴訟代理人である鈴木雅子弁護士、丸山由紀弁護士、高橋済弁護士と意見交換をすることができ、貴重なご教示を得た。なお、東京高裁は、同事件につき、同意見書に示した解釈論を一顧だにせず、訴えの利益を否定した第1審判決を維持した（後掲注26）東京高判令和5年11月2日）。
2) 以下、条文の引用の際には単に「法」ということもある。
3) 入管法上、「本邦」の定義は定められていないが、「日本国の主権が及ぶ場所的範囲すなわち日本の領域」を意味し、「本邦」の範囲は「我が国の領土及びその周囲十二海里の領海並びにそれらの上空の領空を含む三次元構造から成る」とされている（坂中英徳＝齋藤利男

新申請（法 21 条 2 項）または在留資格 α' への在留資格変更申請（法 20 条 2 項）をし、これを不許可とする処分（先行不許可処分）を受けた後、別の在留資格 β への変更を申請しそれを許可する処分（後行許可処分）（同条 3 項）を受けた場合に、先行不許可処分の取消しまたは無効確認を求める訴えの利益（以下、「先行不許可処分を争う訴えの利益」という）[5]は失われるか。

　本件問題については、裁判例は訴えの利益を否定するものが大勢を占めている（最高裁判例はまだない）（後記 4）。訴えの利益を否定する裁判例は、入管法上の一在留一資格の原則（後記 2(4)）をその理由として援用する（後記 4(1)）。これに対し、本章は、一在留一資格の原則は訴えの利益を否定する理由にならず、訴えの利益が肯定されるべきであると主張するものである。

　以下、Ⅱでの本格的な検討に先立って、入管法上の在留資格制度について概観し（後記 2）、本件問題が生じる背景事情を説明し（後記 3）、裁判例と学説の動向を整理しておく（後記 4）。

2　在留資格制度[6]

　(1)　在留資格とは　　法 2 条の 2 第 1 項は、「本邦に在留する外国人は、

　『出入国管理及び難民認定法逐条解説〔改訂第 4 版〕』（日本加除出版・2012）3 頁）。
4)　入管法上、「外国人」とは、「日本の国籍を有しない者をいう」と定義されている（法 2 条 1 号）。
5)　先行不許可処分については、取消訴訟の出訴期間内であれば取消訴訟が、出訴期間経過後であれば無効確認訴訟が提起されるが、本章の検討に関する限り無効確認訴訟に特有の問題はないので、以下では取消訴訟に代表させて検討する。
6)　在留資格制度に対する包括的な批判として、小畑郁「日本の外国人法史における『在留資格』概念の肥大化」広渡清吾＝大西楠テア編『移動と帰属の法理論』（岩波書店・2022）76～98 頁がある。同論文は、「〈在留資格で、すべての外国人の地位を一義的・包括的に理解することができる〉という実務感覚」（傍点原文）を「〈在留資格のイデオロギー〉」と呼び（同 77～78 頁）、外国人の在留の実態や在留資格（制度）の歴史的展開を踏まえて、そのイデオロギー性を批判するものである。それに対し、本章は、まずは現行実定法である入管法が定める在留資格制度の合理的説明を試みるものである。筆者の見るところ、入管法の条文解釈は、入管行政実務の関係者・経験者による解説書（坂中＝齋藤・前掲注 3）、高宅茂『入管法概説』（有斐閣・2020）、多賀谷一照＝高宅茂『入管法大全Ⅰ 逐条解説』（日本加除出版・2015）（ただし、多賀谷は行政法研究者である）、出入国管理法令研究会編著『入管関

出入国管理及び難民認定法及び他の法律に特別の規定がある場合を除き、それぞれ、当該外国人に対する上陸許可若しくは当該外国人の取得に係る在留資格……又はそれらの変更に係る在留資格をもって在留するものとする」と定めている。在留資格とは、「外国人が本邦において一定の活動を行って在留するための入管法上の資格」[7]をいう。同項の規定の通り、外国人は、法定の例外を除くほか、一定の手続によって決定[8]された在留資格をもって本邦に適法に在留することができるようになる。

在留資格を決定する手続として入管法が定めているのは、上陸許可（法9条3項本文・10条9項・11条5項・12条2項）、本邦において日本の国籍を離脱した者や本邦で出生した外国人など（いわば本邦において発生した外国人）に対する在留資格の取得許可（法22条の2第3項・4項）、在留特別許可（法50条6項）、難民または補完的保護対象者に対する在留資格に係る許可（法61条の2の2第1項）、および、すでに在留資格を有する者に対する在留資格の変更許可（法20条3項本文）である。法定の例外として在留資格なしで在留が認められるのは、特定のカテゴリーの者[9]または一時的な滞在の

係法大全〔第2版〕 2 在留資格』（日本加除出版・2021）、同編著『入管関係法大全 3 技能実習法／4 特定技能』（日本加除出版・2022）、同編『注解・判例 出入国管理実務六法〔令和6年版〕』（日本加除出版・2023）、黒木忠正著／福山宏改訂『はじめての入管法〔3訂版〕』（日本加除出版・2024）など）や、入管関係訴訟の経験のある弁護士による解説書（児玉晃一＝関聡介＝難波満編『コンメンタール出入国管理及び難民認定法2012』（現代人文社・2012）など）による蓄積があるが、実定法（特に行政法）研究者による研究は必ずしも多くない。入管法に限ったことではないが、現行実定法の条文に定位して、実定法の仕組みを分析し合理的な説明を与えることは、実定法研究者の重要な使命であり、現行制度に対しどのような立場をとるにせよ、基礎に置かれるべき作業であると思われる。本章は、そのような作業を志向している。そのような狙いで書かれたものとして、興津征雄「入管法と行政法—入管法の体系的理解に向けて」有斐閣 Online ロージャーナル YOLJ-L2410001（2024）も参照。後掲注81）に対応する本文も参照。

7) 坂中・齋藤・前掲注3) 58頁。

8) 入管法の条文上は、特定の在留資格を外国人に取得させることを在留資格の「決定」と表現することがある（法9条3項本文・50条6項等）。「決定」という文言を用いず、許可によって在留資格を取得させるように読める条文もあるが（法20条3項本文・22条2項・61条の2の2第1項等）、これらの許可においても在留資格の決定が行われるものと解されている（多賀谷＝髙宅・前掲注6) 111頁）。そこで、本章でも、在留資格を外国人に取得させることを在留資格の決定という。

9) 日本国との平和条約に基づき日本の国籍を離脱した者等の出入国管理に関する特例法3条～5条に定める特別永住者、日米地位協定9条1項に定める米軍構成員等、および国連軍地位協定3条1項に定める国連軍構成員等。

場合[10]に限られる。つまり、一般の外国人が本邦に一定期間以上滞在して生活を営もうとすれば、在留資格を得ることが必要となる。

(2) **在留期間**　　在留資格の決定と同時に、在留期間が決定される（法2条の2第3項）。在留期間は、入管法施行規則3条・別表第二において各在留資格について定められている（法2条の2第3項後段により、外交・公用・高度専門職・永住者以外の在留資格については上限5年）。在留期間は、在留資格をもって在留する外国人が「在留することのできる期間」と定義されているが（同項前段）、実質的には在留資格の有効期間であり[11]、在留期間が満了すると在留資格も当然に消滅する[12]。

在留期間の満了後も本邦に残留する者は、不法残留者として退去強制（法24条4号ロ）および処罰（法70条1項5号）の対象となる。いったん決定された在留期間を超えて本邦に適法に在留するには、在留期間の更新の許可を受けるか（法21条3項）、または、在留資格の変更の許可を受け、新たな在留資格に伴う在留期間の決定を受けるか（法20条3項）、いずれかの対応をとる必要がある。

(3) **在留資格の要件と効果**　　(a)　在留資格は、外国人が本邦において行うことができる活動と紐付けされ、その活動内容に応じて類型化されている。在留資格の類型は、入管法に別表第一と別表第二とに分けて規定されている（法2条の2第2項）。在留資格ごとに定められた活動の内容は、在留資格決定の要件であると同時に効果であるといえる。

---

10)　仮上陸の許可（法13条1項）を受けた場合、退去命令を受けた者が一時的にとどまる場合（法13条の2第1項）、特例上陸——寄港地上陸（法14条）・船舶観光上陸（法14条の2）・通過上陸（法15条）・乗員上陸（法16条）・緊急上陸（法17条）・遭難による上陸（法18条）・一時庇護のための上陸（法18条の2）——の許可を受けた場合、在留資格の取得に関する経過滞在の特例の場合（法22条の2第1項）、在留資格の取消しに伴う出国期間中の場合（法22条の4第7項・61条の2の11第2項）、退去命令に伴う退去期限経過前の場合（法55条の2第1項）、出国命令に伴う出国期限経過前の場合（法55条の85第1項）、難民認定申請者または補完的保護対象者認定申請者に対する仮滞在の許可（法61条の2の4第1項）を受けた場合などである。

11)　児玉＝関＝難波編・前掲注6) 60頁は、「在留期間の定めは在留目的を達成するために必要な期間を定めたものとの説明」を批判して、「当該外国人の在留状況、在留資格該当性の有無を定期的に審査する機会を確保するために、在留期間の定めが設けられていると理解した方が、より合理的である」とする。

12)　多賀谷＝髙宅・前掲注6) 20頁。

(b) 在留資格決定の要件であるというのは、当該外国人が本邦におい
て行おうとする活動が虚偽のものではなく、各在留資格に対応する活動
（法別表第一の下欄に掲げる活動または別表第二の下欄に掲げる身分または地位を有す
る者としての活動）に該当するものであること（在留資格該当性[13]）が、上陸
許可の要件となっており（法7条1項2号）、この要件を充足すると認定さ
れて上陸許可がされた場合には、その認定に対応する在留資格が決定され
ると解されるからである（法9条3項本文参照）[14]。また、在留資格が決定さ
れた後も、当該在留資格に対応する活動を継続して一定期間以上行ってい
ないと在留資格の取消事由に該当することがある（法22条の4第1項5号～
7号）。在留期間更新許可（法21条3項）および在留資格変更許可（法20条3
項）の要件についても、法文上は在留期間の更新または在留資格の変更を
「適当と認めるに足りる相当の理由があるとき」としか定められていない
が、いずれも在留資格該当性が要件となると解されている[15]。

(c) 在留資格決定の効果であるというのは、当該外国人が決定された
在留資格を取得することにより、当該在留資格に対応する活動（法別表第
一の下欄に掲げる活動または別表第二の下欄に掲げる身分または地位を有する者として
の活動）を行うことができるようになるからである。しかし、本邦に在留
する外国人は当該在留資格に対応する活動以外の活動をすることを一切禁
じられるというわけではない（法19条1項参照）。例えば、外国人はいかな

---

13) 入管法関係の文献では、在留資格の決定を受けようとする外国人が本邦において行おう
とする活動がいずれかの在留資格に対応する活動に属するものであることを「在留資格該当
性」と呼ぶのが一般的なようである（例えば、坂中＝齋藤・前掲注3) 252頁、多賀谷＝髙
宅・前掲注6) 83頁、髙宅・前掲注6) 23～24頁など）。しかし、「在留資格」は在留資格の
決定という行政庁の行為により外国人が取得する法的地位ないし資格であるのに対し、「在
留資格該当性」は在留資格が決定されるための要件（法別表第一または第二の各下欄の活動
類型）に該当することを指すので、言葉の使い方として必ずしも厳密ではないように思われ
る。ともあれ、人口に膾炙した言葉であるようなので、本文またはこの注で定義した意味に
おいて「在留資格該当性」という言葉を用いることにする。

14) 上陸許可と在留資格の決定との関係は法文上は明らかではないが、「上陸許可の本質は外
国人に対し本邦に一定期間在留して在留資格に属する活動を行うことを認めるもの」（坂中
＝齋藤・前掲注3) 276頁）であり、「在留資格の決定を行うことなく在留資格の決定を伴う
許可が行われることはない」（髙宅・前掲注6) 23頁）ことからすると、本文のように解さ
れる。

15) 出入国在留管理庁「在留資格の変更、在留期間の更新許可のガイドライン」（平成20年
3月策定、令和2年2月改正）。

る在留資格をもって在留するにせよ、本邦において食事もすれば買物もするであろう。こうした活動は、少なくとも法別表第一または別表第二の下欄には明示的には掲げられていない。にもかかわらず、当然ながらこうした活動が禁止されるとは考えられない。そうすると、在留資格の決定（取得）の効果が何であるかは、それに対応する活動との関係で、もっと細かく分析する必要があろう。

　前記(a)の通り、各在留資格の類型は、法別表第一と別表第二に分けて規定されている。別表第一には、各在留資格に対応する活動の内容が直接定められている。それに対し、別表第二には、外国人が「本邦において有する身分又は地位」が定められ、活動の内容が直接規定されているわけではない[16]。しかし、別表第二の在留資格も、「[当該]身分若しくは地位を有する者としての活動を行うことができる」（法2条の2第2項）地位として構成されているので、在留資格と活動との紐付けは建前上は維持されている。もっとも、別表第二の在留資格については本邦において行ってはならない活動（例えば就労活動）が定められていないので（法19条参照）、活動の範囲には特に制限がない[17]。

　活動の範囲に制限が設けられているのは、別表第一の在留資格についてである。別表第一は、さらに一～五の表に分かれている。一の表と二の表が就労活動に係る在留資格（就労資格）を、三の表と四の表が非就労活動に係る在留資格（非就労資格）を、それぞれ定めている[18]。五の表は、一

---

16)　永住者、日本人の配偶者等、永住者の配偶者等、定住者の4類型の在留資格が定められている。

17)　ただし、日本人の配偶者等の在留資格を有する者のうち日本人の配偶者の身分のみを有するもの、および、永住者の配偶者等の在留資格を有する者のうち永住者等の配偶者の身分のみを有するものは、正当な理由なくその配偶者の身分を有する者としての活動を継続して6か月以上行わないで在留していると在留資格の取消事由になり（法22条の4第1項7号）、また、そのことが在留期間更新申請の際に要件として考慮されるので（前記(b)）、その限りで活動の自由は制限される。判例によれば、「日本人との間に婚姻関係が法律上存続している外国人であっても、その婚姻関係が社会生活上の実質的基礎を失っている場合には、その者の活動は日本人の配偶者の身分を有する者としての活動に該当するということはできない」と解されている（最判平成14年10月17日民集56巻8号1823頁）。

18)　一の表と二の表、三の表と四の表の違いは、上陸許可基準が適用されるか否かである。上陸許可基準とは、法7条1項2号にいう「我が国の産業及び国民生活に与える影響その他の事情を勘案して法務省令で定める基準」をいい、「出入国管理及び難民認定法第七条第一項第二号の基準を定める省令」（平成2年法務省令第16号）に定められている。法7条1項

~四の表に該当しない活動について、特定活動の在留資格を定めている。特定活動の在留資格は、法務大臣が個々の外国人について特に指定する活動を行うことを内容とする在留資格である[19]。

別表第一の在留資格をもって在留する者は、必ずしも当該在留資格に対応する活動（別表第一の下欄に掲げる活動）以外の一切の活動が禁止されるわけではない。禁止されるのは、在留資格ごとに認められた就労活動以外の就労である。

法19条は、外国人の在留中の活動範囲を定めている。同条1項1号は、就労資格（別表第一の一の表および二の表の在留資格）および特定活動の在留資格（同五の表）をもって在留する者に、当該在留資格に対応する活動に属しない就労活動を禁じている。同項2号は、非就労資格（別表第一の三の表および四の表の在留資格）をもって在留する者に、一切の就労活動を禁じている。ただし、禁止された就労活動については、出入国在留管理庁長官から資格外活動許可を受けることにより、行うことができる（法19条2項）。なお、別表第二の在留資格をもって在留する者には、就労制限は課されない。

以上を要するに、在留資格の決定（取得）の効果は、在留資格をもって本邦に在留する外国人の全活動に及ぶわけではなく、基本的に就労の範囲の制限にあるということができる。非就労活動が入管法の規定により禁止

2号により、二の表および四の表の在留資格については上陸許可基準に適合していることが要件となるのに対し、一の表と三の表については上陸許可基準が適用されない。なお、二の表のうち高度専門職の項の下欄第2号に係る在留資格については、第1号に係る在留資格をもって本邦に在留していた外国人のみを対象とする在留資格の変更許可によらなければ取得することができないので（法20条の2第1項）、上陸許可の際に決定される在留資格からは除外されており（法7条1項2号参照）、そのため上陸許可基準も適用されない。

19) 特定活動の在留資格における「特に指定する活動」は、法務大臣が個別に裁量的に指定することが予定されており、入国審査官または特別審理官による上陸許可（法9条1項・10条8項）において特定活動の在留資格を決定することは原則としてできない。ただし、法7条1項2号は、法務大臣が予め告示により定めた活動については、入国審査官または特別審理官による上陸許可に際して当該活動を指定して在留資格を決定することができると定めている。そのような告示として、「出入国管理及び難民認定法第七条第一項第二号の規定に基づき同法別表第一の五の表の下欄に掲げる活動を定める件」（平成2年法務省告示第131号）、「出入国管理及び難民認定法第七条第一項第二号の規定に基づき高度人材外国人等に係る同法別表第一の五の表の下欄に掲げる活動を定める件」（平成24年法務省告示第126号）がある。

| 問題の所在　*107*

されるわけではない[20]。

(4)　**一在留一資格の原則**　　在留資格の決定（取得）については、いわゆる一在留一資格の原則が、明文の規定はないものの妥当すると解釈されている[21]。一在留一資格の原則とは、本邦に在留する外国人が同時に複数の在留資格を取得することはない（決定される在留資格は一つに限られる）とする原則である。

この原則が妥当することは、前記(3)で見た在留資格の要件および効果に鑑みれば、首肯することができる[22]。

在留資格の要件についていえば、在留資格を取得するためには、外国人が本邦において行おうとする活動がいずれか一つの在留資格に対応する活動であれば十分である（法7条1項2号）。外国人が本邦において複数の活動を行おうとしている場合には、本邦在留の主たる目的である活動について在留資格該当性が判断される[23]。本邦在留の主たる目的である活動が変更される場合には、在留資格の変更（法20条）によって対応される。

在留資格の効果についていえば、在留資格制度は主として外国人の本邦における就労活動をコントロールする仕組みである（前記(3)(c)）。非就労活動については、決定された在留資格に対応する活動以外の活動が禁止されるわけではないから、複数の異なる在留資格の取得を認める必要はない。就労活動については、入管法が資格外活動許可の制度（法19条2項）を設けている以上、この許可によるべきであり、複数の異なる在留資格の取得

---

20)　ただし、判例によれば、法務大臣は在留期間更新の許否を決するにあたって、「当該外国人の在留中の一切の行状」を斟酌することができ、それがたとえ憲法の基本的人権の保障を受ける行為であっても、在留期間の更新の際に消極的な事情として斟酌されないことまでの保障が与えられているものと解することはできないから（最大判昭和53年10月4日民集32巻7号1223頁・1233頁〔マクリーン事件〕）、いったん決定された在留期間を超えて本邦への在留を希望する者にとっては、一定の非就労活動（例えば政治活動）を行うことへの抑制的な効果が働きかねないことには留意する必要がある。

21)　坂中＝齋藤・前掲注3）63頁。

22)　小畑・前掲注6）81頁は、一在留一資格の原則について、「外国人の生活実態からみれば、異様なものである」と批判する。しかし、この原則が在留資格制度による外国人の就労活動のコントロールと対応したものだと理解すれば、外国人の本邦における生活実態の全てを在留資格により把握する必要はない。入管法は、「在留資格の基礎として行うことは必要ではないが、禁止もされない活動」（児玉＝関＝難波編・前掲注6）146頁）、すなわち在留資格に対応しない非就労活動には関心を示していないと解することができるのではないだろうか。

23)　多賀谷＝髙宅・前掲注6）84～85頁。

を認めるべきではないというのが入管法の趣旨であると解される。

このように、一在留一資格の原則はそれ自体が不合理というわけではない。しかし、判例上、この原則は在留資格変更不許可処分または在留期間更新不許可処分を争う訴えの利益を否定する根拠として援用されることがある。本章の分析によれば、このような援用は不合理である（後記 II 2 (2)）。

3 本件問題の背景事情

前記 1 に掲げた問題（本件問題）が生じるのは、次のような事情による。

前記 2 (2)の通り、在留資格が決定される際には、併せて在留期間が決定される。決定された在留期間を超えて本邦に在留し続けようとする外国人は、当該在留期間の経過前に、在留期間更新許可を受けるか、在留資格変更許可を受け新たな在留資格に対応する在留期間の決定を受けるか、いずれかをしなければならない。ところが、次のような問題が生じることがある。

①在留期間更新申請をする場合　従前の在留資格（「在留資格α」とする）につき在留資格該当性がなくなっているなどの理由で、在留期間の更新が不許可とされることがある（先行不許可処分）。そこで、不法残留となることを避けるために、在留資格該当性を満たす別の在留資格（「在留資格β」とする）への変更を申請し、在留資格変更許可（後行許可処分）を受けることがある。

②在留資格変更申請をする場合　従前の在留資格から別の在留資格（「在留資格α'」とする）への変更を申請したところ、在留資格α'につき在留資格該当性がないなどの理由で、在留資格の変更が不許可とされることがある（先行不許可処分）。そこで、不法残留となることを避けるために、在留資格該当性を満たす別の在留資格βへの変更を申請し、在留資格変更許可（後行許可処分）を受けることがある。

しかし、いずれの場合にも、変更が許可される在留資格βは、得てして出国準備[24]などを目的とする短期（例えば在留期間を 30 日程度とするなど）の

---

24)　在留資格の類型を特定活動（法別表第一の五の表）とし、「法務大臣が個々の外国人について特に指定する活動」が「出国準備」などと指定される。

ものである。そこで、申請者たる外国人は、本来希望していた在留資格 α または α'（大抵はより長期の在留が可能となるもの）を取得するために、先行不許可処分を争おうとする。ところが、先行不許可処分を争う訴えの利益が否定され、その取消訴訟または無効確認訴訟が不適法として却下されることがある。これが本章で取り上げようとする問題である。

なお、先行不許可処分が在留期間更新不許可処分である場合（上記①）と、在留資格変更不許可処分である場合（上記②）とで、問題の構造は同じである。訴えの利益を否定する裁判例（後記 4）も、いずれの場合にも同じ理由を挙げている。そのため、本章でもこの両方の場合を併せて検討する。

4 裁判例および学説の動向

下級審裁判例は、先行不許可処分を争う訴えの利益を否定するものが大勢を占めている。その理由は、訴えの利益を認めると、一在留一資格の原則に反するというものである（後記(1)）。この理由付けに対して、学説上、取消判決の拘束力を援用して反論する見解が現れたが、裁判例は一部を除いてこれを受け入れていない（後記(2)）。

(1) **一在留一資格の原則**　(a)　本件問題に関する公刊裁判例は、先行不許可処分が在留期間更新不許可処分である場合[25]が先に現われ、次いで在留資格変更不許可処分である場合[26]が現れた。理由付けの論旨はほぼ共通しているが、裁判例が蓄積されるにつれ詳しく、また洗練されていく。

ここでは、その一つの到達点と見られる平成 17 年の名古屋地裁判決[27]の判旨の抜粋を掲げよう。この判決は、先行不許可処分が在留期間不更新通知（実質的に在留期間更新不許可処分と同じ）[28]である場合に、それを争う訴

---

25)　東京地判平成 4 年 3 月 9 日行裁例集 43 巻 3 号 298 頁、東京高判平成 4 年 9 月 16 日行裁例集 43 巻 8・9 号 1165 頁、名古屋地判平成 14 年 7 月 26 日平成 14 年(行ウ)16 号裁判所ウェブサイト、名古屋高判平成 15 年 8 月 7 日平成 14 年(行コ)50 号裁判所ウェブサイト、名古屋地判平成 17 年 2 月 17 日判タ 1209 号 101 頁など。

26)　東京地判令和 4 年 9 月 30 日判タ 1513 号 163 頁、東京高判令和 5 年 11 月 2 日令和 4 年(行コ)294 号裁判所ウェブサイトなど。

27)　前掲注 25) 名古屋地判平成 17 年 2 月 17 日。

28)　在留期間不更新通知とは、在留期間更新申請に対して発せられた、「申請どおりの内容では許可できません」との文言に続けて、「申請内容を出国準備を目的とする申請に変更する

110 第5章 在留資格と訴えの利益

えの利益を否定したものである。一在留一資格の原則についての判示は、以下の通りである（取消判決の拘束力に関する判示は後記(2)(b)(v)）。

(i) 「［入管］法及び［入管法施行］規則は、外国人が上陸許可又は在留資格の変更若しくは在留期間の更新許可を受けて本邦に適法に在留するためには、1個の在留資格と、それに対応する1個の在留期間が決定されることを必要としており、同時に複数の在留資格を有したり、終期の異なる数個の在留期間を有することを許容していないものと解される。」

(ii) 「したがって、ある在留資格に基づいて在留期間更新の申請をした者が、その不許可処分を受けた後、他の在留資格への変更許可申請をし、その変更許可処分を受けたときは、①後者の処分に重大かつ明白な瑕疵があって無効というべき特段の事情が存しない限り、②これと抵触する従前の在留資格に基づく在留期間更新申請は一応その目的を達したとみなされるべきであり（③本邦に在留する外国人は、［入管法施行］規則3条、別表第2の定める在留期間内といえども、特定の在留期間の付与を要求する権利を有するものではなく、希望する在留期間を下回る在留期間の更新許可がなされた場合においても、その取消しを求める訴えの利益が存しないことにつき最高裁判所平成8年2月22日第一小法廷判決・集民178号279頁参照）、法務大臣もそのような二重の在留資格を与えることはできない（仮に、法務大臣が、何らかの事情によって、既に有効な在留資格を与えていることを看過し、二重の在留資格を与えた場合には、後になされた在留資格授与処分が当然無効の瑕疵を帯びるというべきである。）と解される。そうだとすると、仮に、従前の在留期間更新不許可処分が判決によって取り消されたとし

のであれば、別紙の申出書を提出して下さい」との文言が記載された通知である（判タ1209号107頁）。同通知が取消訴訟の対象となる処分に当たるか否かについて、当事者間では争いになっていなかったようであるが、判決は同通知の処分性を検討し、これを肯定した上で訴えの利益についての判断に移っている（同頁）。類似のケースで、在留資格変更申請に対して発せられた許可できない旨の通知の処分性を否定した裁判例もある（前掲注26）東京地判令和4年9月30日、前掲注26）東京高判令和5年11月2日）。筆者は、このような通知にも処分性が認められるべきであると考えている（ただし、根拠法令の仕組みの下での処分性の一般的な判断枠組みに照らした類型的判断ではなく、通知に示された行政庁の意思表示を申請に対する応答としての処分とみるべきか否かという意思表示の解釈の問題であると考えている）が、本章ではこれ以上立ち入らない。前掲注1）の意見書の第3を参照。

ても、これによって、同不許可処分後の申請に基づいてされた在留資格の変更許可処分が当然に違法、無効となると解する根拠はないから、被告としては判決の理由に沿った新たな在留期間更新許可処分をすることができず、④従前の在留資格は完全に失われて復活する余地がないといわざるを得ない。したがって、上記不許可処分を取り消す利益を喪失したというべきである。」(①〜④の番号および下線は引用者による)[29]

(ⅰ)は、「一在留一資格の原則」という言葉こそ使わないものの、それと同旨を述べている。訴えの利益を否定する主たる論拠は(ⅱ)である。その要点は、後行許可処分によって決定された在留資格βが現に有効な在留資格として存在する以上、先行不許可処分を取り消しても申請者が当初求めていた在留資格αにつき在留期間の更新を許可する余地はもはやない(そのようなことをすれば一在留一資格の原則に反する)から、先行不許可処分を争う訴えの利益はなくなったということにある。この点は後で反論する(後記Ⅱ 2 (2))。

(b) ただし、この判決は、(ⅱ)の下線部①において、後行許可処分が無効である場合には別であるという留保を付けている。その場合には、在留資格βが有効なものとして存在しないので、一在留一資格の原則に反せずに在留資格αにつき在留期間の更新を許可する余地があるからであろう。このケースはこの場合には当たらないとされたが、従前の裁判例では、在留資格βへの変更申請行為(申請の意思表示)がないことを理由に後行許可処分を無効とし、先行不許可処分を争う訴えの利益を認めた判決がある[30]。しかし、この裁判例も、一在留一資格の原則との抵触により訴えの利益を判断する枠組みを否定するものではない。

なお、下線部②については後記Ⅱ 2 (2)で、下線部③については同(3)で、

---

29) 判夕 1209 号 107〜108 頁。

30) 大阪地判平成 7 年 8 月 24 日判夕 891 号 109 頁(入国管理局の職員に言われるがままに申請書を提出したが、申請者がその内容を十分に理解しておらず、申請書の形式も不適式であって在留資格変更許可を求める意思を表示したものとはいえないと認定されたケース)。一般論として、申請の意思表示が無効の瑕疵を帯びていれば、それを前提とする後行許可処分も無効となり得ると判示しつつ、当該事案についてはそのような瑕疵を否定した例として、東京地判平成 8 年 9 月 20 日判夕 953 号 110 頁。

112　第5章　在留資格と訴えの利益

下線部④については後記Ⅱ3(3)で、それぞれ検討する。

　(2)　**取消判決の拘束力**　　(a)　一在留一資格の原則に基づく訴えの利益の否定論に対する反論として、先行不許可処分が取り消された場合には、処分庁は取消判決の拘束力（行訴33条1項）により、不整合処分である後行許可処分を職権で取り消す義務を負うから、在留資格βもそれによって効力を失い、在留資格αにつき在留期間の更新を許可する余地が生じるので、先行不許可処分を争う訴えの利益が認められるとする見解が現れた。そのような見解は、裁判例における当事者の主張に断片的に現れることもあったが[31]、これを取消判決の拘束力による不整合処分の取消義務の観点から理論的に基礎付けたのは、阿部泰隆である[32]。

　阿部は、取消判決の拘束力は「取消判決の趣旨に従いこれを実現すべく行動すべき義務を行政庁に課す制度」であり、「先の不許可処分が裁判で取り消された後で、権限ある行政庁が再処分を行う時に、それと両立しない処分が存在するならそれを職権で取り消して（あるいは、職権で撤回して、両立しない部分を将来に向かって消滅させて）、全体としてやり直さなければならない」と主張し、これを「不整合処分の取消義務」と呼んだ[33]。そして、取消判決の拘束力に関する先例と対比し、再処分の判断基準時を場合分けして検討し、在留期間の更新を許可することが一在留一資格の原則に反しないことを説得的に論証している[34]。

　なお、この見解は直接には、先行不許可処分が在留期間更新不許可処分である場合のみを論じているが、その論理は在留資格更新不許可処分の場合にも妥当する。

　(b)　裁判例には、前記(a)の見解に基づいて訴えの利益を肯定したもの

---

　31)　例えば、前掲注30)東京地判平成8年9月20日における原告の主張（判タ953号112頁、裁判所の応答は同113頁）、前掲注25)名古屋地判平成14年7月26日における原告の主張（事実及び理由第2の3(2)ア、裁判所の応答は同第3の1）。

　32)　阿部泰隆「取消判決の拘束力による不整合処分の取消義務に関する一事例─在留期間更新不許可事案について」『行政訴訟の理論的・実務的課題』（信山社・2021）160〜184頁［初出2004］。同論文は、前掲注25)名古屋地判平成14年7月26日が出た後で、その控訴審に提出した意見書が基になっているようである（同181頁）。控訴審判決は、前掲注25)名古屋高判平成15年8月7日である。

　33)　阿部・前掲注32)166頁。原文の下線は省略した。

　34)　阿部・前掲注32)167〜172頁。

もある[35]。しかし、大多数の判決は、この見解を受け入れていない。その理由付けは必ずしも明確ではないが、例えば次のようなものがある。

(iii) 「短期滞在への資格変更許可処分［後行許可処分］と在留期間更新不許可処分［先行不許可処分］とは別個独立の処分というべきであるから、仮に、在留期間更新不許可処分の取消判決が確定したとしても、行政事件訴訟法33条の定める取消判決の効力によって、資格変更許可処分が当然に失効したり、行政庁に是正義務が発生すると解することはできない。」[36]

(iv) 先行不許可処分の無効確認判決が確定したとしても、「このことによって、その後有効な申請に基づいて当該外国人に対し新在留資格が付与されている以上、後行許可処分が当然に違法になるものとは解し難い。すなわち、上記判決が確定したとしても、処分庁は、職権で後行許可処分を必然的に撤回しなければならない関係にあるとまではいえない」[37]。

(v) 「後者の処分［後行許可処分］は、前者の処分［先行不許可処分］と相結合して一つの効果の発生を目指すもの、あるいは前者の処分と共に一連の手続を構成し、共通の違法事由を内包するもの、さらには前者の処分と表裏の関係にあるものといったように、前者の処分との間に法律上の牽連関係・依存関係が存在するものではなく、あくまで在留資格の変更の許可を求める申請に対する応答として行われた別個独立の処分であるから、不整合処分として取消義務の対象となるものとは解し難」い[38]。

しかし、これらの理由付けはいずれも不十分である。(iii)については、二つの処分が両立し得ない関係にある以上、別個独立だから無関係であるとはいえないだろう[39]。(iv)については、撤回の要件は処分が違法であることではないから（後記 II 3(2)）、二つの文章が「すなわち」で結ばれているの

---

35) 東京地判平成29年4月13日平成28年(行ウ)242号 LLI/DB 判例秘書 L07232441。

36) 前掲注25) 名古屋高判平成15年8月7日事実及び理由第3の2(2)。

37) 前掲注26) 東京地判令和4年9月30日判タ1513号182頁。

38) 前掲注25) 名古屋地判平成17年2月17日判タ1209号108頁。

39) 阿部・前掲注32) 177頁。

は論理的におかしい。(v)については、取消判決の拘束力が働くのが「法律上の牽連関係・依存関係」がある場合に限られるとする法的根拠はなく、独自の見解によって拘束力の適用範囲を狭めている[40]。このように、取消判決の拘束力を援用する前記(a)の見解に対する裁判例の反論は全く成功していない。

(c) 裁判例の拘束力理解がかくも破綻しているのはなぜか。それは結局、これらの裁判例が、先行不許可処分による原告の法律上の利益の侵害と、後行許可処分または一在留一資格の原則との関係を、十分に明晰に分析することなく訴えの利益を否定する結論を導いてしまっているために、取消判決の拘束力が後行許可処分にどのように作用するか（しないか）を理解することができなくなっているからではないかと思われる。その背景には、訴えの利益と判決の拘束力の関係に関する次のような問題がある。

確かに、取消判決の拘束力による利益回復の可能性は、訴えの利益の有無を判断する理由付けとして他の事例においてもしばしば援用される[41]。しかし、処分を取り消すことによって回復される法律上の利益があるか否かは、本来は実体法[42]の解釈および事実の評価の問題であり、拘束力はそうした利益が存することを前提として作用するものであるから、拘束力の作用から訴えの利益の有無を導くのは論理が逆転している[43]。論理としては、〈取消判決の拘束力が作用する（しない）から訴えの利益が肯定（否定）される〉のではなく、〈回復されるべき法律上の利益がある（ない）から訴えの利益が肯定（否定）され、取消判決の拘束力が作用する（しない）〉という推論の順序になるはずである。

したがって、訴えの利益否定論を反駁するには、先行不許可処分により侵害され、その取消しによって回復されるべき原告の法律上の利益が何かを、実体法に照らして論証する必要がある。そこで、Ⅱでは、そのような法律上の利益が申請権であることを、まず論じる（後記Ⅱ1・2）。そして、

---

40) 阿部・前掲注32) 178〜179頁。

41) 南博方原編著／高橋滋＝市村陽典＝山本隆司編『条解 行政事件訴訟法〔第5版〕』（弘文堂・2023）762〜764頁〔興津征雄〕。

42) ここでいう実体法は、訴訟法に対置される概念である。後掲注48) 参照。

43) 南原編著／高橋＝市村＝山本編・前掲注41) 761頁〔興津〕。

そのことが肯定されたならば、先行不許可処分により侵害されている原告の申請権を回復するために、取消判決の拘束力がどのように作用すべきかを考える（後記Ⅱ3）。

Ⅱ　申請権による訴えの利益の根拠付け

1　不許可処分のみがされた場合

(1)　**訴えの利益の肯定**　　本件問題のように、先行不許可処分がされた後に後行許可処分がされるのは、訴えの利益を考える上ではいわば応用的なケースである。そこで、まず、先行不許可処分を争う訴えの利益の有無がどのようにして判断されるかの基本を確認するために、思考実験として、在留期間更新不許可処分または在留資格変更不許可処分がされた後、新たに別の在留資格への変更申請がされることなく、不許可処分の取消訴訟が提起され、取消判決が確定するケースを考えよう（従前の在留期間内に全ての手続が終結するものとする）。この場合には、不許可処分を争う訴えの利益が肯定されることに異論はないだろう[44]。では、それはなぜだろうか。

不許可処分が違法であれば、違法な処分により原告の権利が侵害されていることになる。その取消判決が確定すれば、不許可処分はなかったことになり、当初の申請が復活する。その申請の効力により、行政庁は改めて申請に対する処分をすることが義務付けられる。さらに、その際に、取消判決の拘束力により、行政庁は判決の趣旨に拘束される。具体的には、「処分をした行政庁等は、その事件につき当該判決における主文が導き出されるのに必要な事実認定及び法律判断に従って行動すべき義務を負う」[45]。すなわち、行政庁は、判決理由中で認定判断された違法性を是正することが義務付けられる。これにより、取消判決は、違法な処分による

---

44)　申請拒否処分の名宛人には当該処分の取消しを求める法律上の利益（原告適格）が認められることにつき、塩野宏『行政法Ⅱ　行政救済法〔第6版〕』（有斐閣・2019）131頁。

45)　最判令和3年6月24日民集75巻7号3214頁・3223頁。同判決のこの判示が取消判決の拘束力の意義につき一般的な先例としての価値を有することにつき、興津征雄「判批」民商法雑誌158巻3号（2022）674〜688頁・684頁、南原編著／高橋＝市村＝山本編・前掲注41）737頁〔興津〕。

原告の権利侵害を除去し、その権利を回復するために有効適切であると認められるので、不許可処分を争う訴えの利益が肯定される。

(2) **実体的権利と手続的権利（申請権）の区別**　　以上のような立論には、次のような反論がなされるかもしれない。すなわち、いわゆるマクリーン事件に関する最高裁昭和53年10月4日大法廷判決[46]（以下、「昭和53年判決」という）は、「憲法上、外国人は、……在留の権利ないし引き続き在留することを要求しうる権利を保障されているものでもないと解すべきである」、「出入国管理令上も在留外国人の在留期間の更新が権利として保障されているものでないことは、明らかである」[47]と判示しているため、たとえ在留期間更新不許可処分や在留資格変更不許可処分に瑕疵があったとしても、それによって申請者たる外国人の権利が侵害されることはない、という反論である。

しかし、昭和53年判決を前提としたとしても、そのことは在留期間更新不許可処分や在留資格変更不許可処分を争う訴えの利益を否定する根拠にはならない。

昭和53年判決が外国人には保障されていないとする、在留の権利、引き続き在留することを要求し得る権利、在留期間の更新を求める権利は、いずれも実体的権利である。それに対し、違法な不許可処分によって侵害されるのは、手続的権利たる申請権である[48]。一般に申請権には、「申請についての審査および申請に対する応答としての何らかの処置が、遅滞なく行われるべきこと」および「行政機関において違法な仕方で申請を拒否してはならないこと」を求める権利が含まれる[49]。申請に対する応答が相当の期間内になされない場合（申請に対する不作為の場合）には、前者の権

---

46)　前掲注20) 最大判昭和53年10月4日。

47)　民集46巻5号1230頁。

48)　本章は、実体法の概念と実体的権利の概念とを区別して用いている。実体法とは、訴訟法と対置される概念である。その意味での実体法には、実体的権利と手続的権利が含まれる。実体的権利と手続的権利の区別は、行政上の実体的法律関係と手続的法律関係（行政手続上の法律関係）の区別に対応しており、手続的権利としての申請権は、手続的法律関係（行政手続上の法律関係）の一種である。

49)　小早川光郎『行政法 上』（弘文堂・1999) 220頁。同旨、人見剛「行政処分申請権について―ドイツ法を素材とする一考察」兼子仁＝磯部力編『手続法的行政法学の理論』（勁草書房・1995) 147～180頁・150頁。

利（何らかの応答を求める権利）が侵害される。申請に対する応答はあった
が、それが違法に申請を拒否するものである場合には、後者の権利（適法
な応答を求める権利）が侵害される[50]。仮に昭和53年判決のいうように外
国人に在留を求める実体的権利が認められないとしても、入管法が、在留
期間の更新（法21条2項）または在留資格の変更（法20条2項）を外国人の
申請によるものとし、申請に対する行政庁の応答を義務付けている以上、
外国人には手続的権利たる申請権が認められると解すべきである[51]。した
がって、その申請が違法に拒否された場合には、申請者たる外国人には、
違法な不許可処分による申請権侵害の除去を求めるために、不許可処分を
争う訴えの利益が認められる。

　なお、学説には、申請権を前者の内容のみに限定し、後者の内容を含め
ない見解もある[52]。しかし、それはあくまでも概念構成の問題であり、そ
のような見解も「行政機関において違法な仕方で申請を拒否してはならな
いこと」を求める権利を否定する趣旨ではないと思われる[53]。仮にそのよ
うな権利が否定されるとすれば、申請者たる外国人は在留期間更新不許可
処分や在留資格変更不許可処分を争う利益を（後行許可処分がされていなく

50）　塩野・前掲注44）132頁は、「申請拒否処分に裁量性があるときでも、法律が申請権を与
　　えている以上、彼には、適切な裁量によって許否の判断を受ける法的利益があるということ
　　ができよう」と述べる。

51）　最判昭和36年3月28日民集15巻3号595頁は、地方公務員法46条の人事委員会に対
　　する措置要求について、同条が「実体法上具体的な措置の請求権を認める趣旨のものでな
　　い」ことを前提としつつ、同条は「職員の措置要求に対し、適法な手続で、かつ、内容的に
　　も、裁量権の範囲内における適法な判定を与うべきことを職員の権利乃至法的利益として保
　　障する趣旨の規定と解すべきものであり、違法な手続でなされた棄却決定また裁量権の限界
　　を越えてなされた棄却の決定は、同条により認められた職員の権利を否定するものとして、
　　職員の具体的権利に影響を及ぼす」（同596～597頁）と述べている。必ずしも実体的権利が
　　認められなくても、手続的権利として「行政機関において違法な仕方で申請を拒否してはな
　　らないこと」を求める権利が認められる例である。

52）　薄井一成「申請手続過程と法」磯部力＝小早川光郎＝芝池義一編『行政法の新構想Ⅱ　行
　　政作用・行政手続・行政情報法』（有斐閣・2008）269～288頁・271頁。

53）　村上裕章「『申請権』概念の生成と展開」『行政訴訟の解釈理論』（弘文堂・2019）104～
　　145頁［初出2017］を見ると、申請権が何らかの応答を求める権利と適法な応答を求める権
　　利という二つの内容を包含するものとして発展してきたことがわかる（ただし、同論文では、
　　この二つの権利の区別が分析軸として用いられているわけではないため、そのことがやや読
　　み取りにくくなっている）。薄井・前掲注52）270頁は、「適法な行政決定を求める権利」を
　　「実体的権利」とする。

ても）およそ有しないという結論になりかねないが、これは明らかにおか
しいだろう。昭和53年判決も、在留期間更新不許可処分の取消しを求め
る訴えの利益自体は認められるという前提の下で、当該処分の適否につい
て本案判断をしているのである[54]。

2 先行不許可処分後に後行許可処分がされた場合

それでは、本件のように、先行不許可処分がされた後に後行許可処分が
された場合には、先行不許可処分を争う訴えの利益はどうなるだろうか。

(1) 訴えの利益の存続　　先行不許可処分を争う訴えの利益が前記1の
根拠で認められる以上、後行許可処分がされたことによってその利益が失
われると解するのは奇妙である。先行不許可処分は先行申請に対する処分
であり、後行許可処分は後行申請に対する処分であって、別個の処分だか
らである[55]。したがって、先行不許可処分による権利侵害（先行申請により
行使された申請権の侵害）は、後行許可処分がされた後も依然として存続し
ており、その除去を求める訴えの利益も依然として存続していると解すべ
きである。

(2) 訴えの利益否定論の問題点　　にもかかわらず、多くの裁判例は、一
在留一資格の原則を理由としてこのような場合には訴えの利益が喪失する
とする（前記I 4(1)）。しかし、裁判による権利侵害の回復は、憲法上の裁
判を受ける権利（憲32条）の内容をなす。なぜ法律（入管法）上の原則に

---

54)　今村成和著／畠山武道補訂『行政法入門〔第9版〕』（有斐閣・2012）160頁は、昭和53
　　年判決について、「裁判所は、法務大臣の裁量権の行使が適法であったことを認めて請求を
　　棄却しているのであるから、この申請は、単に法務大臣の職権発動を促すにすぎないもので
　　はなく、手続上適法な応答を求める権利として認められていることが明らかである」と解す
　　る。

55)　筆者は、南博方原編著／高橋滋＝市村陽典＝山本隆司編『条解 行政事件訴訟法〔第4
　　版〕』（弘文堂・2014）682頁〔興津征雄〕においては、「同一人の同一の法律関係（法的地
　　位）を規律する処分甲［本文の例では先行不許可処分］と処分乙［本文の例では後行許可処
　　分］との併存という状態がありうるのか（処分甲による規律は処分乙によって終了したとは
　　いえないか）を、実体法に照らして検討する必要があろう」と、含みをもたせる書き方をし
　　ていた。しかし、この記述では、単に検討の必要性を指摘するにとどまり、結論は留保して
　　いた。前掲注1）の意見書において本文のような見解をとることとし、同書の改訂版である
　　南原編著／高橋＝市村＝山本編・前掲注41）756～757頁〔興津〕においてもこの見解を採
　　用している。

すぎない一在留一資格の原則が、憲法上の権利を凌駕し得るのであろうか[56]。その理由をはっきりと語る判決は管見の限り存在しないが、おそらく、後行許可処分がされることで、申請者たる外国人が本邦に在留し得る地位を取得し、その結果、先行不許可処分によってもたらされた不利益が解消されることに求められているのではないかと推測される（前記 I 4(1)(a)で引用した名古屋地裁判決の判示(ii)の下線部②参照）。

　しかし、このような解釈には根拠がない。なぜなら、在留資格ごとに外国人が本邦で行うことができる活動は異なっているため（法2条の2・別表第一・別表第二）、外国人が本邦に在留し得る地位は在留資格ごとに異なると解されるからである。このことは、入管法自体が在留資格の変更制度を設け（法20条）、希望する在留資格を特定して申請をさせるものとしている（法20条2項・22条1項、法施行規則20条1項・2項）ことからも裏付けられる。審査の結果希望する特定の在留資格への変更を許可することができない場合でも、行政庁は職権で別の在留資格への変更を許可することはできず、申請者に申請内容の変更の申出をさせている[57]のも、申請者たる外国人が特定の在留資格につき申請権を有していることの例証である。

　この場合の申請権は、どの在留資格でもよいから本邦に在留し得る地位を求めることにあるのではなく、希望する特定の在留資格をもって本邦に在留し得る地位を求めることにある。当初希望していた在留資格 α による在留期間の更新や、在留資格 α' への変更が不許可となった後に、別の在留資格 β への変更が許可されたとしても、在留資格 β が在留資格 α または α' を完全に包含するものでなければ、在留資格 α または α' を求める申請

---

56)　この問いに対し、昭和53年判決を援用し、「外国人に対する憲法の基本的人権の保障は、……外国人在留制度のわく内で与えられているにすぎない」（民集46巻5号1233頁）からであると答えるのは誤りである。なぜなら、裁判を受ける権利は、実体法上認められた権利を実現するための手段的権利であり（ここでいう実体法は、前掲注48）の意味での実体法であり、申請権も実体法上認められた権利に含まれる）、これを否定しては実体法上権利を認める意味がなくなるからである。先行不許可処分により侵害されている権利は、「行政機関において違法な仕方で申請を拒否してはならないこと」を求める権利であり、入管法という実体法が認めた権利である申請権によって基礎付けられる。実体法により外国人にも権利を認めておきながら、権利主体が外国人であるという理由で裁判を受ける権利を否定するのは、背理である。

57)　そのような実務が行われていることは、裁判例でたびたび認定されている。例えば、前掲注26）東京地判令和4年9月30日判タ1513号170頁。

権の侵害は当該不許可処分が取り消されない限り依然として存続しており、不許可処分を争う訴えの利益が認められなければならない。

前記Ⅰ3の通り、申請者が当初在留期間の更新を希望していた在留資格αや変更を希望していた在留資格α'は、より長期の在留を可能とする在留資格であり、後行許可処分により決定された在留資格βは短期の在留しかできない在留資格であることが普通である。その場合に、在留資格βが在留資格αまたはα'を完全に包含するとは到底言い得ない。したがって、在留資格αの在留期間更新申請や在留資格α'への変更申請を不許可とする処分による権利侵害は依然として存続しており、当該処分を争う訴えの利益も依然として存続していると解すべきである。この解釈は、一在留一資格の原則に反するものではない。それどころか、各在留資格の質的相違を前提とする一在留一資格の原則が、このような解釈を要請するとすらいえよう。

仮に後行許可処分がされたことによって先行不許可処分を争う訴えの利益が喪失すると解すると、行政庁は、違法な先行不許可処分によって申請者たる外国人が当初望んだ在留資格による在留を拒否しておきながら、後行許可処分によって当該外国人に制限のより多い別の在留資格への変更を許可することで、違法な処分を糊塗できることになってしまい、法治主義に反する。当該外国人にとっても、違法な処分を是正させ司法的救済を受ける機会が奪われることになり、裁判を受ける権利の侵害となりかねない[58]。この点からしても、訴えの利益を否定する解釈は極めて不合理である。

(3) **特定の在留期間を求める申請権との相違**　(a)　前記(1)(2)の立論に抵触するかのようにみえる判例として、最高裁平成8年2月22日判決（以下、「平成8年判決」という）がある（前記Ⅰ4(1)(a)に引用した名古屋地裁判決の判示(ii)の下線部③参照）。この事件は、従前在留期間を3年とする在留期間の更新が重ねられてきた外国人について、当該外国人が指紋押捺を拒否した後にされた在留期間の更新許可処分において在留期間が従前とは異なり1年とされたことが違法であるとして、当該許可処分の取消訴訟が提起され

---

58)　阿部・前掲注32) 174～175頁。

たものである。最高裁は、「右のような在留資格で本邦に在留する外国人については、当然に一定期間本邦に在留する権利が保障されているものということはできないから、その在留期間の更新申請に対し、在留期間を1年と指定してこれを許可した本件処分が、上告人の権利ないし法律上保護された利益を侵害するものであると解することはできない」[59]とし、取消訴訟の訴えの利益を否定してこれを却下した原審の判断を正当とした。

　平成8年判決は、昭和53年判決の引用こそないものの、外国人に特定の在留期間を指定して在留期間の更新を求める実体的権利がないことを前提としている。しかし、前記1(2)の通り、仮に外国人にそのような実体的権利が認められないとしても、手続的権利たる申請権があれば、訴えの利益を根拠付けることができる。したがって、平成8年判決は、特定の在留期間を指定して在留期間の更新を求める申請権も認められないとする趣旨であろう。現に、第1審判決は「在留期間が更新許可申請の申請権の内容をなすものでもない」[60]、控訴審判決は「在留期間更新申請書類に『希望する在留期間』を記入する欄があったとしても、それは同欄の記載を法務大臣の裁量判断の一資料とする以上の意義を有するものではなく」[61]と述べている。これらの判決も、実体的権利と申請権とを判決理由において明確に区別しているわけではないものの、特定の在留期間に係る申請権を否定する趣旨とみられる。在留期間の更新を求める申請権は、期間の長短は問わず在留期間の更新を求める点にのみ存するということであろう。したがって、在留期間の更新がおよそ不許可とされれば、不許可処分を争う訴えの利益は認められるが、希望した在留期間に満たない期間であっても更新が許可さえされれば、許可処分を争う訴えの利益は認められないと解するのが、平成8年判決の解釈の帰結ということになる。

　(b)　このような解釈には疑問がある[62]。しかし、仮に在留期間の更新

---

59)　最判平成8年2月22日判タ905号95頁・96頁。
60)　東京地判平成2年3月13日行裁例集41巻3号404頁・465頁。
61)　東京高判平成4年4月6日行裁例集43巻4号575頁・584頁。
62)　特定の在留期間を指定して在留期間の更新を求める実体的権利が申請者たる外国人に認められないとしても、行政庁が在留期間を3年ではなく1年としたことに裁量権の逸脱濫用がある可能性は排除できない以上、当該外国人に司法審査を受ける機会を保障すべきではないか、そのために特定の在留期間を指定して在留期間の更新を求める申請権（適法な応答を

について平成8年判決のような解釈をとったとしても、本件問題は平成8年判決の事案とは異なるため、その解釈の射程は及ばない。

すなわち、入管法が在留資格の更新および在留資格の変更につき外国人に申請権を認めている趣旨は、前記(2)の通り、どの在留資格でもよいから本邦に在留し得る地位を求めることにつき申請権を認めているのではなく、申請者たる外国人が希望する特定の在留資格をもって本邦に在留し得る地位を求めることにつき申請権を認めていると解される（「申請権❶」とする）。それに対し、平成8年判決が否定したのは、特定の在留期間を指定して在留期間の更新を求める申請権である（「申請権❷」とする）。申請権❶と申請権❷は異なる内容の申請権であり、申請権❷の否定は申請権❶の否定を意味しない。

このことを、先行不許可処分が在留期間更新不許可処分であるとして、本件問題に当てはめてみよう。在留期間更新不許可処分により侵害される申請権は、申請権❶である。この場合、後行許可処分がなされるか否かにかかわらず、申請者は、申請権❶の侵害を主張して、在留期間更新不許可処分の取消しを求めることができる（訴えの利益が肯定される）。この場合には、原告の不服は在留期間がおよそ更新されなかった点にあり、特定の在留期間を指定して更新がされなかった点にあるわけではないから、申請権❷の侵害が主張されているわけではなく、したがって平成8年判決には抵触しない。先行不許可処分が在留資格変更不許可処分である場合も同様である。平成8年判決は、在留期間の更新が許可された場合に、決定された在留期間が申請者の希望よりも短いことを争うことはできないとするものであるから、本件問題とは異なる。したがって、平成8年判決は本件問題について訴えの利益を肯定する障害にはならない。

3　取消判決の拘束力

(1)　先行不許可処分取消し後の後行許可処分の帰趨　　(a)　本件問題において先行不許可処分を争う訴えの利益が認められることは、本来は前記2

求める権利）が入管法上認められていると解すべきではないかと思われる。平成8年判決は、実体的権利の不存在から申請権の不存在を直結しているように読めるが、前者から後者は当然に導出できるわけではなく、同判決は二つの権利を混同している疑いがある。

Ⅱ　申請権による訴えの利益の根拠付け　　*123*

の論証だけで十分なはずである。処分により権利が侵害され、それが解消されていない以上、裁判による救済が与えられることが裁判を受ける権利の要請だからである。

　もっとも、裁判例は、後行許可処分とそれによって決定された在留資格βの存在を理由に、先行不許可処分を争うことが一在留一資格の原則に反し許されないと解している（前記Ⅰ4⑴）。そこで、先行不許可処分の取消判決が確定した場合に、後行許可処分とそれにより決定された在留資格βがどのような帰趨をたどるかを、取消判決の拘束力も含めて整理しておこう。先行不許可処分ⓐが在留資格αについての在留期間更新申請Ⓐまたは在留資格α'への変更申請Ⓐ（これらの申請をまとめて「先行申請Ⓐ」ということがある）を不許可とする処分、後行許可処分ⓑが在留資格βへの変更申請を許可する処分であるとして考えよう。

　⒝　取消判決が確定すると、先行不許可処分ⓐがなかったことになり、先行申請Ⓐが復活する。その結果として、処分庁は、判決の趣旨に従って先行申請Ⓐを再度審査し、求められた在留期間更新または在留資格変更を許可するか否かを決定することが義務付けられる（行訴33条2項）。審査の結果、処分庁が先行申請Ⓐを許可すべきとの判断に至れば、先行申請Ⓐに対する処分として、許可処分ⓒをすべきである。

　その際、許可するか否かの判断の基準時は、申請に対して新たな処分をするその時点（新処分時）であり[63]、新たな変更許可処分ⓒがされてもその効力は遡及しないと解される。取消訴訟における違法判断の基準時は、一般に取消しの対象となる処分がされた時点（原処分時）であると解されているため、先行不許可処分ⓐが違法か否かはあくまでも処分ⓐがされた時点の法および事実に照らして判断される。しかし、先行不許可処分ⓐの取消判決の確定により効力が復活した申請Ⓐに対して新たな許可処分ⓒがされると、申請者たる外国人はその時点から当該在留資格αまたはα'をもって本邦に在留し得る地位を取得することになる（先行不許可処分ⓐの時点まで遡って地位を取得するわけではない[64]）。したがって、行政庁は当該時点

---

63)　阿部・前掲注32）171頁。
64)　先行不許可処分ⓐがされた後に、後行許可処分b₁、b₂、b₃等々が積み重なってされており、それらがすでに効力を失っていたとしても、後行許可処分ⓒは遡及効をもたないので、

において当該外国人が在留期間の更新または在留資格の変更を「適当と認めるに足りる相当の理由がある」(法 21 条 3 項・20 条 3 項本文) か否かを、判決の趣旨に従って、審査すべきである。

(c) 先行不許可処分ⓐの取消判決が確定したとしても、そのことによって後行許可処分ⓑが当然に違法となるわけではない。したがって、ある判決が言うように、「処分庁は、職権で後行許可処分を必然的に撤回しなければならない関係にあるとまではいえない」(前記 I 4(2)(b)(iv)、傍点引用者) のもその通りである。前記 2(1)の通り、先行不許可処分ⓐと後行許可処分ⓑとは、あくまでも別個の処分だからである。後行許可処分ⓑの効力は、復活した先行申請Ⓐに対して許可処分がされるまでの間、維持される。

ところが、復活した先行申請Ⓐに対し新たな許可処分ⓒがされることになれば、後行許可処分ⓑはそれに抵触する。仮に二つの許可処分およびそれにより決定される二つの在留資格が併存することになれば、一在留一資格の原則に反するからである。ならば、復活した先行申請Ⓐに対して許可処分ⓒをすることはできないのか。裁判例の多くはそのように解するようだが、前記 I 4(2)(b)の通りその根拠は薄弱である。

二つの許可処分および二つの在留資格の併存が一在留一資格の原則に反するならば、復活した先行申請Ⓐに対する許可処分ⓒを優先させ、行政庁は後行許可処分ⓑを職権で撤回すべきだろう[65]。なぜなら、後行許可処分ⓑは、先行申請が違法に拒否されることがなければ本来はなされなかったものであるのに対し、復活した先行申請Ⓐに対する許可処分ⓒは、違法な先行不許可処分を是正し、当該処分による権利侵害を除去するためになされるものだからである。許可処分ⓒを維持することが法治主義の当然の要請であり、かつ、裁判を受ける権利 (憲 32 条) に含まれる実効的権利救済

---

b1、b2、b3 等々の効力と抵触することはなく、したがって一在留一資格の原則に反することにならないのは言うまでもない。

65) 阿部・前掲注 32) 166 頁。塩野・前掲注 44) 198 頁は、新たな許可処分がされれば、後行許可処分は「前提条件を失い無に帰する」とする。しかし、後行許可処分もそれ自体は適法にされたものである以上、それと抵触する新たな許可処分がされたからといって当然に前提条件を失うとまではいえないように思われる。したがって、一在留一資格の原則との整合性を保つには、後行許可処分の撤回が必要であると解しておく。塩野の見解については、阿部泰隆『行政法解釈学 II』(有斐閣・2009) 267 頁も参照。

の要請である[66]。

とはいえ、行政庁が処分の撤回をなし得るのは、撤回権限が認められる場合である。取消判決の拘束力につき、最高裁判例が、「上記拘束力によっても、行政庁が法令上の根拠を欠く行動を義務付けられるものではないから、その義務の内容は、当該行政庁がそれを行う法令上の権限があるものに限られるものと解される」[67]と判示している通り、裁判所が法令（なかんずく実体法）から離れて行政庁に義務を命じることができるわけではない（判決の拘束力からそのような義務が生じるわけではない）からである[68]。したがって、撤回権限が認められなければ、いかに判決の趣旨を実現するためとはいえ、撤回をすることはできない。そこで次に、この点を検討する。

(2) **撤回権限**　　行政法学上、行政庁が撤回権限を有するために法律の明文の根拠規定が必要か否かが論じられることがある。現在の通説は、明文の根拠規定は必要ないと解しており[69]、判例も同様である[70]。ただし、明文の根拠規定がない場合には、撤回が適法であるためには撤回すべき公益上の必要性（処分を維持しておくべきではない公益上の事情）が存在することが必要である[71]。撤回すべき公益上の必要性は、撤回の必要性を基礎付ける公益上の事情と、撤回を制限すべき事情（公益上の事情と、撤回により名宛人およびその他の第三者に与える不利益とを含む）とを比較考量し、前者が上回る場合に、認められると解されている[72]。

入管法には、行政庁が在留資格変更許可処分を撤回し得る旨を定めた明文の根拠規定はない。そこで、先行不許可処分ⓐの取消判決を受けて新たな許可処分ⓒを行う場合に、後行許可処分ⓑを撤回すべき公益上の必要性

---

66)　阿部・前掲注 32) 174〜175 頁。

67)　前掲注 45) 最判令和 3 年 6 月 24 日民集 75 巻 7 号 3223 頁。

68)　興津・前掲注 45) 684 頁。

69)　田中二郎『新版 行政法 上巻〔全訂第 2 版〕』（弘文堂・1974）155 頁、塩野宏『行政法 I 行政法総論〔第 6 版補訂版〕』（有斐閣・2024）192〜193 頁。

70)　最判昭和 63 年 6 月 17 日判タ 681 号 99 頁、最判平成 7 年 6 月 23 日民集 49 巻 6 号 1600 頁。

71)　田中・前掲注 69) 155 頁。撤回の要件に関する筆者の見解については、興津征雄『行政法 I 行政法総論』（新世社・2023）503〜504 頁も参照。

72)　塩野・前掲注 69) 194 頁。

126 第5章 在留資格と訴えの利益

が存在するか否かを、利益考量により判断する必要がある。

このような場合に撤回の必要性を基礎付ける公益上の事情は、前記(1)(c)の通り法治主義の要請である。ただし、注意すべきなのは、取消判決を受けて復活した先行申請Ⓐに対する新たな許可処分Ⓒがされることにより、従前の後行許可処分ⓑが違法になるわけではないことである。後行許可処分ⓑは、先行不許可処分ⓐの結果としてされた後行申請を受けて行われたものであり、それ自体は適法である。ここで考えなければならないのは、いずれも適法な後行許可処分ⓑと新たな許可処分Ⓒの併存が一在留一資格の原則ゆえに許されないとき、いずれの許可処分を存続させるべきかである。後行許可処分ⓑは、いかにそれ自体は適法になされた処分であるとはいえ、違法な先行不許可処分ⓐがなければされることのなかった処分である。違法な先行不許可処分ⓐを是正するために新たな許可処分Ⓒがされようとしている今、後行許可処分ⓑは存在意義を失い、新たな許可処分Ⓒに道を譲るべきことは明らかであろう。したがって、後行許可処分ⓑの撤回の必要性を基礎付ける公益上の事情は存在するといえる。

それに対し、この場合に撤回を制限すべき事情は存在しないと考えられる。新たな許可処分Ⓒも、行政庁が「適当と認めるに足りる相当の理由がある」（法21条3項・20条3項本文）ことを認定して行うものである以上、それを行うことが公益に反するものではない。後行許可処分ⓑを撤回しても、新たな許可処分Ⓒが名宛人（申請者）にとってより有利な在留資格による在留を可能にするものである以上、名宛人に対する不利益も生じない。また、それにより権利または法的に保護される利益に影響を受ける第三者も存在しない。

そうすると、撤回の必要性を基礎付ける公益上の事情と、撤回を制限すべき事情とを比較考量した結果、前者が上回ることは明らかなので、この場合に行政庁は後行許可処分ⓑを適法に撤回することができる（後行許可処分ⓑの撤回権限を有する）と解される[73]。

(3) **従前の在留資格との関係**[74]　(a) 従来あまり明確に論じられてこな

---

73) 結論同旨、前掲注35）東京地判平成29年4月13日。
74) この項目は、前掲注1）の意見書には含まれていなかったが、新たに書き下ろした。

かったが、訴えの利益との関係で検討しておくべきもう一つの論点として、申請者たる外国人が先行不許可処分ⓐの時点で有していた従前の在留資格αとの関係がある。従前、在留資格αをもって在留していた外国人が、在留期間更新申請Ⓐをして不許可処分ⓐを受けた場合、在留資格αは在留期間の経過により（後行許可処分ⓑがされるか否かにかかわらず）当然に消滅する。また、従前、在留資格αをもって在留していた外国人が、在留資格α'への変更申請Ⓐをして不許可処分ⓐを受けた場合にも、在留資格αは在留期間の経過により（後行許可処分ⓑがされるか否かにかかわらず）当然に消滅する。そうすると、先行不許可処分ⓐが取り消され、後行許可処分ⓑが撤回されても、先行申請Ⓐに対する新たな処分ⓒをする時点では、すでに従前の在留資格αの在留期間が満了している以上、在留資格αを前提として許可処分をすることはできないのではないか、という問題である（前記Ⅰ4(1)(a)で引用した名古屋地裁判決の判示(ii)の下線部④は、そのようなことを言おうとしているとも解される）。

　しかし、そのような解釈はあまりにも形式的にすぎる。仮にその解釈を認めれば、先行不許可処分ⓐを取り消しても新たな許可処分ⓒをする余地がないので、一在留一資格の原則との関係を問題にするまでもなく、先行不許可処分ⓐを争う訴えの利益は否定されることになりそうである。しかし、これまでの裁判例では、被告からすらもそのような主張がされたことはなく、裁判所もこの点を問題にしたことはない。そのことは、従前の在留資格αの消滅は、訴えの利益を認める妨げにはならないと暗黙裡に解されていることの例証であろう。

　(b)　とはいえ、論理的には上記の問題が想起される以上、これに答えておく必要はある。解釈論としては、次のように考えられる。

　法20条6項は、在留資格変更申請につき、「申請の時に当該外国人が有する在留資格に伴う在留期間の満了の日までにその申請に対する処分がされない」場合があることを前提としている。言い換えれば、申請後に在留期間が満了し、従前の在留資格が消滅した場合であっても、許可処分がなされ得ることを、入管法自身が認めている。同項は法21条4項により在留期間更新申請の場合にも準用されている。これらの規定は、申請に対する処分が遅れることによって在留期間が満了し、不法残留となることが申

128 第5章 在留資格と訴えの利益

請者にとって酷であることから設けられたものである[75]。

　本件問題の状況は、先行不許可処分ⓐが違法になされ、取消訴訟で争っているうちに在留期間が満了するというケースであり、在留期間の満了につき申請者の責めに帰すべき事情は全く存在しない。そのようなケースにつき、入管法自身が前提としている〈申請後に在留期間が満了しても、従前の在留資格を前提とする許可処分をすることができる〉という考え方を適用できない理由はない（念のためにいえば、法20条6項・21条4項はこの考え方を前提とした規定であり、これを創設する規定ではないから、この考え方の適用をこれらの規定の定める場面に限る必要はない）。そうすると、先行不許可処分ⓐが取り消され、後行許可処分ⓑが撤回されれば、従前の在留資格αを前提とする先行申請Ⓐに対し許可処分ⓒをすることもできると解すべきである。

III　実務と学説の課題

1　本件問題について先行不許可処分を争う訴えの利益を否定する解釈をとる場合、先行不許可処分に不服のある者はこれをどのようにして争えばよいのだろうか。東京地裁平成8年9月20日判決は、次のように答えている。

　　「確かに、在留資格の重複を否定する立場に対しては、旧在留資格の在留期間の更新不許可処分を争おうとする外国人は、新在留資格を取得すれば右処分の取消しを求める訴えの利益を喪失し、新在留資格を取得しないで国外退去を強制されれば、旧在留資格の回復を求めることができなくなるから、結局、旧在留資格の在留期間更新不許可処分を争う方途がないことになるとの批判が可能である。しかし、この場合においても、新在留資格への変更を経ることなく、旧在留資格の在留期間の更新不許可処分の取消しを本案として右処分の続行としての退去強制手続の執行停止を求めることは可能であり、また、新在留資格について旧在留資格への変更を申請することも可能であるから、

---

75)　多賀谷＝髙宅・前掲注6) 277～278頁。

原告の主張する実情を考慮しても、有効な申請に基づいて在留資格の変更がされた場合に、旧在留資格の重複を否定することが外国人の在留に係る利益を不当に侵害するものということはできない。」[76]

平成16年行政事件訴訟法改正後の現在では、先行不許可処分を受けた後に直ちに取消訴訟および許可処分の義務付け訴訟を提起し、許可処分の仮の義務付けの申立てをすることも考えられようか。しかし、在留期間更新または在留資格変更の許否の判断については行政庁に広汎な裁量が認められているため、仮の義務付けの要件である「本案について理由があるとみえるとき」（行訴37条の5第1項）に該当すると認められることは容易ではないだろう。また、退去強制手続の執行停止も、送還部分は停止されたとしても収容部分が停止されないこともあり得る。新在留資格について旧在留資格への変更を申請しても、不許可とされれば同じことの繰返しである。

先行不許可処分について司法審査を求めるために、外国人であるというだけでどうしてここまでのリスクを負わなければならないのか[77]。そのようなリスクを物ともしない「ヘラクレス的不屈の人物」[78]でなくても無理なく裁判を受けることができるようにしようというのが、今世紀初頭に敢行された司法制度改革の目的ではなかったか。その後、最高裁が折に触れ強調する「実効的な権利救済」[79]の必要性は、まさにそのことを指しているのではないか。訴えの利益を否定する解釈論は、こうした疑問に正面から答える必要がある。

---

76)　前掲注30）東京地判平成8年9月20日判タ953号113頁。

77)　昭和53年判決が抗弁とはならないことにつき、前掲注56）。

78)　中川丈久「行政訴訟としての『確認訴訟』の可能性―改正行政事件訴訟法の理論的インパクト」民商法雑誌130巻6号（2004）963〜1017頁・978頁。中川は、紛争の成熟性の判定において、私人が不利益処分や処罰を受けるリスクを冒さないと提訴が認められなかったかつての最高裁判例を批判して、この言葉を使っている。裁判を受けるために不合理なリスクを負わなければならないという点では、本件問題に類似している。

79)　最大判平成20年9月10日民集62巻8号2029頁・2034頁、最判平成24年2月3日民集66巻2号148頁・151頁。実効的権利救済は、司法制度改革とりわけ行政訴訟改革の基本理念でもあった。裁判を受ける権利との関係も含め、興津征雄「司法制度改革と行政訴訟」須網隆夫編『平成司法改革の研究』（岩波書店・2022）179〜204頁・182〜183頁。

2 本件問題がここまで放置されてきたことの責任は、学界にもある。研究者で本件問題を正面から論じたものは、管見の限り前記Ⅰ 4(2)(a)の阿部くらいである。筆者も、本章の基となった意見書[80]の執筆を依頼されるまでは、本件問題について真剣に検討したことがなかった。

本件問題は、訴えの利益が問われているという点では訴訟法の問題である。しかし、その前提には入管法という個別実体法がある。入管法は複雑な法律であり、戦後、アメリカ法の影響を受けて制定されたせいか、ドイツ法に由来する日本の行政法の一般的な枠組みでは説明の難しい部分を含んでおり、行政法学者による体系的な研究は遅れている。研究者が入管法の仕組みを法的に分析し、合理的な法的構成を与え、実務に対し解釈論の選択肢を提示するという作業を怠ってきたことが、本件問題について必ずしも説得的とは思えない解釈論の残存を許してきた原因の一端であることは、率直に認めなければならないだろう[81]。ささやかながら本章がその欠を少しでも埋められることを切に願う。

---

80) 前掲注1)。
81) 前掲注6)参照。

第6章　難民認定の手続法論

············ 須田　守

I　問題状況
II　議論の概観
III　基準の操作可能性
IV　より大きな文脈へ

I　問題状況

1　グローバルな実体法／国家の手続法

　本章に与えられたテーマは、難民認定の立証責任である。編者からは、我が国で難民認定が少ない原因が、立証責任にあるのではないかとの問題意識に接した。本書のコンセプトからは、以下の背景事情が重要となる。

　出入国管理及び難民認定法（以下、「入管法」という）2条3号は、「難民」を、「難民の地位に関する条約（以下「難民条約」という。）第1条の規定又は難民の地位に関する議定書〔以下、「難民議定書」という〕第1条の規定により難民条約の適用を受ける難民をいう」と定義する。そこで、難民の意義に関する実体法上の基準としては、難民条約等のグローバルな規範が妥当する。他方で、一般的抽象的な法規範は、個別具体的な事例に適用する段階を必要とする。実際の法適用にあたっては、各適用者の判断にずれが生じる可能性があるが、とりわけ難民を認定する作用については、判断内容のずれが構造的なものとなり得る理由がある。難民を認定するための手続や難民該当性判断の過程については、難民条約に具体的に明示するところなく、各国の立法政策に委ねられているからである。入管法上は、まずもって、難民認定という処分の手続がこの過程を担う。このように、グローバルな実体法の実現が、国家の手続法によって大きな影響を受ける可能

性が生じる[1]。逆にいえば、難民の認定は、グローバルな世界の中で国家の法秩序が有するプレゼンスを図るための、重要な一局面にもなる。本章は、こうした問題状況を踏まえつつ、難民認定の手続法的な側面を分析する。

2　難民条約とその運用

　難民条約1条A(2)および難民議定書1条を踏まえると、「難民」とは、「人種、宗教、国籍若しくは特定の社会的集団の構成員であること又は政治的意見を理由に迫害を受けるおそれがあるという十分に理由のある恐怖を有するために、国籍国の外にいる者であって、その国籍国の保護を受けることができない者又はそのような恐怖を有するためにその国籍国の保護を受けることを望まないもの及び常居所を有していた国の外にいる無国籍者であって、当該常居所を有していた国に帰ることができない者またはそのような恐怖を有するために当該常居所を有していた国に帰ることを望まないもの」をいう。とりわけ重要な要素は、「迫害を受けるおそれがあるという十分に理由のある恐怖」であり、迫害を受けることに対する恐怖を抱いているという主観的な要素に加えて、通常人がその者の立場に置かれた場合にも迫害の恐怖を抱くような客観的な事情が要求されている[2]。

　他方で、立証責任の帰属をも含めた難民認定の手続については、「不適当な手続を定めることにより真に難民である者が条約上の権利を行使し又は利益を享受することが困難となるのでない限り」[3]、各締約国に委ねられる。ただし、国連難民高等弁務官事務所（以下、「UNHCR」という）は、難民条約の運用上の手がかりを示している。とりわけ、『難民認定基準ハンドブック』（以下、「ハンドブック」という）は、「さまざまな締約国において難民の地位の認定に関与する政府職員の指針となることが意図」されたものであり[4]、手続法上の論点に関する記述をも備えている。また、

---

1)　興津征雄「グローバル行政行為？」横浜法学 27 巻 3 号（2019）293 頁。
2)　例えば、東京地判平成 30 年 7 月 5 日判時 2412 号 9 頁。
3)　田中利彦「難民の概念について」法律のひろば 34 巻 9 号（1981）19 頁。
4)　国連難民高等弁務官事務所（UNHCR）駐日事務所『難民認定基準ハンドブック〔改訂版〕』（2015 年 7 月）1 ～ 2 頁。

UNHCR は、「難民の地位の認定に関する手続きは、国際難民法文書において特別に規律されているわけではない」ことを前提としつつ、立証に関する問題について、「一般に、あらゆる難民申請に適用できる」指針を提示してもいる[5]。もっともこれらは、難民条約そのものではないし、裁判所や行政庁、また難民申請者等の私人に、従う義務を課す規範でもない。また、条約法に関するウィーン条約 32 条にいう、条約解釈の補足的手段としての位置付けを得ているわけでもない。UNHCR 自身も、難民条約 35 条に基づく監督機能を担うものではあるが、条約の実施機関といえるほどの役割を有しているわけではない[6]。

3 前提問題：実体法の解釈

難民該当性をめぐる証明問題には、難民の定義に関する実体法上の基準の解釈問題が、論理的に先行する。その内容が、立証の主題を規定するからである。ここでは、二つ取り上げる。

第一に、「迫害」の解釈が論点となってきた。我が国の裁判例は、従来、これを「生命又は身体の自由の侵害又は抑圧」と理解しており[7]、迫害概念に関する「狭い解釈」を採用するものと評されてきた[8]。他方で、ハンドブックでは、この概念が、「生命又は自由に対する脅威」に加えて、「その他の人権の重大な侵害」をも含めて理解されていた[9]。近時、出入国在留管理庁は、公開の資料として初めて、「これまでの我が国の実務上の先例や裁判例を踏まえ、難民条約で規定されている難民の定義に含まれる文言の意義をより具体的に説明するとともに、難民該当性を判断する際に考慮すべきポイントを整理したもの」（はしがき）として、『難民該当性判断の手引』（以下、「手引」という）を作成し、公にした。迫害の意義について

---

5) 国連難民高等弁務官事務所（UNHCR）「難民認定における立証責任と立証基準について（仮訳）」（1998 年 12 月 16 日）1 ～ 2 頁。

6) 竹内真理「難民条約」森肇志ほか『分野別 国際条約ハンドブック』（有斐閣・2020）100 頁、103 頁。

7) 近時の例のうち、当事者による法解釈上の主張も整理されたものとして、名古屋地判令和 6 年 5 月 9 日判時 2603 号 29 頁。結論としては、請求が認容されている。

8) 岩沢雄司「日本における国際難民法の解釈適用」ジュリスト 1321 号（2006）22 頁。

9) UNHCR 駐日事務所・前掲注 4）項目 51。

は、「国際法上確立した定義は存在しない」としつつ、「生命、身体又は自由の侵害又は抑圧及びその他の人権の重大な侵害」と定式化し、「主に、通常人において受忍し得ない苦痛をもたらす攻撃ないし圧迫であって、生命又は身体の自由の侵害又は抑圧をいう」とする[10]。より広い解釈の余地が認められており、それに呼応してか、同様の解釈を明示する裁判例も相次いで登場している[11]。

第二に、迫害を受けるおそれがあると認められるためには、難民認定の申請者が、迫害の主体から個別に把握され、標的となっていることが、強く要求されているとの指摘がある[12]。裁判例にも、原告が出身国政府からことさらに注視されているとは認められないことが、難民該当性を否定する上で重要なパッセージとされているようにみえるものがある[13]。この点について、手引は、「申請者が、その属性や活動を理由として、迫害主体から個別的に認知（把握）されていると認められる場合、そのことは、本要件の該当性を判断する上で積極的な事情となり得るが、そのような事情が認められないことのみをもって、直ちに申請者が迫害を受けるおそれがないと判断されるものではない」とする[14]。

4 用語について

IIより証明問題の検討に移るが、その前に用語法を確認しておく。まず、本章は、立証責任の語を、難民認定手続であれそれに関する争訟手続であれ、ノンリケット状況で不利益を受ける当事者を指し示す、客観的な要素として把握する。難民を認定する作用の文脈では、立証責任を証明活動の義務と理解し、その「履行」や「解除」に言及するものもある。例えばUNHCRは、英米法の証拠法にならって、立証責任を「難民である事実を

---

10) 出入国在留管理庁『難民該当性判断の手引』（令和5年3月、同年12月一部改訂）2頁。

11) 大阪地判令和6年7月4日裁判所ウェブサイト、東京地判令和6年10月24日LEX/DB25621200、東京地判令和6年10月25日LEX/DB25621201。

12) 全国難民弁護団連絡会議監修／渡邉彰悟＝杉本大輔編集代表『難民勝訴判決20選』（信山社・2015）19頁以下。

13) 近時の例のうち、当事者による法解釈上の主張も整理されたものとして、東京地判令和5年3月14日LEX/DB25608637。なお、この例示は、手引の解釈を採用すれば結論が変わるとの主張を意図していない。

14) 出入国在留管理庁・前掲注10）5頁。

証明するために証拠を提出する義務」と理解し、「立証責任は、申請者が難民該当性の主張に関連の高い事実について真実の説明（……）を行うことで解除される」などという[15]。もっとも、この問題も、事案解明のための責任に関わる限りで、本章の検討対象には含まれる。

次に、事実を認定するために、認定者に形成されるべき心証の程度を、証明度の語で表わす。難民の認定の文脈では、先の立証責任の意味内容に関する違いを留保すれば、立証基準の語に概ね対応する。例えば UNHCR は、立証基準の語を、「難民である事実を証明する申請者の責任という文脈で、主張する事実の真実性に関して審判官を説得する際に申請者が充足すべき最下限となる敷居」として理解する[16]。

II　議論の概観

1　難民認定の特徴

難民認定に関する処分は、羈束決定であるとされる[17]。難民条約の国内的な実施過程においては、裁判所が、判断代置審査により処分の適法性を確認する。加えて、裁判所による適法性審査は、客観的に存在した全ての事情を考慮して覆審的に行われ、裁判所自らが難民該当性を判断することも当然に許されるといわれる[18]。

他方で、難民の認定は、重要な事実の解明および立証について、類型的な難しさのあることが認められがちな手続でもある。申請者の出身国に関する一般的な状況は、とりわけ行政庁が把握することは、相対的に容易である。しかしそれでも、刻一刻と変化する他国の事情を的確に理解することには、困難も伴う。対して、立証の難しさがとりわけ深刻なものとなるのは、申請者の個別的な事情である。申請者が、十分な準備なく出身国を

---

15)　UNHCR・前掲注5) 項目 6 および 7。

16)　UNHCR・前掲注5) 項目 8。

17)　板中英徳＝齋藤利男『出入国管理及び難民認定法　逐条解説〔改訂第四版〕』（日本加除出版・2012) 779 頁。

18)　大阪地判平成 19 年 11 月 21 日判タ 1273 号 139 頁。

脱出し、困難な道のりを経て入国する場合、客観的な資料が不足し、証拠方法は申請者の供述に限定されることも珍しくない。申請者の個人的な経験に関わる事情が、行政側の調査によっても明らかにならないことは、むしろ通常のことだと考えられる。

難民認定には申請の仕組みが設けられており、不確実性が残る中でも応答たる処分を行わねばならない。しかし、とり得る事案解明の手段には限りがある。難民認定に関する処分が単に覊束決定であること以上に、こうした事情があることにより、立証責任や証明度といった手続のルールには、決定内容を左右するほどの重要性が与えられる。

2　実務の趨勢と批判者

我が国の実務では、一般に、立証責任の所在についても、証明度の設定についても、難民を認定する処分に関して類型的に特段の操作をする必要は認められていない。まず、難民該当性の立証責任は、申請者にある。逐条解説には、「法務大臣が難民の認定をしない処分をするのは、申請人の提出した申請書及び立証資料を精査し、申請人の申立ての裏付けをとるため十分に合理的な調査等を尽くしても難民の該当性が認められない場合である」[19]とされており、ノンリケット状況における立証責任の所在が明確に示されている。こうした立証責任分配の根拠としては、二つの理由が頻繁に用いられている[20]。一つは、入管法61条の2第1項が、難民認定は、申請者「の提出した資料に基づき」行うとしていることである。もう一つは、難民認定が申請者に利益となる処分であることから、立証責任は、その効果を求める申請者に帰属すべきとされていることである。次に、証明度は、通常の行政訴訟および民事訴訟と同様であるとされ、とりわけ高度の蓋然性基準が用いられる[21]。

事案解明手段が限られる中で、目指すべき証明度が原則通り据え置か

---

19)　坂中英徳＝齋藤利男『出入国管理及び難民認定法　逐条解説〔新版〕』（日本加除出版・1997）698頁。第三版以降では、この記述は変更されている。

20)　例えば、前掲注2)　東京地判平成30年7月5日。ただし、同じ裁判長が担当した同種の事件では、その後証明問題に関する一般論は展開されなくなっている。なお、より広く根拠を挙げるものとして、名古屋地判平成15年3月7日裁判所ウェブサイトがある。

21)　前掲注13)　東京地判令和5年3月14日。

る場合、なし得る限りの調査や証明活動によっても、なお証明度が達成されず、ノンリケット状況に到達する可能性が高まる。そして、その場合の立証責任は申請者の側にある。申請者の立証困難を前提とするならば、我が国の難民認定の手続は、構造的には、拒否処分を導きやすいものになってはいる。我が国の実務に批判的な者が、こうした手続法の構成を批判の対象とする際に、引き合いに出すのがハンドブックである。

　ハンドブックは、同書にいう"立証責任"について、原則として申請者の側にあるが、関連する全ての事実を確認し評価する義務は、申請者と審査官との間で分担されるとし、同書にいう立証基準については、証拠による裏付けは、あまり厳格に求められてはならないという[22]。さらに特徴的なのが、「灰色の利益」論である。申請者の供述が、審査官の調査等によっても裏付けることができなかった場合で、それでもなお申請者の供述が信憑性を有すると思われるときは、当該事実が存在しないとする十分な理由がない限り、申請者が供述する事実は、存在するものとして扱われるべきであるという。ただし、そうした申請者の利益は、「すべての利用可能な資料が入手されて検討され、かつ、審査官が申請者の一般的信憑性について納得したときに限り与えられるべき」であり、「申請者の供述は一貫していて自然なものでなくてはなら」ない[23]。

　裁判例では、難民認定に関する法解釈論を示すにあたり、ハンドブックの記載を援用するものもある[24]。しかし、こと証明問題については、ハンドブックの記載は、原告の主張として整理されこそすれ、それを採用することは明示的に否定されている。裁判所は、この点に関するハンドブックの見解を、意識的に受け入れていない。

3　一般論における突出例

　他方で、裁判例には、必ずしも以上の傾向には収まらないような一般論を示すものもある。二つ取り上げる。第一に、平成28年の名古屋高裁判

---

22)　UNHCR 駐日事務所・前掲注4) 項目196および197。

23)　UNHCR 駐日事務所・前掲注4) 項目196および204。

24)　東京地判平成19年2月2日判タ1268号139頁、東京地判平成28年5月31日LEX/DB 25534415。

決を挙げる[25]。同判決は次のように述べる。

「難民の保護は、単なる恩恵ではなく、普遍的権利に基づく人道上のものとして、締約国に要請されているものであるし、難民認定申請をする者は、通常、非常に不利な状況に置かれているのであって、証明責任を不当に厳格に解して、保護を受ける必要のある難民が、保護を受けられなくなる事態が生じてはならない」。

「処分行政庁の側は、在外公館や外交ルートを使うなどして、出国時及び処分時の国籍国の具体的な政治情勢や治安状況を収集して把握し、立証のための資料とすることは容易であるし、過去の状況についても、その把握に困難があるものではない（そもそも、訴訟になってから収集すべき性質のものではなく、処分時において収集し、具体的根拠に基づいて、公正な判断を行うことが求められているものである。）。」

「そうすると、処分行政庁の側は、単に申請者側の主張立証を争えば足りるものではなく、積極的な主張立証が要請されている」。

同判決は、被告行政側にも、積極的な主張立証を要求する。またその際、ハンドブックが、顕著な事実として援用されている。同じ裁判長が担当した東京地裁の判決には、難民認定の特殊性を考慮に入れる必要がないことを念押ししつつ、供述を評価したものがあった[26]が、ここではさらに、一般論レベルでの配慮が示されている。

第二に、供述を評価する方法について、より具体的な基準を示すものがある[27]。いわく、「難民認定申請者がこれらの客観的資料を提出しないからといって、直ちに難民であることを否定すべきではなく、本人の供述するところを主たる資料として、恐怖体験や時間の経過に伴う記憶の変容、希薄化の可能性なども考慮した上で、基本的な内容が首尾一貫しているか、不合理な内容を含んでいないか等を吟味し、難民であることを基礎付ける根幹的な主張が肯認できるか否かに従って判断すべきである」。

---

25)　名古屋高判平成 28 年 7 月 13 日裁判所ウェブサイト。名古屋高判平成 28 年 9 月 7 日 LEX/DB25543795 も同様。

26)　東京地判平成 16 年 2 月 5 日 LEX/DB28091640、東京地判平成 16 年 2 月 19 日裁判所ウェブサイト。

27)　札幌高判令和 4 年 5 月 20 日 LEX/DB25592803。

同判決では、供述の信憑性評価について、根幹主張の是認可能性に鑑みた定式が示されている。また、ハンドブックも参照されている。こうした判示は注目を集めたが[28]、一般論として明示するものに限っても、一連の判決で同様の立場を示していた名古屋地裁が重要な先駆者といえる[29]。その後、この定式を明示した例はわずかであった[30]が、今日では一部の裁判例によって、再び取り上げられることがある[31]。

4 裁判例の位置付け

　根幹的主張の是認可能性基準は、証明責任や証明度の原則論の修正というよりも、これを維持した上での、供述の評価の仕方を示すものと理解し得る。しかしそうであっても、難民認定手続における供述の重要性を踏まえて、供述を中心として難民該当性を判断していこうとするものであり、ハンドブックの趣旨を受け止めることも可能となっている。このように、より大きな枠組みのレベルでの解釈論を展開することなく、自由心証主義に基づく評価方法に関する準則や指針を具体化させることで適切な処理を図ることに対しては、期待感も示される[32]。裁判例には、原告の立証の困難は、難民認定の特殊性を強調した操作を行わずとも、自由心証主義の範囲内で、適切な証拠評価および合理的な推認によって考慮することができるとするものもある[33]。実際に、あえて一般論レベルでの別異取扱いをせずとも、こうした発想に基づいて事実認定が行われていると指摘される裁

---

28)　北村泰三「トルコ国籍クルド人の難民該当性を認容した判決」新・判例解説 Watch32 号（2023）315 頁、加藤雄大「難民該当性の立証における『根幹的主張の是認可能性』」令和 4 年度重判解 262 頁、山田幸司「難民関連訴訟における事実認定の手法」国際人権 34 号（2023）68 頁、安藤由香里「トルコ国籍クルド人難民認定の意義と難民関連訴訟の課題」同 74 頁、鈴木雅子「難民の権利」近藤敦編『新国際人権法講座 第 3 巻 国際人権法の規範と主体』（信山社・2024）169 頁。

29)　前掲注 20) 名古屋地判平成 15 年 3 月 7 日、名古屋地判平成 15 年 9 月 25 日判タ 1148 号 139 頁、名古屋地判平成 16 年 3 月 18 日判タ 1248 号 137 頁。さらに、東京地判平成 15 年 4 月 9 日判時 1819 号 24 頁も参照。

30)　大阪地判平成 16 年 7 月 15 日裁判所ウェブサイト。

31)　名古屋高判令 6 年 1 月 25 日裁判所ウェブサイト。

32)　例えば、竹内・前掲注 6) 104 頁、坂東雄介「難民認定の証明責任」商学討究 69 巻 2＝3 号（2018）213 頁、鈴木・前掲注 28) 169 頁。

33)　大阪地判令和 5 年 3 月 15 日判時 2556 号 24 頁。

判例は少なくない[34]。

国外に目を転じれば、ドイツの判例にも、供述の証拠力を可能な範囲で友好的に判断することで、決定機関が申請者の供述を信じ、もっぱらその供述のみを理由として事実を認定することは可能であるとするものもある[35]。たとえ客観的な証拠方法がなくとも、供述が一貫して詳細で全体として信憑性があるストーリーを描くものである場合、そこから迫害が生じるおそれがあり、出身国からの一般的な認識とも整合しているといえれば、難民該当性を肯定する上で不足はないとされる[36]。

他方で、出身国に関する一般的な情報について、行政側の積極的な立証を求める名古屋高裁判決の一般論は、「立証」という用語を用いていることからすれば、証明責任自体を修正するものとして、異なるアプローチによるものとも理解し得る。しかし、同判決の具体的な行論においては、行政側の立証のあり方が厳しく主題とされているわけではない。同判決の特徴は、むしろ上述と同様に、供述を中心とした事実認定の方法にある。その中で、事案解明に際して期待される行政側の役割に、踏み込んで言及したものとして捉えることができるように思われる。

もちろん、原告側の立証の困難を重くみて、一般論として、証明問題に関する特別の操作を加える可能性もある。ただし、そのために、例えばハンドブックの見解を活かすとしても、その趣旨を実現するための法律構成は、特定のものに限られるわけではない[37]。ノンリケット状況において、事実認定を申請者の利益になるように取り扱うことが要求されるとみるならば、立証責任論での操作を行うことになる。しかしながら、UNHCR は、灰色の利益論が、立証基準についての発想であるとしたことがある[38]。こうした解釈論上の対応可能性は、項目を変えて III で検討する。

---

34) 例えば、山本哲史「難民認定審査における事実認定（信ぴょう性評価）」新・判例解説 watch16 号（2015）334 頁。

35) BVerwG, Urteil vom 16. 4. 1985, BVerwGE 71, 180; BVerwG, Urteil vom 27. 7. 2006, BVerwGE 126, 283.

36) *Andreas Herzig*, Der Umgang mit negativen Tatsachen im Asylprozess, ZAR 2021, 322f.

37) *Moritz Gies*, Prinzipien der Sachverhaltsermittlung im Asylverfahren, ZAR 2017, 409.

38) UNHCR・前掲注5) 項目 13。

III　基準の操作可能性

1　証明度と論証度

　第一に、証明度を取り上げる。自由心証主義の具体的な運用方法のレベルでは十分に対応できず、証明度自体を引き下げなければ難民条約を適切に実施できないと考えるのならば、証明度の操作も視野に入る。ただし、認定作用のどの段階で、どのような基準が妥当するかを分析的に把握することが、前提作業となる。ここで、「難民」の定義には、規範的要件が含まれるという理解がある[39]。ここから主要事実となるのは、難民に該当することを基礎付ける評価根拠事実と、逆方向に働く評価障害事実とである。最終的な難民該当性は、両認定事実から、規範的要件の認定に必要な論証度が達成されたかにより判断される。

　ここで一旦、ドイツの状況を眺める。ドイツでは、難民を認定する行為の理論構造が、基礎となる事実の認定と、認定事実に基づく予測という二段階で把握されてきた。将来予測が前景に現れるのは、難民認定では、申請者が帰国した場合に迫害の脅威が及ぶことになるかを判定する必要があるためである。重要なのは、各判断について、異なる認定基準が妥当すると考えられていることである[40]。基礎事実の認定については、証明度が問題となる。判例の立場の理解については諸説あるが、今日では、通常の行政手続や裁判手続それぞれに妥当する原則的な証明度が、庇護手続でも達成されるべきものとされる。他方で、認定事実を評価して行う予測について必要な納得の程度は、それよりも低い、優越的な蓋然性で足りるとされ

---

39)　東京高判平成30年12月5日判時2412号3頁（ただし、控訴人たる国の主張を評価する文脈である）、河村浩『行政事件における要件事実と訴訟実務』（中央経済社・2021）302頁、同「行政法各論から要件事実総論（立証責任の分配基準）を考える」田村伸子編『行政訴訟と要件事実』（日本評論社・2022）61頁、日本弁護士連合会人権擁護委員会編『難民認定実務マニュアル〔第2版〕』（現代人文社・2017）188頁〔児玉晃一〕。他方で、原告側が規範的要件であることを前提とした立証責任の分配を主張したところ、これを直接否定するようにみえるものとして、東京地判平成28年8月23日 LEX/DB25536684。

40)　*Lukas Mitsch*, Das Wissensproblem im Asylrecht, 2020, S. 147ff.; *Bergmann*, in: *Jan Bergmann/Klaus Dienelt*, Ausländerrecht, 14. Aufl., 2022, AsylG § 74 Rn. 3f.

る。この段階の判断は、過去に生じた事実の認定作業ではない。そのため、不確実性が残ることを正面から受け止めた上で、充足すべき基準が設定されている。UNHCR の見解も、迫害のおそれに十分な理由があるという評価と、その評価を基礎付ける事実とのそれぞれについて、立証基準を観念している[41]。

我が国の解釈論としては、規範的要件としての取扱いを認める場合には、評価根拠事実および評価障害事実の認定に関する証明度は維持しつつも、論証度を差異化させることで、せめて規範的な判断のレベルで操作を加える可能性もある。他方で、ドイツでは、予測の要素の位置付けに争いもあり、こうした二段階の構造は、実際の裁判実務ではそれほど活かされていないと評価されることもある[42]。そうであれば、結局は、原則通りの証明度で難民該当性を判断することとなる。

2 立証責任と推定

第二に、立証責任を取り上げる。1 でみたように、難民の概念に規範的要件が含まれることを承認する場合は、評価障害事実の把握を通じて、被告行政側に立証責任が一部指示される。

これに対し、難民該当性に関する立証責任が申請者にあることまでを、否定する理由はないように思われる。難民条約は、申請者に対し、特定の国における入国や滞在の権利を保障するものではない[43]。難民認定によってこそ、定住者の在留資格の取得の許可を受け得る地位（入管法 61 条の 2 の 2 第 1 項）等が結び付く[44]。他方で、難民認定に用いる資料として、まずは申請者の提出する資料が指示されていること自体は、立証責任を分配す

---

41) 難波満「事実の立証に関する国際難民法の解釈適用のあり方に関する一考察」渡邉彰悟ほか編『伊藤和夫弁護士在職 50 周年祝賀論文集 日本における難民訴訟の発展と現在』（現代人文社・2010）228 頁。

42) *Michael Dawin*, Anforderungen an die richterliche Überzeugungsbildung im Asylprozeß, NVwZ 1995, 730; *Mitsch*（Fn. 40）), S. 157.

43) 山本哲史「国際人権法の観点から見た日本の難民保護制度の現状と課題」移民政策研究 8 号（2016）32 頁。南博方原編著／高橋滋＝市村陽典＝山本隆司編『条解 行政事件訴訟法〔第 5 版〕』（弘文堂・2023）281 頁〔鶴岡稔彦〕は、庇護請求権を観念し得ることから受益性を強調せず、庇護を求める者が庇護の対象となることを立証すべきという根拠を提示する。

44) 興津・前掲注 1) 299〜301 頁の分析を参照。

る理由として、単独で決定的なものとはいえないのではないか。事案解明や証明活動に関する義務自体は、もっぱら特定の者による証明が要求されるのでない限りは、それが尽きたところで作動する立証責任を単独で左右するものではないと思われる[45]。同様の理由から、Ⅱで紹介した名古屋高裁判決が指摘する行政の調査義務も、立証責任を指示するための決定的な論拠とはならない。

　ここでもドイツのアイデアを参照する。ドイツでも、難民認定の効果を望む申請者に、難民該当性を基礎付ける事実の立証責任が帰属すると考えられている[46]。立証責任の役割の現実的な大きさは、証明度等の内容を踏まえた、証明論の法的構成全体に依存する[47]。ドイツと我が国とでは、立証責任と証明度との双方について、特段の例外的な取扱いを認めていないという点では、大まかな一致があるように思われる。

　ただし、判例には、これを修正するとみられるものもある。まず、出身国において、生存の最低限度の条件が確保されていることについては、行政側に立証責任があるとしたものがある[48]。ただし、この判決は、すぐ後にみるように出国前にすでに迫害の事実が認められていた事案に関するものであり、以下にみる要素に吸収される。

　そこで次に、推定による立証責任の転換がある。申請者について、過去に迫害を受けた事実が認められる場合に、現在の迫害のおそれをどう判断すべきか。ドイツの判例には、出国前にすでに迫害を受けていた者は、十分な確実性をもってその可能性を排除できない限り、迫害が繰り返されるおそれがあると評価するものがある[49]。そして、同様の取扱いが、EU法でも規定されるに至っている。庇護手続について最低限確保されるべき水準を定めた、「第三国国民又は無国籍者の国際的保護の受益者としての資格、難民又は補充的保護を受ける資格のある者の統一した地位及び与えら

45）　さらに参照、河村浩『個別行政法の要件事実と訴訟実務』（中央経済社・2024）96頁、高宅茂『入管法概説』（有斐閣・2020）302頁注6。

46）　*Ralph Göbel-Zimmermann/Alexander Eichhorn/Stephan Beichel-Benedetti*, Asyl- und Flüchtlingsrecht, 2017, Rn. 689; *Mitsch*（Fn. 40）), S. 159.

47）　*Julia Dürig*, Beweismaß und Beweislast im Asylrecht, 1990, S. 40.

48）　BVerwG, Urteil vom 18. 2. 2021, BVerwGE 171, 300.

49）　BVerfG, Beschluss vom 10. 7. 1989, BVerfGE 80, 315.

れる保護内容についての基準に関する 2011 年 12 月 13 日の欧州議会及び
欧州理事会指令[50]」（以下、「資格指令」という）の 4 条 4 項は、すでに生じた
迫害の事実が認められる場合、十分に根拠のある理由によって迫害が繰り
返されないといえる場合を除き、迫害のおそれがあることの重要な徴候が
あるとする[51]。こうした取扱いは、1 でみたような、予測に関する納得の
程度を引き下げるものとして位置付けられることもある。その一方で、事
実上の推定でもなく、立証責任を行政側に転換させるものであると主張さ
れている[52]。

3　事情変更の処理

　第三に、時間の経過を踏まえた立証責任の分配に関連して、我が国の裁
判例を取り上げる。難民認定の拒否処分を取り消す判決が出され、そこで
原告が難民に該当することが肯定されていたとする。この場合に、行政庁
が再度の拒否処分を適法に行うためには、申請者について難民条約 1 条 C
の終止条項が適用されることを要する。そして、終止条項に該当する事実
の存在については、被告行政側が立証責任を負う[53]。入管法の定義上、難
民に該当するというために、難民認定処分を受けておく必要はない。そし
て、取消判決の主文を導く上で必要な理由中の判断として、難民該当性が
肯定されている。取消判決の拘束力は、その後の申請に対する判断手続で
も、行政庁を拘束する。それゆえ問題は、拒否処分時には難民であったが、
その後の事情変更により難民でなくなったといえるかに限られる。

---

50)　2011/95/EU. 2004/83/EC の新版である。題名の和訳は、UNHCR 駐日事務所（佐藤以
久子監修）による資格指令の和訳〈https://www.unhcr.org/jp/protection-material〉、および
渡辺富久子「ドイツにおける難民に関する立法動向」外国の立法 264 号（2015）67 頁注 20
を参照した。難民条約との関係について参照、佐藤以久子「庇護要件指令における難民の定
義づけ」日本 EU 学会年報 38 号（2018）151 頁以下。

51)　なお、同条 5 項は、事実認定に際して、申請者に立証責任があるとの原則を適用するに
際して、留意すべき点を挙げている。*Giesler,* in: *Reinhard Marx,* Ausländer- und Asylrecht,
4. Aufl., 2020, § 9 Rn. 75 は、同項 a 号が、ハンドブックにいう灰色の利益論的な発想による
ものだという認識を示す。

52)　*Göbel-Zimmermann/Eichhorn/Beichel-Benedetti*（Fn. 46)), Rn. 64, 121, 257; *Paul
Petterson,* Beweislastumkehr im der asylrechtlichen Gefahrenprognose, ZAR 2021, 106f.

53)　前掲注 2）東京地判平成 30 年 7 月 5 日。同判決以前の裁判例について参照、下中奈美
「本質的変化論」渡邉ほか編・前掲注 41) 132 頁以下。

今日では、難民認定の拒否処分の取消訴訟に、難民認定処分の申請型義務付け訴訟が併合提起されることも珍しくない。取消訴訟における違法判断の基準時は処分時であり、処分後の事情は、処分の違法性を基礎付けない[54]。他方で、義務付け訴訟における本案勝訴要件の判断基準時は、判決時すなわち事実審の口頭弁論終結時である[55]。この原則ルール通りに考えれば、拒否処分時の事情と判決時の事情との間に、ずれが生じ得る。義務付け訴訟では、行政庁による申請の再審査との関係で働く拘束力は、問題とならない。しかし、論理的に先行する取消訴訟で難民該当性が肯定されており、義務付け訴訟でも、当該時点で難民に当たることをたやすく認めることができる。原告は、判決時における難民該当性を独立に立証する必要はなく、固有の論点はその後の終止条項の適用いかんに絞られ、被告行政側が立証責任を負うと思われる。

これに対し、申請者が、難民認定の拒否処分を受けた時点では難民に該当していなかったが、その後の事情変更により難民に該当するに至ったときは、再申請で対処し得る[56]。他方で、拒否処分の取消訴訟と申請型義務付け訴訟とが併合提起される場合には、本案勝訴要件の判断基準時を統一する対応も考えられる。とりわけここでは、判決時に合わせることで、包括的な解決を実現できる可能性はある。この構成からでも、前述した逆方向の事情変更を主題とすることは、それ以前の難民該当性を判断することにより可能である。

4　実体法上の基準の解釈

要件該当事実の証明問題には、問題となる要件自体の解釈問題が論理的に先行する。そこで第四に、実体法上の基準の解釈によって根本的な対応をなし得るため、一例を挙げる[57]。迫害に対する恐怖は、それ自体としては主観的なものである。実際に迫害が生じる確率が小さかったとしても、

---

54)　明示した例として、東京地判令和 4 年 9 月 28 日 LEX/DB25607355。

55)　明示した例として、前掲注31）名古屋高判令和 6 年 1 月 25 日。

56)　入管法改正に伴う再申請者の地位については、宮本征「入管法等の一部を改正する法律（令和 5 年入管法改正）の概要」法律のひろば76 巻 7 号（2023）45 頁を参照。

57)　山本哲史「難民認定審査の多段階的構造と各段階における判断の性質」国際法外交雑誌112 巻 4 号（2014）66 頁、71 頁、75 頁、77 頁。

絶対に迫害を受けることがあり得ないと信じているのでない限りは、申請者は迫害を恐れているといえる。そうすると、そのような意味での迫害に対する恐怖に十分な理由があるという要求の意味が、次に問題となる。これは、迫害の現実的な可能性が、高度の確率をもって肯定できることを、必ずしも意味しない。むしろ、絶対にあり得ないとはいえない迫害に対する恐怖を、抱くに足る客観的な事情が認められさえすれば、十分な理由としては足りると考えることもできる。このように、確率論的な事象自体を基準に、その恐怖と十分な理由とを判断する場合には、立証への要求も相応に緩和して理解され得る。これは、要件解釈のレベルで、灰色の利益論の趣旨を活かすことにも繋がる。また、供述の信憑性評価に基づき難民該当性を判断する方法は、こうした要件の把握と距離のあるものではないと評される。

IV　より大きな文脈へ

1　行政による事案解明

　ハンドブックは、同書にいう"立証責任"を、申請者と審査官との間で分担されるものと理解していた。その上で、申請者に灰色の利益を与えるためには、全ての利用可能な資料が入手されるべきことを求めていた。他方で、こうした資料を入手するための合理的な手段が尽くされないままで、難民認定の拒否処分がされた場合、同処分の適法性はどのように審査されるべきか。

　入管法は、申請者が提出する資料を第一次的な素材として、難民認定の申請を審査することを求めている。しかし、入管法は、法務大臣に、処分を行うために必要がある場合に、事実の調査を難民調査官に行わせる権限をも認めている（61条の2の17）。一般に、申請に対する処分であろうとも、申請者のみが事案解明および証明活動の義務を負うものではなく、行政側にも相応する調査の義務を観念することができる。この調査権限は、処分を適正に行うという目的の下で、結果としては申請者の利益となる方向でも行使される。とりわけ難民認定手続では、申請者による事案解明の困難

さを埋め合わせる手段となる。もちろん、あらゆる事例で特定の措置をとる義務までが認められるわけではなく、調査権限の発動如何の判断および調査方法の選択には、裁量があると言わざるを得ないが、重要な役割を担い得る。

　行政による調査権限に関連して、難民認定の拒否処分について、手続的な観点から瑕疵を認めようとする見解が、主に実務家から提案されている。調査権限の行使態様が著しく不合理であると認められる場合に、調査義務の違反を認めるという構成[58]や、申請者が提出した資料と難民調査官の適正な調査結果との双方を判断基底として、難民該当性が認定できるのに認定しなかったかを審査するという構成がある[59]。さらに、難民調査官による事実の調査が不十分であることにより、原告の難民該当性が真偽不明となる場合には、難民認定の拒否処分の理由提示が十分でないとして、手続上の適法要件が充足しないために、拒否処分が違法になるという構成もある[60]。

　この種の瑕疵を理由に拒否処分を取り消す場合、裁判所は、自ら原告の難民該当性を判断しきることなく、行政庁の再度の調査や考慮に期待して事案の再処理を求める。難民認定の文脈における、裁判所による適法性審査の役割については、相反し得る方向の評価が示されている[61]。行政の調査のあり方に着目した審査の可能性は、審査の密度そのものではなく、裁判所による事案解決の包括性の側面に対応する。裁判例には、かつての60日ルールに基づき拒否処分がされ、難民該当性に関する実体的な判断が行われていなかった場合に、そうした取消しを行ったものがあった[62]。

---

58) 野下智之「取消訴訟における違法性の内容」藤山雅行＝村田斉史編『新・裁判実務大系25 行政訴訟〔改訂版〕』（青林書院・2012）371頁、日本弁護士連合会人権擁護委員会編・前掲注39）187頁〔児玉〕。

59) 野下・前掲注58）371頁。

60) 河村・前掲注45）97頁注4、98頁。しかし、理由提示義務は、証明度達成への直接の寄与や、認定の実体的なコントロールを目的とするものではない。これを理由提示義務論として構成する可能性と限界とについては、須田守「理由提示と処分理由(2)」法学論叢179巻2号（2016）1頁以下。

61) 原田大樹『公共紛争解決の基礎理論』（弘文堂・2021）246頁、野口貴公美「入管法における難民認定制度」法律時報86巻11号（2014）20頁。

62) 東京高判平成15年2月18日判時1833号41頁。

148　第6章　難民認定の手続法論

　逆に、申請者による事案解明活動は、行政側の調査権限を作動させるための前提となる。ドイツでは、庇護手続において行政の調査義務が認められる（庇護法24条1項1文）ことを前提に、しかし申請者の強度の協力義務（同法15条・25条）が妥当するという構図が描かれる。申請者の供述が、ほぼ唯一の証拠として大きな役割を有することが自覚される一方で、申請者が協力を怠る場合には、行政庁の事案解明義務の程度が引き下げられる。その結果、事案解明手段が尽き、ノンリケット状況における立証責任による決着に至りやすくなる[63]。

2　裁判手続における事案解明

　行政による調査に着目した審査方法の潜勢力は、裁判手続における事案解明のあり方にも左右される。我が国の裁判実務では、東京地裁における審理の実際として、被告行政側が難民認定手続で収集した資料や出身国の国内情勢等に関する国際機関や各国機関による報告書等を書証として提出し、不認定の根拠やその正当性を記載した書面を提出する運用が報告されている[64]。行政側での把握が期待される、出身国に関する一般的な情報は、実際に裁判の場に現れているといえる。こうした運用に基づき、裁判手続では、難民該当性自体が、把握し得る全ての事情を用いて判断されるのが通常となっている。

　裁判手続での事案解明の重要性が強調されがちなのが、ドイツの状況である。裁判所自身にも職権探知権限が認められており、たとえ官庁の調査や聴聞（庇護法24条1項3文）の履践に不十分なところがある場合でも、事実審裁判所には、原則として、事案の成熟性をもたらすことが求められる[65]。とりわけ出身国の一般的な状況について、申請者の供述が、主張されている請求を実際に支えるかを審査するために、みずから調査を行う[66]。

　今日の裁判例でも、裁判手続での事案解明の役割をどの程度重視するかが争点となったものは多い。一方では憲法との関係を、他方ではEU法と

---

63)　*Gies* (Fn. 37)), 407.
64)　定塚誠編著『行政関係訴訟の実務』（商事法務・2015）30頁〔渡邉哲〕。
65)　*Göbel-Zimmermann/Eichhorn/Beichel-Benedetti* (Fn. 46)), Rn. 691.
66)　本間浩『個人の基本権としての庇護権』（勁草書房・1985）248頁。

の関係を取り上げる[67]。第一に、近時の連邦憲法裁判所の決定では、難民認定の文脈でも、裁判所が解明手段を十分に利用しなかったことが、職権探知主義を定める行政裁判所法86条1項1文だけでなく、実効的な権利救済を要求する基本法19条4項にも違反することが確認されている[68]。そういえる場合として、連邦憲法裁判所は、判決時に実施可能な解明措置であり、かつ、多くの事例の処理に関係するようなものを、裁判所が実施しなかった場合を挙げる。そして、そうした措置のうち、制度化され、まさに庇護手続における事案解明のために用意されたものが、顧慮されなかったといえる必要があるとする。例として、ダブリン・システムの下での構成国間の状況の調査が挙げられている。

　第二に、ドイツ法の基本的な構成は、EU法によって試されることが多くなっている。ドイツの行政裁判手続では、行政行為の手続瑕疵の取消事由該当性は、連邦行政手続法46条に基づき、決定が異なるものとなり得るかを審査して決せられる。もっとも、覊束決定の場合、事案の成熟性を導いてこれが判断されるために、重要となるのは、もっぱら決定の結果の正しさのみとなる[69]。この点で、官庁の下での行政手続の重みは、それほど顧慮されない。しかし、欧州司法裁判所は、こうした取扱いと、「国際的保護の付与及び撤回のための共通の手続に関する2013年6月26日の欧州議会及び欧州理事会指令[70]」（以下、「手続指令」という）とが整合しないという。すなわち、庇護を求める者に対する個人的な聴聞の機会を保障する手続指令14条および34条は、庇護手続において聴聞の瑕疵がある場合に、こうした国内法に基づき取消事由該当性を否定し、事案を行政官庁に差し戻すことなく処理してしまうことを許容しない[71]。ただし、欧州司法裁判所は、例外の余地を認める。まず、国内法上、申請者に対して、争訟手続の枠内での聴聞を確保することが必要となる。その聴聞は、手続指令15

67）　*Houben*, in: *Winfried Kluth/Andreas Heusch*, BeckOK Ausländerrecht, 42. Edition, AsylG § 15 Rn. 6, § 24 Rn. 9 [Stand: 1. 7. 2024].

68）　BVerfG, Beschluss vom 2. 8. 2023, 2 BvR 593/23.

69）　須田守「取消訴訟における『完全な審査』(2)」法学論叢178巻2号（2015）38頁以下。

70）　2013/32/EU. 題名の和訳は、UNHCR駐日事務所（佐藤以久子監修）による手続指令の和訳〈https://www.unhcr.org/jp/protection-material〉を参照した。

71）　EuGH, Urteil vom 16. 7. 2020, C-517/17.

条に基づき要求される基幹的な条件や保障を確保したものでなければならず、聴聞に際しては、官庁の決定に反対するあらゆる状況の申述が、申請者に可能でなければならない。次いで、申請者の主張にもかかわらず、官庁の決定が他のものにはなり得ないことが必要となる。逆にいえば、以上の条件を満たす限りで、聴聞の瑕疵を裁判手続で埋め合わせることができる。

3 裁判所の審査範囲

出身国に関する一般的な情報の入手であれ、申請者に対する意見の聴き取りであれ、とられた調査措置が不十分であることを理由とする瑕疵に基づき、難民認定の拒否処分を取り消す余地を認めておくことには、意味がある。これによって、そもそもの行政庁の下での手続を、より適正なものにさせることにも繋がる可能性がある。

しかしながら、こうした審査態様に基づく行政と裁判所との関係が、難民認定の文脈で、原則形態になるべきとはいえないのではないか。確かに、入管法は、専門性をもって調査にあたるべき機関として、難民調査官を予定する（2条12号の2・61条の2の18）。もっとも、その下での調査手続は、裁判所の審査範囲を制限するほどの独立性を備えたものとまではいえないように思われる。逆に、裁判手続における事案解明に重きを置くとしても、我が国の行政事件訴訟では、裁判所に職権探知権限までは認められていない。事案解明の担い手は、ドイツと比較すれば、一般論としては相対的に不足するといえるかもしれない。それでも、行政側に対しては、基本的には、拒否処分をした後でも継続する調査や検討の責任を果たし、その成果を裁判手続で説明することこそを求め、裁判所による権利保護に期待する方が、実り多いのではないか。

他方で、申請者の供述には、難民該当性判断にとって、決定的な重要性が認められる。ただし、ドイツとは異なり、入管法は、難民認定手続について、聴聞の機会を明示的に保障しているわけではない。申請者に対する個人的な面接の機会は、行政による調査の枠内で、適切に与えられることが求められるにとどまる（61条の2の17第3項参照）。それゆえ、行政手続段階での調査が、不十分だと認められる可能性もある[72]。しかし、必要に

応じた調査と手続保障とは、裁判手続でも確保し得るように思われる[73]。

　もちろん、手続の編成によっては、こうした裁判所による事案全体の処理を中心とした考え方には、限界が生じ得る。仮に、難民認定手続の構造自体を再構成し、当初の行政手続に重心を置いたものとするならば[74]、行政に対する差戻し的な取消しの可能性を、より強く認めることが視野に入ってくると思われる。

4　国際的な指針の取扱い

　本章の検討は、我が国の実務の基本構成と、大きく異なる道を選ぶものにはならなかった。原則通りの証明論を維持するという大枠こそが、難民認定の決定的かつ不当な障害であり、是正を要するとは判断できなかった。もちろん、一般的な基準のレベルでの修正は、法適用者の判断を枠付ける明確な手段となる。しかし、経験則の下で、客観的な証拠の必要性や供述の信憑性等の評価が、必要に応じて調整されることを期待するのも、不合理ではないように思われる。仮に、実際の事実認定の手法が、原則ルールでは説明困難な状況に至るのであれば、証明度や論証度の変更を認めるべきだろう。

　これに対し、ハンドブックを踏まえた明確な解釈論の提示が、国際法親和的解釈として行われることがある[75]。国内法の国際法適合的解釈を、法的拘束力をもたない規範の取扱いをも含めた議論の場として設定することもできる[76]。立証責任の所在等、証明論の枠組みに関する直接の操作が主張される場合で、当事者からハンドブックが援用されるとき、裁判例の多

---

72)　我が国では、調査方法としての面接が、それほど重要視されていなかったのではないかとの感想を述べるものとして、本間浩『国際難民法の理論とその国内的適用』（現代人文社・2005）137〜139頁。加えて、異議審における口頭審理の実際について報告するものとして、安藤由香里「日本における難民認定の現状と課題」芦屋大学論叢 75 号（2021）8 頁以下。

73)　定塚編著・前掲注 64）30 頁〔渡邉〕は、実際に原告の本人尋問が行われないことは少ないという状況認識を示していた。

74)　提言例として参照、野口貴公美「『難民を認定する行為』の行政法学的分析」一橋法学 17 巻 2 号（2018）80〜82 頁。

75)　*Gies* (Fn. 37)), 409. ただし、この概念の理論的な意義を検討するものではない。

76)　山田哲史「国内法の国際法適合的解釈の意義」論究ジュリスト 23 号（2017）23 頁、26 頁。

くは、明示的にそうした解釈論の採用を拒んでいる。その限りでは、ハンドブックの存在がどのように考慮されたのか自体がわからないほど、判決文の論証の中で無視されているというわけではない。裁判所は、ハンドブックの位置付けを、明らかにしてはいる。これに対して、自由心証主義の範囲内での証拠評価の姿勢を示す上で、ハンドブックを参照することも考えられる。そうした意図で参照していると見得る裁判例がある一方で、特別に参照せずとも適切な処理は可能であることを前提とするものもあった。統一的な難民認定機関のないこの領域において、ハンドブックは、国際的な"解釈共同体"を形成する準拠点となり得、適切な保護の促進に繋がるかもしれない[77]。我が国の実務の正当性を吟味したり、これを示したりすることに資する可能性もある。それゆえ、明確な解釈論に直結はせずとも、難民認定手続の特徴を、経験の蓄積を踏まえて示し、法適用者の活動を方向付けるものとしての有用性に鑑み、ハンドブックをある程度寛大に参照することは、許されてよいと思われる。しかし、これを参照しなければならないとの結論には至らなかった。

77）　長谷川貴陽史「日本における移民・難民の包摂と排除」広渡清吾＝大西楠テア編『移動と帰属の法理論』（岩波書店・2022）112頁。

第7章　外国人と地方公共団体

.... 飯島淳子

Ⅰ　問題設定
Ⅱ　行政事象の把握
Ⅲ　法事象の分析
Ⅳ　結語——「グローバル」概念の意義

Ⅰ　問題設定

　地方公共団体は、国と個人の間に位置する中間団体として、その構成員たる住民の共通利益を実現する法人である（地方自治法2条1項）。地方公共団体の構成要素である住民は、当該地方公共団体の区域に住所すなわち生活の本拠を有するという事実によってのみ、その地位を与えられる（同法10条1項）。

　このような伝統的理解において、地方公共団体にとって外国人とは何を意味するのか。外国人であっても、当該地方公共団体の区域に住所を有する者は住民である。そもそも住民は移動する存在であり、その地位は（通時的でなく）共時的に判定される。この住民の地位は、国籍の有無によって左右されないはずである。しかし、外国人住民は、住民の地位に基づく効果を日本人住民と同等には享受していない[1]。そして、外国人「問題」は、これに尽きるわけではない。質・量ともに変化し続ける社会課題に対

1）　例えば最判平成7年2月28日民集49巻2号639頁の、「その居住する区域の地方公共団体と特段に緊密な関係を持つに至ったと認められるもの」に対する地方参政権の法律による付与は違憲でないとの判示は、構成員の共通利益を実現する法人の機関を選任する権利を外国人住民に与えるには、構成員としての資格では足りず、加重要件を要することを意味している。参政権の制約は、構成員たる地位の制約であり、受益と負担のあり方を決める権利の制約である。

応するための行政事象の中で、法的に捉えるべき「問題」は何か。そして、行政事象を規律する法事象に「問題」があるとしたら、法理論はこれをどのように方向付けていくべきか。

　本章では、外国人住民をめぐる行政事象を把握した上で (Ⅱ)、これを法的に分析する (Ⅲ)。その際、他の法事象との比較という方法に拠りながら、組織や基準のあり方について検討する。最後に、外国人住民の法的問題を「グローバル」というメガネを掛けて「見る」ことを試みる (Ⅳ)。

Ⅱ　行政事象の把握

1　外国人「住民」政策の展開[2]

　(1)　時系列的整理　**(a)　地方公共団体における外国人施策**　外国人施策は、現場に直面する地方公共団体が国に先行して取り組んできた[3]。また、日本に居住する外国人の属性の変化に応じて、"在日コリアンからニューカマーへ" と政策展開が図られた。

　まず、1970 年代以降、1945 年の終戦前から引き続き日本に在留している朝鮮半島出身者やその子孫（在日コリアン）の要望を受け、在日コリアン集住都市において先駆的実践が拓かれた[4]。例えば、神奈川県川崎市は、市内在住外国人への国民健康保険の適用 (1972 年)、児童手当および市営住宅入居資格の国籍条項の撤廃 (1975 年) を行った。こうした取組みは、国際法環境の変化に応じて国レベルでも展開された。例えば、国際人権規約の批准 (1979 年) を受けて、建設省（当時）は外国人の公営住宅への入居を認める通達（住政発第 9 号昭和 55 年 2 月 8 日）を発し、「難民の地位に関す

---

2)　毛受敏浩編著『自治体がひらく日本の移民政策―地域からはじまる「移民ジレンマ」からの脱却〔第 2 版〕』(明石書店・2024) 63 頁以下、移民政策学会設立 10 周年記念論集刊行委員会編『移民政策のフロンティア―日本の歩みと課題を問いなおす』(明石書店・2018) 274〜283 頁等参照。

3)　宮地毅「地方自治体と外国人住民―外国人政策について考える」総務省編『自治論文集：地方自治法施行 70 周年記念』(総務省・2018) 892〜893 頁。

4)　樋口直人「多文化共生―政策理念たりうるのか」髙谷幸編著『移民政策とは何か―日本の現実から考える』(人文書院・2019) 139 頁。

る条約」への加入（1981年）を受けて、国民年金法・児童扶養手当法の国籍要件が撤廃され（1982年）、1年以上在留する外国人に対して国民健康保険が適用されるようになった（1986年）。

その後1990年代に入ると、在日コリアン以外の外国人（ニューカマー）の増加・定住化への対応が求められるようになる。1980年代後半以降、バブル経済をも背景とする外国人労働者「問題」が認識され、1989年の出入国管理及び難民認定法（以下、「入管法」という）改正によって就労活動に制限のない在留資格として「定住者」および「日本人の配偶者等」が新設された結果、日系人の在留が可能になり、その数が急増した。かかる変化に対し、地方レベルにおいては、阪神・淡路大震災で被災した在住外国人への支援を行う外国人情報センター（現、多文化共生センター）の設立（1995年）、川崎市外国人市民代表者会議の創設（1996年）、外国人集住都市会議の設立（2001年）、永住外国人に投票権を認めた滋賀県旧米原町の住民投票条例の制定（2002年）、多文化共生推進協議会の設立（2004年）等が続いた。

こうした流れの一方で、外国人へのバックラッシュが強まり、それへの対応も試みられている。在日コリアンを対象とするヘイトスピーチは、その典型である。ヘイトスピーチに対しては、「大阪市ヘイトスピーチへの対処に関する条例」（2016年）が先行し[5]、「本邦外出身者に対する不当な差別的言動の解消に向けた取組の推進に関する法律」（2016年）が制定された。

現在では、人口減少・超高齢化の中で、労働力不足を補うための外国人受入れが模索されている。地方創生の枠組みにおいて[6]、地域の活性化やグローバル化への貢献に繋がる取組み、外国人の社会参画を促す取組み等[7]が推進され、さらに、特定の地方公共団体による新たな外国人受入れ

5）　最判令和4年2月15日民集76巻2号190頁〔大阪市ヘイトスピーチ条例合憲判決〕参照。

6）　内閣官房デジタル田園都市国家構想実現会議事務局「地方創生に資する地方公共団体の外国人材受入関連施策等について」（令和4年3月）3～4頁は、「外国人が暮らしやすく・活躍できる地域づくりのポイント」として、①居住外国人相互の交流・地域における活動促進、②外国人コミュニティにおけるリーダーの育成、③地域住民の国際意識の醸成、④受入れ企業に対する支援、⑤複数団体・組織の連携による共生・受入れの推進を挙げている。

7）　後掲注11）およびその対応する本文参照。

スキーム[8]が形成されつつある。

　(b)　**国における外国人施策**　　以上のような地方レベルの施策の展開を受け、国の施策が進められてきた。国の対応は、その主体や方向性に応じて、大きく三期に分けられる。

　第一期は、総務省による多文化共生推進施策である[9]。総務省は、「多文化共生の推進に関する研究会」を設置し（2005年）、その報告書[10]を踏まえて、「地域における多文化共生推進プランについて」（総行国第79号平成18年3月27日）を発した。現行の「地域における多文化共生推進プランの改訂について（通知）」（総行国第100号令和2年9月10日）は、①コミュニケーション支援、②生活支援、③意識啓発と社会参画支援、地域活性化の推進やグローバル化への対応、④多文化共生施策の推進体制の整備を掲げている[11]。これらの総務省通知を受けて、宮城県の「多文化共生社会の形成の推進に関する条例」（2007年）を皮切りに、地方公共団体による条例・計画等の形式をとった多文化共生施策が展開された。

　第二期は、内閣府を主体とした政府全体による「生活者としての」日系定住外国人施策である。「『生活者としての外国人』に関する総合的対応策」（平成18年12月25日外国人労働者問題関係省庁連絡会議決定）が打ち出され

---

8)　丹野清人「外国籍住民の受け入れと基礎自治体—自治体だからこそできることに立ち戻る」住民と自治698号（2021）15頁、内閣官房まち・ひと・しごと創生本部事務局「地方公共団体の地方創生に資する外国人材受入支援・共生支援に係る施策の推進に関する調査報告書」（令和3年1月）32頁以下等参照。

9)　総務省の施策に関しては、「一部の地方自治体の取組であった外国人住民施策を、いずれの地方自治体においても地域の実情に応じ実施すべき施策と位置付けたことに、地方自治制度上の意味がある」（宮地・前掲注3）897頁。なお、宮地氏は、執筆当時、総務省大臣官房総括審議官であった）と評価される一方で、「『多文化共生』の課題は新しい地域社会の構築そのものであって、地方自治体固有の課題であるので、その取り組みはあくまで自発的であるべきである。また、外国人の居住状況や多文化化の状況も自治体ごとに違う。こうした中で国が一定の方針を示し、全国一律に計画の策定・実施を求めるのは、課題の本質にそぐわない」（北脇保之「『開かれた日本』と新しい社会統合のかたち」同編『「開かれた日本」の構想—移民受け入れと社会統合』（ココ出版・2011）51頁。なお、北脇氏は、総務省出身の元浜松市長である）と批判されている。

10)　総務省「多文化共生の推進に関する研究会報告書—地域における多文化共生の推進に向けて」（2006年3月）。

11)　総務省通知（令和2年9月10日）4〜5頁・17〜18頁。なお、総務省多文化共生事例集作成ワーキンググループにより、「多文化共生事例集（令和3年度版）」（令和3年8月）も作成されている。

た後、とりわけ 2008 年のリーマンショックによる日系人の生活困窮を踏まえ、内閣府を中心とする施策の枠組みが形作られた。定住外国人施策推進室（2009 年）および日系定住外国人施策推進会議（2010 年）という組織体制の下、「日系定住外国人施策に関する基本指針」（2010 年）および「日系定住外国人施策に関する行動計画」（2011 年）が策定され[12]、その後、これらは「日系定住外国人施策の推進について」（2014 年）として一本化された。

　第三期は、法務省を司令塔とする外国人材の受入れ・共生施策である。2018 年 7 月 24 日に、「外国人の受入れ環境の整備に関する業務の基本方針について」が閣議決定され、同年 12 月 25 日に、「外国人材の受入れ・共生のための総合的対応策」が外国人材の受入れ・共生に関する関係閣僚会議決定により策定された。内閣府の組織は廃止され、法務省（出入国在留管理庁）の司令塔・総合調整機能[13]に切り替えられたのである。この「『定住外国人』の生活に着目する内閣府中心の体制から『在留資格』に基づく入管庁中心の体制への切り替え」については、「日本の外国人問題を定住外国人の生活問題に収斂して取り扱おうとした内閣府中心の体制の脆さ」（圏点は原文による）[14]が指摘されている。そして 2019 年には、在留資格としての「特定技能」の創設による外国人労働者の受入れが始まった。この転換は、非熟練労働とみなされてきた分野への外国人労働者の公式導入であるともいわれ、「移民元年」と称されている[15]。

　(2)　行政サービス提供の仕組み　　外国人に対する行政サービス提供の仕組みに限ってみても、社会事象の「問題」を捉えた対応が図られてきた。従前は、外国人登録法に基づく外国人登録制度が、市町村の機関委任事務

---

12)　宮地・前掲注 3) 906 頁は、この施策に関し、「外国人を特段の資格や能力を問うことなく実質的に定住も可能な形で受け入れる場合には、しっかりとした方針の下にまとまった社会統合政策の必要性が高まり、むしろ受入れと併せて不可欠とも言うべき政策になってくる」と述べている。

13)　法務省の総合調整機能に関し、「日本の移民政策が縦割りであるために、移民と受け入れ社会の双方の変化を求める総合的な政策としての社会統合政策が形成されないという、従来からの問題がここに繰り返されている」（北脇・前掲注 9) 57 頁）との指摘もある。

14)　小畑郁「日本の外国人法史における『在留資格』概念の肥大化」広渡清吾＝大西楠テア編『移動と帰属の法理論―変容するアイデンティティ』（岩波書店・2022）92 頁。

15)　髙谷幸「序章―移民社会の現実を踏まえて」同編著・前掲注 4) 7 ～ 8 頁。

として、機関委任事務制度廃止後は法定受託事務として実施されていた。この制度は実際には、外国人の在留管理と行政サービス提供の狭間に位置するものであった。かような曖昧さは、在留管理制度の見直しにあたって相反する評価として浮き彫りになった。一方で、「在留外国人の居住・就労の実態が必ずしも十分に把握され」ず、また、「不法滞在者にも外国人登録証が交付されることなどの問題もあった。このため、外国人登録制度を抜本的に見直し、法務大臣が我が国に在留する外国人の在留管理に必要な情報を一元的、正確かつ継続的に把握する制度を構築することとなった」[16]といわれる。他方で、「自治体の側に、結束して外国人も住民として扱い、守るという強い意思があれば、外国人登録制度は廃止されなかったであろう。しかし、現実に起きたのは、むしろ逆の、すなわち、自治体が外国人登録の管理の負担を投げ出す事態であった」[17]といわれる。

2009 年改正住民基本台帳法（2012 年施行）による外国人登録制度に代わる住民基本台帳制度の下では、住民基本台帳に登録される外国人は、中長期在留者、特別永住者、一時庇護許可者、仮滞在許可者、経過滞在者であって（同法 30 条の 45）、不法滞在者（仮放免者を含む）や短期滞在者は除かれる。住民基本台帳制度は、在留カード制度によって実効化される。在留カードによって、「入国管理局は出入国及び在留という許可に関わる点のみならず、外国人が日本に継続的に滞在しているという状態自体にも管理を及ぼすこととな［る］」[18]。

住民基本台帳制度の適用対象から外された不法滞在者については、行政サービスの必要という現実に対し、通知[19]に基づく対応のみが行われた。また、「出入国管理及び難民認定法第 62 条第 2 項に基づく通報義務の解釈

---

16) 宮地・前掲注 3) 898 頁。宮地氏は、住民基本台帳制度について、外国人を日本人と同様に住民として捉えることが制度上明確にされ、地方自治体が外国人を住民として受け入れるために積み重ねてきた取組みの大きな到達点の一つであると評価する（同 900 頁）。

17) 小畑・前掲注 14) 89 頁。小畑氏は、在留カード制度に関し、「治安対策として管理を合理化して整備するという問題意識が、政府側の推進要因であった」とし、「主として治安上の関心から、外国人の生活の管理を強める効果をもつ」と糾弾する（同 90〜91 頁）。

18) 多賀谷一照「公的機関による外国人の把握」公法研究 75 号（2013）142 頁。

19) 総務省自治行政局住民制度課外国人住民基本台帳室「入管法等の規定により本邦に在留することができる外国人以外の在留外国人に対して行政サービスを提供するための必要な記録の管理等に関する措置に係る各府省庁の取組状況について」（2018 年 8 月）。

について（通知）」（法務省管総第 1671 号平成 15 年 11 月 17 日）[20]等の下では、行政サービスの提供と出入国管理とはそれぞれ別個の機関が担当しており[21]、そこでの通報義務の制限は、情報の共有を防止し、人権保障と移民法の行使との間の「法的ファイアウォール（防火壁）」となり得た[22]。しかしその後、2009 年改正入管法は、外国人の生活の要所において入管法に基づくチェックと届出を義務化することで、企業・学校等、社会の様々な制度・機関を「下請け」として機能させることになった[23]。かかる指摘は、情報の把握と共有防止という扱い方のバランスないし矛盾を突くものである。

2　外国人施策の「問題」と理念

(1)　**何を「問題」として捉えるか**　1 でみてきた時系列的変化は、多岐にわたる社会事象を前に、行政が社会管理の対象とすべき「問題」をすくい取ってきた様を表している。「人の移動」という観点からは、基本的には、ニューカマーの増加・定住化以降の事象が検討対象となろう。在日コリアンは終戦前から日本で生活しており、その権利保障が問題とされたからである。ニューカマーは、「労働者」として、市場原理に基づいて移動し、雇用主との関係において在留するとされていたところ、定住化によって「生活者」として地域社会との関係をもち、地方公共団体および国の施策の対象に組み込まれた。行政サービスの提供という局面においては、住民基本台帳制度・在留カード制度が、情報把握の側面から外国人住民を「点」ではなく「状態」において管理することとなり、それゆえに情報の共有防止の必要性も強く認識された。さらに、人口減少・超高齢化に伴う労働力不足への対処として、外国「人材」を受け入れる＝移動させる施策

---

20)　同通知は、退去強制事由に該当する外国人を知ったときの行政機関の通報義務に関し、当該義務の履行により本来の行政目的が達成されない場合は、通報義務により守られるべき利益と職務の遂行とを比較衡量し、通報するかどうかを個別に判断し得るとするものである。福山宏「出入国管理及び難民認定法（入管法）の構造と行政的理解」広渡＝大西編・前掲注 14) 136 頁は、「通報は差し控えられ、未払い賃金や各種給付金に関しては送還を一時停止して国内における支払い、受給又は国外における受給手段を確保するなど人権に配慮した対応が続けられている」と述べている（なお、福山氏は、元東京出入国在留管理局長である）。

21)　髙谷幸「出入国在留管理―非正規移民への対応を問う」同編著・前掲注 4) 70～72 頁。

22)　髙谷・前掲注 21) 76 頁参照。

23)　髙谷・前掲注 21) 74 頁。

160　第 7 章　外国人と地方公共団体

が採られるに至っている。

　(2)　**「問題」に対応するための理念**　　外国人施策の基となる理念は複数あり得るし、現に一定の観点から、それぞれの理念に基づいて策定・実施・評価がなされている[24]。本章は、このうち「承認」と「共生」について、両者を対置させながら取り上げる。

　「承認」という理念は、地方自治法制度・地方自治法理論においても検討の対象とされている。地方自治法理論は、住民の画定にあたって、民意のより適切な形成・反映を可能ならしめるような区切り方を模索してきた。民意の表れ方は区切り方によって変わってくるから、誰がどのように単位を設定し実現するか、という手続的ルールが重要となるが、外国人住民はこのルールの欠如に阻まれている。そこで、自治基本条例や住民投票条例等[25]による「住民」の拡張が試みられている。これは、現実の力に基づく制度の創出であるともいえる。生身の人間は、そもそも物理的な空間を必要とし、行政サービスを必要とし、「存在」の（国家と社会による）「承認」を必要とするからである。

　ただし、「承認」という理念は、外国人施策を十全に捉えているとは言い難い。というのも、承認自体はプラスの意味を帯びた一義的なものであり、承認されるか否かという区別しか行い得ない。また、国家による個人の承認および社会一般による個人の承認という図式において、完全性を伴う形での個人の承認を本質とするが、この図式は、国家や社会の内部を分節化するのに適していない。さらに、住民の地位の核心が、他者の承認を介在させずに居住・生活の事実のみに存することに鑑みると、外国人住民の権利利益の保障の基準を承認の有無に拠らしめるのは、住民概念の威力を削ぐことになろう。

　これに対し、共生の理念を基礎とする多文化共生[26]は、次頁の図に示す

---

24)　例えば、榎井縁「教育—子どもの自己実現のために言語と文化の保障を」髙谷編著・前掲注 4) 107～108 頁は、排除（「帰れ」）と同化（「同じ」）のメカニズムを克服の対象として設定する。また、髙谷幸『追放と抵抗のポリティクス—戦後日本の境界と非正規移民』（ナカニシヤ出版・2017) 30 頁は、「境界」をキーワードとして問題状況を捉える。

25)　投票権等の付与によって、統合の対象とすべき外国人の範囲を各地方公共団体が決しているともいえる（飯島淳子「住民論について」自治総研 533 号（2023) 4 ～ 5 頁参照）。

26)　樋口・前掲注 4) 129 頁以下は、地方公共団体の移民政策の具体的分析を通じて、多文

通り、共生にあたって必要な活動の両義性（支援＝干渉）に自覚的であり、また、社会の内部（NPO、ボランティア、日本人住民、「引受人」）の分節化をキーとしている。

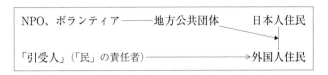

「共生」という理念は、福祉分野をはじめ他の分野でも用いられているが、外国人施策としての「共生」の特徴は、「引受人」（雇用主、監理団体、監理人、学校、「地域」等）にあると考えられる。外国人住民にとって「引受人」の存在は重要であり、しばしば決定的ですらある。外国人「労働者」という見方は、市場原理の適用とともに、雇用主の労働関係上および日常生活関係上の"責任"を含んでいるといえる。外国人は、第一次的に労働者として雇用主との関係において把握される。外国人と「引受人」との関係は、「私」の世界の事柄である。

この点に関し、第一に、この支援はすなわち干渉となりかねない。一方当事者による支援＝干渉から他方当事者を保護するために、一定の公法的拘束が必要とされる。第二に、支援のためにはその対象の把握が必要であるから、「引受人」も公共政策のアクターに組み込まれる。把握された情報は、同時に共有の防止も図られなければならない。情報の共有防止は、個人（情報）の保護という一般的な文脈のみならず、外国人の生活＝在留そのものの保障という文脈に意味付けられる。第三に、現実には、外国人は特定の空間において居住・生活し、当該空間を共有する住民と接触して（生活上の課題の惹起を含め）関係を築いていく。「生活者」としての外国人という見方は、地域社会の存在とともに、公的組織（地方公共団体・国）による社会管理の責任を含んでいるといえる。外国人は、雇用主の"傘と枷"の外で、いわば"裸の住民"として社会と国家に相対することになる。

共生が、在日コリアンの状況とそれへの対応という歴史的経緯や先駆例、現実を無視していること等を批判し、共生の基礎に歴史的経緯を据えた強靭な多文化共生を展望する。

III　法事象の分析

1　他の法事象との比較

　外国人と地方公共団体というテーマに関し、社会事象や行政事象を対象とする学問的営為はある程度蓄積されているが、その法的分析は未だ必ずしも十分ではない[27]。このテーマが、政治的・経済的・社会的・文化的諸事情と切り離し難く規定されていることも、法的分析の難しさの一因であろう。そこで本章は、他の法事象との比較という方法を採用し、移動の観点および共生の観点から外国人「法」を論じることを試みる。

　(1)　**移動の観点から**　　移動の観点から参考になるのは、1960年代以降の高度経済成長期における国内での人の移動とそれに対する施策である。以下、人の移動に伴うコストをどのように負担させるかという観点から、当該施策を整理する。

　高度経済成長に伴う地方から都市への人の移動により、その人たちの生活の拠点を作るための宅地開発・マンション建設等が行われた。その結果、日照妨害・電波妨害等をめぐる旧住民と新住民との間の地域紛争が頻発し、また、上下水道・学校等の公共施設整備とそのための財政調達の必要性が生じた。こうした地域環境管理の課題に対し、国法の不備や条例制定権の限界という法環境の下で、地方公共団体は、「宅地開発指導要綱」等の法的拘束力のない一般的ルールを策定し、これに基づいて行政指導を実施するという手法に頼った。要綱には、行政指導条項、負担条項、制裁条項（氏名の公表、行政サービスの拒否等）が盛り込まれた。こうした要綱行政は、法的拘束力の欠如と指導貫徹の必要性というディレンマの中で展開され、行政指導の限界を画する判例法理の形成をもたらした。人の移動に伴うコストは第一次的には事業者によって負担され、地方公共団体は、事業者による負担を担保することを通じて、旧住民と新住民との間の調整を図って

---

　27)　言うまでもなく、憲法や国際法をはじめとする重要な業績が存在するが（近藤敦『多文化共生と人権―諸外国の「移民」と日本の「外国人」』（明石書店・2019）等）、人権論に加え、他のアプローチからの法的分析も必要であると思われる。

いたと捉えることもできる。

(2) **共生の観点から**　共生の観点から参考になるのが、とりわけ 2008 年のリーマンショックで顕在化した制度の狭間に落ちてしまう困窮（経済的・社会的困窮や複合的困窮）という状態と、困窮状態にある住民を地域で支えるための地域共生社会施策である。以下、一方向ではない＝双方向の共生の関係をどのように構築していくのかという観点から、当該施策を整理する。

　地域共生社会施策は、当事者本人を起点として、地域（住民集団、民間事業者、NPO 等）、地方公共団体とその機関である専門職をアクターとする。ここでは、当事者と地域による主体的・自立的活動が基礎に据えられ、この活動を現実に可能ならしめるために、市町村は連携・協働に向けた基盤整備を担い、専門職が当事者本人に対して直接的な責任を負う。この施策の要素として、第一に、各地方公共団体の自治組織権に基づくサービス提供体制構築が抽出される。各地方公共団体は、事業を媒介として、多機関・多職種連携、地方公共団体間の連携、民間団体との連携という縦横のネットワークを作り、動かしている。第二に、計画手法ないし PDCA サイクル（Plan-Do-Check-Act cycle）が挙げられる。当事者個人を対象とする個別計画制度に加え、基本的法律である社会福祉法は、地域福祉（支援）計画の策定を努力義務とし（同法 107 条・108 条。計画の策定・変更過程における地域住民等の意見反映の努力義務が組み込まれている）、地域福祉計画を他の分野別計画の上位計画として位置付け、PDCA サイクルを踏まえた進行管理の必要性を示している。当事者と「地域」との共生の関係の構築にあたっては、両者の関係の適正化・実効化のために、専門職による「個と地域の一体的支援」や地方公共団体による基盤整備等の公的関与が位置付けられている。

(3) 外国人「法」に関する示唆　外国人法に関する示唆を導くにあたって、そもそも、日本人と外国人との間には、国家がその存在に責任を負わなければならないか否か[28]という根本的な違いが存することに留意しなければならない。その上で、第一に、外国から日本国内への人の移動に関しても、日本国内における人の移動と同様に、外国人の在留＝生活に伴い、「引受人」との関係を超えて、地域紛争の頻発と公共施設整備の必要性が生じ、地域環境管理が必要とされるところ、国法の欠如に直面した地域による対応がローカルルールの策定・運用として展開され、それが国レベルに反映されている。規範の内容として、サービス提供体制整備の責務（組織面）、ローカルルールの活用（手法面）、提供すべきサービスの基準を決定するためのルールの設定（基準面）が挙げられる。ここでは、人の移動に伴う費用負担と社会の再編とのディレンマを克服することが求められる。

　第二に、「法」関係の設計の仕方として、各地方公共団体の自治組織権に基づくサービス提供体制構築責任、計画手法（計画策定の推奨、当該計画の他の計画に対する関係・位置付けの明確化、PDCAサイクルを踏まえた進行管理、計画の策定・変更過程における地域住民等の意見反映の努力義務）が挙げられる。こうした繋がりの構築ないし社会再編のための公的関与は、確かに必要であるが、個人および集団への過度の介入とならないよう設計されなければならない。ただし、こうした示唆をもたらす地域共生社会施策が、外国人をも対象としているにもかかわらず、なぜ外国人「問題」に対応し得ていないのかも、同時に問われる。

---

28) 多賀谷・前掲注18) 151頁は、「外国人は善良な素行であり、その国の国益に沿っている限りにおいて滞在資格を認めるというのが、主権国家の基本的方針であろう。これに対し、本国人の場合には、例えどのような重罪を犯しても、外国に追い出すことはできず、刑務所に収監したり、死罪に処するなども含めて、その存在の最終責任を国が取らねばならない。この点が本国人と、外国人の取扱いについての最終的相違である」という。

2　法的規律のあり方

（1）**組　　織**　以上の示唆を踏まえ、行政事象を規律する法事象のあり方を検討する。

まず組織のあり方に関し、第一に、地方公共団体の役割が問題となる。そもそも、地方公共団体がグローバル事象に関する役割を担い得るのか、担うべきなのかについては、地方公共団体の国際活動に関する議論が参照される[29]。市区町村と都道府県との役割分担に関しては、各地方公共団体の実情に応じて、かつ、状況の変化を踏まえながら、それぞれに具体化していくのが望ましい[30]。ここには国の役割も関わってくる。国は、出入国管理政策に係る役割と連動させて責任を果たさなければならない[31]。国の役割の中には、出入国管理政策と多文化共生政策とを調整するための制度設計も含まれよう。そして、地方公共団体の役割は、当該団体の内部組織編制（担当部署の設置、関係部局間の横断的連携、専門職の設置等[32]）、また、地方公共団体間の連携（外国人集住都市会議等）をも通じて実現されることになる。組織編制にあたっては、地方公共団体との協働を通じて外国人住民施

29）　大津浩「自治体の国際活動と外交権」公法研究 55 号（1993）88〜90 頁、山元一『グローバル化時代の日本国憲法』（放送大学教育振興会・2019）181 頁、堀口悟郎「国境を越える地方公共団体」横大道聡ほか編著『グローバル化のなかで考える憲法』（弘文堂・2021）379 頁以下等参照。なお、地方公共団体の事務という概念に関しては、国際的活動を、区域を越える活動（例えば災害時相互応援協定）との比較において検討することも有用であろう。

30）　前掲注 11）総務省通知（令和 2 年 9 月 10 日）17〜18 頁は、市区町村の役割と都道府県のそれについてほぼ同一に、地域の実情に応じた指針・計画の策定と施策の推進、および、地域の外国人住民に関わる組織等の把握と連携・協働体制の構築を掲げている。これに対し、前掲注 8）内閣官房調査報告書（令和 3 年 1 月）14 頁は、アンケート調査結果に基づいて、多文化共生に関する施策内容に関し、「『外国人住民に対する多言語対応・情報発信』及び『外国人住民相互の交流促進・地域における生活支援』の中においては、都道府県とそれ以外の自治体区分において、実施している施策に異なる傾向が見受けられる」とし、「自治体の規模や状況に応じて注力する施策や役割を分担していることが推察される」と分析している。また、同 22 頁以下は、施策の対象者および地方公共団体の方針という二つの視点に基づいて、①永住・定住・配偶者等の中長期居住者が多い地方公共団体、②技能実習・留学等の期間限定的居住者が多い地方公共団体、③現状対応型地方公共団体（外国人の増加に中立）、④外国人居住推進型地方公共団体（外国人の増加に積極的）という四つのパターンを提示している。

31）　宮地・前掲注 3）907 頁は、「社会統合政策については、国・地方が連携して取り組むべきものであろうが、その際、国の出入国管理に伴うものという点も勘案し国の責任をしっかり果たす方向で役割分担を明確にすべきではないか」と述べている。

32）　内閣官房・前掲注 6）4 〜 5 頁・10〜11 頁参照。

策を担ってきた第三者的団体（NPO、ボランティア）の位置付けも重要である。ここでは公私協働論の蓄積が活用されよう。

　第二に、「引受人」（雇用主、監理団体、監理人、学校、「地域」等）が問題となる。「引受人」は、当該外国人の日常生活面を含む直接的関係を形成し、外国人住民施策のキーパーソンであり続けている。私的主体たる「引受人」による支援＝干渉の適正化・実効化のために、地方公共団体によるコントロールが肝要となる。このコントロールにあたっては、大きく二つの基本的な方向性があり得る。一つは、公私協働の枠組みであり、もう一つは、地域共生施策における地域づくり支援に倣った枠組みである。前者については、私行政法による"私的権力"の拘束のほか、公的組織への組み込みによる"正当化"があり得よう。ただし、「引受人」はあくまでも市場における私的主体たることを本質とするから、公私協働を担う第三者的団体とは区別されるべきである。そこで、後者の方向性をとるとするならば、計画手法と合意手法を組み合わせたチェックと支援があり得よう[33]。これは、行政―「引受人」―当事者間の関係の中で、「引受人」の依拠する市場原理を一定の限度において"公化"しようとするものである。その際、行政によるコントロールが「引受人」の自由および当事者の権利を損なわないよう留意する必要がある。

　第三に、当事者・当事者団体を外国人住民施策における主体として位置付けるための方策が採られる。ここでは、在日コリアン・ニューカマー・定住者等、外国人の「中」に応じた把握と対応がなされている[34]。また、現行施策においては、「キーパーソン・ネットワーク・自助組織等の支援」[35]や「外国人コミュニティにおけるリーダーの育成」[36]が強調されてい

33）　なお、興津征雄『行政法Ⅰ―行政法総論』（新世社・2023）は、行政指導と協定を連続的に捉えた理論体系を提示し（同 316 頁以下）、「宅地開発指導要綱」と宅地開発協定をも具体例に挙げて説明しており（同 332 頁以下）、示唆に富む。

34）　2012 年度日本公法学会において、外国人が、人の属性を扱う第二部会ではなく、人の把握を論じる第一部会のテーマとされたことは示唆的である。ただし、多賀谷・前掲注 18）150 頁は、「永住許可者という広い活動可能性を有する外国人の増加、特定の在留資格に特化することなく資格変更をする者の増加、在留資格を喪失しつつも日本に在留する外国人の存在などは、いずれも特定の在留資格との関連でのみ外国人を捉えるのではなく、在留資格という属性を離れて、外国人一般を共通に捉える必要性が生じていることを示すものである」とも述べている。

る。この方策は、当事者・当事者団体を主体たらしめるための作用ではあるものの、それ以上に外国人の把握・管理の機能を果たすことが期待されている。「集団」を単位として組織化し、しかもその中のリーダーを創出するような対処策を採ることは、利益集団多元主義の観点からの厳しい批判の対象となろう[37]。

(2) **規範の形式と内容** (a) **規範の形式** 社会事象の中で行政が制御すべき「問題」は、「引受人」による支援と干渉、そこでの情報の把握と共有防止であった。かかる行政事象を規律する法事象の主たる関心事は、規範の形式と内容であろう。以下では、規範の形式と内容に関する法事象のあり方について、法理論による方向付けを試みる。

まず、外国人の地位は、その内容・性質に応じて、多層的な規範によって形成・規律されている。国際法（国際人権規約、国連難民高等弁務官事務所〔UNHCR〕『難民認定基準ハンドブック』[38]等）、国レベルの法律・命令・通知、地方レベルの条例・規則・計画・要綱等である。規範形式の観点から規範間調整がどのようになされ、それが何を意味するかを探るのに加え[39]、そもそもルールを誰がどのように決めるのかが問われなければならない。国と地方公共団体のみならず、当事者自治の原則ないし私的主体との調整をいかに位置付けるかが鍵となろう。二点のみ指摘する。

---

35) 前掲注11）総務省通知（令和2年9月10日）15頁。

36) 内閣官房・前掲注6）7頁は、「外国人のコミュニティリーダーの発掘・育成は、地方公共団体と外国人の架け橋として、また、居住する外国人のニーズや課題の把握という意味でもメリットがある」と述べている。

37) 「〈鼎談〉憲法の土壌を培養する」蟻川恒正＝木庭顕＝樋口陽一編著『憲法の土壌を培養する』（日本評論社・2022）1～34頁参照。利益集団多元主義の観点からは、組織のあり方に関する本章の構想自体が大きな問題をはらんでいることになろう。「引受人」は何よりもまず解体されるべき私的権力であって、多文化共生施策を担うのは、公法人たる国、そして個人の自発的結合から成る第三者的団体のみとすべきだからである。このような正統的理解に反する現行施策は、厳しい批判に晒されなければならない。それでもなお現行施策の"正当化"を試みるならば、一つには、外国人を把握し得ていないという特殊な現実が挙げられよう（前掲注8）内閣官房調査報告書（令和3年1月）15頁・19頁）。当事者を把握できなければ、公法人による社会管理の対象とすることはできない。行政事象の「問題」として情報の把握と共有防止が認識され、法事象の「問題」として外国人の把握のための組織化が図られるのも、この特殊な現実に対応するための試行錯誤の有様を示していると考えられる。

38) 長谷川貴陽史「日本における移民・難民の包摂と排除」広渡＝大西編・前掲注14）106頁以下参照。

39) 中川丈久「行政法からみた自由権規約の国内実施」国際人権23号（2012）65頁。

168　第7章　外国人と地方公共団体

　第一に、外国人住民の地位に関する法的判断は、「制度準拠的思考」に
よって制約されている。ここでの「制度準拠的思考」[40]とは、中間的な制
度としての在留資格制度の仕組みの合理性を一旦承認した上で、その下で
審査するという形で、緩やかな審査に帰結することを意味する。最大判昭
和53年10月4日（民集32巻7号1223頁）〔マクリーン事件〕は、「外国人に対
する憲法の基本的人権の保障は、……外国人在留制度のわく内で与えられ
ているにすぎない」と判示した。入管法が上、法務省が上という社会学者
の認識[41]は、法的にはこのように翻訳されるのかもしれない[42]。これに対
し、不法滞在外国人の国民健康保険加入資格に関する最判平成16年1月
15日（民集58巻1号226頁）について、「最高裁は、まずは日本人外国人を
問わずに国保上の住所を有する者とは何なのかということを書いて勝負し
たわけです。その住所認定の中ではじめて在留資格がないということをど
う扱うかを問題にしたのです」という解釈が示されている[43]。実定法上の
構造に即して「制度準拠的思考」を乗り越える判断方法として、参考に値
する。

　第二に、私的主体の定めるルールが果たしている意味が挙げられる。私
的主体、地方公共団体および国の間の相互的な働きかけの中で、とりわけ
ローカルルールが注目される。一般に、ローカルルールは、常に動態性を
保ちながら生成する地域的な慣習としての「客観的自立的法秩序」であり、
「秩序」およびそれに関して行使される権力の双面的な性格、すなわち、
包摂と排除の二元性を内包していることが指摘されている[44]。

---

40)　高橋和之ほか「〈座談会〉憲法60年―現状と展望」ジュリスト1334号（2007）2頁以下
　　〔蟻川恒正発言〕。藤田宙靖＝蟻川恒正＝中川丈久「藤田宙靖先生と最高裁判所(2)」法学教室
　　401号（2014）40頁も参照。

41)　高谷・前掲注24）147〜148頁。

42)　なお、福山・前掲注20）133〜134頁は、国際法を根拠に憲法上の権利を主張する見解の
　　問題点に関し、「入管法が法律と同位にあるとの形式的理由のみで条約の下位にあると即断
　　できるのかも疑問である」と述べ、また、「[国際慣習法の]成立要件の一つである一般慣行
　　の存在の判断に際しては、国際法が国内適用される分野においては各国の国内的実行の存在
　　が重視され、その存在の典型的判断基準として入管・難民法が挙げられるので、結局国内法
　　の問題として戻ってくる」と述べている。

43)　「討論」嶋田暁文＝阿部昌樹＝木佐茂男編著『地方自治の基礎概念―住民・住所・自治体
　　をどうとらえるか？』（公人の友社・2015）182頁〔太田匡彦発言〕。

44)　山羽祥貴「〈地域〉をめぐる統治と抵抗―福祉国家以後における『社会的なもの』の帰趨」

外国人施策に関しては、ローカルルールは、国の規範の具体化と補完という意味を有している。すなわち、多文化共生や地方創生に係る計画・指針等は、国の施策に組み込まれその枠内にあるが、地域の実情に応じたサービス提供作用やその前提となる組織体制整備を図っている。加えて、自治基本条例や住民投票条例、外国人市民代表者会議等は、国レベルでは認められていない参政権を一定の限度において地方レベルで認めようとするものである。この参政権は、サービス提供作用の決定過程への参加を可能ならしめる。他方で、地方公共団体は、ローカルルールを媒介として排除の作用を及ぼすことがあり得る。ローカルルール総体の一つの目安となっている総務省の「地域における多文化共生推進プランの改訂について（通知）」（前述Ⅱ1(1)(b)）を例にとると、地域において多文化共生施策を推進する意義[45]として挙げられている四つは全て排除の要素をもはらんでいる。すなわち、①「多様性と包摂性のある社会の実現による『新たな日常』の構築」は、外国人のコミュニティへの包摂という支援＝干渉の要素を含んでおり、②「外国人住民による地域の活性化やグローバル化への貢献」および③「地域社会への外国人住民の積極的な参画と多様な担い手の確保」は、"有用な"外国人像の提示＝押し付けでもあり、④「受入れ環境の整備による都市部に集中しないかたちでの外国人材の受入れの実現」は、外国人の居住移転の自由を正面から制約するものである。

(b)　**規範の内容**　　規範の内容としては、在留資格制度の法的「問題」が検討されるべきことになる。第一に、「それぞれの在留資格は、原則として外国人が日本で行う特定の類型の活動にリンクしている」こと、「住民としての地位や活動は、在留資格制度の観点からはほとんど見えてこない」こと[46]、が指摘されている。この言説は直接的には、在留資格外活動の許可制が、外国人の活動一般すなわち生活をコントロールしていることを批判するものである。本章の問題関心からすると、この言説は住民の地位の総合性を問題とするものであるといえる。住民の地位の総合性の欠如は、各個別法・施策でカバーされている範囲内において、かつ、行政組織

法律時報95巻10号（2023）43頁。
45)　前掲注11)総務省通知（令和2年9月10日）5～6頁。
46)　小畑・前掲注14)81～82頁。

の縦割りの範囲内において、日本人と外国人とで異なるところはない。だが、外国人については、把握の問題（非正規滞在者等）や参政権（受益と負担の決定に関与する権利）の問題が存在する。そもそも、外国人については、在留資格制度がその地位の与件とされ、公的主体による資格認定によって初めてその地位を創設される。外国人は、住民として存在する以前に、カテゴリー分けする権力に服せしめられているのである。このカテゴリー分けする権力に対し、住民論の枠組みを基に対抗するならば、住民概念の平等性を持ち出すことが考えられる。

　第二に、「［日本］社会への有用性を、しかも一方的に判定することによって、ある空間における生活そのものを認めるかどうかを決定する」こと、「在留を支配する制度として、さらにいえば人間の生活への公共財の投入そのものを支配する制度としてまでは、在留資格は拡張させられるべきではない」こと[47]、が指摘されている。この言説は直接的には、在留資格制度が出入国管理にとどまらず人間の生活にまで拡張されることを批判するものである。本章の問題関心からすると、この言説は、まず、在留資格制度が活動の有用性を判断基準としていること、すなわち外国人をその存在自体において捉えていないことを問題とするものであるといえる。人の活動と存在とを分離するロジックに対しては、住民は、当該地方公共団体の区域内に住所を有するという事実にのみ依存する属性であることをもって対抗することが考えられる。また、「公共財の投入」すなわち資源配分を規律するルールに関しては、住民概念の（通時性ではなく）共時性を持ち出すことができよう。この意味において、住民は（資源配分のルール上も）完全に平等であるべきである。

　住民という属性は、操作の必要性と操作の可能性を本質とするものでもある[48]。在留資格制度という"上からの"操作に対抗して、自らの生活・存在を賭けた当事者自身による"下からの"操作を可能ならしめるには、平等の観念[49]をさらに鍛える必要があろう。

---

47)　小畑・前掲注 14) 83 頁。

48)　飯島淳子「住民」公法研究 75 号（2013）173 頁。

49)　なお、西村裕一「〈声〉の憲法学―包摂と排除」論究ジュリスト 38 号（2022）111～112 頁は、「あらゆる人を『対話の相互性』から排除しないという意味での包摂とは、『より多くの

Ⅳ　結語──「グローバル」概念の意義

　本章はここまで、「グローバル」という概念を使わずに論じてきた。最後に、グローバル化は法事象としてどう関わっているのか、「グローバル行政法」[50]の概念を用いるとすると何が見えるのかを探ってみたい。

　外国人は、「労働者」として、「生活者」として、「人材」として意味付けられてきた。これは、「住民」概念に収まるものではない。地方公共団体にとって、外国人施策は、複合的な意味をもたされた現実の外国人と法制度上の「住民」との間の矛盾を埋めるために必要とされたものであった。外国人住民「問題」とは、法的には、移動と共生を適切に規律し得る組織と規範の問題を意味している。「人の移動」を政策として誘導することは、国の出入国管理政策の本来的な機能の一つであるが、加えて、各地方公共団体がこれを行うことの意味が問われなければならない。

　国や地方公共団体を含む他者による移動の誘導は、目新しい事象ではなく、外国人政策に限ったものでもない。他者による誘導に応じて、個人は移動の自由を行使することがある。居住移転の自由は一般に、自由権的側面のみならず生存権的側面、参政権的側面をも有すると解されている[51]。ただし、外国人の居住移転の自由はこれと同じではない。その特殊性は、個人の自由の問題にとどまらず、公共政策（多文化共生施策）の問題に関わる点にある。公共政策が内在的に要請されるのである。それはなぜか。外国人については、個人の移動の自由に委ねるのでは不十分・不適切だからであり、そもそも外国人には（日本人と同等の）自由が保障されていな

　　人々を既存の秩序に引き入れること』でも『排除された団体を既存の秩序に包括するプロセス』でもなく、『むしろその秩序を平等の名の下に変形させること』だと理解することができよう」と述べる。

50)　興津征雄「グローバル行政法とアカウンタビリティ─国家なき行政法ははたして、またいかにして可能か」『グローバル化Ⅰ』47頁、原田大樹「グローバル化時代の公法・私法関係論」『公共紛争解決の基礎理論』（弘文堂・2021）288頁参照。

51)　飯島淳子「『居住移転の自由』試論」嶋田＝阿部＝木佐編著・前掲注43）122〜131頁参照。

いからである。確かに、外国人は住民基本台帳制度に組み込まれているものの、地域社会には包摂されていない。それは、包摂できない社会の側の問題である。そうだとすると、平等原則に則って、資源配分を規律するルールを調節していくべきことになろう。実際、手続的ルールとしては、ローカルルールに基づいて外国人の意思形成過程への参加が図られている。

　グローバル化と反グローバル化との錯綜の中で、公共政策に基づくグローバル化（国境を越えた人の移動）が推進されている現在、公的主体の責任はより直接的である。人の移動に対する誘導は、ヒトの獲得を意図したものだからである。この点に関連し、帰属と人権保障とを切り離し、帰属を条件としない人権保障体制を構築する必要性も主張されている[52]。この論者は、移動の権利に関し、移動不可能性が移動の意義を創出するとし、その前提にあるのは人間の身体性であるという[53]。住民でもなく個人でもなく、個体たる「人間」の権利として移動が保障されるべきであるとするならば、移動する者の自由だけでなく、移動させた者の責任が問われなければならない。地方創生施策とグローバル化の接続において、国の責務を介在させつつ、各地方公共団体の責務が論じられるべき所以である。

---

[52]　瀧川裕英「帰属でなく移動を—移動と帰属の規範理論」広渡＝大西編・前掲注14）45頁。

[53]　瀧川・前掲注52）39頁。

第8章 多層的法秩序と国籍

··· 大西 楠テア

Ⅰ　はじめに
Ⅱ　国民国家と「国籍」
Ⅲ　EU市民権と「連邦」論
Ⅳ　現代ドイツの国籍法
Ⅴ　おわりに

Ⅰ　はじめに

　グローバル化が進展する中で、人々の国際移動はますます活発となり、自国以外で人生の多くの時間を過ごす人々の存在も、珍しいものではなくなってきている。彼らは、滞在国において外国人として生活することになるが、多くの国が国内法上の地位について国民と外国人とを区別しているため、時にこれに起因する不利益を甘受せざるを得ない。こうした状況を受けて、各国で国籍法の見直しを求める声が高まっている。日本においては、複数国籍をめぐる学説上の議論が展開されるとともに、市民運動を母体とした政策形成訴訟が進行している[1]。

　参政権をもたない外国人居住者が一定の規模をもって存在することにより、民主政の基本原則が損なわれているとする見方もある。1980年代のドイツにおいては、外国人住民が地方参政権をもたないことで治者と被治

---

1)　例えば、佐々木てる「近年の複数国籍をめぐる日本の議論について」同編『複数国籍―日本の社会・制度的課題と世界の動向』(明石書店・2022) 27〜50頁を参照。また、公益訴訟の支援を目的とする特定非営利活動法人 CALL4 は、自らの意思により外国籍を取得することにより日本国籍を失うことを定めた国籍法 11 条 4 項を違憲とする複数の訴訟を進めている。そこでは、外国に長期滞在して様々な活動を行うにあたって外国籍を取得して得られる便益と日本国籍を失う不利益とを天秤に掛けなければならない状況、とりわけ、外国籍を取得したことで日本への入国・滞在が制限される点が問題視されている。

者の自同性が阻害されているという状況が問題視された。そこで、ハンブルクとシュレースヴィヒ＝ホルシュタインの2州は、外国人住民の政治的な統合を目指して州法によって外国人の地方参政権を導入した。しかしながら、この試みは、連邦憲法裁判所の判決により違憲の評価を受けた[2]。同判決は、治者と被治者の不一致を埋める試みはドイツに定住する外国人のドイツへの帰化を容易化する国籍法の改正によって解決されなければならないと述べた。実際、その後のドイツは、国内の外国人をドイツ国民へと統合していく政策をとった。1965年の外国人法を改正した1990年の「外国人の入国及び滞在に関する法律」（以下、「改正外国人法」という）において権利帰化の規定を設けて帰化を容易化し、1999年の「国籍法の改正に関する法律」で部分的に出生地主義を採用した後、2024年の国籍法改正では、複数国籍の原則的な容認によって帰化をさらに促進することが目指された。

　これらの動向は、国籍制度が移民現象と密接に連関していることを示唆している[3]。複数国籍をめぐる議論の深化は、在外国民の処遇や外国人への権利付与という従来は国籍を基準として決定されてきた問題が、人々の移動の活発化を受けて再考される段階に至ったことの反映であるとみることができる。

　こうした動きの中で特殊な地位を占めているのは、欧州連合（EU）におけるEU市民権の存在である。EU市民権は、EU法上の様々な権利義務の結節点となる地位であり、その性質から伝統的な国民国家の論理を相対化する「ポスト・ナショナルな」市民権であると論じられることもある[4]。しかしながら、EU市民権は加盟国の国籍に紐付けられており（欧州

---

2)　BVerfGE 83, 37; BVerfGE 83, 60. 同判決の分析として、大西楠テア「ドイツにおける外国人の地方参政権—基本法28条1項3文と外国人参政権違憲判決の法理」国家学会雑誌121巻5・6号（2008）587〜646頁。

3)　Vgl. Angelika Siehr, Der Staat als Personalverband: Staatsangehörigkeit, Unionbürgerschaft und Migration, in Herdegen/Masing/Poscher/Grādiz (Hrsg.), *Handbuch des Verfassungsrechts* (C.H. Beck, 2020), SS. 557-643 (560). 歴史的にも国籍法は、他国に移住した人間や他国から自国に移住した人間をどう扱うのかという問題意識で、制定・改正されてきた (Dieter Gosewinkel, "Staatsbürgerschaft" als interdisziplinäres Feld historischer Forschung, in Julia Angster/Dieter Gosewinkel/Christoph Gusy (Hrsg.), *Staatsbürgerschaft im 19. und 20. Jahrhundert* (Mohr Siebeck, 2019), SS. 1-77 (18 ff.)).

連合条約及び欧州連合の運営に関する条約並びにその派生法〔以下、「EU 運営条約」という〕20 条 1 項 1 文）、国家への帰属と切り離されているわけではない。このような EU 市民権の構造を、歴史的に存在してきた様々な連邦的秩序の枠組みの下に分析して「連邦籍」として理解するシェーンベルガーの学説もある[5]。なお、ドイツにおいては、第二次世界大戦後に州籍は廃止されたが、スイス連邦においては、現在もゲマインデ（Gemeinde：地方自治体）への帰属・カントン（Kanton：州）への帰属・連邦への帰属という三層構造が維持されている[6]。

　連邦における複層的な帰属関係は、1 人の人間が複数の領域（国家）共同体に帰属し得ることを端的に示している[7]。この点、複数国籍の承認もまた、1 人の人間が複数の国家に帰属することを可能とする。両者の違いは、前者が、連邦的な秩序を前提としており多層的システムにおける帰属関係であるのに対して、後者は、相互に独立した国家への帰属が重複しているという点にある。この違いは、国民の範囲を画定するという国籍の機能に照らしてどのような含意をもち得るのか。また、複数国籍を求める市民運動において主要な関心となっている滞在権を含めた権利保障へのアクセスとどう関わるのか。

　以上の問いに答えるため、本章では、国籍の機能を出発点として、多層的システムにおける帰属関係および複数国籍についてのドイツの議論を検討する。まず、国籍制度についての機能的・歴史的考察（II）を行った後、EU 市民権を「連邦籍」と捉えるシェーンベルガーの議論を批判的に検討する（III）。そして、ドイツの最新立法で実現した複数国籍の原則容認について、現在の法状況を紹介するとともに、複数国籍が民主政との関係で惹起し得る問題について考察する（IV）。

---

4) 宮島喬『ヨーロッパ市民の誕生―開かれたシティズンシップへ』（岩波書店・2004）。Nikolaos Kotalakidis, *Von der nationalen Staatsangehörigkeit zur Unionsbürgerschaft: die Person und das Gemeinwesen* (Nomos, 2000), S. 109 ff., S. 206 ff.

5) Christoph Schönberger, *Unionsbürger. Europas föderales Bürgerrecht in vergleichender Sicht* (Mohr Siebeck, 2005).

6) 奥田喜道「スイスの国籍付与手続における問題点」早稲田法学 80 巻 3 号（2005）433〜452 頁。

7) Schönberger, FN 5), S. 138 f.

II　国民国家と「国籍」

1　「国籍」の法的機能

　そもそも「国籍」とは、どのような法制度なのであろうか。国籍の最も重要な機能は、「国民」として国家に帰属する人間の範囲を画定することにある[8]。対内的にみたときの国籍の機能は、国家の成員の人的範囲を画定することで国民主権における「国民（Staatsvolk）」の範囲を定め、国内法上の様々な権利義務の結節点となる「国籍者（Staatsangehörige）」という法的地位を創り出すことにある[9]。また、対外的にみたときの国籍の機能は、国家の支配が及ぶ人的範囲を画定することにある[10]。

　対内的にみた国籍の機能のうち、権利義務の結節点となる法的地位についてみると、各国において非国籍者への権利保障の範囲が拡大する中で、その重要性はかなりの程度、相対化されている[11]。とはいえ、現在のところ、ほとんどの国家は国籍者と非国籍者とを法的地位として区別しており、国籍者に対してのみ割り当てられる特別な権利義務を設定している。また、現代の立憲主義国家においては、国籍者の間に「不合理な区別」（＝「差別」）を導入することは許されず、抽象的な法的地位としての国籍は法的

---

[8]　「国民」の概念は、単に国籍を保有する人々を指すこともあれば、国家や社会の成員同士の同質性やナショナル・アイデンティティと結び付けて理解されることもある。そのため本章においては、多義的な内容を含む場合について「国民」と表記する。なお、国籍の機能について、「国民」の範囲の画定と並んで「国民」を再生産すること（出生および帰化によって新たに「国民」を獲得すること）が挙げられることもあるが、筆者は、「国民」の再生産機能とは、法的にみた国籍の機能である境界画定機能に付随して生じる事実であると考える。

[9]　Schönberger, FN 5), S. 24 ff. また、大西楠テア「人・移動・帰属を問い直す」広渡清吾＝大西楠テア編著『移動と帰属の法理論』（岩波書店・2022）x 頁も参照。

[10]　Schönberger, FN 5), S. 26 f. 具体的には、外交的保護の及ぶ人の範囲や属人主義に基づく域外適用の範囲を画定する。

[11]　ドイツの文脈について、大西・前掲注 9) xv 頁。自由権については、その前国家的な性質から、多くの国で外国人に対しても広範に保障されている。社会権については、福祉国家が人々の間の連帯を前提とすることを背景として国民に留保する国もあるが、ドイツのように、連帯の基礎を国内での滞在に求めて外国人と国民とを区別しない国もある。これに対して、現在までほとんどの国において国籍者に留保されているのは、国政レベルでの参政権および入国・滞在の権利である。

に対等な地位を創り出すことに寄与している[12]。

　国籍の機能のうち国民主権における「国民」、すなわち、政治的な自己決定を担う集団の範囲を画定する機能については、19世紀という近代国家が形成される時期に至って支配的となったナショナリズムを反映していることに、注意が必要である。具体的にいえば、19世紀にあって「国民（nation）」は、その概念に特別かつ政治的な価値が含意されるようになり、人々の共同体的連帯感情を動員する力をもつようになった[13]。そして「国民」は、前近代的諸団体に代わる「想像の共同体」として人々の間に社会的な紐帯を創り出すとともに、国家の統治を正当化する根源としての特別な価値をもつようになった[14]。

　以上をまとめると、国籍には対内的な側面と対外的な側面とが存在し、対内的な側面については、政治的な自己決定を行う集団の範囲の画定と、権利義務の結節点となる地位を創り出す機能を担っている。この点、ドイツの用語法においては、国籍とそれに結節する諸権利としての「市民権（Staatsbürgerschaft）」とは区別されることに注意をしなければならない。英語では、「国籍」の語を「市民権（citizenship）」と互換的に用いるが、英米諸国においても両者は必然的に結び付いてきたわけではない。歴史的にみれば、両者の結び付きは、一方において、国家の「国民」に対する統治がより安定的で強力になったこと、他方において、被統治者の権利が拡張されて「市民」としての平等化が進んだことなど、歴史的な文脈に依存している[15]。そこで以下では、19世紀、「国民」を基礎とした法的・社会的システムとしての国民国家が成立する過程において、国籍が担った機能を検討する。

---

12)　Vgl. Andrea Kießling, Die Funktion der Staatsangehörigkeit als verlässliche Grundlage gleichberechtigter Zugehörigkeit, *Der Staat* 54 (2015), SS. 1-34.

13)　佐藤成基『国家の社会学』（青弓社・2014）108頁・146頁以下。

14)　国家の集権化および統治者と被統治者の関係性が根源的に変化したことを契機して、国家統治は「国民」に支えられるようになった（佐藤・前掲注13）154頁）。

15)　Vgl. Schönberger, FN 5), S. 29 f. かつて女性に参政権が保障されなかったように、国籍者であっても平等に市民権が保障されてきたわけではなかった。

2 国民国家と国籍

　国籍制度は、国民国家の形成期である 19 世紀において登場し、政治・社会・経済システムおよび法秩序が、「国民」を係留点として国民国家の枠組みの下に凝集していく過程と深く結び付いて発展した。この過程を分析する歴史学者のアンクスターによれば、各国における国籍制度の有意な差異にもかかわらず、19 世紀から 20 世紀にかけて国籍制度や「国民」概念を彫琢した歴史的なコンテクストには共通性がある[16]。すなわち、国民国家化の過程において「国民」の概念は、一方で、政治的な自己決定を行う集団の自己認識であるとともに、他方で、この集団は、経験的に感知可能な一定の共通性によってその範囲を画定することが可能な存在であると理解されていた。しかしながら、国民国家およびその枠組みの中に再編成されていく個人を統合して創り出される「国民」集団を、一義的に画定する基準を決定することは至難の業である。アンクスターによれば、政治的・法的集団と民族・文化的集団の双方を意味するアンビバレントな「国民」概念がヨーロッパにおける国籍制度を規定しており、この両義性の解消を目指して、「国民」集団を画定する明確で一義的な基準が模索され続けた[17]。

　「国民」概念を規定する要因の一つは、行政国家の台頭である。19 世紀前半は、前近代的な諸関係が解体し、領域的共同体としての都市やゲマインデに代わって、国家が様々な社会政策的な課題を担うようになる時期であった。この過程において、「国民」を国家によって一元的に把握するために国籍制度の創設が必要とされた。そして、国家への帰属を一義的に画定するために、従来は居住を基礎とした帰属の関係が、より「明確な」基準である血統主義に置き換えられていった[18]。

---

16)　Julia Angster, Staatsbürgerschaft und die Nationalisierung von Staat und Gesellschaft, in Angster／Gosewinkel／Gusy (Hrsg.), FN 3), SS. 79-144 (89, 142).　アンクスターはトランスナショナルなアプローチをとることによって、独・仏・英における国民国家化のプロセスと国籍制度の連関を記述している。

17)　Ebenda, S. 85.

18)　Ebenda, S. 143.　19 世紀前半は人々の移動性が高まる時期でもあり、もはや居住原理によっては、「一義的に」国民の範囲を画定することはできなくなっていた。実際に、プロイセンでは、1815 年の段階では領域内における 10 年間の居住によって自動的に臣民資格を得られたのに対して、1842 年の「プロイセン臣民資格の得喪及び外国政府機関への入職に関す

第二の要因として、19 世紀を通じた、国家と社会の「国民化（Nationalisierung）」の進行がある。政治的自己決定の主体となる集団としての「国民」は、国家に正統性を付与する機能を担うと同時に、法的に対等な市民として市民社会を構成するようになった。地域社会を超えて拡大・再編された共同体における政治的・社会的な成員資格を画定するためにも、国籍には「明確な基準」としての役割が求められた[19]。ここでは、政治的・法的な「国民」の統合とともに、民族・文化的に存在するとされた前国家的な「国民」を画定するというアンビバレントな要請が働いた。

アンクスターは、19 世紀初期の段階においては、領域内の人々を「国民」として統合する要請が国籍制度に強く反映しているのに対して、「国民化」のプロセスが完遂する 19 世紀後半においては、制度的に確立した「国民」の範囲を画定する文化的・民族的な同質性が強く求められるようになると指摘する[20]。当時、急速に進んだグローバル化や社会の多様化への反動として、また、19 世紀後半から 20 世紀前半においては、同質な社会の成員を画定する基準として当時「科学的」であるとされた人種主義の影響もある[21]。この過程において国籍制度は、一方で、時代ごとの「国民」理解を反映しつつ、他方で、法的な制度として自律した論理の下に展開した[22]。

アンクスターの議論からは、国籍制度は、前近代社会を再編成して近代国民国家の枠組みに人々を統合する要請と、人の移動が拡大する中で国籍によって政治社会の境界を画定する要請とに応えるために創設されたことを読み取ることができる。これらの要請に応えるために、国籍は、明確な基準による境界の画定とともに、高い移動性によって常に変化する社会において人々を統合する役割をも担っていた。

る法律」（プロイセン臣民法）では居住原理による暗黙的帰化を廃止して明示的な帰化の意思を要求するとともに、血統主義を採用した（Ebenda, S. 94）。

19) Ebanda, S. 118 f.
20) Ebenda, S. 126.
21) Ebenda, S. 129.
22) Ebenda, S. 144.

III　EU 市民権と「連邦」論

　II では、国籍制度が近代国民国家の成立と密接に結び付いて発展してきたこと、その際には、一定の地理的空間における政治的・法的集団としての「国民」を創り出す要請と、この集団の成員を経験的に感知可能な基準によって画定する要請とを受けて彫琢されていったことを確認した。では、現代における法システムの多層化によって、国籍の意味はどのように変化しているのであろうか。

　EU は国民国家の枠組みを超えた超国家的な共同体であり、各加盟国の国民間にも越境的な社会関係を創り出す。それゆえ、EU 市民権の登場は、国民国家を前提としない「ポスト・ナショナルな」権利保障のあり方への期待を高めた[23]。しかしながら、EU 市民権は、国籍とは異なる制度であるとともに、「加盟国の国籍に付加されるものであって、代替するものではない」（EU 運営条約 20 条 1 項）。さらに、権利保障のあり方についても「内国人平等待遇」のような国籍と結び付いた権利保障とは異質な内容を含む[24]。そのため、シェーンベルガーは、EU 市民権は多層的なシステムとしての「連邦」における帰属の関係、すなわち、「連邦籍」として理解するのが適切である、と論じた[25]。さらに、連邦国家においては連邦と州それぞれに個人が帰属するという複層的な構造が存在してきたことを指摘し、ドイツ帝国・アメリカ合衆国・スイス連邦といった歴史的に存在してきた様々な「連邦」における帰属のあり方に目を向けることで、EU 市民権の構造はよりよく理解できる、と主張する。

　シェーンベルガーの主張の有用性は、国籍・帰属・市民権をそれぞれ別の概念として整理し、連邦における帰属という視点から EU 市民権を分析する枠組みを提供した点にある。すなわち、領域団体への帰属とその団体

---

23)　Christian Tomuschat, Staatsbürgerschaft-Unionsbürgerschaft-Welfbürgerschaft, in Josef Drexl u.a. (Hrsg.), *Europäische Demokratie* (Nomos, 1999), SS. 73-87.

24)　M. ヘルデーゲン（中村匡志訳）『EU 法』（ミネルヴァ書房・2013）202 頁。

25)　Schönberger, FN 5), S. 271 ff.

の成員として享受する諸権利とを区別し、帰属は国籍に限られないことを示すことで、多層的法秩序における帰属と権利保障を分析する枠組みを提示した[26]。例えば、EU 市民権は、個人に対して直接に EU 法上の権利を保障する（垂直的関係）とともに、EU 法が要請する自由移動および内国人平等待遇によって EU 市民が移動先の加盟国で「国籍者と同じ」権利にアクセスする（水平的関係）ことを可能にする。このとき連邦籍は、連邦構成国の法秩序の自律性を前提としつつ、連邦構成国の国籍に結節する権利保障へのアクセスを媒介する地位として機能する。

　「連邦籍」という概念は、国家への帰属である国籍に限られない帰属関係への視野を開き、地域的団体であるゲマインデや超国家レベルの連邦的共同体への帰属を論じる枠組みを提示する。しかし、シェーンベルガーの主張する帰属の関係は常に領域団体を前提とする点には、注意をしなければならない。シェーンベルガーの整理によれば、近世から近代にかけての領域主権の確立が領域団体（Territorialverband）への「帰属」を要請し、この領域団体は同時に、「領域内への移動・滞在を許されるべき人」により構成される成員団体（Personalverband）となった[27]。それゆえ、国籍にせよ連邦籍にせよ、帰属の関係は、領域的に閉じた空間とその空間への移動・滞在を許される人の範囲を画定する必要の下に成立する。そして、特に 19 世紀のドイツにおいて領域団体への移動・滞在の権利が問題となった要因は救貧法との関係にあったことから、シェーンベルガーは、帰属の関係の核となる要素は滞在と福祉にある、と論じる[28]。

　帰属の関係が一定の領域団体を前提としていること、また、連邦籍においては移動の自由と内国人平等待遇が制度の核にあるとするシェーンベルガーの主張は、EU 市民権を説明する理論枠組みとして妥当なものであるように思われる[29]。他方において、シェーンベルガーの主張は「連邦」を

---

26)　Ebenda, S. 511.

27)　Ebenda, S. 132.

28)　Ebenda, S. 134.

29)　そもそもドイツ帝国の国籍制度の基礎となったプロイセンの臣民籍は、領域国家の成立期にあって、国内における移動の自由をゲマインデとの関係で認めさせるという点に重要な意義があったし、ドイツ帝国においても、移動の自由と内国人平等待遇は連邦的構造の下でドイツ帝国の凝集性を高めた。とはいえ、帰属が領域団体に限られ、人的団体が排除される

前提としているため、多層的な法秩序全てを内包するわけではない。ある国家結合が「連邦」であるためには、構成国家の国民同士の間にも一定の結合が存在する必要がある[30]。また、連邦が集権化していく過程において連邦籍が動力として働き、州籍を連邦籍によって置き換える事象も存在してきたことから、多層的な帰属を解消する方向に動く可能性があることにも、注意をする必要がある[31]。

IV　現代ドイツの国籍法

1　第二次世界大戦後のドイツ国籍法史

　ドイツ国籍法史については、多くの研究が蓄積されている。代表的なものとしては、ブルーベイカーが、独・仏の国籍法を比較して血統主義を採用するドイツ国籍法を民族中心主義的な「国民」理解と結び付けて論じ[32]、これに対してゴーゼヴィンケルは、国籍法の血統主義の採用は必ずしも民族・文化的な「国民」理解とは結び付かないことを論証している[33]。日本でも、法学分野における広渡清吾・中村安菜のドイツ国籍法研究論文が存在するほか、社会学を専門領域とする佐藤成基の著作がドイツ国籍法史を詳細に記述している[34]。よって、ここでは、第二次世界大戦後のドイツ国

　　ことについてのシェーンベルガーの論証（Ebenda, S. 511）が十分に説得的であるかについては、議論の余地もある。

30)　この文脈でシェーンベルガーは、世界機関への帰属について検討し、そこでは人の自由移動が実現され得ないことに加えて、「帰属の共同体を形成するに適した相互関係を可能とする空間ではない」と述べる（Ebenda, S. 157）。

31)　ドイツ帝国においては連邦レベルで統一的に立法される政策領域が拡大し、「邦」の国籍の意味が失われていった。現在のEUにおいては、国籍について制度を統一する構想は示されていないが、EU司法裁判所は、加盟国の国籍の喪失がEU市民権の喪失に帰結する場合には、EU法上の比例原則を満たすことを求めている（EuGH (Grosse Kammer), Urt. V. 2. 3. 2010. Rs. C-135/08)。

32)　ロジャース・ブルーベイカー（佐藤成基＝佐々木てる監訳）『フランスとドイツの国籍とネーション』（明石書店・2005）。

33)　Dieter Gosewinkel, *Einbürgern und Ausschließen: Die Nationalisierung der Staatsangehörigkeit vom Deutschen Bund bis zur Bundesrepublik Deutschland* (Vandenhoeck & Ruprecht, 2001).

34)　広渡清吾「領土と国籍・市民権―『ナショナルなもの』を考える」ドイツ研究 48 号（2014)

籍法改正史の要点のみを紹介することにしたい。

　戦後、新たに創設されたドイツ連邦共和国（Bundesrepublik Deutschland; BRD）（以下、単に「ドイツ」または「西ドイツ」という）は、1913 年制定の「帝国籍及び国家籍に関する法律」（以下、「帝国国籍法」という）を継承した[35]。この帝国国籍法上の「ドイツ人」に加えて、ドイツ連邦共和国基本法（以下、「基本法」という）は、ドイツの東西分裂および戦後処理を背景とする特別の規定を置いた。すなわち、基本法 116 条 1 項は「ドイツ人」を、「ドイツ国籍を保有する者、ドイツ民族への所属性を有する難民もしくは被追放者またはその配偶者ないし直系卑属として、1937 年 12 月 31 日の状態におけるドイツ帝国の領域に受け入れられていた者」とした。

　この定義については、以下の二点に留意する必要がある。第一に、基本法 116 条 1 項の「ドイツ人」は、ドイツ民主共和国（Deutsche Demokratische Republik; DDR）（以下、「東ドイツ」という）国民も含む[36]。第二に、帝国国籍法上の「ドイツ人」に加えて、ドイツ民族への所属性（Volkszugehörigkeit）を有する東部ヨーロッパ地域のドイツ系住民も「ドイツ人」に含まれる。学説上、これらの人々は「身分としてのドイツ人（Statusdeutsche）」と呼ばれる。第二次世界大戦中、ナチスは、ドイツ民族への所属性を基準として占領した東部ヨーロッパ地域のドイツ系住民にドイツ国籍を付与したが、敗戦後、これらのドイツ系住民は居住地を追われて東西ドイツに移住せざるを得なくなった。それゆえ基本法は、戦後処理として、こ

　　56〜72 頁、同「国籍・市民権・民族所属性―『人と国家の関係』の法的形象をめぐって」専修法学論集 120 号（2014）103〜164 頁、中村安菜「日本とドイツにおける国民概念形成の契機」法学研究論集 36 号（2012）37〜56 頁、佐藤成基『ドイツ国民とは誰か―ドイツ近現代における国籍法の形成と展開』（花伝社・2023）。

35)　連邦レベルで初めて成立した国籍法は、1870 年の「連邦籍と国籍の取得と喪失についての法律」であったが、同法が諸邦の国籍と結び付いた連邦籍（ドイツ帝国成立後は「帝国籍」）の概念のみを置いたのに対して、1913 年の帝国国籍法は、これを「ドイツ人」の概念によって置き換えるとともに、血統主義を徹底して、10 年の国外滞在によって自動的にドイツ国籍を喪失するという「居住」の要素を国籍法から排除した。

36)　この定義が東ドイツ地域に居住する人々を含むことに対して、東ドイツは主権侵害であると非難している。東ドイツも、当初は帝国国籍法を継承したが、その後、1967 年に「ドイツ民主共和国の市民権に関する法律」を制定して独自の国籍を明確化した。しかし西ドイツは、東ドイツ国民について東ドイツ国籍とドイツ国籍の双方をもつとの法的構成を維持した。

184 第8章 多層的法秩序と国籍

れらの人々を「ドイツ人」として受け入れるという決定を行った。

1913年の帝国国籍法は細かな改正を受けつつも、1999年改正でその名称を「国籍法」と改めるまで維持された[37]。しかしながら、帰化に関しては、国籍法とは別枠で重要な制度変更が行われている。1990年の外国人法改正によって導入された権利帰化である。同改正は、外国人の法的地位を安定化させて社会統合を進めるために、原則として届出による帰化を認める権利帰化の制度を導入した[38]。すなわち、合法に、15年間ドイツ国内に滞在した者（改正外国人法86条）および18歳から23歳までの間に8年間ドイツ国内に滞在し、または6年間ドイツで学校教育を受けた者について、届出によって帰化を認めるとした（同法85条）[39]。帰化にあたっては原国籍を放棄することが求められていたものの、原国籍国が国籍の放棄を認めていない場合や国籍放棄が特別な困難を伴う場合には、例外的に原国籍を維持することが容認された（同法87条）。なお、権利帰化の規定は、2004年の「移住の制御及び制限並びにEU市民及び外国人の滞在及び規制に関する法律」（移住法）により外国人法が廃止された際に、国籍法に統合された（国籍法8条）。

1990年に導入された権利帰化は、ガストアルバイター（Gastarbeiter：出稼ぎ外国人労働者）とその子孫のドイツ社会への統合を促進することを目的としていたものの、彼らがドイツ社会に統合されずに「平行社会（Parallelgesellschaft）」を形成しているという問題は解消されなかった[40]。そのため、1998年に成立したシュレーダー政権は、一定条件の下に部分的に出生地主義を採用することで、第二・第三世代の外国人の社会統合を進めようとした。1999年の改正国籍法は、両親の一方が8年以上ドイツ国内に合法滞在しているか、無期限の滞在資格をもっている場合に、その子はドイツ国内での出生によって自動的にドイツ国籍を取得するという規

---

37) なお、主な改正点は、家族法の現代化を受けたものである。1975年に父母両系主義が導入され、1993年には未婚の父からも血統主義による国籍継承が可能となった。

38) 広渡清吾『統一ドイツの法変動―統一の一つの決算』（有信堂・1996）212頁。

39) 1993年の「庇護妥協」を受けた外国人法の改正により、「原則として（in der Regel）」の文言は削除されて、届出のみにより帰化が認められる帰化請求権としての性格が強まった（佐藤・前掲注34）351頁）。

40) 近藤潤三『移民国としてのドイツ―社会統合と平行社会のゆくえ』（木鐸社・2007）。

定（同法 4 条 1 項）を導入した。ただし、出生によってドイツ国籍を得た外国人の子は 18 歳から 23 歳までの間にドイツ国籍か親から受け継いだ国籍かを選択しなければならず、いずれも選択をしなかった場合には、自動的にドイツ国籍は失われる（同法 29 条）。

　なお、出生地主義によって国籍を獲得した場合の国籍選択義務は、2014 年に条件付きで廃止された。すなわち、出生時から 21 歳までに 8 年以上ドイツ国内に居住していること、ドイツの学校における 6 年間の就学、ドイツの学校または職業教育を修了していることのいずれかの条件が満たされた場合には、国籍選択義務が免除され、複数国籍が大幅に容認されることになった[41]。

　こうした戦後ドイツの国籍法の変遷からは、ドイツに長期滞在する外国人の社会統合を目的として国籍取得の要件を段階的に緩和していく傾向を読み取ることができる。次にみる 2024 年の国籍法改正もまた、複数国籍を原則として容認することで帰化を促進しようとするものであり、この傾向の延長線上にある。

2　2024 年の国籍法改正──複数国籍の容認

　「国籍法の現代化に関する法律」は、2024 年 1 月 19 日に連邦議会によって可決され、同年 6 月 27 日に発効した[42]。2024 年改正の目玉である複数国籍の原則容認は、2021 年に成立した社会民主党（SPD）・緑の党・自由民主党（FDP）から成るショルツ政権の連立契約において合意されていた。すなわち、連立契約には、①「国籍法の現代化」を行うこと、②そのために複数国籍を容認し、ドイツ国籍の取得を容易化することが目指されるとともに、③次世代以降に外国籍が継承されない方法があるかについて精査すること等が盛り込まれた[43]。

---

41)　Zweite Gesetz zur Änderung des Staatsangehörigkeitsgesetzes vom 13. November 2014, BGBl. I 1714.

42)　Gesetz zur Modernisierung des Staatsangehörigkeitsrechts (StARModG) vom 22. März 2024 (BGBl. I Nr.104). 2024 年の国籍法改正を紹介する文献として、山岡規雄「【ドイツ】国籍法の改正」外国の立法 299-2 号（2024）12～13 頁参照。

43)　帰化の容易化について、特にガストアルバイターの子孫については帰化にあたってのドイツ語能力要件を低く設定すること、ドイツ語能力の証明が困難な場合についての例外規定

186　第 8 章　多層的法秩序と国籍

2024 年改正の要点は、次の通りである。

　第一に、権利帰化に必要な滞在年数が 8 年から 5 年に引き下げられた（10 条 2 項）。加えて、特に社会統合に成功していると評価できる場合には、この年数は 3 年に短縮される（同条 3 項）。また、出生地主義による国籍取得についても、両親の一方が滞在すべき期間が 5 年に短縮された（4 条 3 項 1 号）。

　第二に、帰化にあたって原国籍の放棄について定めた規定が全て削除された。すなわち、権利帰化および裁量帰化における原国籍放棄条項（10 条 1 項 4 号・12 条）と出生地主義によって国籍を取得した場合の選択義務（29 条）とが削除された。

　第三に、権利帰化にあたって満たすべき要件であった「ドイツの生活様式への組み込み」は削除され[44]、自由で民主的な基本秩序の遵守の要件に加えてナチスの戦争犯罪に対するドイツの歴史的責任についての要件が新たに追加されるとともに、帰化希望者の実際の行動がこれらに合致すべきことを要求する文言が追加された。すなわち、10 条 1 項 1 文に 1a 号として、「ナチスの不法支配とその結果に対してドイツが特別に有する歴史的な責任、とりわけユダヤ人の命の保護および諸民族の平和な共存および侵略戦争の禁止について、これを認める者」との要件が追加された。また、同項 2 文に、「反ユダヤ主義、人種者別的またはその他の非人間的な動機に基づく行動は、ドイツ連邦共和国の人間の尊厳の保障に反するのであり、自由で民主的な基本秩序に反する」との文言が追加された。この文言の追加により、自由で民主的な憲法秩序を実際の行動においても遵守すべきことが明確化された[45]。

　さらに、削除された「ドイツの生活様式への組み込み」という要件の立

――――――――――

　　を置くことが合意された。帰化要件の明確化については、「ドイツの生活様式への組み込み」
　　という要件を明確な基準に置き換えることが合意された。その他、連立契約においては、帰
　　化促進のためのキャンペーンを実施することや帰化を祝う式典の実施等についても盛り込ま
　　れている。

44)　旧国籍法 10 条 1 項 7 号は「ドイツの法、社会規範、ドイツの生活様式についての知識を
　　有しており、ドイツの生活様式に組み込まれることを保障できること、とりわけ複数婚を行
　　っていないこと」と規定していた。

45)　Winfrid Kluth, Das neue Staatsangehörigkeitsrecht, in Kluth/Breidenbach/Junghans/Kol-
　　b, *Das neue Migrationsrecht*（Nomos, 2024）, S. 169 ff.

法目的であった複数婚の禁止については、11条1項3号が追加された。同号は、現に複数婚の状態にある、または、基本法が定める男女同権を軽視するような行動をとる場合には帰化は認められないとした。さらに、11号1項には1a号が追加され、「外国人が10条1項1文1号または1a号に基づいて行った意思の表明（Bekenntniss）が誤っているとの推定を正当化する客観的証拠がある場合」には、帰化は撤回されるとした。

　第四に、生計要件を免除する例外事由が明確化された。2024年改正前の10条1項3号は、権利帰化の要件として「社会扶助を受けることなく本人およびその家族の生計を維持できること」を定めつつ、社会扶助の利用について「責任を負わせることができない場合を除く」と規定していた。この一般的な例外規定が削除され、①ガストルバイターとしてドイツに入国した者[46]、②現在フルタイムの仕事に従事する者であって、かつ過去24か月間において少なくとも20か月間フルタイムの仕事に従事する者であったもの、③前記②の基準からみてフルタイムの仕事に従事する者の配偶者または登録パートナーとして、未成年の子とともに家族共同体として生活している者については、社会扶助を受けていても帰化が認められるとされた。この点での改正は、帰化要件を経済的な生産性により強く結び付けていると評価できる[47]。

　第五に、ガストルバイター世代への配慮が様々な形で盛り込まれた。上記①〜③の生計要件の免除に加えて、例えば、これらの人々が帰化の際に要求されるドイツ語能力については、通常はドイツ語基礎統一試験（Zertifikat Deutsch）により、欧州評議会評価基準のB1（日常会話レベル）以上に達していることの証明が求められるところ、「日常生活上の主要な問題について口頭でコミュニケーション可能であること」で足りるとされた（10条4項3文）。

---

46)　「外国人労働者募集協定によって1974年6月30日までにドイツ連邦共和国に入国していた者、または、東ドイツの契約労働者（Vertragsarbeitnehmer）として1990年6月13日までに統一条約にあるドイツ連邦共和国の領域内に入国した者」が、これに当たる。

47)　Kluth, FN 45), S. 414.

3　複数国籍の原則容認と民主主義

　2024 年の国籍法改正は、帰化の容易化と複数国籍を原則的に容認するという点で、ドイツの帰化政策にとっての転換点となった。複数国籍の是非については、戦後の国籍法の変遷の中で常に争われてきたが、複数国籍を禁止する原則論が維持されつつも、実務上は、帰化者の約 70% において複数国籍が容認されてきた[48]。では、複数国籍の容認は、帰化の実態に沿った望ましいものとして、あるいは越境的に移動する個人の権利保障を拡大するものとして、歓迎すべき施策といえるのだろうか。

　ドイツの学説は、複数国籍の無限定な容認に対して批判的な論調をとる。2021 年のショルツ政権の連立契約に立ち戻ると、複数国籍の容認によって「後の世代に原国籍が継承され続けないようにする」ことが明記されていたにもかかわらず、実際の立法には反映されなかった。また、起草段階においては、複数国籍を第二世代までに限定する「世代限定モデル（Generationsschnitt）」を基礎とした法案が議論されていたにもかかわらず[49]、2024 年の改正法では複数国籍は無限定に認められることになった。この点に対する批判は根強い。

　この批判の核心にあるのは、血統主義を採用するドイツ国籍法の下、国外で出生しドイツという国家との実質的な連関を失った第二世代・第三世代にもドイツ国籍が継承されて、「ドイツ人」の範囲が国外へと拡大し続けることへの懸念である。「国籍」の機能は、対内的にも対外的にも「国民」の範囲を画定することにあった。世代を超えた複数国籍の継承は、この機能を損なう可能性がある[50]。

　「国民」が無限定に拡大することは、現在の憲法秩序が前提としている国民主権や民主主義のあり方にも深刻な影響をもたらし得る[51]。従前の民

48）　Ebenda, S. 399.

49）　世代限定モデルについて、佐藤成基「ドイツの複数国籍―『現実』と『原則』の乖離」佐々木編・前掲注 1）194 頁。

50）　ドイツ連邦行政裁判所第一法廷の元判事でもあるベルリットは、「過剰な統合」の可能性を指摘する。Uwe Berlit, Das Staatsangehörigkeitsmodernisierungsgesetz – ein erster Überblick, ZAR 2024, S. 67.

51）　Mattias Friehe, Reform der Staatsangehörigkeit – ein demokratiepolitischer Rücktritt, NJW 2023, S. 3626 ff.

主政理論においては、「国民」を基礎とした自己決定が前提とされてきた。このような「国民」民主主義は、国籍によって「一つの」国家に紐付けられた「国民」を想定してきた。確かに従来より複数国籍者は現実に参政権を行使してきた。しかし、単一国籍者による集団的自己決定を前提としてきた民主政理解がアップデートされていない状況で、2024 年の改正法によって、複数国籍者の参政権行使がその規模を大きく拡大することになる。

　ドイツ政府が複数国籍の容認によって帰化を促進する政策をとった背景には、ドイツにおける帰化率が諸外国に比べても低く、原国籍の放棄が帰化を阻害しているという認識、そして、帰化が進まないことで外国人住民が「他者による支配」に服する状況が「治者と被治者の自同性」を前提とする民主政を損なっている、との認識があった[52]。しかしながら、複数国籍を容認して国内に居住する外国人を「国民」に統合することが、世代を超えて在外国民を無限に拡大することに繋がれば、それは別の形で「他者による支配」を導入することにはならないだろうか。

　国籍によって画定された「国民」による自己決定という立場からは、在外国民の参政権を保障するのは当然であるが、「治者と被治者の自同性」原則という観点からは、すでに国籍国の国家権力による支配を受けていない状態にある在外国民にまで参政権を認めることには疑問もある。在外国民は国境の外にあっても自国の国家権力の影響を免れはしないが、その影響を低く保った状態で、国家権力を行使し得るからである。例えば、ドイツに居住するトルコ系ドイツ人は、トルコ国籍者としてトルコの選挙に参加するにあたって、権威主義的体制をとるエルドアン政権を支持する率が在トルコのトルコ人よりも高いことが知られている[53]。自らは自由で民主的な国家秩序を享受し、権威主義体制の下での不利益を免れながら、その体制を維持することを「国民」として望む政治的選好は、果たして正当化できるのであろうか。

　このことの裏返しとして、国民国家を前提とした既存の国際秩序におい

---

52)　Dietrich Thränhardt, Einbürgerung in *Einwanderland Deutschland. Analysen und Empfehlungen* (Friedrich-Ebert-Stiftung, 2017); Ferdinand Weber, *Staatsangehörigkeit und Status. Statik und Dynamik politischer Gemeinschaftsbildung* (Mohr Siebeck, 2018), S. 469.

53)　Friehe, FN 51), S. 3629.

て、複数の国に帰属する「国民」を通じた他国からの干渉を排除すること
が可能なのか、という点も問題になる[54]。人間は身体をもつ存在であるこ
とから、国家が一人の人間に対して支配・義務を要求した際に義務の衝突
をいかに調整することができるかは、改めて考察されるべき論点となろ
う[55]。

V　おわりに

　本章においては、国籍が、国家を前提として「国民」の範囲を画定する
制度であり、その機能として様々な権利義務の結節点になるとともに、民
主政における自己決定の主体となる集団の範囲を画定することを確認した。
19世紀に進行した政治・経済・社会システムの「国民化」において、国
籍は、一定の領域内部における人々の凝集性を高め、集団としての「国
民」を統合していく役割を担った。EU市民権についても、ヨーロッパ統
合を促進する役割が期待されている。ただし、その実現にあたっては、帰
属関係は領域性と密接に関連していることに注意をしなければならない。
シェーンベルガーはEU市民権を「連邦籍」として理解するが、EU加盟
国への入国・滞在を可能とする地位を核としたEU市民権は、EUが領域
的に閉じた共同体であることを必要とする。
　国籍制度が成立した19世紀においては、まず、領域国家に帰属すべき
人の範囲を画定するため居住原理が採用されたが、その後、人々の越境移
動が増加する中で、血統主義がより明確な基準として採用されるようにな
った。これは、領域国家から成員国家への発展と軌を一にする。
　現代においても、人々の越境移動が拡大する中で国籍国の外に長期間居
住する人々の処遇が改めて問題となっており、19世紀において社会の凝
集力を高めた「国民」概念を基礎とした法的・政治的統合が今なお有効で
あるかについては、疑問もある。

---

54)　Ebenda, S. 3629 f.
55)　大屋雄裕「割当国籍論の可能性と限界」アステイオン89号（2018）98〜110頁。

　　　　　　　　　　　　　　　　　　　　　　　　V　おわりに　　*191*

　第一に、国家の領域性を前提とするならば、一定の領域に帰属すべき人
の範囲を画定する必要がある。他方において、越境移動がかつてないほど
に拡大し、また、容易になったことで、閉じた領域団体内部に人々が恒常
的に留まり続けることは、もはや期待できなくなった。

　こうした状況の下、一方においては、外国人への権利保障は拡大し、国
籍者と非国籍者との間の法的地位における差は縮小する傾向にある。しか
しながら、他方においては、権利保障を享受するためにはその国に入国・
滞在している必要があることから、入国を可能とする資格としての国籍は、
依然として極めて重要な意味をもつ。それゆえ、自らの移動性を高めるべ
く複数の国籍を取得しようとする人も増えている。多くの人にとっては越
境移動を可能にする地位を得ることが国籍取得の重要な動機であり、国籍
と結び付いた政治的自己決定への意識は低い[56]。領域を基礎とした統合を
前提としていたはずの「国民」概念は、その前提を失いつつある。

　第二に、政治的な自己決定を行う集団としての「国民」は民主政にとっ
て不可欠であり、「治者と被治者の自同性」という観点からは、長期滞在
の外国人の帰化を容易化することにより彼らを「国民」として政治的に統
合すべきであるという主張は、理解可能である。また、民主政における自
己決定は「統治の責任」に関わるとする観点からは、複数国籍の無限定な
容認による「国民」の拡大は危険な選択となり得る[57]。

　以上のような国籍の二つの機能——入国滞在の自由を含めた権利保障と
政治参加——を分解して、前者については、「永住市民（denizen）」とい
う地位によって代替すべきであるとの見解もある[58]。しかし、一定の閉じ
た領域への帰属と帰属に基づく連帯機能は、政治的な自己決定を行う際の
重要な前提であるとの立場に立ったとき、領域内に滞在し、各種の権利へ

---

56)　大西・前掲注9) xvi 頁。ドイツにおいて権利帰化の資格をすでに得ている人々の帰化率
　　が低いことは、帰化の必要性が少ないことの表れであるとみることもできる。

57)　Weber, FN 52), S. 473. それらの国に一度も居住したことがなく、人的・財産的な繋がり
　　もないにもかかわらず、複数国籍の継承によって多数の国における参政権をもつ人物を想定
　　したとき、その人物は国家の運営における責任共同体として相応しいといえるだろうか。

58)　トーマス・ハンマー（近藤敦監訳）『永住市民（デニズン）と国民国家―定住外国人の政
　　治参加』（明石書店・1999）。また、とりわけヴェーバーは、国籍法が移民法制とは異なる法
　　領域であることを強調し、滞在権と国籍とを区別すべきであること、外国人の社会統合の最
　　終地点を帰化に求めるべきでないことを主張する（Weber, FN 52), S. 480）。

のアクセスを得る地位を、参政権と切り離して想定できるのかには疑問もある。また、政治的代表なしに権利保障を担保できるのかも疑わしい。

現代においては、閉じた国内法秩序と明確な境界をもった国家から成る国際法秩序という19世紀に成立した諸前提は、すでに維持されていない。そして、非国籍者への権利保障の拡大、在外国民の増加による領域内での被統治者と統治者の不一致といった変化は、国民国家が自ら行ってきた政策の結果でもある。それゆえ、帰属の複層性や法的地位の多元性によって生じる問題を、領域内の居住者を単一の帰属へと落とし込む形での単純な均質化によって解決することは困難であり、権利保障や政策実現過程の多元化・複線化を前提とした議論が必要になる。

かつては、移動する人々を「明確な基準」によって国家共同体の構成員に組み込むために国籍法制が整備され、国籍者としての法的平等を実現することで、責任共同体としての「国民」を創り出すことができた。しかし、高い移動性によって領域共同体の統治を容易に免れる人々については法的平等を国籍に基づいて保障するだけでは問題の解決にはならない。

本章においては、帰属・国籍・市民権を概念的に区別し、国籍のもつ境界画定機能を多層的システムとの関係で検討することを試みた。これらの独立概念がもつ機能に着目しつつ、さらに、グローバル化時代における権利保障と統治の正統性問題について考察することは、今後の課題としたい。

【附記】　本章は、JSPS 科研費基盤研究（A）「グローバル法・国家法・ローカル法秩序の多層的構造とその調整法理の分析」（代表：原田大樹）、基盤研究（B）「国籍と住所——グローバル化の下での人の国際移動に関する研究」（代表：興津征雄）、基盤研究（C）「地方自治体の行う国際活動の法的基礎——国際活動の実態と正統性問題をめぐる日独比較法」、基盤研究（B）「憲法秩序と『ヨーロッパ法化』——フランス・ドイツ・イタリア・ベルギーの比較実証研究」（代表：奥村公輔）、基盤研究（B）「人のアイデンティティと国家の機能変化——グローバル化と情報化を素材として」（代表：興津征雄）（以上、課題番号 19H00568、20H01422、23K01086、24K00195、24K00198）の助成を受けた研究成果の一部である。

第3部

多層的法秩序と法理論

▶▶▶▶▶

第9章 多層的法秩序
　　　──グローバル化時代の保険の可能性

第10章 法体系の範囲と継続性について
　　　──ジョセフ・ラズの議論を手がかりとして

第11章 人権・環境デューディリジェンスの
　　　ハードロー化
　　　──EU「企業のサステナビリティ・デュー
　　　　ディリジェンス指令」の発効を受けて

第12章 会社法とグローバル・多層的な法秩序
　　　──敵対的買収を素材に

第13章 デジタル立憲主義をめぐって
　　　──社会的立憲主義からの展望

第14章 規制手法の多様化とその戦略のあり
　　　方・枠組み

第9章　多層的法秩序
―― グローバル化時代の保険の可能性

浅野有紀

Ⅰ　はじめに
Ⅱ　「過去の保険」、「現在の保険」、「未来の保険」、「仮想の保険」
Ⅲ　考　　察

Ⅰ　はじめに

　本章のサブタイトルである「グローバル化時代の保険の可能性」に込められた問題意識は、グローバル化による福祉国家の衰退に直面する現代社会において、「保険」という仕組みが、国家の社会保障と併存して、あるいはこれに代替して果たし得る機能があるか否か、仮にあるとすればそれはどのような可能性をもつか、という問いである。ここで「保険」と鍵括弧を付したのは、本章では、民間保険のみならず、保険料拠出によるリスク分散の仕組みとして民間保険と共通性を有する公的な社会保険をも視野に入れて論じるため、商法における保険の議論よりも広く、その分、考察の対象や手法が曖昧で、議論も抽象的なものとなることを意識しているからである。筆者の専門は法哲学であり、商法上の保険理論も、社会保障法上の社会保険理論も、その実定法上の詳細については門外漢であるが、上記の問題意識から、現在の筆者の能力で可能な範囲での考察を試みたい。

　まず、本書のタイトル『グローバル法、国家法、ローカル法』と、本章のタイトル「多層的法秩序」と、上記の問題意識との関係について、説明する必要がある。

　筆者は、近年、法多元主義に関心をもって研究を進めてきている。法多元主義は、法思想史的観点や植民地支配の研究の観点から論じられることもある。しかし、筆者の関心は、17世紀以降継続してきた、領土を中心

的要素の一つとする主権国家秩序を基礎とした国際秩序の変化の態様として、20世紀末以降のグローバル化の著しい進展により出現した形での法多元主義にある。

　グローバル化は、人・モノ・資金の交通・流通の拡大、インターネットを通じたコミュニケーションの展開により生じた。このような国境を越えた人々の社会的・経済的活動に対しては、従来の国家法による秩序付けが不可能であったり不適切であったりする場合が多々あるため、国家法に代わる秩序付けの手段として、非国家法が出現するに至っている[1]。

　また、人々の活動が基本的に国内で行われていることを前提に組み立てられていた国家の制度的枠組みも、その変容を迫られている。冒頭で述べた福祉国家の衰退という世界的現象は、福祉国家の財源や雇用創出に寄与していた国内企業が、多国籍企業としてグローバルに活動するようになり、税や労働者保護・環境対策等の法規制のより少ない海外に拠点を移すようになったこと、多国籍企業の活動や国境を越えた取引が行われるグローバル市場を支えるネオ・リベラリズム的な政策方針が浸透したことに起因する部分が大きいとされる。社会保障制度の持続可能性を脅かす少子高齢化も、グローバル市場競争の激化による雇用環境の不安定化と無縁ではない。

　国内経済市場のある程度の自足性を前提とした従来の国家における福祉政策が転換点を迎えているとすれば、これに代わり得るような非国家的な生活保障や救貧対策としては、何が考えられるであろうか。この問いが、筆者の「保険」への注目の出発点である。このような文脈から考えれば、「保険」への注目は、国家の社会保障制度の一部である社会保険ではなく、民間の保険の仕組みをまずは念頭に置くものとなる。そして、その非国家法的側面としては、リスク分散や相互扶助等の保険活動の集団的目的、民間保険の制度的多様性、保険約款や保険料算出の技術としての内部ルール、保険契約者が構成する「保険団体」の概念[2]等に着目することができるこ

---

1)　非国家法の例としては、ICANN（The Internet Corporation for Assigned Names and Numbers）によるドメインネーム管理等のインターネット法にみられるもの、業界団体における商慣習法や自主規制、赤十字や「国境なき医師団」の組織・活動規定、国際オリンピック委員会の組織・活動規定に代表されるスポーツ法、環境マネージメント ISO14000 国際規格、世界医師会のヘルシンキ宣言等、多種多様なものが存在する。浅野有紀『法多元主義─交錯する国家法と非国家法』（弘文堂・2018）8～9頁。

とになろう。その上で、国家における社会保障や社会保険制度と、民間保険制度との関係性を考察することができれば、本書の共通課題であるグローバルな法秩序変容の下での、国家秩序とローカル秩序（後述のように、保険はインターネットやインシュアテックを用いてグローバルな保険契約も可能となりつつあるから、ローカルだけではなくグローバルとも位置付け得る）の関係、また、多層的秩序のあり方の考察にも繋げていくことができるであろう。

　法多元主義的関心に由来する本章の問題意識と本書全体との関係は以上の通りであるが、このような着想による筆者の研究は緒に就いたばかりである。前述の通り、筆者は保険法の専門家ではないため、本章は、法多元主義的問題意識と繋がる考察のヒントになりそうなものについて、議論の整理を試みる段階にとどまらざるを得ない。本章を今後のより深い考察に繋げていく契機としたい。

Ⅱ　「過去の保険」、「現在の保険」、「未来の保険」、「仮想の保険」

　本章では、福祉国家の社会保障制度を補助あるいは代替し得る「保険」のあり方の可能性を探るために、そもそも「保険」とはどのようなものであり、またどのようなものとして人々に受け取られてきたのかを、そして今後の「保険」のあり方にはどのような見通しがあるのかを考察したい。「保険」の様々なあり方の可能性をみるために、過去の保険（1）、現在の保険（2）、未来の保険（3）、仮想の保険（4）の順にみていきたい。1〜3は保険の基本的な特徴の確認を含め、現実の保険の歴史的発展と変容に着目するものである。これに対して、4では、法哲学者のロナルド・ドゥオーキンが論じている、現実ではない「仮想保険」理論について検討する。

1　過去の保険

　現代に繋がる保険の歴史は、海難事故に備えるためのものとして、14

---

2)　山下友信ほか『保険法〔第4版〕』（有斐閣・2019）31〜32頁におけるコラム⑥「保険の団体性」を参照。

世紀にイタリア商人の間でなされた取決めから始まるとされる。16 世紀になると、保険はロンドンの商人の間に広まった。当初は独立の保険者はおらず、同業の商人仲間内で相互にリスクを負担する仕組みとして作り上げられていった。保険に関する紛争解決も、商人仲間内で作り上げられていったルールに従ってなされ、コモン・ローの規定の外に置かれていた。18 世紀半ば、英国最高裁判所長官であった Lord Mansfield がコモン・ロー裁判所で保険に関する事案を扱うようになったが、そこにおける諸原則の多くは、商人間で通用していた従来の商慣習法に従ったものであった[3]。

保険は、長らく、主として海難事故に対応して商人の仲間内で利用されていたが、17 世紀後半、Edward Lloyd という名前の人物が経営するロンドンのコーヒーショップに商人が集まって取引がなされるようになり、そこでの保険引受における慣行やそこで使用された証券の標準型が仲間内でのルールとして定着し、やがて国際的保険市場としての Lloyd's of London へと発展した[4]。1906 年に海上保険法が制定されたが、その内容は、Lloyd's of London において生み出された方法に大きく依拠するものであった[5]。

海上保険の普及後、1666 年のロンドン大火災を契機に、火災保険が新たに発展した。19 世紀における鉄道や産業の発展を契機とした生命保険や事故保険の発展が、その後に続いた。

多様な保険が拡大していく中で、自らの事故や病気に備える本人保険に加えて、不法行為による損害賠償責任などに備える第三者保険が生じてきた[6]。保険経済の観点からすれば、第三者保険は保険料と保険金が高額になりがちであり、場合によっては強制保険の形をとらないと運営できないことから、本人保険の方が効率的であるとされる。また、本人保険は保険会社によって運営されてもよいが、論理的には、社会保障システムの一環

---

3) JOHN BIRDS & KATIE RICHARDS, BIRDS' MODERN INSURANCE LAW (12th ed.) (Sweet & Maxwell, 2022) 2.

4) 以降、現在に至るまで、取引の場所を提供するという Lloyd's of London の保険業態は基本的に変わらない。

5) Birds & Richards, *supra* note 3), 2.

6) 責任保険は、1900 年頃から主に自動車の普及によって生じてきた。B. M. Anderson, History and Development of Insurance, INSURANCE LAW JOURNAL, No.6 (1953) 388.

として国がその役割を担ってもよいと論じられている[7]。

保険は歴史的に以上のような発展をみたが、イギリスを中心にして、このように生まれ育った保険がその後、アメリカや日本でどのように社会に受け入れられていったのかについては、久木元真吾[8]が、生命保険の広がりを社会学的な観点から分析しており興味深い。

久木元の分析を、本章の関心に沿って要約するならば、以下のようなものである。

アメリカでは、19世紀、特にその後半、生命保険事業が社会的地位を確立した。生命保険は、産業化と都市化が急速に進み、従来の農民や自営業者の労働人口が、店員・事務職員・公務員・教師等のホワイト・カラーの労働人口に取って代わられるようになった時代の産物であった。農民や自営業者の場合は一家の稼ぎ手が事故や病気で死亡しても、土地や店舗等の収益の源となる財産が残されるので、これらを用いて遺族は生計を立てられる。しかし、都市の給与所得労働者が死亡すれば、残された家族は路頭に迷うことになる。給与所得者の遺族の困窮に対処する所得保障として、生命保険が必要となったのである。この意味で、生命保険は「今日の文明の必需品」であるといわれた[9]。

しかし、アメリカで生命保険が拡大していく過程で問題となったのは、生命保険が「生命と金銭との交換」であり、道徳的に問題を抱えているのではないか、という人々の懸念であった。「生命保険においては、死と引き換えに金銭が支払われるのであり、人間の存在が金銭に還元されてしまうのみならず、そのことから賭博や故殺と言った、金銭のためにその個人の死を求める邪悪な行動さえも引き起こされかねない[10]」と考えられ、夫の生命保険加入を希望する妻は不道徳であると考える人々が多くいた[11]。

これに対しては、生命保険会社や学者から、生命保険は貧困への転落を回避する、一家の稼ぎ手である夫の妻や子に対する利他的精神と扶養義務

---

7) Birds & Richards, *supra* note 3), 4-5.
8) 久木元真吾『生命保険の社会学—日本とアメリカ合衆国における生命と金銭』（みらい・2022）。
9) 久木元・前掲注8) 22～23頁・45～46頁。
10) 久木元・前掲注8) 26頁。
11) 久木元・前掲注8) 43頁。

の発露であるといった反論がなされた。また、生命保険を賭博と明確に区別するために、「その人の死によって実際に経済的な損失を被る人、すなわち被保険者に対して保険をかけるべき利益を有している人だけが保険金の受け取り手たりうるのであって、そのような関係にない人同士が被保険者と保険金の受け取り手になることは……できない」という「被保険利益」の概念が唱えられた[12]。しかし、久木元によれば、生命保険が「生命が金銭的価値を持つ」ことを前提に成り立っている仕組みである以上、これらの反論や擁護は完全には成功することはない[13]。

　日本でも、最初の生命保険会社が、福澤諭吉門下の阿部泰三や小泉信吉らによって1884年に設立された明治生命保険会社であったことからもうかがえるように、生命保険は、世襲の禄を失い都市等で給与所得者となった旧士族の死亡により所得の源を絶たれたその者の遺族を困窮から救う目的で設立され、その後、産業資本の形成に伴い地主・資本家・高級使用人・官吏等の上中級階層に広まっていった。他方、窮乏する農民の間では小規模共済事業者が多く生じた。第二次世界大戦後は、生命保険事業の経営内容は極度に悪化したが、戦後復興に伴い急速に業績を回復し、1990年代初頭のバブル経済の崩壊や2008年のリーマンショックを経つつ、今日に至っている[14]。

　久木元によれば、日本においては、アメリカと異なり、「生命と金銭との交換」という点は中心的な問題とはならなかった。代わりに、日本では、"保険とは何か"という保険本質論が多く論じられた。"損害の塡補である"という説明は、損害保険には当てはまるが、生命保険には単純には当てはまらない。そのため、損害保険と生命保険とに共有されている本質を

---

12)　久木元・前掲注8) 33～37頁・45頁。

13)　このような議論と関連するものとして、「法と経済学」におけるメリット財の概念（R. マスグレイブ、J. トービン）を挙げることができるであろう。メリット財には二種類あり、①価格化が嫌われる（社会的コストを生む）ものと、②価格化自体ではなく、その価格が既存の富を反映した分配となることが嫌われるものとがあるとされる。また、①と②は混同されやすく、②に該当し、本来は価格化できるのに①と混同されてできない場合があり、その場合は非効率性が生じるとされる。生命保険は①に当たり、その他の保険は②に当たり得ると思われるが、メリット財と関連するにもかかわらず市場性が獲得されていることが、保険の特徴といえるかもしれない。

14)　久木元・前掲注8) 69～71頁。

見出すことが課題とされた[15]。そして久木元によれば、その答えとして、必ずしも学問的な言説としてではないが、最も広く社会的に受容されたのが、相互扶助論であった[16]。

　保険を相互扶助の制度としてみる考え方に立つと、アメリカでは、「生命と金銭との交換」とみられたものが、個々の加入者から生命保険会社を仲介者として遺族に救済金を贈る「贈与」とみなされることになる[17]。保険加入者集団は、あたかも相互扶助的な性格をもつ共同体的団体と捉えられ、生命保険は非営利的で公共的な性質をもつものとして、その倫理的価値が強調されることとなる[18]。そして、このような見方は、生命保険会社の利潤追求的な姿勢が過度なものとみられるようになったときに、「生命保険のすがたが相互扶助であって非営利的・公共的な性格を持つというのならば、保険の運営自体も、非営利的・公共的な形でなされるべきではないかという……保険の国営化論」が、明治末期や昭和初期に繰り返し主張されることに繋がった[19]。

　以上のような久木元の分析によれば、アメリカでは、もともと生命保険の営利性が強く意識されていたために、その「生命の商品化」の側面が問題視されたのに対し、日本では、相互扶助論に依拠した保険本質論が展開されたため、保険の非倫理性という問題意識は希薄であったとされる。しかし、保険における営利的要素を重視しない日本の状況は、保険本質論と保険会社の企業としての実務との乖離を生んだことも示唆されている[20]。

2　現在の保険

　以下では、現代的保険について、その特徴として挙げられることが多いものを簡単に確認する。ここで念頭に置くのは、主として日本における保険の特徴であるが、各国の保険制度とも大方共通する。

　まずは、保険の技術性である。火災や交通事故等の一定の事故の危険に

---

15)　久木元・前掲注8) 76〜77頁。
16)　久木元・前掲注8) 79頁。
17)　久木元・前掲注8) 80〜81頁。
18)　久木元・前掲注8) 84〜93頁。
19)　久木元・前掲注8) 104〜108頁。
20)　久木元・前掲注8) 98〜99頁。

対して、多数の経済主体が保険者との間で保険料と保険金の支払について約定する仕組みである保険においては、過去の統計から事故発生率を測定する大数の法則を基礎とする。大数の法則に基づき、収受する保険料の総額が支払うべき保険金の総額と相等しくなるように事業が運営されなければならないことは、「収支相等の原則」と呼ばれる。しかし、保険加入者の抱えるリスクは個々人で差異があり、例えば、病気がちの人や危険な業務に携わる人が疾病に罹患したり事故に遭うリスクはそうでない人よりも高いため、公平性の観点から、保険料は保険金の支払われる確率が高い人ほど高く設定する必要がある。これは「給付反対給付均等の原則」と呼ばれる[21]。

このような保険の技術性や数理性に基づく保険業務の運営の適正化のために、保険加入者が自身の個別リスクを保険者に知らせる保険加入時の告知義務と、加入後のリスクの増加を知らせる通知義務が規定されている。しかし、これは、保険者が自ら知ることの難しい情報を得られるように被保険者側の協力をあてにするものであって、被保険者が義務を誠実に果たす保証はなく、被保険者には、保険者に対し告知や通知をせずに保険金を受領するインセンティブが常に存在する。「情報の非対称性」やそれを利用した「モラル・ハザード」の問題は、保険においては多かれ少なかれ不可避であるとされる[22]。

保険は、以上のように多数の被保険者の間でのリスク分散を行うものであり、団体性を有し、保険契約が加入者ごとに個別に締結されることは現実的ではないため、契約内容を定型化した約款が用いられることとなる。保険法は、「保険に係る契約の成立、効力、履行及び終了について」定めるが（同法1条）、その規定はあらゆるタイプの保険契約に対応できるように抽象的に定められており、法律に規定のない事項や、任意規定と異なる取決めをする際には、しばしば業界を通じて共通の内容を有する約款が利用される[23]。こうした約款には、加入者が詳細な保険約款の内容について認識していない場合にも不知の主張は許されず拘束力があることが、判例

---

21) 山下ほか・前掲注2) 5～6頁。
22) 山下ほか・前掲注2) 77頁。
23) 山下ほか・前掲注2) 62～63頁。

によって認められてきた。平成 29 年の民法改正により、消費者向けの保険に関しては、定型約款の拘束力に法律上の根拠が付与されることとなった（同法 548 条の 2 ～548 条の 4）。

また、約款のみならず、業界団体により作成・公表されている、保険約款の作成・運用や保険募集のあり方等についての各種ガイドラインも存在する[24]。

しかし、これらの保険約款やガイドラインは保険会社等が一方的に作成するものであり、モラル・ハザードや保険会社の資力を超過しかねない請求への対処のために各種の免責条項やその他保険金給付の制限となる細かな要件を備えており、通常、その内容は一般人には理解不可能な複雑性を有することになるから、被保険者は、いざというときに期待していた保険金を得られず、保険加入の目的が果たされない事態が懸念される。そのため保険法には、被保険者の保護を目的とした片面的強行規定が各所に置かれ、弱者保護・消費者保護の要請に応じるものとなっている[25]。

このような、保険会社と保険加入者の間の理解力や取引力の格差から生じる弱者保護・消費者保護の要請は、保険取引に対する行政監督の必要性を導く。保険業法においては、保険業は、原則として内閣総理大臣の免許を受けた者だけが行うことができるとしており（同法 3 条）、情報提供義務や意向把握義務を定め（同法 294 条・294 条の 2）、事業方法書および保険約款（同法 4 条 2 項 2 号・3 号）は、原則として監督官庁（金融庁）の許可等による事前のチェックを受けるものとされ（同法 124 条 1 項 1 号）、保険契約者等の保護に欠けるおそれや不当な差別的取扱いがないこと、公序良俗に反

---

24) 山下ほか・前掲注 2) 17 頁。また、保険契約に関する紛争は、最終的には裁判によって解決されるとしても、業界団体が設置・運営する調停等の裁判外紛争解決の仕組みも発展し、近年、その利用が活発化していることが指摘されている（同 18 頁）。イギリスにおいては、保険における重要な self-regulation の制度として、三大保険会社により 1981 年に設立された保険消費者からの苦情処理のメカニズムである Insurance Ombudsman Bureau が、法とガイドラインである good insurance practice に沿って、紛争解決や補償金の支払の決定を行っていたことが挙げられる。この制度は、現在では法制化されている。Birds & Richards, *supra* note 3), 18-22.

25) 英国保険法においては、20 世紀後半以降の保険の展開として、ビジネスの保険と消費者保険との区別がなされ、後者における消費者保護のための法改革や保険会社の自主規制の整備が進んだとされる。Birds & Richards, *supra* note 3), 16-18.

204　第9章　多層的法秩序

しないこと等が免許審査基準となっている（同法5条1項3号）[26]。

　保険における近年の傾向としては、グローバル化を起因とする規制緩和やビジネスモデルの変化が指摘されている。

　かつての我が国では、保険業は、経営破綻による多大な影響を回避するため、いわゆる「護送船団方式」による保護的な監督を監督官庁から受けていたが、グローバル化において、保険会社を含む我が国の金融機関の競争力を高める必要が生じ、金融システムの規制緩和を通じて市場原理・競争原理を導入する制度改革が行われた。平成7年の保険業法全面改正によっては、生損保相互参入や保険会社の業務拡大、保険募集制度の諸改正がなされた。その後も規制緩和の動きは続いている[27]。

　このような事前許可性の緩和や保険取扱事業者の拡大により、「特定の保険会社に所属する営業職員や専属代理店が、高価格だが充実したパッケージをコンサルティングにより提供する」というかつてのビジネスモデルが、「シンプルでわかりやすく、かつ、低価格（に見える）商品を、保険ショップに代表される乗り合い代理店やネットの比較サイトなどを通じて提供するビジネスモデル」へと移行しつつあると指摘されている[28]。

3　未来の保険

　現在、グローバルな観点からみた保険の態様は、インシュアテックのスタートアップ企業や既存の保険会社によるビッグ・データやAIの利用のほか、分散台帳を通じた保険会社間の協働、オンデマンド保険商品の開発

---

26)　アメリカでは、保険規制が州の管轄か連邦の管轄かが争われた。Anderson, *supra* note 6), 389.

27)　山下ほか・前掲注2）49〜50頁。もっとも、規制緩和のみではなく、保険会社の破綻を未然に防止するソルベンシー・マージン制度の導入や破綻後の処理スキームの整備等も同時に行われていることに留意すべきであるとされる。

28)　植村信保「保険市場の変化―過去10年と今後の展望」保険学雑誌649号（2020）87頁。他方で、このように保険商品が多様化・複雑化し、独立系の保険代理店が増加したことに伴い、適切な保険商品の選択・購入という消費者保護の観点からの規制の強化も進められている。2016年の改正保険業法においては、保険会社に加えて保険募集人も対象にした新たな保険募集の基本的ルールが創設され、意向把握義務と情報提供義務のほか、体制整備義務が導入された。これは、保険会社は保険募集人に対する監督責任を負うという従来の規制に加え、募集人に対しても、複数保険会社の商品の取扱いの有無等、その業務の特性や規模に応じて体制整備を求めるものである（同88〜89頁）。

によって、大きな転換点を迎えているとされる[29]。3では、このような転換点の先に現れることが予想される未来の保険の姿と、そこで懸念される問題点を整理したい。

　ビッグ・データとそれを効率的に解析する AI の組み合わせは、保険の将来のあり方を変えようとしているといわれている。保険の将来像は、人々の日常の行動における様々なリスクが自動的に計算される保険システムと個々人が繋がって、保険が生活の全般的なリスクをカヴァーすることが可能になるようなものとして想像されている。例えば、「pay-as-you-go」モデルと呼ばれるものは、将来の保険の姿を概要以下のように描き出す。「あなたが家にいるときはあなたの通常の保険が効いており、あなたが玄関から一歩外に出たならば、家にいるときよりも保険料が少し高くなる。あなたがカーシェアを利用して車に乗り込んだならば、あなたのスマートフォンがシステムに繋がって、そのドライヴに対する保険を自動的に掛ける。こうしてあなたの保険は、自動的に保険料を計算しながらあなたの変化する行動に付随していく」、と[30]。

　「pay-as-you-go」のような保険のあり方は、個々人の行為の危険度をリアルタイムで予測し、変化する保険料を計算しながらそれを徴収していく、ビッグ・データと AI および保険や金融のネットワーク化によって可能となる。もちろん、このような保険は、必要な技術を備えた保険システムとネットワークがあれば基本的に地球のどこからでもアクセスできるものであるから、保険加入者にとって自国の保険である必要はなく、グローバルな市場が想定される。SF の描く未来図のように思われるかもしれないが、必要なときにいつでも即時に掛けられる保険としてのオンデマンド保険は、すでに実用化されている。個人の財産、ドローン、自動車、住居所有、共同住居管理、旅行やイヴェント、零細企業やギグ・エコノミーの従事者等の本人保険、使用者責任、医師等の専門家や会社役員の損害賠償責任、サイバー事故による損害賠償責任等をカヴァーする第三者責任保険において、オンデマンド保険が導入されている。これらは、インシュアテックを用い

---

29)　Julie-Anne Tarr & Anthony Tarr, On-Demand Insurance and the Evolving Technological and Legal Environment, Journal of Business Law, Issue 7 (2021) 536.

30)　*Ibid.*, 537.

たスタートアップ企業が先導的な役割を果たしている分野であるが、大手の保険会社も技術開発や投資を行い、従来の保険サービスからの転換を図っているといわれる[31]。

例として、2018年1月からヨーロッパで実用化され始めた Flock Cover と呼ばれるアプリ形式のドローン保険は、商業用や娯楽目的でのドローンの操縦者が、アプリを使用して飛行の日時・場所・飛行条件等の情報をリアルタイムで打ち込むことによって、ビッグ・データと AI によってリスクと保険料を算定され1時間から8時間までの間でカスタマイズされる、ドローンの損傷に対する損害保険やドローン事故による損害賠償責任保険を販売している。このようなオンデマンド保険は、保険事故のリスクをビッグ・データの利用により個別に計算し、また、保険事故が個別の運転やドローン操縦等を対象とするものである点で、主に社会的な統計に基づき、個別行為ではなく一定期間の行為に対して掛けられる伝統的な保険とは大きく異なっている[32]。

生命保険においても、同様の保険の発展が予想されている。ビッグ・データと、常時心拍数や血中酸素等のバイタルデータを送信するスマートウォッチ等のデバイスや病院のカルテのデータとの接続によって、日々、保険料や保険金の内容が更新されるような保険システムが現れ、保険の個人化が生じるとされる。生命保険は従来は、被保険者の契約当初の健康状態と行為習慣しか情報がなく、契約締結後の生活スタイルの変化を考慮することができなかったが、ビッグ・データと個人の健康や行動パターンに関わるデータにより情報ギャップが埋められ、保険の個人化と常時の更新が可能になるとされる。

コンサルティング大手の McKinsey の予測によると、2030年までには、グローバルな保険市場は、顧客個人に対して用意される、利用頻度ベースで内容が継続更新されていく高度に動態的な保険商品を含むようになり、現在の各年更新モデルの保険からの変容が生じるとされる[33]。

Insurwave は、保険のソフトウェアプラットフォームであり、分散台帳

---

31) *Ibid.*, 538.

32) *Ibid.*

33) *Ibid.*, 540.

に依拠して保険購入者・ブローカー・保険者・再保険者に対し、プレースメント[34]や保険の管理方法、提供された個々の保険契約等のデータを共有する世界初の仕組みである[35]。個々の保険会社だけではなく、保険業界全体におけるプラットフォームを通じたデータの共有化は、保険の精緻な個人化が保険市場で普及していくことを支える原動力となる。

　では、上記で描き出されたような未来の保険は、人々にいかなる影響と変化を及ぼすのであろうか。

　保険の個人化と常時更新性は、データ的根拠により予測されたリスクを保険会社が被保険者に開示し、時には、高度な危険性をもつことが判明している行為をやめるように被保険者に促すことを可能とし、保険会社は、単に保険証券を発行するだけではなく、社会のリスクマネージメントの役割を担うようになる、とされる。保険会社が、被保険者のスピード超過の運転をリアルタイムで把握でき、その行為に超過的保険料率を掛けたり、場合によっては保険契約を解約できるシステムになっていれば、被保険者は安全運転を心がけるようになる。このようなリスク管理の方法は、スマートウォッチ等のデヴァイスに抵抗がなく、これを便利で役に立つものとして愛好する若い世代には魅力的に映るであろう、とされる[36]。

　また、保険事故をリアルタイムで把握できたり、偽情報を見抜く様々な暗号技術や、他のデータとの照合等の発展によって、保険金詐欺がなされにくくなる可能性が指摘されている[37]。

　こうして、保険会社が被保険者のリスク管理に寄与し、保険料を下げるために被保険者が安全で健康な生活を送ることができるように心がけ、個々人が自身のリスクに対しより見合った保険料を支払うようになり、詐欺的な保険金支払も抑制されるとなれば、全体としてのリスクは減少し保険料は安くなる、という効率的な結果が生み出されることが期待できる。

　しかし、問題も指摘されている。

---

34)　保険契約者または再保険契約を引き受けてもらう出再者が必要とする保険または再保険の引受け手をブローカーが交渉して確保することを、プレースメントという。松岡順「現代のロイズ―ロイズの組織とその仕組み」損保総研レポート 90 号（2009）65 頁。

35)　Julie-Anne Tarr & Anthony Tarr, *supra* note 29), 540.

36)　*Ibid.*, 539-540.

37)　*Ibid.*, 554-556.

208 第9章 多層的法秩序

　第一に、従来の保険における、保険者・被保険者間の情報の非対称性によるモラル・ハザードが減少する代わりに、個人データの流出によるプライヴァシー侵害や、個人データの不正確さ・誤ったマッチング等による被害が懸念される。この問題は、データ社会においては保険以外の市場でも行政の分野でも懸念されるものである。

　これに対し、第二に挙げられる排除の問題は、保険に特有であり、より深刻であるように思われる。保険が個人化すると、リスクの高い人は保険料が高額になり、場合によっては、保険に加入することができなくなる可能性がある。自身の選択によって回避できるリスクであれば、前述のように、人々がより慎重に行動するようになり個人のリスクマネージメントに寄与するとしても、生まれつき病弱であるとか、遺伝疾患を抱えている等、個人の努力では変えることのできない高いリスクを抱えていることによって、保険料が増加し、加入が妨げられるのであれば、必要な人が保険をもつことができない。また、貧困や学歴の低さ、居住地域の治安の悪さ等、社会的に悪条件を抱えた人ほど様々な高いリスクを抱えていることは想像に難くないが、これらの人が保険に入りにくくなるのであれば、差別的な排除を生むであろう。これらの潜在的に高リスクの人々が不十分な保険しかもてないか排除されるのであれば、リスクの高い人も低い人もともに、社会全体でリスクを分散することにより個々の負担を軽減するという保険の本来の機能が失われてしまうことになる[38]。

　このように描かれる未来の保険像は、一方では、日常の行動全般に簡単に低料金で保険を掛けられ、万一の場合に備えることができる便利で安心な社会であるが、他方では、高リスクの人々を排除することによって、コントロール可能な低リスクを抱えた人々のみにより構成され、デヴァイス等を通じて相互の行為を常時監視し、リスク低減の効率性を追求する管理社会であるように思われる。

4　仮想の保険

　ロナルド・ドゥオーキンは、『資源の平等』において「賢明な保険（pru-

---

38)　*Ibid.*, 545.

dent insurance）」[39]あるいは「仮想保険[40]」について論じている[41]。これは、疾病・事故・失業等のリスクに対して、人々が一定の仮想的状況においてどのような保険を購入するかを想定することによって、社会保障や福祉の正しい水準を決定しようとするものである。この「仮想保険」は、救える命がある限り、そのためにどれだけ費用がかかろうとも、また、命を救われる本人の資力の有無にかかわらず救済がなされるべきとする「救援原理・救命原理（rescue principle）[42]」と対比され、リスクに対して人々が支払うべき保険料と支払われるべき保険金を、一定の仮想的条件の下で、自由市場における架空の保険会社との間で人々が自ら契約することを選択するような、合理的な範囲に限定しようとするものである。

　「仮想保険」は、疾病や失業等の各保険事故に対して個別に構想され得るが、医療保険においては、その一定の仮想的条件としては、次の三つが挙げられている。第一に、富の分配および所得分配が可能な限り公正である社会であること。例えば、現在のアメリカ社会におけるような極端な経済的貧富の差は存在せず、教育・労働・投資に関して各自が使える資源が平等であること。第二に、治療法・治療費・副作用等に関する最新の医療に関する情報を、皆が全て知っているという状況であること。第三に、保険会社を含め誰も、各種疾病や各種事故の個人的罹患率・遭遇率に関する有益な情報をもたない状況であること。したがって、誰がどの病気や事故にいつ見舞われるかわからず、リスクは等しいとみなされる[43]。この仮想の条件が満たされるとき、人々は、必要な際の入院措置、出産および小児

39）　Ronald Dworkin, Sovereign Virtue (Harvard University Press, 2000), 311. ロナルド・ドゥウォーキン（小林公ほか訳）『平等とは何か』（木鐸社・2002）418頁。以下、原書の参照頁の後に括弧書で、同訳書の参照頁を併記する。

40）　Ibid., 331（442頁以下）.

41）　周知のように、ドゥウォーキンの資源の平等論は、無人島に流れ着いた一群の人々の間での競売と保険により財の分配がなされる状況を想定したものであり、平等な初期分配を前提として、事故や疾病に対する保険、とりわけ個人の選択によらない能力の不平等に対して、収入に対する事後的な累進課税に模されるような仮想の保険制度を論じるものである。本章では、この『資源の平等』第2章の理論がより限定的に具体化して論じられている第8章と第9章での説明に多く依拠する。

42）　Ibid., 309, 341（415頁・454頁）. 同書第2章においては、資源の平等は「福利の平等」と対比的に論じられている。Ibid., 65（94頁）.

43）　Ibid., 311-312（418頁）.

科的医療措置、定期健康診断、予防医学的措置等における通常の医療を保障する限定的な保険を選択する。そして、例えば、将来の永続的植物状態に備えて生命維持装置を保障する保険等の、低いリスクに対する高次元の保険には加入せず、そのような保険の保険料を支払う分を、日常の生活を豊かにするために使うであろうとされる。そして、十分な情報に通じた各人が自ら選択するであろうこの保険の水準は、たとえ保険でカヴァーされないリスクが生じたとしても公正な分配に適うものであり、それ以上の政府による医療保障の供給は不要であるとされる。なぜなら、人々は自ら得られるように選択したものを得られるからである[44]。

　失業保険においては、仮想的条件は次のようなものである。第一に、富や他の機会が公正に分配されている。第二に、市場の競争や、技術的な不安定性、国民の平均年齢の上昇等、失業のリスクに関わる要因に全ての人が気付いていること。第三に、自分自身を含めて各人が失業する可能性が等しいと誰もが想定していること[45]。これらの条件が満たされているとき、人々が加入する失業保険は、失業したり低賃金の職しか見つからなかった場合に、少なくとも共同体の「貧困線」の水準を保障するものとなる、とされる。これは、保険が、平均賃金よりも低い水準になることを意味する[46]。そもそも保険というものは、保険料によって将来支払われる保険金の見込み額にプラスして保険会社の管理運営費や利益を賄わなければならないから、基本的に損な買い物である。したがって、技術的に不利な投資をあえて行うだけの価値があるとみなされる場合に限って、保険を掛けることが選択される。つまり保険を掛けるのは、平均的生活を維持するためではなく、著しく劣悪な地位に陥ることを避けるためである、ということになる[47]。

　失業保険を運用する仮想の保険会社は、保険料を安価にして保険市場での競争に勝つために、働けるにもかかわらず働かずに保険金を請求する人々を排除する工夫を生み出さなければならない。その方法として、保険

---

44) *Ibid.*, 313 (419頁).
45) *Ibid.*, 332 (443頁).
46) *Ibid.*, 335 (453頁).
47) *Ibid.*, 334-335 (446～447頁).

会社は失業中の請求者に職業訓練を受けさせることができ、請求者は保険
会社が提供するいかなる職も引き受けなければならず、それを規定回数ま
で拒否した場合には保険金は打ち切りとなるとする契約を締結することが
提案されている。職業訓練が、任意ではなく強制であっても、そちらの方
が長期的には保険料が安価となる場合は、人々がそれを選択して購入する
可能性があるとされている[48]。

　相続は、親や親族等の被相続人の遺産がどれほどあるか、例えば、資産
家の家庭に生まれついたのか貧困家庭に生まれついたのかによって相続人
の受け取る財産が左右されることになる制度である。これは相続人にとっ
ては運不運の問題であるが、相続税制度が不運のリスクを避けるように作
られているとすれば、保険と同様の目的を有することになる。ドゥオーキ
ンは、そこで、相続税についても仮想保険の観点からの考察を試みている。

　そこにおける仮想状況は、これから生まれてくる子の後見人を想定して、
その後見人が、被後見人である子が、遺産を少ししか残さない親や全く残
さない親の元に生まれてくる場合に備えた保険の仕組みを考えるという状
況である。この場合のリスクは、相続制度によって、自分が他の人と比べ
て共同体の中で低い社会階層に属することである。ところで、先述の通り、
人々は現在の所得に関しては、「貧困線」を下回らない失業保険で十分だ
と考えているのであるから、現在の所得からは相続のリスクに対する保険
料は支払わないはずである。そこで、この保険のあり方は、「被保険者が
死亡する・あるいは自発的に贈与するまでは保険料を払わなくてもよく、
その後支払うべき保険料は贈与・遺贈された資産に基づいて算定され、保
険料率は、細やかな贈与・細やかな財産を受け取る場合の保険料ゼロから、
巨万の富を受け取る場合の非常に高い限界比率に向かって、急勾配を描
く」ものになるとされる[49]。この高度に累進的な死後の保険料＝相続税を
課す制度は、人々の経済的階層化を防ぐので、子どもたちが低い社会階層
に属することになるリスクを軽減する。このような相続税の存在する社会
では、自分自身も含め、自分の子どもたちも、自分の親の失敗や不運のた

---

48)　*Ibid.*, 335-338（447〜450頁）.
49)　*Ibid.*, 348（461〜462頁）.

めに最初から不利な立場に立つリスクを大きく回避することができる。したがって、多くの国において現在以上の高度な累進的相続税が推奨されると同時に、税収の使い途としては公教育や専門職志望者への資金援助等、経済的格差を減少させるプログラムのために使用すべきことが主張されている[50]。

　以上の「仮想保険」は、人々を自らに責任のない生まれつきの身体能力や経済環境の運不運の影響から解放すると同時に、自己資金をどれだけ保険に費やすか（保険料を支払う分は、生活を豊かにする他の目的のために使えなくなる）という人々の選択を尊重することにより、平等と自由の両方を実現する公正な社会保障や福祉、実際の保険に対する基準を提示しようとするものである。また、保険の管理運営費用、保険金の詐取やリスク回避努力を怠ること等の保険に伴うモラル・ハザードの問題への対応を視野に入れることにより、現行の福祉制度における非効率性と人々の自助努力の低下を指摘して、再分配や社会的保障に反対する人々に対して反論を試みるものである。その結果、健康保険は、誰もが罹患・遭遇する可能性のあるような疾病や事故に対する通常の医療に対してのものとなり、罹患率の低い難病や、効果は見込まれても高額な治療費を伴うものは対象とならず、失業保険は、共同体の貧困線水準のものとなり、請求者は保険会社が提供する職を受け入れる義務を伴うこととなる。これらの選択は仮想的なものではあるが、人々の実際の保険契約の内容から推測することのできる、統計的な根拠に基づくものである、とされる[51]。以上のような保険によってカヴァーされない不運や生活状況の悪化は多く考えられ、あまり高水準の保障が約束されるものではないようにも思われるが[52]、それが「仮想保険」における人々の合理的選択であることから、人々はその結果が不当な

---

50)　*Ibid.,* 349（462〜463頁）.

51)　*Ibid.,* 313-314, 345（420〜421頁・458頁）.

52)　ドゥオーキンの資源の平等論は、例えば、「自然的不運がもたらす影響の完全除去を謳うG. A. コーエンの運の平等論と比べて、その分配の平等性ははるかに弱いものとなり」、彼の平等主義的含意は弱いものであるとの指摘がある。井上彰「ドゥオーキンは平等主義者か？」宇佐美誠＝濱真一郎編著『ドゥオーキン―法哲学と政治哲学』（勁草書房・2011）198頁。しかし、ドゥオーキンは、必ずしも資源の平等論が他の平等論より少ない補償しか与えないとは考えていない。Dworkin, *supra* note 39), 79-80（113〜114頁）.

ものであると主張することはできない、とされる。そして「仮想保険」は市場において保険会社から各人に提供されるものとして想定されているが、現実の世界では、医療保険政策や失業補償政策、相続税制度として、このような保険水準を模倣的に実現することが政府に対して要求されることとなる。

Ⅲ　考　　察

　以上、保険のあり方の時代的変遷と仮想の保険についてみてきたが、この比較検討からどのような示唆が得られるだろうか。

　第一に、保険は社会の変化に応じて多様な存在形態をとってきたことが理解される。どのような社会制度もそうであるかもしれないが、最初は小規模の私人間・商人間での相互扶助的な仕組みであったものが、徐々に規模を大きくしながら一般に広まった。それは、保険会社の設立とその大規模化という形で行われた。広い意味での金融業の一つとして営利性を強め、事業規模を拡大し、保険会社は、現在ではグローバルな市場において活動している。

　他方で保険事業は、人々の生命・身体・財産の安全に直結するというその公共性や社会的影響の大きさから、一部は国家の管理の下に置かれ、あるいは保険事業自体が国家によって行われるに至っている。

　しかし、未来の保険は、インターネット上の取引や操作であることによって、国家による管理から逸脱していく可能性があるようにも思われる。17 世紀に保険取引の場所として Lloyd のコーヒーショップが果たした役割が、現在ではインターネット上のプラットフォームに取って代わられ、様々な保険的機能を有する（必ずしも従来の保険の定義には当てはまらない）取引が出現している状況がみられる[53]。

---

53)　海外で急成長しつつあるといわれる、インシュアテックの一つである P2P 保険について、経済的な保険には当てはまるが、保険法や保険業法における「保険」の定義には当てはまらないと論じる、吉澤卓哉「P2P 保険の『保険』該当性」保険学雑誌 644 号（2019）77 頁以下を参照。

時代は、大規模保険会社の時代から、プラットフォーム上での、むしろ、保険の発生当初にも似た小規模な個別的な取引の時代へと移り変わるのであろうか。

第二に、この多様な姿から理解されるように、保険は、時に相反する多様な側面を示す。非営利性が強調されたり（「過去の保険」における日本の保険本質論）、営利性が強調されたり（「過去の保険」におけるアメリカの議論や現代の規制緩和）、それに関連して私的で市場的な側面が強調されたり、公共的な側面が強調されたりする。大数の法則に典型的に表されるように、集団における多様な確率のリスクの分散であると同時に、同様のリスクを抱えた集団の選別やリスクの個人化も進められている。仮想の保険にみられるように、理念的には自由選択の重視でもあり平等のための手段でもあるとされる[54]。いずれの側面も、現実の保険の中に見出すことができるものであろう。したがって、どのような側面に注目してそれを発展させていこうとするかによって、保険の果たし得る役割像は大きく異なったものとなるであろう。

第三に、保険と社会保険・社会保障との関係について考えてみるならば、Ⅱ1でみたように、本人保険はリスク分散の方法として効率的であり、保険会社によって運営されてもよいが、国家の社会保障システムとして行われてもよいことが、まず指摘される。実際に、過去の日本における「保険の国営化論」は、そのような方向性を追求したといえる。現在の保険も保険業の適正に対する国家的関心を随所に示しているし、ドゥオーキンの「仮想保険」は、市場での保険選択を模した国家的な制度設計を最終的には提示しているようである。

そこで、基本的には、保険という社会的仕組みと国家における社会保障や社会保険とには重なる部分があり、公私の協働や理念的な摺り合わせが図られやすい分野であり得る。それでは、どのような協働が可能であるだ

---

54)　しかし、平等の理念とは個人主義的倫理を超える部分について論じるものであるとすると、ドゥオーキンのような自由選択の重視と平等を両立させようとする試みには本来的な困難があることとなろう（井上・前掲注52）201〜202頁）。また、自己決定の尊重であるといっても、「これが人々の選択であるから」という理由付けは、実際の選択であってこそ説得力を有するから、仮想状況での選択に同様の説得力を見出すことはできない点も疑問である。

ろうか。

　まず、ドゥオーキンが論じるように、国家がその社会保障政策において保険原理をより積極的に取り入れることが考えられる。

　2012年以降、我が国で進められてきた社会保障改革は、まさに「社会保障の保険化」であるといわれている。2012年の社会保障制度改革推進法の制定・施行以降、「受益と負担の均衡がとれた持続可能な社会保障制度の確立を図る」（持続可能な社会保障制度の確立を図るための改革の推進に関する法律1条）ために、個人の自助努力と住民の相互扶助の仕組みと環境を整えること（同法2条）が目指されている。しかし、「この考え方は、いわゆる『見返り』論であり、社会保険制度を機軸に置きつつ『負担なければ給付なし』という社会保険の『保険原理』を徹底するもの」であり、憲法の定める無拠出の生存権保障を基礎とする理念とは異なった方向であるといわれている[55]。

　とすれば、これは一つの現実的方向であるとしても、人々に与えられる保障水準が低減していくことは避けられないであろう。

　次に、これとは逆に、拡大していく保険市場に国家の保障機能を委ねていく方向も考えられるであろう。市場における保険が、生活の全般にわたって簡易かつ効率的に人々のリスクに対処できるのであれば、国家の保障は縮小してよい。しかし、現状では、全ての人が市場で十分な保険を購入できる資源と情報を有しないことはあまりにも明らかである。国家が人々の支払う保険料を補助する制度が必要であり、保険料の補助は、ドゥオーキンの「仮想保険」における、初期の富の分配および所得分配が平等であるという第一条件に資するものであろう。この初期条件の実現が、ベーシック・インカムのような一律の補助によるべきか、困窮者に厚く保障するものとなるべきかは議論の余地がありそうだが、ドゥオーキンによれば前者が支持されることになるのであろうか。これとともに、政府は保険に関する情報の適正化を図る必要があると思われる。

　第四に、様々な保険のあり方を比較することにおいて、未来の保険と仮

---

55)　伊藤周平『「保険化」する社会保障の法政策—現状と生存権保障の課題』（法律文化社・2019）2〜3頁。

想の保険との隔たりが大きいことが指摘できるであろう。未来の保険は、リスクの個人化を通じて、モラル・ハザードの余地を排除する効率的な保険とリスク管理を進める方向に向かっているが、仮想の保険は、「誰がいつどのような病気や事故や失業に見舞われるかがわからず、リスクは等しいとみなされる」ことを前提にしている。この違いは非常に重要であるように思われる。現実の保険市場が未来の保険で描かれる姿に近付いていけばいくほど、仮想の保険が現実の保険のあり方の指針を示すことができる可能性が低くなっていくからである。現実の保険の自由契約化・個別契約化は、仮想の保険における平等な保障とは相容れない度合いが高くなる。未来の保険で懸念される高リスクの人々の排除が市場での保険において避けられなくなれば、仮想の保険を模倣するような国家の保険政策が別途設けられなければならないのであろうか。あるいは、国家が（保険会社と協働して？）ビッグ・データを用いて人々のリスクを管理し、全体にリスクを低減させるように人々の行動を導くことによって、結果的に保険料や保険金の平準化を図るような「未来の保険」と「仮想の保険」との結合形態のようなものは考えられるのだろうか。実現し得るとして、それは望ましいことであろうか。

　以上の考察においては、保険の時代的・社会的変容性とその多様な側面を前提として、市場における保険と国家における保険との協働活用の方向性がいくつか導かれた。保険的思考に沿った社会保障政策の再編、国家による人々への保険料補助による保険市場の活用、ビッグ・データ活用による「未来の保険」と「仮想の保険」の結合である。これらのメリット・デメリット、法的に問題となる点、現実的可能性はさらに考察されなければならない。また、このほかには、どのような協働の可能性が考えられるであろうか。今後の研究を期したい。

【附記】　本章は、JSPS 科研費基盤研究(A)「グローバル法・国家法・ローカル法秩序の多層的構造とその調整法理の分析」（課題番号 19H00568）（代表：原田大樹）、基盤研究(B)「多様化する保険——社会的相互扶助の仕組みとしての可能性を探る」（課題番号 23H00772）（代表：浅野有紀）による研究助成の成果である。

第10章 法体系の範囲と継続性について

——ジョセフ・ラズの議論を手がかりとして

濱　真一郎

I　はじめに
II　法体系と法秩序——予備的考察
III　法体系の同一性——「法と国家の関係」を視野に入れる必要性
IV　法体系の継続性
V　法体系の範囲
VI　おわりに

I　はじめに

　グローバル化の進行によって、国際社会には、様々な国際機関や国際的なルールが登場している。同時に、例えば EU からの英国の離脱（いわゆるブレグジット：Brexit）に象徴されるように、グローバル化に対する反動も存在する。こうした中、国家法に主たる関心を向ける従来の法理論では、現状を適切に把握できないのではないか、という批判が出てきている。すなわち、国家の法体系だけでなく、グローバルな法体系やローカルな法体系にも関心を向ける必要があるのではないか、という批判である。こうした批判は、実定法学の領域のみならず、法哲学を含む基礎法学の領域においても登場している[1]。

　本章は、ジョセフ・ラズの議論を手がかりとして、法体系の「同一性 (identity)」の問題が有する二つの側面、すなわち「範囲」(scope) と「継

---

1)　法哲学の領域における議論状況については、浅野有紀『法多元主義—交錯する国家法と非国家法』（弘文堂・2018）、日本法哲学会編『法多元主義—グローバル化の中の法（法哲学年報 2018）』（有斐閣・2019）を参照。

続性（continuity）」という側面について、検討を行う。その検討を通じて、本章は、複数の法体系や規範体系間の相互関係について分析するための、基礎的な視座を提供することを目指す。

II　法体系と法秩序──予備的考察

　まず、本章において検討する「法体系」の基本的特徴について、これと類似する「法秩序」と対比させながら確認しておこう。

　本章で「法体系（legal system）」と言う場合、それは、階層性を有する法的諸ルールの集合を意味する。ある法体系における下位のルールが法的に妥当（legally valid）しているか否かは、その下位のルールの善し悪し（merit）によってではなく、それよりも上位のルールに照らして判定される。さらに、その法体系における最上位のルールが法的に妥当しているか否かは、最上位のルールの善し悪しによってではなく、究極のルール──例えば、ハンス・ケルゼンの言う「根本規範（Grundnorm; basic norm）[2]」やH. L. A. ハートの言う「承認のルール（rule of recognition）[3]」──に照らして判定される。なお、ニクラス・ルーマンは、ハート以降の分析法理学を意識しつつ、発達した「法体系」を念頭に置いて論述をしているが、ルーマンのシステム論においては、社会システムには全体社会、組織、相互行為という三つの水準があり、「法システム」や経済システムは全体社会の部分システムである、とされる[4]。以上から理解されるように、本章

---

2)　Hans Kelsen, *Reine Rechtslehre*, Zweite, vollständig neu bearbeitete und erweiterte Auflage 1960 (Verlag Franz Deuticke, 1976), SS. 202-205（長尾龍一訳『純粋法学〔第2版〕』（岩波書店・2014）192〜195頁）; Hans Kelsen, *General Theory of Law and State*, translated by Anders Wedberg (Harvard University Press, 1945), p. 115（尾吹善人訳『法と国家の一般理論』（木鐸社・1991）200頁）.

3)　"rule of recognition" は「認定のルール」とも訳される。H. L. A. Hart, *The Concept of Law*, third edition, (Oxford University Press, 2012), chs. 5-6（矢崎光圀監訳『法の概念』（みすず書房・1976）第5章・6章、長谷部恭男訳『法の概念〔第3版〕』（筑摩書房・2014）第5章・6章）。

4)　毛利康俊「法的コミュニケーション──ルーマン派システム論から見た現代分析法理学」平野仁彦＝亀本洋＝川濵昇編『現代法の変容』（有斐閣・2013）155頁・165頁。

で論じる「法体系」と、ルーマンのシステム論における「法システム」とは、異なる意味を有することになる。

ケルゼンは、「法秩序」の概念について以下のように説明している。すなわち、法秩序（Rechtsordnung; legal order）は、一般的な個別の諸規範の集合である。それらの諸規範は、人間の行動を統制する。言い換えれば、人がいかに行動すべきかを指示する。それらの諸規範が一つの秩序であるのは、それらの諸規範が統一されているからである。それらの諸規範が統一されているのは、それらが同じ妥当根拠（根本規範）を有するからである[5]。なお、ケルゼンによると、法秩序を構成する個別の諸規範が妥当であるとみなされるためには、法秩序は全体としてある程度は実効的（wirksam; efficacious）でなければならない、とされる[6]。

ハートは、「法秩序（legal order）」ではなく、「法体系（legal system）」という語を用いて議論を進めている。ハートは、個々のルール（彼は、「規範」ではなく「ルール」という表現を用いる）が属する法体系が、全体として実

---

5) Hans Kelsen, "Der Begriff der Rechtsordnung", in *Logique et Analyse,* vol. 1, nos. 3 and 4 (1958), S. 150; "The Concept of the Legal Order", translated by Stanley L. Paulson, in *The American Journal of Jurisprudence,* vol. 27, no. 1 (1982), pp. 64-65.

　なお、横溝大「グローバル法多元主義の下での抵触法」『グローバル化Ⅱ』343 頁には、根本規範を頂点として法秩序を把握するケルゼンの規範的法秩序概念と対照的な、規範の前提となる現実的で具体的な社会的一体として法秩序を把握するサンティ・ロマーノの制度的法秩序概念への言及がある。

　さて、F. A. ハイエクによると、「法秩序」が存在するのは誰かが物事をそのように秩序付けたからだと、我々は推測しがちである。さらに、例えば、公法を形作る組織的ルールにおいては、法ルールの体系とそれによって規定されている行動の秩序とを明確に区別せず、双方の秩序を「法秩序」の名の下に括ったとしても、それほど深刻な誤解を招くことにはならない。しかし、我々が日常で出会うよう願っており、また、その存在によって我々の行動計画がある程度成功裏に実行可能になっている秩序は、法的な産物というわけではない。市場や社会秩序一般に関しては、法秩序とは別の種類の「秩序」が問題となる。ハイエクは、この秩序について、それは自生的に形成される秩序であり、「人間による行為の結果ではあるが、設計の結果ではない」という指摘を行っている（F. A. ハイエク（田中慎訳）「法秩序と行動秩序」西山千明監修／嶋津格監訳『哲学論集（ハイエク全集Ⅱ-4）』（春秋社・2010）239〜241 頁、同（太子堂正称訳）「行為の結果ではあるが、設計の結果ではないもの」西山千明監修／八木紀一郎監訳『思想史論集（ハイエク全集Ⅱ-7）』（春秋社・2009）6 頁・12 頁）。ハイエクの以上の議論は、ケルゼンの「法秩序」の説明に対する批判にもなっていると思われる。

6) Kelsen, "Der Begriff der Rechtsordnung", *supra* note 5), SS. 150-151; "The Concept of the Legal Order", *supra* note 5), pp. 64-66.

効性を有していることを前提としている。よって、ハートが「法体系」と言うとき、それは、ケルゼンが言うところの「全体としてある程度は実効的な法秩序」であることを含意していると思われる。ただし、例えば、すでに実効性を失っているローマ法について教えるときに、その法体系が未だに実効的であるかのように語ることで、妥当性について有意味に考えることができる場合もある[7]。

III　法体系の同一性
──「法と国家の関係」を視野に入れる必要性

1　法体系の同一性に関するラズの議論

　ラズは、博士論文を基に『法体系の概念[8]』（初版：1970、第2版：1980）を出版し、その後、「法体系の同一性」（1971）および「法の制度的性質」（1975）という論文[9]を著している。彼は、それらの論文において、法体系の同一性の問題が有する二つの側面について、すなわち範囲と継続性とい

---

7)　Hart, *supra* note 3), pp. 294-295（矢崎監訳・前掲注3）281頁の注〔「法の妥当性と実効性」という項目への注〕、長谷部訳・前掲注3）509頁の注（3））. ハートが言及するローマ法の例については、*ibid.*, p. 104（矢崎監訳・前掲注3）113～114頁、長谷部訳・前掲注3）173頁）.

8)　Joseph Raz, *The Concept of a Legal System: An Introduction to the Theory of Legal System,* second edition（Clarendon Press, 1980）（松尾弘訳『法体系の概念─法体系論序説〔第2版〕』（慶應義塾大学出版会・解説追補版：2011））。田中成明によると、権威的法規範の「法的」特質について説明するラズの法規範論は、法の「制度的」特質について説明するラズの法体系論と一体的に展開されることで初めて、その本領を発揮できる理論構成となっている（同『法の支配と実践理性の制度化』（有斐閣・2018）147頁）。ラズの法体系論について検討した邦語文献として、深田三徳「法規範と法体系─イギリスにおける最近の議論の紹介と検討」日本法哲学会編『法規範の諸問題（法哲学年報1977）』（有斐閣・1978）52頁、同「法の個別化理論と法体系の構造論─J. ラズの見解の紹介とドゥオーキンの批判を中心にして」同志社法学29巻6号（1978）625頁、中村晃紀「法体系の概念─ジョセフ・ラズの法体系理論」日本法哲学会編『正義（法哲学年報1974）』（有斐閣・1975）147頁、松尾弘「ラズの法体系論─『法体系の概念』の意義と課題」同訳・前掲書283頁。

9)　これらの論文はラズの著書『法の権威』に収録されており、本章では同書を参照する。Joseph Raz, "The Identity of Legal Systems", and "The Institutional Nature of Law", in Joseph Raz, *The Authority of Law: Essays on Law and Morality,* second edition（Oxford University Press, 2009）.

う側面について、検討を行っている[10]。

ラズは、法体系の同一性について検討を行うにあたって、以下の重要な指摘をしている。すなわち、法の同一性について論じるためには「法と国家の関係」を視野に入れる必要がある、という指摘である。彼の議論を具体的にみていこう。

ハートによる「承認のルール[11]」に関する理論は正しい（correct）けれども、それは、法体系の同一性の問題については部分的な解答しか与えていない。というのも、ハートは、法と国家の関係について視野に入れていないために、法体系の範囲と継続性の問題を理解できていなかったからである[12]。

ここで、筆者の理解を補っておこう。ハートは、法体系の同一性の問題に答える際に、法体系を構成するルール（承認のルールと、それによって確認された法的諸ルール）のみを考慮に入れる。しかし、以下で確認するように、法体系の同一性の問題に答えるためには、法体系を構成していないルールにも関心を向けねばならないのである。

ラズは、ハートの理論に対して上記の指摘を行った上で、「法と国家の関係」について論じていく。彼はまず、「国家（state）」という語について確認している。多くの法系（法圏：legal systems）において、「国家」ないしそれに類する語は、法律に基づいて設立された法人（legal person）を指し示すために用いられている。すなわち、「国家」という語は、特定の義務・権能・権利を有し特定の機関（organs）を通じて行為しているような

---

10) Raz, "The Identity of Legal Systems", *supra* note 9), p. 98.

11) ハートによると、全ての社会には、法とは何かを確定するための社会的ルールが存在する。ハートは、こうした社会的ルールを第二次的ルールと呼ぶ。第二次的ルールの中で特に重要なのは承認のルールである（原語は "rule of recognition" で、「認定のルール」とも訳される）。承認のルールは、法的に妥当する規範とそれ以外を区別するための基準（criteria）を示すメタ的なルールである。Hart, *supra* note 3), ch. 5（矢崎監訳・前掲注 3）第 5 章、長谷部訳・前掲注 3）第 5 章).

12) Raz, "The Identity of Legal Systems", *supra* note 9), pp. 97-98. なお、承認のルールに関するハートの理論を、そこで主に念頭に置かれていた国家法だけでなく、法多元主義における非国家法のあり方にも適合的なものに継承・発展させようとする論者がいる。例えば、デトレフ・フォン・ダニエルズ（Detlef von Deniels）、ロジャー・コットレル（Roger Cotterrell）、およびラルフ・ミヘールズ（Ralf Michaels）である。この三人の議論については、浅野・前掲注 1）第 2 章を参照。

222 第10章 法体系の範囲と継続性について

法人を指し示すために、用いられているのである。法人としての国家という法的な概念は、政治組織の一形態としての国家という政治的な概念とは、明確に区別されねばならないものであり、後者のみが、法体系の同一性の問題と関連している、とされる[13]。

2 範囲と継続性という側面への注目

「法と国家の関係」は、法体系の同一性の問題が有する二つの側面、すなわち範囲と継続性という側面と、関連している。それぞれの国家（ここで言う国家とは、「法人としての国家」のことではなく「政治組織の一形態としての国家」のことである）は、それぞれの法体系を有している[14]のであるから、法の同一性と国家の同一性とは密接な関係にある。よって、「法と国家の関係」は、法体系の範囲の問題に影響を与える。さらに、一つの国家の存在の終わりは、その法体系の終わりなのだから、「法と国家の関係」は、法体系の継続性の問題にも影響を与えるのである[15]。

3 社会組織への注目

ラズによると、「法と国家の関係」については、彼とは正反対の見解が、法哲学者たちによって提示されてきたという。

一方で、ケルゼンは、国家の概念は法律用語（legal terms）によって説明できると主張した。すなわち、まずは法体系の概念について説明がなされねばならず、その概念から、国家の概念についての説明が導出されることになる。というのも、国家は（国内）法体系に他ならないからである。いかなる社会的事実も、そしていかなる社会規範（social norms）も、法の説明には関連しないので、それらは国家の理論とは何の関係ももたない[16]。

他方で、ジェレミー・ベンサムとジョン・オースティンは、国家に関する理論が確立されて初めて、法について説明できるとした。すなわち、ま

---

13) Raz, "The Identity of Legal Systems", *supra* note 9), note 34 at p. 98.
14) 筆者の理解では、法体系を構成する法律に基づいて設立された法人としての国家は、自らを設立した法律を含む法体系を保有することができないであろう。
15) *Ibid.*, pp. 98-99.
16) *Ibid.*, p. 99.

ずは、「独立した政治社会（an independent political society）」（ここでは、「国家」を指す）の意味を定義してから、この定義に基づいて「法」が定義付けられることになるのである。ベンサムとオースティンによる「独立した政治社会」の定義は、純粋に社会組織に関心を寄せるもの（purely sociological[17]）であり、その定義において法的諸概念は用いられていない[18]。

　「法と国家の関係」についての上記二つの説明においては、ベンサムとオースティンの方が優れている。なぜなら、ケルゼンには、政治組織の一形態としての国家の概念が欠けているので、法体系の同一性について説明するのに失敗しているからである。すなわちケルゼンは、法体系の同一性の特徴として、憲法の継続性のみに依拠している。彼はそのために、憲法の継続性における断絶（break）が生じなくても新しい国家を創造できるし、新しい法体系を定立することができる、という事実を無視している[19]。ラズによると、法理論は少なくとも部分的には、国家の理論（社会の政治組織としての国家の理論）に依拠せねばならない。このことの否定は、ケルゼンの最大の過ちの一つであるとされる[20]。

IV　法体系の継続性

1　社会組織（社会）の下位組織の一つとしての政治組織（国家）への注目

　IIIで確認したように、法体系の同一性について論じるためには、《社会

---

17)　"sociological" には「社会学の」という意味と並んで、「社会の」や「社会問題〔組織〕の」という意味もある（高橋作太郎編集代表『リーダーズ英和辞典〔第3版〕』（研究社・2012））。ラズのここでの議論には「社会学の」という含意が感じられないため、"sociological" に「社会組織に関心を寄せる（ような）」という訳語を充てている。

18)　Raz, "The Identity of Legal Systems", *supra* note 9), p. 99.

19)　*Ibid.* ケルゼンは、憲法の継続性における「断絶」として、革命やクーデタを念頭に置いている。Kelsen, *General Theory of Law and State, supra* note 2), p. 117（尾吹訳・前掲注2) 202〜203頁）。しかし、ラズに言わせれば、そのような「断絶」がないとしても新しい国家が創設されたり新しい法体系が定立されたりすることはあり得る（例えば、これまでB国によって支配されていたA国が、B国の政府から平和的な方法で、独立した国家としての権能を委譲される場合等）という事実を、ケルゼンは見逃している。Raz, "The Identity of Legal Systems", *supra* note 9), p. 99; *supra* note 8), pp. 102-103（松尾訳・前掲注8) 121頁）。

20)　Raz, "The Identity of Legal Systems", *supra* note 9), pp. 99-100.

組織に関心を寄せる観点から「法と国家の関係」について説明する》必要
がある。ラズは、この必要性を念頭に置きながら、法体系の同一性の問題
が有する二つの側面、すなわち範囲と継続性という側面について検討を行
っている。Ⅳでは、先に法体系の継続性に関するラズの議論をみていく。

　国家は、社会の政治組織である。すなわち、国家は、「より包括的な社
会組織の下位組織としての政治組織（a political system that is a subsystem of a
more comprehensive social system)」である[21]。社会組織は、政治組織のほか
にも多くの下位組織を含んでいる。政治組織は、その他の下位組織の全て
ではないとしても、そのほとんどと影響し合う。さらに、ある政治組織は、
その他の政治組織とも影響し合う。また、社会組織や政治組織は、規範的
な組織（normative systems）である。すなわち、それらの組織の相互作用
は、少なくとも部分的には、規範によって統制されるのである[22]。

　政治組織は、法体系（すなわち、法体系を構成している法規範）だけでな
く、非法的規範（non-legal norms）によっても統制されている。言い換え
れば、政治組織を統制する規範には、法体系だけでなく、非法的規範も含
まれるのである。非法的規範の中には、その適用範囲が社会全体に及ぶも
のがある。例えばある法体系が、人々によって不快に思われたり憎まれた
りしているにもかかわらず実効性を有しているとしたら、それは、その法
体系が、「法を尊重すべきだ」という非法的規範に支えられているからで
ある。非法的規範の中には、政治的な非法的規範も存在しているが、適用
範囲は限定されている。その具体例としては、英国の憲法学者 A. V. ダイ
シーが提示する「習律（conventions)」がある[23]。

---

21)　*Ibid.*, p. 100.
22)　*Ibid.* ラズは、一つの社会組織の中に二つ以上の政治組織が存在することも、認めている
　　ように思われる。彼はイスラエル出身であるため、イスラエル政府とパレスチナ自治政府の
　　ことを常に念頭に置いていたであろう。
23)　*Ibid.* ダイシーの言う「習律」とは、「立法的主権者の行動と政治的主権者の願望との間
　　に調和を確保するための規範」のことである（A. V. ダイシー（伊藤正己＝田島裕共訳）
　　『憲法序説』（学陽書房・1983) 406 頁）。内野広大「ダイシーと法の支配―形式性の背後面に
　　ある規範秩序」戒能通弘編『法の支配のヒストリー』（ナカニシヤ出版・2018) 105 頁も参照。

2 法体系の継続性と政治組織および非法的規範の継続性との関連

政治組織は、法体系（すなわち、法体系を構成している法規範）によって統制されている。したがって、法体系の継続性は政治組織の継続性と関連している。また政治組織は、法体系だけでなく、非法的規範によっても統制されている。とすると、法体系の継続性は、非法的規範の継続性にも左右される。ラズはここで、非法的規範の継続性のみが重要だと主張したいのではない。彼が主張したいのは、法体系の継続性について検討するためには、非法的規範の継続性にも注目する必要がある、ということである[24]。

結局のところ、法体系の継続性について論じるためには、以下の二点について考慮することが重要となる。第一に、法体系の継続性は、法規範と非法的規範の相互作用や、それらの規範の変化によって、影響を受ける。第二に、法規範の中には、法体系の継続性と強い関連性を有するものがある。すなわち、法体系の継続性は、政治組織の継続性と関連しているのだから、政治的諸法（political laws）はその他の諸法よりも、法体系の継続性と強い関連性を有している。例えば、憲法や行政法は、契約法や不法行為法よりも、法体系の継続性と強い関連性を有しているのである[25]。なお、ラズがここで言っているのは、法体系の継続性との関連性のことであって、憲法や行政法の方が、契約法や不法行為法よりも重要なのだ、ということではない。

V　法体系の範囲

1　法体系の範囲の問題の明確化──四つの部分問題

Vでは、ラズの指摘する法体系の同一性の問題が有する二つの側面の・・
うち、法体系の範囲に関する議論をみていこう。

承認のルールに関するハートの理論によると、①あるルールは、それがある法体系の承認のルールであるならば、その法体系の法の一つであり、

---

24) Raz, "The Identity of Legal Systems", *supra* note 9), p. 100.
25) *Ibid.* 契約法や不法行為法は、その適用範囲が社会組織（社会全体）に及ぶため、社会組織の継続性と関連性を有していると思われる。

226 第10章 法体系の範囲と継続性について

　さらに、②あるルールは、それがある法体系の裁判所が適用すべき法やルールであるとしたら、その法体系の法となる[26]。

　上記のハートの理解（その後半部分）に対して、ラズは、それとは異なる次のような理解を提示している。すなわち、あるルールは、それがある法体系の裁判所が適用すべき法やルールであるとしても、その法体系の法となるわけではない。というのも、裁判所はしばしば、他の法体系の法や、民間団体のルール等を適用する義務を有するけれども、それらの法やルールは、裁判所によって適用される前は、その法体系の一部ではなかったからである。さらに、それらの法やルールは、裁判所によって適用された後に、その一部になるわけではないからである（この論点については、後ほど改めて触れる）。このラズの理解からすると、承認のルールに関するハートの理論は、法体系の範囲の問題——ある瞬間の法体系の同一性の問題——について、完全な答えを提供していないのである[27]。

　続いてラズは、法体系の範囲の問題について彼自身の議論を提示していく。彼によると、法体系の範囲の問題は、その継続性の問題と同じく、政治組織の範囲の問題と関連している。政治組織の範囲の問題はさらに、四つの部分問題（sub-problems）として区別できる[28]。

　すなわち、(i)法体系の一部を構成する政治規範（political norms）と、その一部を構成しない政治規範を区別するという問題（政治規範とは、例えばダイシーの言う「習律」）、(ii)法規範と社会規範を区別するという問題（社会規範とは、政治組織の上位組織である社会組織の規範のこと。例えば、道徳）、(iii)法（the law）と、同じ社会（社会組織）の他の下位組織の規範（例えば、スポーツクラブの会則や営利会社の内規）を区別するという問題、(iv)ある法体系を構成する法と、その他の法体系を構成する法（これは、前者の法と衝突せずに共存している。例えば、外国法）を区別するという問題である。

　法体系の範囲に関する上記(i)は、法体系の一部を構成する政治規範と、その一部を構成しない政治規範の区別についての問題であった。この部分

---

26)　*Ibid.*, p. 97.

27)　*Ibid.*, pp. 97-98.　前掲注12) も参照。

28)　*Ibid.*, pp. 100-101.　次段落の四つの部分問題の記述についても、原書の同頁を参照している。

問題は、「ある法体系の法とは、その法体系の究極のルール［承認のルールのことと解される］と、その法体系の裁判所が［究極のルールに基づいて］適用すべき法のことである」というハートの主張によって解決される。すなわち、この主張によれば、ある法体系の裁判所が適用していない政治規範や、適用する必要のない政治規範は、その法体系の究極のルールでも、その法体系の裁判所が適用すべき法でもない。よって、それらの政治規範は、その法体系の一部を構成しないのである[29]。

　上記(ii)～(iv)は、それぞれ、やや異なる論点を含んでいるが、共通する論点を有している。すなわち、裁判所は時として、他の社会組織ないし政治組織に属する規範を適用する義務を有するが、それはなぜか、という論点である。例えば裁判所は、私的な契約や国内の民間団体のルール、外国の法等を執行（enforcement）せねばならない。理論家の中には、このことをもって、それらの契約やルールや法は当該法体系の一部であると主張する者がいる。例えばベンサムは、法によって執行可能な（enforceable）全ての命令は、主権者の法であると主張した。あるいはハートは、裁判所が適用すべき全てのルールは、当該法体系の法であると主張した[30]。

　ラズは、ベンサムやハートとは異なり、上記(ii)～(iv)の部分問題に共通する論点について以下のように論じている。国家権力によって裏付けられていること（the backing of the state power）は、国内法の重要な特徴である。しかし、国内法にはその他の特徴もある。すなわち、国家の法体系は、それ以外（当該の国家以外）の形態の社会集団（social grouping）を存続させたり援助したりする機能（function）を有する、という特徴である[31]。

　ラズは、ここで興味深い脚注[32]を付しているので、その内容を紹介しておきたい。すなわち、自分は国内法に注目して議論をしているけれども、それ以外の法体系も同様の特徴を有している、というのである。例えば、部族・教会・国際共同体等の社会組織の法体系も、それらの社会組織とは別の社会組織の社会集団を存続させたり援助するものとされる。

---

29)　*Ibid.*, p. 101.

30)　*Ibid.*

31)　*Ibid.*

32)　*Ibid.*, note 41 at p. 101.

2 法体系に必要不可欠な特徴

ラズは次に、法体系の範囲について検討するために、法体系の必要不可欠な特徴について検討を行う。その特徴は以下の三つである。

第一に、法体系は、基本的機関（primary institutions）を設立するための規範を含んでいる、という特徴である[33]。基本的機関とは、規範創造機関（憲法制定会議、国会等）、規範適用機関（裁判所、それ以外の裁決機関、警察等）[34]、および規範執行機関（これは規範適用機関の一つである）のことである[35]。

第二に、ある法（a law）がある法体系に属するのは、その法体系の基本的機関がその法を適用する義務を有する場合に限られる、という特徴である[36]。この特徴は、基本的機関（規範適用機関）が適用する義務のある法が、当該法体系に属する場合と属さない場合がある、という問題と関連している。この問題については後述する。

第三に、法体系には領域（limits）がある、という特徴である[37]。すなわち、裁判官は、法体系の領域の中にある法については、その法が最良でないと考える場合でも、それを適用せねばならない。法は、裁判官が自らの判断で判決を下す必要がある場合には、そのことを裁判官に指示するものとされる[38]。

3 法体系とそれ以外の規範体系を区別する特徴

2では、法体系の必要不可欠な三つの特徴を確認した。ただし、ラズによると、それらの特徴は、法体系だけでなく、それ以外の規範体系（nor-

---

33) *Ibid.*, p. 115.

34) *Ibid.*, p. 105.

35) *Ibid.*, p. 107. ラズによると、規範創造機関の存在は、近代の法体系に特徴的なものであるが、全ての法体系にとって必要不可欠な特徴ではない。それに対して、規範適用機関の存在は、全ての法体系の必要不可欠な特徴である（*ibid.*, p. 105）。規範執行機関は、近代の全ての法体系にとって重要であるが、法体系の同一性にとっては最重要というわけではない。人々は、裁判で自分の権利を権威的に宣言してもらえば、穏当な力（force）を行使してそれ（自分の権利）を実現することができるし、他者に権限を付与して（authorize）自分の代わりにそうした力を行使してもらうことができる。このように、法執行機関のない法体系は存在し得るものとされる（*ibid.*, pp. 107-108）。

36) *Ibid.*, p. 115.

37) *Ibid.*

38) *Ibid.*, pp. 113, 115.

mative systems）にも備わっている。それ以外の規範体系とは、例えば大学、スポーツクラブ、社交クラブ、労働組合、政党といった自発的結社のルールのことである[39][40]。ここにおいて明らかなように、前述2の三つの特徴によって、法体系とそれ以外の規範体系を区別することはできない。

そこでラズは、次に、法体系とそれ以外の規範体系を区別するために、前述2の三つの特徴とは別の特徴を示すことになる。なお、彼はここで重要な但書を付している。すなわち、法体系とそれ以外の規範体系との間に明確な境界線を画定しようという試みは、的外れである。もしも境界線上の事例に直面したら、その疑わしい性質を認めて、典型的事例との類似点と相違点を列挙し、その辺りで切り上げるのが望ましいとされる[41]。

ラズは以上を確認した上で、様々な規範体系（制度化された体系）を、法体系とそれ以外に区別するための特徴を示す。それは、法体系は「包括的（comprehensive）であり」、「最高（supreme）であり」、「開放的（open）である」、という三つの特徴である[42]。以下、順を追ってみていこう。

(1) **法体系は包括的である**　ラズはこの特徴によって、法体系は全ての行為を統制する権威を主張（標榜）する（claim authority）[43]、ということを意味している。この点で、法体系は、それ以外のほとんどの規範体系とは異なるものとされる。法体系以外の規範体系の具体例としては、スポーツ協会、営利会社、文化団体、政党等がある。それらは通常、特定の目的と結び付いた機関の活動を、制度化したり統制している。それらは、特定の限定された目的を追求するために設立されていて、それぞれが、その目的に関連する行為について権威を主張する。一方、法体系はそうではな

---

39)　*Ibid.*, pp. 115-116.

40)　*Ibid.*, p. 116. なお、ラズは、それらの特徴を備えた規範体系を「制度化された体系（institutionalized systems）」と呼んでいる。

41)　*Ibid.*

42)　*Ibid.*, pp. 116-120; Joseph Raz, *Practical Reason and Norms*, second edition with new Postscript（Princeton University Press, 1990）, pp. 150-154.

43)　ラズによると、「法が自分で自ら行っている主張は、法の採用している言語から、また法の代弁者である法の諸制度の表明している見解から明らかである」。Joseph Raz, "Authority, Law, and Morality", in Joseph Raz, *Ethics in the Public Domain: Essays in the Morality of Law and Politics*, revised edition（Clarendon Press, 1995）, p. 215（深田三徳訳「権威・法・道徳」『権威としての法―法理学論集』（勁草書房・1994）151 頁）。

い。法体系が主張する権威は、特定の共同体の全ての行動を統制する権威である。法体系は、自分たちが統制する権威を有すると主張する行為領域に、一切の限界を認めないのである[44]。

　法体系の包括性という特徴は、正確に理解されねばならない。この特徴は、法体系は全ての行為を制御する権威を実際にも持って（have）いて、その他の体系はそうした権威を持っていない、ということを含意していない。この特徴が意味しているのは、法体系はそうした権威を主張（claim）しており、その他の体系は主張していない、ということである。さらに、法体系は必ずしも、全ての形態の行為を統制してはいない。この特徴が意味しているのは、法体系は、全ての形態の行為を統制するための権威を主張する、ということなのである[45]。

　ラズはここで、本章の課題に関して興味深いことを述べている。彼によると、この特徴は、法体系の必要条件を示しているのであって、その十分条件を示しているわけではない。よって、法体系ではない規範体系（制度化された体系）がこの特徴を備えているとしても、それは驚くべきことではない。例えば、教会法はこの特徴を備えているであろうし、さらに後述(2)および(3)の特徴も備えているかもしれない。もしも、この特徴を備えているが、(2)および(3)の特徴を備えていない宗教的な規範体系が存在するならば、それは境界線上の事例であるとされる[46]。

　(2)　**法体系は「自らが最高である」と主張する**　　この特徴は、前述(1)の特徴に付随するものであり、その特徴の一側面について詳しく述べたものである。すなわち、全ての法体系は、その他の制度的体系（スポーツ協会、営利会社、文化団体、政党等）の設立および適用について統制する権威がある、と主張する[47]。筆者の理解によって補うならば、全ての法体系は、その他の規範体系（制度化された体系）について統制する権威が自らにあると主張することによって、「自らが最高である」ことをも主張しているのである。

---

44)　Raz, "The Identity of Legal Systems", *supra* note 9), pp. 116-117.

45)　*Ibid.*, p. 117.

46)　*Ibid.*, pp. 117-118.

47)　*Ibid.*, p. 118.

ラズはこの特徴に関連して、複数の法体系は一つの共同体において両立（共存）できるか、という問題について検討している。彼によると、二つの法体系が一つの共同体において両立できるというのは、事実として明らかである。しかしながら、彼はこの問題を、事実の問題としてではなく、法の問題として検討している。すなわち、全ての法体系は潜在的に、少なくともある程度は、他の法体系と両立可能である（事実の問題）。しかしながら、全ての法体系は、特定の共同体において「自らが最高である」と主張するのだから、いずれの法体系も、別の法体系が同じ共同体で最高性を主張するのを認めることができないのである（法の問題）[48]。この見解を踏まえるならば、我々は、複数の法体系の関係について検討する際には、事実の問題と法の問題とを区別する必要がある、ということになるだろう。

(3) **法体系は開放的な体系である**　ある法体系が開放的な体系であるのは、その法体系が、以下の規範を保有しているからである。すなわち、自らに属していない規範に対して、当該法体系内における拘束力（binding force）を付与する規範を保有しているからである。より「異質な（alien）」規範を「借用（adopt）」すればするほど、その法体系はより開放的ということになる。法体系は、他の社会集団を保護・促進する点に特徴がある。法体系は、個人や団体の間の契約、同意、ルール、慣習を保護したり執行する（enforce）ことによって、あるいは抵触法に基づき他国の法を執行することによって、他の社会集団を保護・促進するという役割を果たすのである[49]。

ある法体系内で拘束力を与えられた規範（その法体系に属さない規範）は、通常、その法体系の一部とはみなされない。しかしながら、その規範は、その規範に基づいて行為したり、その規範を執行するように裁判所に求める規範によって、その法体系内で拘束力があると認められている。ここにおいて、我々は、ある法体系の規範適用機関が適用せねばならない規範（その法体系に属している規範）を同定したり、その法体系内で「借用」されているだけの規範（その法体系に属していない「異質な」規範）を除外し

---

48)　*Ibid.*, pp. 118-119.

49)　*Ibid.*, p. 119.

232　第10章　法体系の範囲と継続性について

たりするための識別基準（test）を、必要とするのである[50]。

　ラズによると、多くの人々がそうした識別基準を見出そうと試みてきたが、その試みは袋小路に入り込んでいる。というのも、その試みは、形式的かつ技術的な区別に関心を向けて、直観に反する結果を生み出しているからである。むしろ、我々に必要なのは、ある法体系内で、ある規範に拘束力があると認めるための理由（reasons）に依拠して、そうした識別基準を見出すことである。すなわち、①ある規範は、当該法体系の一部であるがゆえに、その法体系で拘束力を有する場合がある。または、②ある規範は、当該法体系の一部ではないけれども、「他の社会集団を補助するという法の機能」のために、その法体系で拘束力を有する場合がある[51]。

　ラズは、上記②の理由（法の機能）を念頭に置いて、ある法体系内で「借用」されているだけの規範（その法体系に属していない「異質な」規範）を同定するための識別基準について、以下のように論じている。

　当該法体系は、それが開放的な体系であるならば、他の規範体系の規範を「借用」する。そうした「借用」がなされるのは、以下の二つの場合に限られる。それは、(i)他の規範体系の規範が、その規範を保有する共同体において名宛人の活動を規制する仕方（the way）を、当該法体系（その規範を「借用」する側の法体系）が尊重する意図を有している場合と、(ii)自分たちの問題を自分たちの望むように取り決めたいと考えている当該法体系の人々が、当該法体系によって付与された権能（powers）を用いて、当該法体系の名宛人たちの同意を得た上で、特定の規範を定める場合である[52]。

　ラズは、上記(i)・(ii)の場合を念頭に置いて、ある法体系内で「借用」されているだけの規範（その法体系に属していない「異質な」規範）を同定するための識別基準を、以下のように示している。すなわち、(i)の場合において示されているのは、抵触法のルールによって「当該法体系において拘束力がある」と認められた規範に適用される識別基準である。(ii)の場合において示されているのは、契約（筆者の理解では、契約法ではなく私人や団体の間の契約のこと）や営利会社の規則等に適用される識別基準である[53]。

---

50)　*Ibid.*

51)　*Ibid.*, pp. 119-120.

52)　*Ibid.*, p. 120.

ラズの理解では、これらの識別基準を満たす規範は、ある法体系によって（その法体系内で拘束力があると）認められているが、その法体系の一部ではない。もしも、ある法体系がそうした規範を（その法体系内で拘束力があると）認めるならば、それは開放的な体系である。ラズに従えば、全ての法体系は開放的な体系である。なぜか。それは、その他の（当該法体系以外の規範体系の）規範や組織を維持したり保護したりするのが、法体系の機能の一部だからである[54]。

VI　おわりに

本章では、複数の法体系や規範体系間の相互関係について分析するための基礎的な視座を得る、という課題を設定した上で、ラズの議論を手がかりとしつつ、法体系の同一性の問題が有する二つの側面、すなわち範囲と継続性という側面について検討してきた。最後に、本章で検討した内容を再確認しながら、筆者の関心から若干の考察を加えておきたい。

（1）　まずは、法体系の範囲と継続性について論じるためには「法と国家の関係」に注目する必要がある、というラズの指摘について再確認しておこう。

ケルゼンは法体系（ケルゼン自身は、「法体系」ではなく「法秩序」という語を用いる）について、「法と国家の関係」に注目して議論を行っている。しかし、ケルゼンは、国家を法学的に説明した上で、その説明（国家に関する法学的な説明）に依拠して法について説明している。そのために、彼は、法体系の同一性（範囲と継続性）について適切に説明することができない。ハートに至っては、そもそも、「法と国家の関係」について論じていない。そのために、彼もまた、法体系の同一性（範囲と継続性）について適切に説明することができない[55]。

ラズは、このような指摘を行った上で、《社会組織に関心を寄せる観点

---

53)　*Ibid.*

54)　*Ibid.*

55)　*Ibid.*, pp. 98-99.

234　第 10 章　法体系の範囲と継続性について

から「法と国家の関係」について説明する》ことになる。ここで、彼の説明を再確認しておこう。ある社会組織（社会）には様々な下位組織があり、政治組織（国家）はそうした下位組織の一つである。政治組織の中に法体系が存在しており、法体系は様々な法規範によって構成されている[56]。

　ラズによると、法体系の同一性を、それを構成する法規範だけで理解してはならない。というのも、法体系は、それを構成する法規範だけでなく、それを構成しない非法的規範からも影響を受けるからである。非法的規範には、政治的なものと政治的でないものとがある。政治的な非法的規範（政治規範）は、ある社会組織の下位組織の一つである政治組織に存在する。その一例としては、ダイシーの言う「習律」が挙げられる。政治的な非法的規範である習律は、法規範と相互関連し、法規範が構成している法体系に影響を与えるであろう。また、社会組織の中には、政治的でない非法的規範がある。例えば、「法を尊重すべきだ」という政治的でない非法的規範（社会規範）があり、法体系を構成する法規範に影響を与えている[57]。

　つまり、《社会組織に関心を寄せる観点から「法と国家の関係」について説明する》ならば、ある法体系の同一性について検討するためには、その法体系を構成する法規範のみに注目するのでは不十分なのである。

　(2)　このことを踏まえた上で、続いて、「法体系の範囲と継続性」に関するラズの議論について再確認を行う。

　法体系の範囲の問題には、四つの部分問題がある。すなわち、①社会組織の下位組織の一つである政治組織に属している政治的な非法的規範（ダイシーの言う「習律」等の政治規範）は、法体系の一部なのか。②社会組織に属している非法的規範（道徳等の社会規範）は、法体系の一部なのか。③政治組織以外の下位組織に属している政治的でない非法的規範（スポーツクラブの会則や営利会社の内規等）は、法体系の一部なのか。④別の法体系に属する法規範（外国の法等）は、当該法体系の一部なのか[58]。

　①については、特定の政治的な非法的規範が裁判所によって適用される

---

56)　*Ibid.,* p. 100.

57)　*Ibid.*

58)　*Ibid.,* p. 101.

なら、それは法体系に属する。適用されなければ、それは法体系に属さない[59]。

②〜④については、それぞれの規範が裁判所によって適用されたら、ハートの理解では、それらの規範は法体系の一部となる。ラズは、それとは異なる理解を示す。それらの規範は法体系の一部にはならない。それらの規範が裁判所によって適用されるのは、それらが法体系の一部だからではなく、法体系が「開放的である」からである。全ての国家の法体系は開放的な法体系なのであって、それ以外（当該の国家以外）の形態の社会集団を存続させたり援助する機能を有している[60]。

ハートとラズの理解のいずれが正しいのかを判定するためには、ラズの表現を用いるならば、「証拠の蓄積」が必要である[61]。すなわち、法哲学の研究だけでなく、実定法学の研究の蓄積が必要である。いずれの理解が正しいとしても、筆者にとっては、ラズの理解は興味深いものである。というのも、ある法体系に属さない規範が、その法体系において適用されたときに、その規範がその法体系の一部になると論じるのではなく、法体系の機能に注目する点において、ラズの理解には独自の視点が備わっているからである。

ラズの議論に従うならば、国内の法体系の継続性について考えるためには、まずは、国内の法体系を構成する法規範について検討する必要がある。法規範の中には、法体系の継続性と強い関連性を有するものがある。すなわち、法体系の継続性は、政治組織の継続性と関連しているのだから、政治的諸法（憲法や行政法等）はその他の諸法（契約法や不法行為法等）よりも、法体系の継続性と強い関連性を有している。それから、国内の法体系の継続性について考えるためには、ある法体系を構成する法規範だけでなく、

---

59) *Ibid.* なお、伊藤正己の以下の指摘は、ラズへの反論になると思われる。「ダイシーのように、裁判所によって強行されるかどうかによって、法と習律を分ける考え方は、イギリス法理論の主流をなす分析法学の立場や、法を具体的な裁判作用を通じて形成されるとみるイギリス法学の伝統からみて理解できなくはないけれども、このような基準によって両者の間に厳密な区別の線をひくことの妥当性について疑問は少なくない」（同『イギリス法研究』（東京大学出版会・1978）280頁）。

60) Raz, "The Identity of Legal Systems", *supra* note 9), pp. 101-102.

61) *Ibid.,* p. 102.

政治的な非法的規範（習律等の政治規範）や政治的でない非法的規範（「法を尊重すべきだ」という政治的でない非法的規範等の社会規範）がどのような影響を与えるかについても、考慮に入れる必要がある[62]。

（3）最後に、以上の「法体系の範囲と継続性」の問題に関するラズの議論を踏まえて、グローバル化が進行する国際社会における法体系の捉え方について、若干の考察を加えておきたい。

国際社会という社会組織には、その下位組織[63]として、複数の政治組織および非政治的組織が存在している。複数の政治組織は、それぞれの国際的な法体系を有している。それらの法体系を構成する法規範の中には、政治的諸法とそれ以外の諸法が存在している。また、国際社会という社会組織には、政治組織の中に政治的な非法的規範が、非政治的組織の中に政治的でない非法的規範が存在している。

この理解を前提とすれば、以下のような問題設定ができると思われる。すなわち、国際社会という社会組織における、政治的諸法（国内法における憲法や行政法等に相当する国際的な政治的諸法）とそれ以外の諸法（国内法における契約法や不法行為法等に相当する国際的な諸法）としては、具体的にどのようなものがあり、それらをどのように類型化できるであろうか。さらに、政治的諸法（political laws）は互いに、垂直的関係にあるのだろうか、あるいは水平的関係にあるのだろうか。もしも世界政府が存在するなら、政治的諸法は、垂直的に構造化されるかもしれない。しかし、世界政府は存在していないため、現時点で政治的諸法が互いにどのような関係にあるのかについては、今後の研究によって明らかにする必要がある。

次に、国際社会という社会組織には、その下位組織の一つである政治組織に属している政治的な非法的規範（政治規範。例えば、ダイシーが英国憲法との関係で言う習律に類する「国際的な習律」のようなもの）が存在しているだろうか。もしも存在しているとしたら、それは、国際社会に存在する複数の法

---

62) *Ibid.*

63) ラズが、「a political system that is a *subsystem* of a more comprehensive social system（より包括的な社会組織の下位組織としての政治組織）」（*ibid.,* p. 100. 強調は引用者）という表現を用いる際の「下位（*sub*）」とは、「何らかの階層秩序において下位である」ことではなく、「政治組織は社会組織よりも包括的でないという意味で下位である」ことを意味していると思われる。

体系にどのような影響を与えているだろうか。この問題に答えるためにも、今後の研究が必要となるだろう。

　さらに、国際社会という社会組織には、政治的でない非法的規範（社会規範）として、法に従う責務（これは個々の法に従う法的責務とは区別される）は存在するだろうか。こうした責務の有無は、国際社会に存在する複数の法体系に一定の影響を与えると思われる。なお、国内の社会組織に関しては、自国の法に従う責務に関する非法的規範が存在するかについて、法哲学・政治哲学の議論の蓄積がある（遵法責務論）。国際社会という社会組織を念頭に置きつつ、国際的な複数の法体系を尊重すべきだという非法的規範が存在するかについても、今後の研究が求められるであろう[64]。

　それから、国際社会という社会組織には、政治的でない非法的規範として、例えば、経済的な協定や環境に関する規格、スポーツに関する憲章等も存在している（ただし、法多元主義の観点からすると、これらも法的規範に含まれるであろう）。これらは、政治的でない非法的規範であるけれども、各国の政治的な影響力を受けやすいと思われる。このような、政治的ではないけれども政治的な影響を受けやすい非法的規範が、国際社会という社会組織においていかなる役割を果たしているのかについても、今後の研究が期待される。

　以上、本章では、ラズの議論を手がかりとして、法体系の同一性の問題が有する二つの側面、すなわち範囲と継続性という側面について検討を行ってきた。彼の議論は、基本的には国内法を念頭に置くものであるけれども、それは、グローバル化が進行する国際社会における法体系の現状について把握する上でも、少なからぬ示唆を含んでいるように思われる。

---

64)　ラズはこの問題について、道具的な調整的ルール（国際的な航空・通信・郵便業務等に関するルール）に関しては楽観視しつつも、人々に「犠牲」を強いるようなルールに関しては悲観的な見通しを示している。彼は、国際社会において、世界の人々の間で忠誠心と連帯が育まれるためには、価値多元論の尊重が必要であると示唆しているが、詳しい議論は行っていない。Joseph Raz, "The Future of State Sovereignty", in Wojciech Sadurski, Michael Sevel, and Kevin Walton (eds.), *Legitimacy: The State and Beyond* (Oxford University Press, 2019), pp. 79-81.

第11章 人権・環境デューディリジェンスのハードロー化

——EU「企業のサステナビリティ・デューディリジェンス指令」の発効を受けて

清水真希子

Ⅰ　はじめに
Ⅱ　ビジネスと人権に関する指導原則
Ⅲ　ヨーロッパの人権・環境デューディリジェンス法
Ⅳ　CSDDD
Ⅴ　ハードロー化に対する評価
Ⅵ　おわりに

Ⅰ　はじめに

　2024 年 7 月、EU において、「企業のサステナビリティ・デューディリジェンス指令（Corporate Sustainability Due Diligence Directive）」（以下、「CSDDD」という）が発効した[1]。CSDDD は、EU 域外で設立された企業であっても、EU 域内で一定額以上の売上高がある場合には適用される。また、自らが適用対象ではなくても、適用対象企業のサプライチェーンに属する場合には、適用対象企業から対応を求められる可能性がある。そのため、日本企業にも関係してくる可能性が高く、コミッションが指令案を提案した段階から注目を集めてきた。

---

1)　OJ L, 2024/1760 5.7.2024, ELI 〈http://data.europa.eu/eli/dir/2024/1760/oj〉. CSDDD の和訳については、古賀祐二朗＝大塚直「企業の持続可能性デューディリジェンスに関する欧州議会及び閣僚理事会の指令」環境法研究 19 号（2024）167 頁、概要については、渡邉純子「EU の企業サステナビリティ・デューディリジェンス指令を踏まえた日本企業の実務対応」商事法務 2365 号（2024）34 頁参照。

もっとも、CSDDD は突如として現れたものではない。後述のように、企業のグローバルなサプライチェーンにおける人権侵害に対して、国連で法的拘束力のある規範の策定が試みられたが、これが結実しなかったことを受け、2011 年、法的拘束力のない「ビジネスと人権に関する指導原則」（以下、「指導原則」という）が策定された。指導原則は、法的拘束力がない形で企業に「人権尊重責任」があることを示し、企業が自己のサプライチェーン上の人権侵害のリスクに対処するためにデューディリジェンスを実施すべきであることを、具体的な行動基準とともに示したという点において、新しいものであった。

指導原則は、この分野の中心的な規範として国際的に強い影響力をもつようになったが、近年、いくつかの国で、国境を超えたサプライチェーン上の人権および環境の侵害への対処として[2]、企業にデューディリジェンスを行う義務を課す国内法が立法されるようになった[3]。EU においてCSDDD が成立したのはこのような潮流に位置付けられる。

以上のように、この分野においては、支配的なソフトローが成立していたところへ、法的義務を伴うハードローの制定が進むという動態がみられる[4]。日本にいると、なぜこのようなハードロー化が進んでいるのか、理解しにくい。そこで本章は、まず、指導原則が成立するに至った経緯と指導原則の意義について述べる（II）。次に、ヨーロッパにおける代表的な国内法としてフランス法およびドイツ法を取り上げ、両国の法律の概要と立

---

2) 指導原則は人権侵害を対象とする規範である。しかし、2002 年の持続可能な開発に関する世界首脳会議（ヨハネスブルグ・サミット）以降、持続可能な発展が経済・社会・環境という三つの側面から構成されると理解されるようになった（蟹江憲史『SDGs（持続可能な開発目標）』（中央公論新社・2020）41 頁）。さらに近年では、これらの課題は相互に影響し合い、互いに切り離すことができないという理解が一般的である（田崎智宏＝遠藤愛子「『ネクサス』と SDGs—環境・開発・社会的側面の統合的実施に向けて」蟹江憲史編著『持続可能な開発目標とは何か—2030 年へ向けた変革のアジェンダ』（ミネルヴァ書房・2017）89 頁等参照）。したがって、近年の立法においては、人権とともに環境についても保護の対象とすることが多い。

3) フランス、オランダ、ドイツ、ノルウェー、スイスでこのような立法が成立しているほか、いくつかの国で立法提案がなされている。なお、各国の立法の内容には相当の開きがあり、決して一様ではない。

4) このほか、国連で条約化の試みも再度進行中であり、これもハードロー化の動きの一種といえるが、本章では取り上げない。

法がなされた背景を紹介し、ディスコース分析に基づく研究に依拠して、人権・環境デューディリジェンスのハードロー化が異なる法のデザインに結び付くことを示す（Ⅲ）。続いて、CSDDD の概要、および 2022 年の指令案と最終的に成立した CSDDD との違いについて整理し、CSDDD の特徴を指摘する（Ⅳ）。最後に、人権・環境デューディリジェンスのハードロー化に対する評価を整理する（Ⅴ）。なお、「ハードロー」という言葉は多様な意義をもち得るが、本章では、企業に対しデューディリジェンスの実施を行政法的な規律または民事責任を伴う形[5]で義務付ける法を制定することを、「ハードロー化」ないし「法制化」といい、本章ではこの二つの言葉を互換的に用いる。

Ⅱ　ビジネスと人権に関する指導原則

　グローバリゼーションの進展により企業の活動が国際的に広がりをみせるのに対し、国家法による規律が国境を超えて効力を及ぼすことは難しい。また、グループ企業やサプライヤー等、独立の法人格を有する主体が経済的に結び付いて事業活動を行い、人権や環境が侵害されるとき、法人格が障壁となって被害者が十分な救済を受けられないという問題が生じる。このように、特に多国籍企業の事業活動を念頭に、現在の法制度では十分な規律を及ぼすことができないという「ガバナンス・ギャップ」が問題となり、これに対処するための国際的な規範形成が試みられてきた[6]。

　2003 年、国連人権委員会の下部組織である人権小委員会は、「多国籍企業およびその他の企業の人権に関する責任についての規範（Norms on the Responsibilities of Transnational Corporations and Other Business Enterprises

---

5) 本章で取り上げるいずれの法制にも刑事責任の定めはないが、刑事責任を伴う法的義務化も考えられる。

6) 「ビジネスと人権」という分野の概略については、坂元茂樹「ビジネスと人権―国際的な潮流」法律のひろば 73 巻 4 号（2020）4 頁等参照。なお、本文に述べたように、ビジネスと人権という分野では多国籍企業の国境をまたぐ事業活動を主に念頭に置いているが、海外への事業展開がない企業でも、また、多国籍企業の国内の事業活動であっても等しく問題となる。

with Regard to Human Rights)[7]」を起草し、人権委員会に対しその承認を求めた。しかし、国際法上、人権に関する義務は国家に属するはずであるところ、この規範は企業に対して直接義務を課すものであり、それを支持する人権擁護団体と抵抗するビジネス側との間で深刻な対立が生じ、人権小委員会の提案は人権委員会で支持を得ることができなかった[8]。

このような状況を受けて、2005年、当時のアナン国連事務総長は、「人権と多国籍企業およびその他の企業の問題に関する特別代表」としてラギー教授を指名した[9]。指名を受けたラギー教授は、法的義務か否かという論争からは距離を置き、ビジネスと人権に関する規範的な枠組みとそのための政策的なガイダンスを開発して合意を得ることを第一の目標として、活動を行った[10]。

2008年、ラギー教授は、「国家の人権保護義務」、「企業の人権尊重責任」、「被害者の救済へのアクセス」という相互に補完的な三つの柱から成る「保護、尊重および救済——ビジネスと人権のための枠組み（Protect, Respect and Remedy: a Framework for Business and Human Rights）」（以下、「枠組み」という）[11]を提示し、人権委員会はこれを「歓迎する（welcoming）」ものとした[12]。

枠組みの策定を受けて、人権委員会はラギー教授に枠組みを実施するための具体的なガイダンスの構築を委任した[13]。その結果、策定されたのが、Iで触れた、「ビジネスと人権に関する指導原則——国連『保護、尊重および救済』枠組みの実施（Guiding Principles on Business and Human Rights: Implementing the United Nations "Protect, Respect and Remedy" Framework）」[14]である。指導原則は、2011年、人権委員会に提出され、人権委

---

7) E/CN. 4/Sub. 2/2003/12/Rev. 2.

8) John Gerard Ruggie, *Just Business: Multinational Corporations and Human Rights,* W. W. Norton & Company, 2013, at xvii, 37, 48（ジョン・ジェルラルド・ラギー（東澤靖訳）『正しいビジネス—世界が取り組む「多国籍企業と人権」の課題』（岩波書店・2014）3頁・79頁・90頁）. 以下、原書の参照頁の後に括弧書で同訳書の参照頁を併記する。

9) Ruggie, *supra* note 8), at xviii（4頁）.

10) Ruggie, *supra* note 8), at 78（124頁）.

11) A/HRC/8/5.

12) Ruggie, *supra* note 8), at 105（153頁）.

13) *Ibid.*

14) A/HRC/17/31.

員会はこれを「推奨する（endorse）」ものとした[15]。

　枠組みと指導原則に共通する上記三つの柱を、ラギー教授は以下のようにまとめている[16]。第一の柱は、適切な政策、規制および裁判を通じて、企業を含む第三者による人権侵害から（人々を）保護する国家の義務である。第二の柱は、企業がデューディリジェンスに基づき行動することによって、他者の権利の侵害を回避し、自己が関係する負の影響に対処するという、企業の人権尊重責任である。第三の柱は、被害者が実効的な司法的・非司法的救済にアクセスできることの必要性である。これらの柱は相互に補完的に働くものである。

　指導原則に関する解説はすでに多数公刊されていることから[17]、ここでは詳細な紹介は行わないが、本章の主題との関係で、人権デューディリジェンスがどのようなものかについてだけ簡単に触れておく。指導原則にいう人権デューディリジェンスとは、企業が他者の権利を害していないということを確認し（know）、示す（show）ことができるようにするための一連の手続である。つまり、企業が自己の事業活動が関係する人権に対する負の影響を特定し、防止し、緩和し、対処するための方法である[18]。人権デューディリジェンスの概念はすでに枠組みの段階で表れており[19]、その具体的な手続は指導原則の原則17から原則21に詳しく示されている。人権デューディリジェンスの概念は、当時、企業が他の目的で利用するようになっていたリスク・マネジメントの仕組みを参考にしたものである。ただし、人権デューディリジェンスにおいては、企業自身のリスクを超えて、企業やその関係先の活動が個人やコミュニティの権利に及ぼす可能性のあるリスクが、マネジメントの対象となる[20]。

　指導原則は条約と異なり法的拘束力をもつものではなく、企業に対して

---

15)　Ruggie, *supra* note 8), at 119（170頁）.

16)　Ruggie, *supra* note 8), at xx, 82（7頁・128頁）.

17)　日本弁護士連合会国際人権問題委員会編『詳説　ビジネスと人権』（現代人文社・2022）等。

18)　Ruggie, *supra* note 8), at 99（146頁）.

19)　paras 56-64.

20)　Ruggie, *supra* note 8), at 99（147頁）.

も法的義務を課すものではないが、「OECD 多国籍企業行動指針（OECD Guidelines for Multinational Enterprises on Responsible Business Conduct）」をはじめとする各種の文書にも取り込まれる等、様々な国際的場面に浸透し、国際的な収斂を生み出した[21]。ラギー教授の言葉によれば、「［指導原則ができたことによって］グローバルなビジネスと人権の問題は、比較的短期間のうちに、［法的義務か否かという］きわめて二極化し膠着した議論から高度な収斂に移行した。このことは決してビジネスと人権に関する課題がなくなったことを意味しない［が］……、始まりの終わりを記するものである——国家、ビジネス、そして市民社会に、グローバルに共通する規範的基準のプラットフォームと、権威ある政策ガイダンスを提供することによって」[22]。

III　ヨーロッパの人権・環境デューディリジェンス法

Ⅰで述べたように、2011 年の指導原則の成立後、企業に人権・環境デューディリジェンスを法的に義務付ける国内立法が各国で相次いでいる。以下では、その代表例であるフランス法とドイツ法を取り上げて紹介する。

1　フランス法

(1)　概　要　　2017 年に成立したフランスの「注意義務法（Loi n° 2017-399 du 27 mars 2017 relative au devoir de vigilance des sociétés mères et des entreprises donneuses d'ordre）[23]」は、わずかな数の条文から成る法である。

---

21)　Ruggie, *supra* note 8), at 121, 126（171 頁・176 頁）.

22)　Ruggie, *supra* note 8), at xxi（8 頁）.

23)　法律の原文と参考和訳は、〈https://www.jetro.go.jp/world/scm_hrm/〉（2024 年 10 月 18 日最終閲覧。以下、全てのウェブサイトにつき同じ）を参照。

同法の解説・解釈については、Stéphane Brabant and Elsa Savourey, 'Scope of the Law on the Corporate Duty of Vigilance: Companies Subject to the Vigilance Obligations', *Revue Internationale de la Compliance et de L'éthique des Affaires（Supplément à la Semaine Juridique Enterprise et Affaires n° 50 du Jeudi 14 Décembre 2017）*, dossier 92, Stéphane Brabant, Charlotte Michon and Elsa Savourey, 'The Vigilance Plan: Cornerstone of the Law on the Corporate Duty of Vigilance', *Revue Internationale de la Compliance et de L'éthique des*

244　第11章　人権・環境デューディリジェンスのハードロー化

　同法の適用対象は、フランス領内で登記された企業であって、連続する2事業年度末に、①当該企業およびフランス領内における直接・間接子会社の従業員数が5,000人以上の企業、または、②当該企業およびフランス領内外の直接・間接子会社の従業員数が1万人以上の企業である[24]。

　これらの企業は、自社、被支配企業、確立したビジネス上の関係が存在する下請業者・サプライヤーの活動から直接・間接に生じる、人権、基本的自由、個人の健康および安全、環境の重大な侵害のリスクを特定・回避するための実効的な監視計画（plan de vigilance）を策定・運用し、策定された計画と運用（の結果）を公表し、年次報告書の中で報告する義務を負う。監視計画には、①リスクの特定・分析・優先順位付け、②子会社やサプライヤー等の定期的な評価の手続、③リスクを緩和し、深刻な侵害を防止するための適切な行動、④現実のリスクについての報告を集めるための警戒メカニズム、⑤計画の運用を追跡し、実効性を評価するためのモニタリング・スキーム、が含まれる。監視計画の策定は、ステークホルダーと協働して行われるべきである（以上、改正後商法L. 225-102-4条Ⅰ）。

　義務違反に対する制裁として、催告を受けたにもかかわらず企業が3か月以内に義務を遵守しないときには、利害関係者の申立てに基づき裁判所は履行を命じ、場合により罰金強制（astreinte）を課すことができる（改正後商法L. 225-102-4条Ⅱ）。これに加えて、民事責任（義務違反がなければ避けられたはずの損害について不法行為責任）が規定されている（改正後商法L. 225-102-5条）。

　(2)　**立法の背景**[25]　　　フランスでは、すでに1990年代からNGOの働きが活発になっており、2000年代になってもその勢いが続いた。特に繊維産業については、NGOが共同して労働環境における人権侵害を告発する

Affaires（Supplément à la Semaine Juridique Entreprise et Affaires n° 50 du Jeudi 14 Décembre 2017），dossier 93, Elsa Savourey and Stéphane Brabant, 'The French Law on the Duty of Vigilance: Theoretical and Practical Challenges Since its Adoption', Business and Human Rights Journal 6: 141, 2021 等を参照。

24)　条文の解釈について、Brabant and Savourey, *supra* note 23), at 2.

25)　以下の記述は、Silvia Ciacchi and Caitlin W. Cerqua, 'Frontrunners vs Free Riders? Mapping the Institutional Implementation of Human Rights Due Diligence in France and the Netherlands', *European Business Law Review* 35(3-4): 503, at 514-518, 2024 に負う。

キャンペーンを実施し、いくつかのブランドと進出先の国の労働組合との間の仲介を行うことに成功していた。2012 年、オランド元大統領が自身の選挙運動において、環境や人々のウェルビーイングに与える影響について企業に責任をもたせることを約束し、任期中に立法を行うかのようにみえたため、三つの著名な NGO（Amnesty International、CCFD Terre Solidaire、Sherpa）が立法提案のための共同作業を開始した。結局、企業側からの圧力もあって、政権成立後、立法の動きは立ち消えになったが、NGO と一部の議員による法案策定作業は継続された。

2013 年、ラナ・プラザ崩落事故[26]が発生した。同事故後、NGO の見解が、ヨーロッパ中で、特にフランスで浸透し、市民の意識は政府の介入が必要であるというものになった。これには、フランスにおいては企業の社会的責任に関する「認証」がこの頃までに一般化し、社会的責任を果たしているというフランス企業のイメージが形成されていたことや、フランス社会がもともと政府の介入に好意的だということが関係している。

2013 年、NGO が関与して策定された法案が国民議会に提出された。しかし、この法案には、刑事責任・過失推定・立証責任の転換等の規定が含まれており、野心的過ぎるとして取り下げられることになった[27]。2015 年、適用対象企業を絞る等、内容を抑制した法案が提出された[28]。この法案は、国民議会では可決されたが、なかなか元老院を通過することができなかった[29]。フランス大企業の業界団体も法案に反対するロビイングを行っていた。ところが、この業界団体に肩入れしていた当時のマクロン経済大臣（現大統領）が、2016 年、大統領選のため経済大臣を辞任し、それまで労働大臣を務めていたサパン氏が代わって経済大臣に就任し、この法案の成立に向けて尽力した。最終的に、実質的な内容の修正が行われた後

26）　バングラデシュの首都ダッカの郊外で、ラナ・プラザという建物が崩落し、1,100 人以上の死者、2,500 人以上の負傷者を出した大事故。被害者の多くが縫製工場の労働者だった。

27）　Anne Duthilleul and Matthias de Jouvenel, 'Report to Mr Minister for the Economy and Finance: Evaluation of the Implementation of Law 2017-399 of 27 March 2017 on the Duty of Care of Parent Companies and Contractors', 2020, at 13.

28）　Maria-Therese Gustafsson, Almut Schilling-Vacaflor and Andrea Lenschow, 'Foreign Corporate Accountability: The Contested Institutionalization of Mandatory Due Diligence in France and Germany', *Regulation & Governance* 17: 891, at 902, 2023.

29）　Duthilleul and Jouvenel, *supra* note 27), at 13, Gustafsson et al., *supra* note 28), at 902.

（憲法院が 1,000 万ユーロを上限とする過料の定めは憲法に反するとしたため関係する条文は削除されたが、その他の部分は憲法に違反しないものと判断された[30]）、2017年に法が成立した。

2　ドイツ法

（1）**概　　要**　　ドイツの「サプライチェーンにおけるデューディリジェンスに関する法律（Gesetz über die unternehmerischen Sorgfaltspflichten zur Vermeidung von Menschenrechtsverletzungen in Lieferketten〔Lieferkettensorgfaltspflichtengesetz; LkSG〕）[31]」は、2021 年に成立した。同法は、フランスの注意義務法に比べるとかなり詳細な内容を規定している。

　本法の適用対象は、ドイツに事業の本拠を置きドイツ国内に通常 3,000人以上の従業員（国外に派遣される者も含む）を有する企業（結合企業の場合はグループでの従業員数）、または、ドイツに支店を置きドイツ国内に通常3,000 人以上の従業員を有する企業である（1 条。なお、2024 年以降はいずれの場合も基準値は 1,000 人以上に変更）。

　適用対象企業は、人権・環境（法律上明示されたもの）の侵害リスクを予防・解消・最小化するために、自己のサプライチェーンに関してデューディリジェンスを行う義務を負う（3条〜10条）。具体的には、①リスク・マネジメント・システムの構築、②責任者の指定、③定期的なリスク分析、④基本方針の採択、⑤侵害予防策の実施、⑥すでに生じている侵害や差し迫った侵害の予防・解消・最小化、⑦苦情処理手続の構築、⑧間接的なサプライヤーにおけるリスクへの対処、⑨記録の保存と報告、といった内容が規定されている。デューディリジェンスの対象は、原則として自社（自社が決定的な影響力を有するグループ企業を含む）および直接のサプライヤーである（3条1項5号・6条・7条。例外的に間接的なサプライヤーが対象となる場合については9条）。

　監督機関は、義務違反に対して命令や措置を講じることができる（12 条

---

30)　Duthilleul and Jouvenel, *supra* note 27), at 14, Gustafsson et al., *supra* note 28), at 902.

31)　法律の原文と参考和訳は、〈https://www.jetro.go.jp/world/scm_hrm/〉、英訳は、〈https://www.csr-in-deutschland.de/EN/Business-Human-Rights/Supply-Chain-Act/supply-chain-act.html〉を参照。

〜20条)。これに加えて、過料や公共調達からの排除についても規定されている（22条〜24条）。本法の義務の違反は民事責任の根拠とならないものの、本法と関わりなく生じる民法上の責任に影響を与えない（3条3項）。

本法が明示する極めて重要な法的地位が侵害されたと主張する民事訴訟においては、国内労働組合またはNGOに訴訟追行権限を与えることができる（11条）。

(2) 立法の背景[32]　　ドイツにおいても、早い時期から、NGOの活動が活発であった。2006年、人権および国際的に承認された社会・環境の規範を企業に遵守させるために、法的拘束力のある規範を策定することを目指して、NGOや労働団体から成るネットワーク（CorA）が創設された。ビジネス側では三つの業界団体が協力してこれに対峙していた。

2011年に指導原則が成立した後、指導原則を実施するために、欧州理事会およびコミッションが、EU加盟各国に「ビジネスと人権に関する国別行動計画（National Action Plan; NAP）[33]」の策定を要請していたことに加えて、2012年から2013年にかけて、海外の工場の大規模事故（アリ・エンタープライズィズ社の工場火災、タズリーン工場火災、ラナ・プラザ崩落事故）が発生し、NGOはドイツ版NAP策定に向けた圧力を強めた。

2013年の選挙後の政権連立交渉においてNAP策定が交渉材料の一つとなり、政権樹立後、多くのステークホルダーが関与してNAPの策定が進められた。その過程で法制化すべきか否かの議論が生じ、社会民主党（SPD）は市民社会と同調してデューディリジェンスの法制化を求めたが、キリスト教民主同盟（CDU）とキリスト教社会同盟（CSU）はビジネス側の利益団体と歩調を合わせてこれに反対した。

---

32)　この部分は、David Weihrauch, Sophia Carodenuto and Sina Leipold, 'From Voluntary to Mandatory Corporate Accountability: The Politics of the German Supply Chain Due Diligence Act', *Regulation & Governance* 17: 909, at 913-920, 2023 および Gustafsson et al., *supra* note 28), at 903 に負う。また、井川志郎「労働人権デューディリジェンス立法の正当化根拠にかかる予備的考察―ドイツのLkSG法案の策定経緯」法学新報129巻8・9号（2023）233頁も参照。井川論文は、ドイツでの法制化をめぐる政治過程において、EUレベルでの規範形成を先導するという意図が関係していたことを指摘する。

33)　NAPについては、日本版NAP（ビジネスと人権に関する行動計画に係る関係府省庁連絡会議『『ビジネスと人権』に関する行動計画（2020 - 2025）』〔令和2年10月〕〈https://www.mofa.go.jp/mofaj/files/100104121.pdf〉）等を参照。

SPD は、2020 年半ばまでに従業員数 500 名以上のドイツ企業の 50% が適切なデューディリジェンスを実施しなければならず、モニタリングの結果がこの数値に届かないときにはデューディリジェンスの法制化を再度検討する、という条件を提示した。長い交渉の後これが受け入れられ、2016 年、この項目を含んだ NAP が策定された。

2017 年の選挙後に行われた SPD と CDU・CSU 間の連立交渉において、SPD の人権派政治家は、連立協定に、モニタリングの結果、NAP の基準値に達しない場合には法制化を行うという一文を挿入することに成功した。

2020 年のモニタリングの結果が判明するまでの間、NGO はさらに活動を強化した。64 の団体から成る Initiative Lieferkettengesetz (Initiative for a Supply Chain Law; ILG) が結成され、資金を集めるとともに、要求事項の調整が行われた。2021 年には ILG の加盟団体は 120 を超え、また、集めた資金を使って広告会社と契約して効果的なキャンペーンを行い、市民から支持を得た。

NGO は企業に対してもアプローチを強め、2019 年には 40 社以上から法制化に対する賛同を得た。企業の中には NGO の要求内容を超えて活動するものもあった。フェアトレードのようなそもそも CSR (Corporate Social Responsibility：企業の社会的責任) に基づくビジネスモデルをもつ企業、長期にわたってサステナビリティに関する戦略を構築してきた大企業、そして自動車メーカー（BMW、ダイムラー、フォルクスワーゲンは法制化を支持した）である。企業の賛同には、競争条件の統一化 (level playing field)、法的明確性や評判の向上といった背景があるものと考えられる。

このような社会の動きに対応して、2018 年には、CSU のミュラー経済協力開発大臣（当時）は党の多数派と異なり法制化への支持を明らかにし、2019 年以降、SPD のハイル労働社会大臣（当時）と協力関係を結んだ。党を超えたこの協力関係は注目を集めた。2020 年 1 月、経済協力開発省と労働社会省は共同で法案を策定していることを公表した。

2020 年 7 月、モニタリングの結果が公表され、13〜17% の企業しか人権デューディリジェンスを実施していないことが明らかになり、企業の自発性に任せることの限界が客観的にも明らかになった。経済エネルギー省とビジネス側の業界団体は法制化に引き続き反対したが、これに対して

20万筆超の法制化を求める署名が提出された。この時点でメルケル首相（当時）が介入し、争点は法制化の有無ではなく、法の内容に変わっていった。

3 比 較

　フランスとドイツを比較すると、ハードロー成立には、市民社会（NGO）対ビジネス界という基本的な図式があること、両国とも早い時期からNGOの活動の蓄積・協働があったこと、ラナ・プラザ崩落事故のような人々の関心を引き付ける大きな事故が影響すること、その時々の政権の状況や政治的な（時に偶発的な）事情の影響を受けること、といった共通点を見出すことができる。

　以下では、これらの法の成立についてディスコース分析の手法を用いて分析するグスタフソン教授らの論文[34]を紹介する。ここでディスコースとは、「アイディア、コンセプト、カテゴリーの組合せで、社会的・物理的現象に対する意味付けを与え、識別可能な一連の慣行により生産され、再生産されるもの」[35]をいう。グスタフソン教授らの論文は、立法過程におけるディスコースの対立とそれらの支持者の間の駆引きや妥協により、最終的な法のデザインが決定されることを示している[36]。

　(1) 三つの異なるディスコース　　本論文は、サプライチェーンの規制に関して、「国家中心的ディスコース（the state-centric discourse）」、「市場主義的ディスコース（the market-based discourse）」、「多中心的ガバナンス・ディスコース（the polycentric-governance discourse）」という、3種類のディスコースがあるとし[37]、フランス法とドイツ法の立法過程における種々の言説を収集した上で、上記のディスコースに従って分析している。

---

34)　Gustafsson et al., *supra* note 28).

35)　Maarten A. Hajer, 'Doing Discourse Analysis: Coalitions, Practice, Meaning', in M. van den Brink and T. Metze eds., *Words Matter in Policy and Planning: Discourse Theory and Method in Social Sciences,* Netherlands Geographical Studies 344, 2006, at 67.

36)　ここでは紹介できないが、Weihrauch et al., *supra* note 32) も、ディスコース分析の手法を用いてドイツにおいて法のデザインが形成されるに至るまでの過程を分析するもので、大変興味深い。

37)　Gustafsson et al., *supra* note 28), at 894.

250　第11章　人権・環境デューディリジェンスのハードロー化

(a)　**国家中心的ディスコース**[38]　　国家中心的ディスコースは、新自由主義に基づく民間主導のガバナンス（private governance）は企業の権力を増大させ、国家の規制する力を弱体化したとし、企業の責任について政府による規制を再興すべきと捉えるものである。

　フランスやドイツの立法過程において、国家中心的ディスコースに依拠していたのは、NGO・教会・労働組合といった市民団体や左派・グリーン政党である。ここでは、グローバル・サプライチェーンにおける企業の責任の欠如、人権・環境問題の緊急性が強調され、法制の必要性を主張するため、人々の罪悪感や正義感に訴えかけるような深刻な不正義の具体例がしばしば引き合いに出される。企業は規律の隙を突いて社会的・環境的コストを外部化する否定的な存在として認識され、企業による自主的な規律は失敗しているとして、デューディリジェンスのハードロー化が正当化される。反面、このディスコースでは、そのようなハードローが企業や途上国の様々な立場のアクターに悪影響を与える可能性は考慮されない。自国が他国に先駆けてハードローを立法することは、自国経済へのリスクとしてではなく、むしろ、倫理的な価値を取り込んだ新しい形の競争力を獲得する機会であると捉えられる。

(b)　**市場主義的ディスコース**[39]　　市場主義的ディスコースは、企業の自発的な行動を通じた市場の自己規律に依拠し、民間主導の任意的なガバナンス（行動規範、企業のコミットメント、自主的なサプライヤー・アセスメント、第三者認証、監査等）を重視する。ここでは、民間による規範形成が正統なものと捉えられ、政府による介入が拒絶される。企業の社会的責任は、企業の様々な自発的取組みを通じて負の外部性を内部化することで果たされることになる。そして、企業の利益に悪影響を及ぼすような根本的な変革は目指されず、サステナビリティに関する改善が利益最大化をもたらすというwin-winの関係が描かれる。

　フランスやドイツの立法過程において、市場主義的ディスコースを担ったのは、企業や業界団体、そして保守・右派・リベラル政党である。「抑

---

38)　以下の部分について、Gustafsson et al., *supra* note 28), at 895, 897.
39)　以下の部分について、Gustafsson et al., *supra* note 28), at 895, 898.

圧的」、「懲罰的」、「過剰」、「危険」等の言葉でハードローの正統性に疑念を投げかけ、現状維持を狙う。企業はすでに自発的に取組みを行っているとしてポジティブなものと捉えられ、政府の役割は企業の規制ではなく、企業の自発的な取組みをサポートし、さらに向上させることにあるとされる。このディスコースは、サプライチェーンにおける不正義や企業の責任の不足については目を向けず、ハードロー化は自国企業や自国経済に対する脅威であると位置付ける。

(c)　**多中心的ガバナンス・ディスコース**[40]　　多中心的ガバナンス・ディスコースは、国家中心的ディスコースと市場主義的ディスコースの中間に位置付けられるもので、緩やかな国家規制と市場による規律の組合せを重視し、企業の責任の向上のため、公的主体・民間主体それぞれの関与が必要であるとする。このディスコースにおいては、多数のステークホルダーが参加する対話や公私協働等、協力的な政策形成が重視される。

フランスやドイツの立法過程においては、論争が二極化されていたため、多中心的ガバナンス・ディスコースは主要なものではなかったが、フランスよりドイツにおいて重要な役割を果たした。このディスコースを用いたのは、第三者認証や監査を行う主体のほか、一部の企業やドイツのCDUである。マルチ・ステークホルダーの対話や公私協働を通じた緩やかな法規制と自発的なガバナンス手法のシナジーに焦点が当てられ、企業行動やグローバルな経済関係の漸進的な変化が目指される。企業はポジティブな存在として捉えられるものの、一部の企業の無責任な行動により公正な競争が阻害されているため、法制化することで公正な競争条件を実現できるとする。穏健な法制化により市場機会が生み出されることが強調される一方、異なる社会・経済・環境の目標の間のトレードオフや、グローバル・サプライチェーンにおける権力関係や社会正義の問題は不問にされがちである。

(2)　**異なる法のデザイン**　　グスタフソン教授らの論文はさらに、これらのディスコースは全て指導原則やOECD多国籍企業行動指針を支持しているものの、それをハードロー化するにあたり志向する法の内容が相当

---

40)　以下の部分について、Gustafsson et al., *supra* note 28), at 895, 898.

異なっていることを指摘する[41]。そして、ハードローのデザインを、①適用範囲（適用対象企業の範囲、保護の対象となる人権・環境の範囲、デューディリジェンスの対象となるサプライチェーン上の主体の範囲）、②手続（デューディリジェンスの内容、開示、ステークホルダーとの対話）、③エンフォースメント（国家による監督と制裁、民事責任、被害者の救済へのアクセス）という9個の指標に整理し[42]、フランスとドイツそれぞれの立法過程でのディスコースごとの志向する内容、および、最終的な法のデザインの特徴について、これらの指標を用いて分析している。

　①適用範囲については[43]、国家中心的ディスコースはできるだけ適用範囲が広くなることを求めるのに対し、市場主義的ディスコースはこれをできるだけ狭い範囲にとどめようとする。多中心的ガバナンス・ディスコースは中間的である。②手続的要件については[44]、国家中心的ディスコースが指導原則に沿った内容のデューディリジェンスを志向するのに対し、市場主義的ディスコースでは指導原則に沿ったデューディリジェンスは実現困難で不釣合いであり、法は認証・開示等を中心に構成するものとし、デューディリジェンスは簡素化すべきであるとする。多中心的ガバナンス・ディスコースも市場主義的ディスコースと同様、デューディリジェンスの簡素化を求めるが、緩やかな法規制と自発的な方法を組み合わせる手法を主張する。最後に、③エンフォースメントに関して[45]、国家中心的ディスコースでは、違反した企業が制裁を科されたり、被害者が救済を受けられるように、エンフォースメントが非常に重要となる。これに対して、市場主義的ディスコースでは、国家は制裁を科すのではなく企業を支援するための監督機関を設立すべきとする。多中心的ガバナンス・ディスコースによれば、穏健な制裁とインセンティブの組合せが良いとされ、外交政策や開発協力プログラムとの政策の一貫性が重要であるとされる。

　フランスの立法過程を振り返ると[46]、ラナ・プラザ事故が起こった

---

41)　Gustafsson et al., *supra* note 28), at 899.

42)　Gustafsson et al., *supra* note 28), at 896.

43)　Gustafsson et al., *supra* note 28), at 899.

44)　Gustafsson et al., *supra* note 28), at 899.

45)　Gustafsson et al., *supra* note 28), at 900.

46)　以下につき、Gustafsson et al., *supra* note 28), at 902.

Ⅲ　ヨーロッパの人権・環境デューディリジェンス法　*253*

2013 年に、国家中心的ディスコースの支持者が提案した野心的な内容の法案は、業界団体、経済大臣（マクロン氏）、保守・リベラル政党等の市場主義ディスコースの支持者から強い反対を受けた。そこで、適用対象企業をかなりの規模を有する大企業に絞るといった、より制限的な内容の新しい法案が作成された。この法案は微修正されて国民議会を通過したが、市場主義的な保守派が多数を占める元老院で否決された。最終的には、憲法院において過料の規定を除き合憲であるという判断がなされ、国家中心主義と市場主義の両方の性質を反映する法が成立した。すなわち、人権と環境の両方を対象とし、かつ、サプライチェーン上の適用範囲が広く、民事責任を定める点では国家中心主義的だが、適用対象企業は限定的で、国家による監督や制裁の規定がないところは市場主義的であるといえる。

　ドイツでは[47]、NGO とビジネス側とが対立していたが、連立交渉の過程で、2020 年半ばまでに従業員 500 人超のドイツ企業の 50% 以上が自発的にデューディリジェンスを導入しなければ法制化するという条件が合意されたことが大きく影響した。モニタリングの結果、その条件が満たされなかったため、自発的な取組みで足りるとする市場主義的ディスコースの主張に疑念が生じ、市場主義的な CDU 議員の多くが多中心的ガバナンス・ディスコースへ移行した。2020 年にモニタリングの結果が出る前から、経済協力開発省と労働社会省との間で国家中心主義的な内容の法案策定が開始されていたことが明らかになった。モニタリングの結果を受けて、経済協力開発省・労働社会省・経済エネルギー省が共同で法案を策定することになったが、市場主義的ディスコースによるアルトマイヤー経済エネルギー大臣とビジネス界の抵抗に遭い難航した。しかし、20 万筆を超える署名が提出されたことでアルトマイヤー経済エネルギー大臣も法制化を受け入れざるを得なくなり、メルケル首相とショルツ副首相（当時）の仲介により、2021 年、3 省庁は合同で法案を発表し、微修正を経て、法が成立した。成立した法は、適用対象企業が大企業に限られ、人権・環境ともに法の対象とするものの一定範囲のものに限定され、デューディリジェンスの対象は原則として直接のサプライヤーに限られる等、法の適用範囲が

47）　以下につき、Gustafsson et al., *supra* note 28), at 903.

狭められている。国際規範に則ったデューディリジェンスの義務が具体的に定められている一方で、ステークホルダーとの対話は求められていない。エンフォースメントについては、監督機関に強い監督権限を与えているのに対し、民事責任は認めていない。このような特徴から国家の役割が中間的であるといえ、多中心的ガバナンス・ディスコースを反映したものといえる。成立した法は、市場主義的ディスコースの支持者からは厳格すぎると批判され、NGO からは市場主義者のロビイングの結果、効果が薄められたと批判されるものとなった[48]。

IV　CSDDD

ヨーロッパ各国で相次いで人権・環境デューディリジェンスに関する国内法が成立する中で、EU は、2024 年、CSDDD を成立させた。EU 各加盟国は 2026 年 7 月 26 日までに国内法を整備することが求められており、2027 年 7 月 26 日から 2029 年 7 月 26 日までの間に企業規模に応じて順次適用が開始される（CSDDD37 条）。以下では、CSDDD の概要を示した後、最終的に成立した CSDDD が、2020 年 2 月の指令案[49]からどのように修正されているか[50]、グスタフソン教授らが採用した枠組みに従って比較する。

1　概　　要

CSDDD の適用対象は、EU 域内で設立された企業と域外で設立された企業とに分けて規定されている。

---

48)　最終的に成立した法のデザインが、市民社会側とビジネス側とがどのように歩み寄った結果であるかについて、Weiherauch et al., *supra* note 32), at 919 の表を参照。

49)　European Commission, Proposal for a Directive of the European parliament and of the Council on Corporate Sustainability Due Diligence and amending Directive (EU) 2019/1937, COM (2022) 71 final.

50)　CSDDD の成立にはその最終段階まで紆余曲折があり、政治的な駆引きが行われたことがうかがえる。その経緯について、Silvia Ciacchi, The Newly-Adopted Corporate Sustainability Due Diligence Directive: An Overview of the Lawmaking Process and Analysis of the Final Text, *ERA Forum* 25: 29, 2024 参照。

域内企業の適用対象は、①前会計年度の世界純売上高が4億5,000万ユーロを超え、かつ従業員数が平均1,000人超の企業、②連結ベースで前記①の基準を満たす最終親会社、③域内で独立第三者と共通のアイデンティティ、共通のビジネス・コンセプト、統一したビジネス方法を用いるフランチャイズ契約またはライセンス契約を締結し、前会計年度のロイヤルティが2,250万ユーロを超え、かつ世界純売上高が8,000万ユーロを超える企業（またはそのような企業グループの最終親会社）、であり（2条1項）、①〜③いずれの場合もこれらの要件を2年続けて満たした場合である（同条5項）。

　域外企業については、①前会計年度の前年度の域内での純売上高が4億5,000万ユーロを超える企業、②連結ベースで前記①の基準を満たす最終親会社、③域内企業の③と基本的に同じだが、前会計年度の前年度の域内でのロイヤルティが2,250万ユーロ、域内純売上高が8,000万ユーロを超える企業（または企業グループの最終親会社）であり（2条2項）、①〜③いずれの場合もこれらの要件を2年続けて満たした場合である（同条5項）。

　適用対象企業は、人権・環境に関するデューディリジェンスを行う義務を負う（5条・7条〜16条）。保護の対象となる人権や環境に関する禁止行為は、附属書に示されている。デューディリジェンスの対象とすべき範囲は、「活動の連鎖（chain of activities）」という概念で示されている。自社より上流については、自社の製品の製造やサービスの提供に直接・間接に関係する事業者の活動が幅広く含まれ、下流については、自社のために、または自社に代わって、自社製品の流通・運送・保管を行う、直接・間接の関係を有する事業者の活動に限定されている（3条1項(g)）。

　CSDDDが規定するデューディリジェンスの内容は、①デューディリジェンスを自社の方針およびリスク・マネジメント・システムに取り込む、②負の影響を特定・評価し、優先順位を付ける、③潜在的な負の影響を防止・緩和し、現実の負の影響を解消・最小化する、④現実に生じている負の影響に対して救済を行う、⑤ステークホルダーと意味のあるエンゲージメントを行う、⑥通知・苦情申立手続を設ける、⑦デューディリジェンスの実効性をモニタリングする、⑧自社のウェブサイトで年次報告を行う、というものである。

デューディリジェンスを実施する義務に加えて、適用対象会社は、気候変動に対処するための移行計画（transition plan）を策定し、実施する義務を負う（22条）。

エンフォースメントのために、各加盟国は監督機関を設ける（24条・25条1項）。監督機関は適用対象企業に対し調査・命令をすることができ、過料を科すことができる（25条2項以下）。コミッションは各加盟国の監督機関のネットワークを構築する（28条）。そのほか、コミッションは、適用対象企業がサプライヤー等との間で締結する契約のモデル条項や（18条）、デューディリジェンス実施のためのガイドラインを策定する（19条）。

CSDDDは民事責任に関する規定も置く。適用対象企業は、故意または過失により、潜在的な負の影響を防止・緩和する義務（10条）、または現実の負の影響を解消・最小化する義務（11条）を怠り、その結果として損害が生じた場合には、損害賠償責任を負う（29条1項）。ただし、損害が上流・下流の直接・間接の関係を有する事業者の行為のみによって生じた場合には、適用対象企業は責任を負わない（同条1項）。労働組合・NGO等による訴訟追行（同条3項(d)）、証拠開示命令（同条3項(e)）の規定もある。

加盟国はCSDDDを国内法化しなければならないが、一定の条文を除き、CSDDDより厳格な規定を設けることは妨げられない（4条）。

2　指令案とCSDDDの比較

(1)　**適用範囲**　　成立したCSDDDで最も注目される特徴の一つが、指令案と比べて、適用対象となる企業の範囲が相当狭められた点である。EUの域内企業と域外企業とに分け、域内企業に対しては従業員数と売上高の基準、域外企業に対しては売上高の基準を用いる点は同じであるが、CSDDDでは従業員数・売上高ともに基準値が大幅に引き上げられた[51]。またハイリスク産業について、指令案はより低い基準値を定める特別の規

---

51)　指令案では、域内企業については、従業員数500人超、世界純売上高1億5,000万ユーロ超、域外企業については世界純売上高が1億5,000万ユーロ超とされていた（指令案2条1項・2項）。指令案の段階での適用対象企業は1万3,000社程度と想定されていたが、この基準値の引上げにより、CSDDDの適用対象企業は5,000社程度に減少すると見込まれている（Ciacchi, *supra* note 50), at 37）。

定を置いていたが、CSDDD ではそのような規定はなくなった[52]。

指令案・CSDDD とも人権および環境の保護を対象とする点は同じである[53]。気候変動に関する条文は指令案の段階から存在していたが（指令案15条）、CSDDD では目的規定の中にも掲げられるようになり（CSDDD 1 条1 項(c)）、内容も詳細化した（CSDDD22条）。

デューディリジェンスの対象となるサプライチェーン上の主体に関しては、指令案の段階で批判が多かった「確立したビジネス関係（established business relationship）」（指令案 3 条(f)）という概念が、CSDDD では用いられなくなったことが注目される。指令案の「バリューチェーン（value chain）」という概念も「活動の連鎖（chain of activities）」という概念に置き換わり、対象となる範囲はサプライチェーンの下流に関して指令案より狭められている（指令案 3 条(g)、CSDDD 3 条(g)）[54]。

(2) **手続的要件**　　ここでは一つ一つについて述べないが、CSDDD では、デューディリジェンスの内容が指令案に比べて全体にわたって詳細で、明確になっている。例として、優先順位付けに関する規定（5 条 1 項(b)・9 条）や、救済についての規定（5 条 1 項(d)・12 条）が新設されている。

開示に関しては、指令案 11 条および CSDDD16 条がともに、ウェブサイト上で年 1 回（以上）の開示を行うことを義務付ける。CSDDD によれば、コミッションは 2027 年 3 月 31 日までに開示内容の詳細を決定することになっている（16 条 3 項）。

ステークホルダーとの対話について、指令案にも規定があるものの（6 条 4 項・7 条 2 項(a)・8 条 3 項(b)・13 条・14 条 4 項等）、CSDDD は「ステークホ

---

52)　指令案 2 条 1 項(b)・2 項(b)。ただし、CSDDD では、グループ企業についての規定およびフランチャイズ契約・ライセンス契約を締結している場合について、指令案にはない特別の規定が設けられている（CSDDD 2 条 1 項 1 項(b)(c)・2 項(b)(c)・3 条）。

53)　ただし、引用されている条約に違いがある（指令案および CSDDD の附属書を参照）。

54)　バリューチェーンとは、商品やサービスの製造から消費に係る上流から下流まで（消費者、場合によっては処分まで）の取引の連鎖の全体を指し、サプライチェーンとは、厳密には上流のみを指す。しかし、これらの用語はそこまで厳密に使い分けられておらず、互換的に用いられることが多い。
　　　CSDDD における「活動の連鎖」の概念は前記 **IV 1** の通りである。これに対し、指令案 3 条(g)では、バリューチェーンとは、適用対象会社の製品やサービスの生産に関連する活動であって、製品やサービスの開発、製品の使用・処分、および上流・下流の確立されたビジネス関係による関連する諸活動を含む、と定義されている。

ルダーとの意義のある対話」という条文（13条）を設けて詳しく規定しており、より重視していることがうかがえる。また、CSDDDでは、業界またはマルチ・ステークホルダーのイニシアチブに関する条項が多くの箇所にみられる（10条2項(a)・11条3項(b)・20条3項〜5項等）。

（3）**エンフォースメント**　　国家による監督は、加盟国の監督機関（supervisory authority）によって行われる（指令案17条、CSDDD24条）。監督機関は適用対象企業に対して調査・命令等を行う権限を有する（指令案18条、CSDDD25条）。

制裁は各国が国内法で定める（指令案20条、CSDDD27条）。CSDDDは、加盟国は、少なくとも、金銭的罰則と、金銭的罰則に従わない場合には公表することを定めなければならないとし（CSDDD27条3項）、金銭的罰則の上限は当該企業の世界純売上高の5％以上でなければならないとする（同条4項）。また、指令の定める義務を遵守することを公共の支援や公共契約の条件とすることに関する規定がある（指令案24条、CSDDD31条）。

コミッションは各加盟国の監督機関の代表者によるネットワーク（European Network of Supervisory Authorities）を構築する（指令案21条、CSDDD28条）。そのほか、モデル条項やガイドラインを設けること（指令案12条・13条、CSDDD18条・19条）、ヘルプデスクを設けること（CSDDD21条）、年次報告の閲覧を容易にするためのシングル・アクセス・ポイントを設けること（CSDDD17条）、中小企業を経済的に支援すること（指令案14条2項、CSDDD20条2項）等、コミッションないしは加盟国による支援に関する規定がある。これらについても指令案よりCSDDDの方が詳細である。

指令案・CSDDDともに民事責任を定めている（指令案22条、CSDDD29条）。CSDDD29条1項は、適用対象企業が故意または過失により10条（潜在的な負の影響の防止・緩和）および11条（現実の負の影響の解消・最小化）の義務に反し、その結果として、自然人・法人の保護された法的利益に損害を与えた場合の責任を定める。指令案では、適用対象企業はバリューチェーン上の事業者が引き起こした負の影響による損害についても責任を負う可能性があり、かつ、どのような場合に責任を負うのか不明瞭であったが、CSDDDでは、適用対象企業は、損害がサプライチェーン上の事業者のみによって発生させられた場合には責任を負わないものとした。そのほ

かの要件からも、CSDDD では、指令案より責任が生じる範囲が狭められているものと思われる。他方で、CSDDD は、時効・差止め・訴訟担当・証拠開示について、指令案にはなかった被害者側を保護する内容の規定を置いている（29条3項）。

救済へのアクセスに関する規定としては、CSDDD は、適用対象企業の苦情受付けについての規定を増強するとともに（指令案9条、CSDDD14条）、適用対象企業自身が、または共同で惹起した現実の負の影響につき、被害者に救済を提供しなければならない旨の規定を置いた（CSDDD 12条）。加盟国の監督機関は、違反を発見したときは、適用対象企業に対して救済措置を講じるための期間を設けることができる（指令案18条4項、CSDDD 25条4項）。

3　検　討

上記は条文を参照したものにすぎず、ここからはどのようなディスコースに基づきどのような政治過程を経て CSDDD が成立したかはわからないため、ディスコース分析ができるわけではない。しかし、グスタフソン教授らの論文を参考にして、CSDDD に III 3 で述べた国家中心主義・市場主義・多中心的ガバナンスそれぞれの特徴がみられるかを確認することはできるだろう。

国家による規制が及ぶ範囲という観点からいえば、CSDDD は指令案より適用対象企業の範囲をかなり絞っている点に特徴がある。人権・環境の両方を保護の対象とし、気候変動に関する規定も置いているという点では CSDDD の規制の対象は広いが、対象となるサプライチェーン上の主体の範囲は特に下流において指令案よりも狭く、民事責任を負う範囲も限定されている。その観点からは、国家中心主義的ではない。

他方で、デューディリジェンスの方法がかなり詳細に規定され、国家の監督機関による監督が及び、行政法上の制裁と民事責任が定められている点からは、市場主義的ともいえない。

これらに加えて、CSDDD はステークホルダーとの対話や業界またはマルチ・ステークホルダーのイニシアチブを重視している点、コミッションや国家の監督機関に監督・制裁の機能だけでなく様々な支援の機能を定め

ている点も特徴的である。サプライチェーン上の主体の間での契約による
保証に関する規定や、第三者認証に関する規定もある（10条2項(b)・5項・
11条3項(c)・6項・20条5項）。

　以上のような特徴からすると、CSDDD は、国家による規制に加えて、
国家も含めた多様な主体によるガバナンス手法を組み合わせているという
点で、多中心的ガバナンスの要素が強いと評価することができるだろう。

V　ハードロー化に対する評価

　これまで述べてきたように、人権・環境デューディリジェンスのハード
ロー化が進んでいる。このような動きにはどのような評価があるのだろう
か。

　III でみたように、フランスやドイツでは、NGO が、人権（および環境）
デューディリジェンスを法的な義務とするために長い時間をかけて活動し
てきた。その背景には、法的拘束力のない規範では実際にデューディリジ
ェンスに取り組む企業が増加しないということや[55]、実効的な被害者の救
済が困難であるということがある。ドイツの場合には、途中からビジネス
界でも賛成に回る企業が現われ、そのことが法制化に向けた動きに弾みを
つけた。企業にとっても、もともと人権・環境を尊重する理念やビジネス
モデルを有する場合、取組みによって評判を得ようとする場合のほか[56]、
コストをかけてデューディリジェンスに取り組む企業が不利にならないよ
うに競争条件の統一化（level playing field）や明確性を求める場合にも、法
制化が支持されることになるだろう。また、ハードロー化することにより、
負の影響をなくすために企業がサプライヤー等に及ぼす影響力を強めるこ
とができるという点もメリットとなる[57]。ただし、**III** でみた通り、ハー

---

　55)　企業が消費者・投資家・NGO 等の圧力を受けて自発的にデューディリジェンスを実行す
　　るという主張に対して、デヴァ教授は、このような圧力は断片的で予測不可能であり、全て
　　の企業に等しくかかるわけではないと指摘する（Surya Deva, 'Mandatory Human Rights
　　Due Diligence Laws in Europe: A Mirage for Rightholders?', *Leiden Journal of International
　　Law* 36: 389, at 396, 2023）。
　56)　**III** 2(2)のドイツにおける立法の背景を参照。

ドローのデザインには多様な選択肢があり、どのような内容を求めるかは
立場によって異なる。

ソフトローである指導原則を策定したラギー教授も、ハードロー化に賛
成している。ラギー教授は、この問題の中心にあるのは企業にアカウンタ
ビリティをもたせるということであり、企業の行動を引き出すためには、
企業が適切な行動をしなかったときには一定の結果を被らせるという仕組
みが必要であって、ハードローによって競争条件を統一化するのであれば、
十分な数の企業に適切な水準以上のデューディリジェンスを行わせるに足
りるような、一定の結果を生じさせるものであることが必要であるとす
る[58]。指導原則が策定された際に企業の人権尊重責任が法的拘束力のない
ものとされたのは、法的義務化するか否かという二極化した対立状態を避
けて実際的なプラットフォームを作ることが目標とされたからであった。
そうだとすると、ある法域において法制化に合意を得ることができるので
あれば、ソフトローであることにこだわる必要はないということになるだ
ろう。

それでは逆にハードロー化に反対する意見は何か。**III**で述べたように、
ビジネス側からは反対意見が強い。例えば、法的義務とされることでその
ような義務がない他の法域の企業に比べて不利になる、大企業のサプライ
チェーンには無数の企業が関係し、また、大企業から対応を求められるサ
プライチェーン上の中小企業にとっても負担が増大するためデューディリ
ジェンスは実行困難である、ハードロー化しなくても企業は十分に実行で
きる[59]、といった意見がある。そのほかに、経済の自由を尊重し国家の介

---

57) 以上につき、John Gerard Ruggie, Caroline Rees and Rachel Davis, 'Ten Years After:
From UN Guiding Principles to Multi-Fiduciary Obligations', *Business and Human Rights
Journal* 6(2): 179, at 192, 2021.
　　なお法の断片化については、どちらの方向についても根拠となり得る。各国が区々にハー
　ドロー化した場合には、法の断片化を生み、複数の法域の法が適用される企業にとっては負
　担が重い。これに対し、CSDDDのようなハードローが策定されればそれが適用される範囲
　で法の断片化を避けることができる。ヨーロッパでは国ごとのハードロー化が進みつつある
　ことからこのメリットがあるといえる。もっとも、CSDDDは加盟国による国内法化に際し
　一定の柔軟性を許容しているため（4条）、国ごとの差異が完全に解消されるわけではない。

58) Ruggie et al., *supra* note 57), at 192.

59) 逆に、ハードロー化しても企業の形式的遵守を阻止することはできず、実効性に欠ける
　という考えもあり得る。

入を避けるべきとする思想からも、ハードロー化は反対されることになる[60]。

　最後にこれらとは異なる視点からの批判を紹介したい。ボース博士は、「第三世界からの国際法へのアプローチ（Third World Approaches to International Law; TWAIL）」という視点からこの問題を分析する[61]。ボース博士の論旨をまとめると以下のようになる。すなわち、先進国の国内法（CSDDD も含まれる）により企業にデューディリジェンスを義務付ける法制は、先進国企業の事業活動による発展途上国における人権侵害の防止に向けられたものであり、そのような法制により途上国の被害者が保護されるという意味では脱植民地主義的ではある。しかし、こうした法制は先進国の国内立法であるから、途上国は当事者であるにもかかわらずその策定にあたって意見を反映させる機会はなく[62]、その法制に基づいて裁判が行われるとしても、途上国にいる実際の被害者が置かれたコンテクストから遠く離れた先進国で行われ（delocalized justice）、被害者は先進国から一方的に「恩恵」を与えられる立場であり、また、このような法制は先進国の規範（西洋的価値）の普遍化という側面があるから、引き続き植民地主義的であるといえる。したがって、このような法制は国内法ではなく、規範策定のプロセスに途上国が参加する条約の形で行われるべきである。

　この植民地主義の問題、つまり、こうした法制は国境を超えた人権や環境の侵害の防止・被害者救済の実効性を向上させる可能性がある反面、他国からみれば一方的にこのような立法をした国の影響の下に置かれることになるというジレンマは、日本では未だあまり議論されていないように思われる。しかし、この問題は人権・環境デューディリジェンスのハードロー化において避けて通ることのできない重大な問題である。さらに、この

---

60)　前述 III 3 (1)(b)参照。

61)　Debadatta Bose, 'Decentring Narratives around Business and Human Rights Instruments: An Example of the French *Devoir de Vigilance* Law', *Business and Human Rights Journal* 8: 18, 2023.

62)　CSDDD の策定過程で EU のコミッションが行ったパブリック・コンサルテーション（Have Your Say）の結果を分析し、途上国からの意見が少なかったことを示す研究として、Kevin E. Davis, Roy Germano and Lauren E. May, 'Did the Global South Have Their Say on EU Supply Chain Regulation?', NYU Law and Economics Research Paper No. 24-13, 2024, 〈SSRN: https://ssrn.com/abstract=4735442〉.

図式に当てはめれば、ヨーロッパが大きな影響力のある立法を推し進めている中、日本は、一方では、否応なくヨーロッパの法制の影響を受けるという立場にあり[63]、他方で、もし日本でもハードロー化することになれば他国に一方的に影響を与える立場に立つことになるので、日本にとっても決して無関係な議論ではない。一段と企業の力が増大し、サプライチェーンが複雑化する現代において、人権・環境デューディリジェンス法制は大きな意義をもたらし得る。だからこそ、この困難な問題に対する認識を深めておく必要がある。

VI　おわりに

　現在、ヨーロッパを中心に、人権・環境デューディリジェンスのハードロー化という大きな潮流がみられ、世界に大きな影響を与えている。一口にハードロー化と言っても、それには多様なデザインの可能性があること、また、ハードロー化すべきか否かは、ハードローとソフトローそれぞれのメリット・デメリットを表面的に比較検討すれば答えが得られるというような単純な問題ではないことを改めて指摘して、本章を閉じることとしたい。

　【附記】　本章は、JSPS 科研費基盤研究（A）「グローバル法・国家法・ローカル法秩序の多層的構造とその調整法理の分析」（代表：原田大樹）、基盤研究（C）「企業間取引におけるフォーマル・ルールとインフォーマル・ルール」（以上、課題番号 19H00568、18K01338）の研究成果の一部である。

63）　この点については、島村健教授（京都大学）との意見交換から示唆を得た。御礼申し上げる。

第**12**章　会社法とグローバル・
多層的な法秩序
——敵対的買収を素材に

松中　学

I　はじめに
II　敵対的買収の規律の多層性とアクター
III　企業買収行動指針の形成過程
IV　おわりに

I　はじめに

　本章は、敵対的買収の規律を素材として、グローバル法秩序および多層的な法秩序の分析に一例を加える[1]。

　敵対的買収の規律自体は、基本的には国内法の問題であり、EU のように制度的な基盤が背景にある場合は別として、法の統一とも縁遠い。しかし、グローバル化に伴って存在感を増した海外のものを含む機関投資家というアクターが、買収をめぐるルール形成に影響をもつことも考えられる。そうしたアクターが直接にルール形成に関与するとは限らないが、ルール形成に直接に関わるアクターを通じて彼らの利益や選好を反映するというルートも存在する。

　また、日本の敵対的買収の規律は、多層的な法秩序という観点からも興味深い素材となる。第一に、ハードローとソフトローの交錯である。金融商品取引法が公開買付けの方法や大量保有報告といった制度を規律する一

---

1)　後述の「企業買収行動指針」では、新たな用語の整理も行われたが、本章では、従来の資料との関係も意識して「敵対的買収」という語を用いる。また、（買収）防衛策は、対応方針と対抗措置の両方を含む語として用いる。

方、特に対象会社による対応については、会社法が直接に規律する条文を置いている部分は多くない。残された大きな空白の一部は裁判例が埋めている一方、行政が作るガイドラインというソフトローが、基本的な考え方から望ましい・望ましくない具体的な行動に至るまで様々なレベルで重要な役割を果たしている。第二に、ソフトローも含めて国内法による規律がなされる問題ではあるものの、海外から（も）やって来る一定の普遍性がある（ありそうな）要請やアイディアの影響を受け、それらが日本の状況に合わせてローカライズされる場合もある。

　以上の観点から、本章は、まず、敵対的買収の規律の多層性と関連するアクターについて、簡単に整理する（II）。続いて、2023 年 8 月 31 日に公表された経済産業省「企業買収における行動指針——企業価値の向上と株主利益の確保に向けて」（以下、「企業買収行動指針」という）[2]の策定過程を素材に、グローバル化により登場したアクターの影響、ファイナンス理論の影響も受けた一定の普遍性のあるアイディアとローカルな要素との関係を検討する（III）。

II　敵対的買収の規律の多層性とアクター

1　多層性

　(1)　ハードローとソフトロー　　敵対的買収は、買収者と対象会社の経営陣が激しく衝突する場面であり、ハードローが「法らしく」作動する場面ともいえる[3]。例えば、対抗措置を発動する際には、新株予約権の無償割

---

2)　企業買収行動指針およびそれ以前の指針と関連する資料は、経産省ホームページ上の「公正な M&A に関するルール形成について」〈https://www.meti.go.jp/policy/economy/keiei_innovation/keizaihousei/fair-ma-rule.html〉から入手できる。以下、他の指針や経産省の関連する研究会の報告書を引用する場合も、個別の URL は示さないが、このウェブサイトからたどることができる。

3)　以下では、主に会社法的な側面について述べる。買収には公開買付規制や大量保有報告制度など、金融商品取引法も関わる。これらは、裁判を通じて直接にその解釈適用が争われることは多くないが、通常は、規制に従った開示や取引条件の設定といった形で法が遵守される。これも、ハードローの典型的な作用の仕方の一つである。ただ、大量保有報告については必ずしも遵守されていなかった。そのことが防衛策をめぐる裁判の中で主張されただけで

当てがなされるのが通例であるが、この場合、買収者はその差止仮処分を求め、会社法247条に当たるかが争われる。株主平等原則（同法109条1項）や不公正発行（同法247条2号）といった会社法における関係する規定は抽象的なものであるため、裁判例による判断基準が、防衛策をめぐる法ルールの実質部分を形成している[4]。

　もっとも、会社法の抽象的な規定と裁判例のみで十分なルールが供給されるわけではない。近時の事例も含めると一定数の裁判例が登場しているが、裁判例となるのは一部の事例にすぎない。裁判を用いるか否か自体、ハードローに従って（その際には後述のソフトローも踏まえて）当事者が下した判断によって決まり、裁判でルールが形成されやすい場面とそうではない場面とでは大きな差が生じる。この点をもう少し詳しくみる。

　第一に、そもそもハードローの仕組み上、裁判を起こしやすい場面と起こしにくい場面がある。防衛策の発動は前者に当たる一方、仕組みにもよるが、防衛策の導入は後者に当たることも多い。また、対象会社の取締役会が同意なき買収提案をどのように扱うべきかといった点も、裁判で直接に争われにくく、裁判例によるルール形成がなされにくい[5]。

　第二に、ある程度ルール形成が進み、勝敗も予測できるようになると、当事者は裁判を選ばない。仮にその事案に未だ扱いがはっきりしない問題

なく（例えば、大阪高決令和4年7月21日判時2564号34頁〔三ッ星事件〕）、2024年の金商法改正にも影響している。この大量保有報告の不遵守の問題については、まずは当局によるエンフォースメントの強化が重要である一方、一定の外形的事実（役員兼任や資金提供などの関係）から形式的に共同保有者とみなす規定を拡充すべきであると指摘されていた（金融審議会公開買付制度・大量保有報告制度等ワーキング・グループ「報告」（2023年12月25日）〈https://www.fsa.go.jp/singi/singi_kinyu/tosin/20231225/01.pdf〉14〜15頁）。2024年5月22日、この報告に基づく改正法が公布された（令和6年法律第32号）。なお、共同保有者についての規定は、政令の改正により設けるものとされている（金融庁「金融商品取引法及び投資信託及び投資法人に関する法律の一部を改正する法律案 説明資料」（2024年3月）〈https://www.fsa.go.jp/common/diet/213/01/setsumei.pdf〉7頁）。

4)　東京高決令和3年11月9日金判1641号10頁〔東京機械製作所事件〕までの裁判例については、久保田安彦「敵対的買収防衛策をめぐる近時の裁判例の動向(上)(下)」法学教室500号27頁・501号56頁（2022）、白井正和「近時の裁判例を踏まえた買収防衛策の有効性に関する判例法理の展開」民商法雑誌158巻2号（2022）283頁参照。

5)　例えば、飯田秀総ほか「〈座談会〉『企業買収における行動指針』の検討」（以下、「座談会2023」という）ソフトロー研究33号（2023）113頁、120〜121頁〔加藤貴仁発言〕参照。この点については、企業買収行動指針の検討が開始される前の段階のものであるが、松中学「敵対的買収と独立委員会」MARR339号（冊子版：2023）17頁、18〜19頁も参照。

があるとしても、合理的な買収者はそれに賭けて裁判を起こすよりも、諦めることを選ぶ場合もある[6]。

　第三に、防衛策をめぐる裁判は、ごく限られた時間で判断がなされるといった事情もある。そのため、裁判例のみでは、基本的な考え方などの基礎的なレベルの規範を形成するのは容易ではない[7]。

　そうすると、ソフトローがルール形成に重要な役割を果たすのも自然である。本章で検討する企業買収行動指針に至るまでに、すでに2005年および2008年に買収防衛策をめぐる指針等が策定されていた[8]。こうしたソフトローと裁判例とは、もちろん相互に影響を与えている。裁判例は指針を参照し、裁判例が登場した後に形成される指針もまた、裁判例を参照することになる。もっとも、両者の関係は一様ではなく、変化も伴う。例えば、裁判例があまりない状態では参照しようにも参照できない一方、積み重なった裁判例に根本的な修正を迫るのは難しい。

　敵対的買収と防衛策については、互いに相手の存在をある程度前提とする一方、当事者の行動も加わり、ある程度修正を加える形で発展してきたとはいえるだろう[9]。2005年指針は、裁判例によるルール形成に影響を与える選択を行い、裁判例も、同指針を踏まえてルール形成を行った。2008年指針は、新たな状況に対応するとともに、裁判例が示すルールの一部の修正・明確化を図るものであった。その後、敵対的買収の事案が問題とならなかったところ、2019年頃から複数の事案が生じ、裁判例も複数登場

---

6)　例えば、シティインデックスイレブンスによるコスモエネルギーホールディングスの株式取得をめぐる事例は、買収者が第三者に株式を譲渡することで終了した。後掲注74）のリリースおよび「コスモ、旧村上ファンドとの対立に幕　岩谷産業が株取得」（日経電子版2023年12月1日）〈https://www.nikkei.com/article/DGXZQOUC017TN0R01C23A2000000/〉参照。

7)　新株発行についての議論であるが、松中学「主要目的ルールの検討（2・完）―主要目的ルールとは何か、そしてなぜ裁判所はそれを採用したのか」阪大法学58巻1号（2008）87頁、101〜104頁参照。

8)　経済産業省／法務省「企業価値・株主共同の利益の確保又は向上のための買収防衛策に関する指針」（2005年5月27日）、企業価値研究会「近時の諸環境の変化を踏まえた買収防衛策の在り方」（2008年6月30日）（以下、それぞれ「2005年指針」、「2008年指針」という）。

9)　2008年指針までの関係は、松中学「わが国の敵対的買収と防衛策をめぐるルール形成」新生代法政学研究2号（2009）363頁による。

した[10]。企業買収行動指針も、それらの裁判例を踏まえて形成された。

内容面では、2005年指針は、取締役会限りで導入する防衛策も想定しており、発動の判断主体も取締役会を想定していたと考えられるが、裁判例は、取締役会限りで導入と発動の判断を行う防衛策には厳しい態度をとってきた[11]。近時は、主に、有事に株主総会で導入・発動の判断がなされる防衛策が用いられている[12]。企業買収行動指針の株主による判断を重視する姿勢も、単に2005年指針から続くものというよりも、当事者の選択と裁判例の積み重ねを経て形成されたものといえる。

(2) **ルールを形成するアイディア**　近時の上場会社をめぐる法ルールの形成では、アイディアも重要な役割を果たしてきた[13]。敵対的買収の規律との関係では、具体的な規律は法域によって様々である一方、敵対的買収が生じる要因である、上場会社における株主・経営者間のエージェンシー問題や株主の分散といった事情は、一定の普遍性をもつ[14]。そして、経済における非効率を示す事情に対しては、それを改善すべきであるとの動きが生じ、「株主利益の最大化」といった一定の普遍性をもつアイディアが掲げられる。法ルールの形成過程において繰り出されるアイディアの次元あるいは粒度は様々であり、「株主利益の最大化」といった相当程度に抽象的なものから、「PBR (Price Book-value Ratio：株価純資産倍率) 1 未満は

---

10) 名古屋高決令和3年4月22日資料版商事法務446号130頁〔日邦産業事件〕、東京高決令和3年4月23日資料版商事法務446号154頁〔日本アジアグループ事件〕、東京高決令和3年8月10日金判1630号16頁〔富士興産事件〕、前掲注4) 東京高決令和3年11月9日、前掲注3) 大阪高決令和4年7月21日。

11) 東京高決平成17年3月23日判時1899号56頁〔ニッポン放送事件〕、前掲注10) 東京高決令和3年4月23日。

12) 2020年のシティインデックスイレブンスによる東芝機械（現、芝浦機械）の買収をめぐる事案が嚆矢である。仕組みも含めて、太田洋ほか「東芝機械の『特定標的型・株主判断型』買収防衛策について—いわゆる有事導入型買収防衛策の法的論点の検討」別冊商事法務470号 (2022) 1頁〔初出 2020〕参照。

13) 西岡晋「アイディア学派の政治学—コーポレート・ガバナンス改革とアイディア」法律時報94巻8号 (2022) 7頁、9頁参照（コーポレートガバナンス・コードの導入について、金融庁や東京証券取引所などの投資家の利益を代弁するアクターが、株主価値を重視するアイディアという理念的資源を基に権力を発揮したと指摘する）。

14) これらのことがどこでも存在するという趣旨ではなく、概ねどこの法域でも（敵対的買収を禁じるような法ルールがあればともかく）こうした事情が整えば、敵対的買収は生じるという趣旨である。

望ましくない」など、具体的な数値を伴うものもある[15]。敵対的買収の規律の形成を考える際にも、普遍性のあるアイディアの力と日本の状況へのローカライズや、それを通じた抵抗という視点が有用になる。

アイディアに注目することは、法ルールの形成過程の分析に役立つだけでなく、必ずしも法やルールにまで至らないものも含む規範の多層性を考える上でも意義がある。アイディアと法ルールとの関係は一様ではなく、普遍的なアイディアが国内の法ルールに変容を迫るといった態様も考えられる。他方、敵対的買収の規律を考える際に重要となる態様は、法ルールを通じてアイディアの力が強化されるというものであろう。すなわち、一定のアイディアが、部分的ではあっても法ルールに反映されると、具体的なルールを超えて関係者の行動や思考を方向付けるものとして機能する現象である[16]。

2 アクターと多層的な法ルールの形成への関与

(1) **アクター**　個々の買収の主なアクターとしては、買収者（ファンドや事業会社など）、対象会社の一般株主（買収者や対象会社の経営陣以外の株主）および対象会社の取締役会と経営陣が存在する。敵対的買収に関する法ルールの形成のアクターの性格を考えると、もう少し広く、①買収者になり得る者、②一般株主（および同様の利害をもつ投資家）、③経営者とその利害を反映する経済団体など、④専門家（買収に関与する弁護士や研究者）、⑤ルール形成の担当者（官庁、政治家、裁判所）が含まれるだろう。①～③は利害に基づく分類であり、現実に存在するアクターは、複数の性格を兼ねていることや特定のものに収まらないこともある。機関投資家は、①・②の利害が混ざったアクターといえる。経営者は③に属するが、近時は事業会

---

15) 「レブロン義務」のように法的な概念やそれに近いものも、アイディアとして機能し得る。ただ、法的な概念が常にアイディアとして機能するわけではない上に、アイディアとして流通して力をもつ場合には、法的な概念としての厳密さは犠牲になることも多いと考えられる。Ⅲ3(3)でみる通り、個別の法的な問題というミクロなレベルでは、アイディアは形成されづらいと考えられる。

16) 西岡・前掲注13) 10頁で紹介されている、アイディアが構造化・制度化されて規範として作用し、「政策過程の『背景（background）』として基底的な働き」をするのと同様の現象である。

270 第12章　会社法とグローバル・多層的な法秩序

社が敵対的買収を必ずしも厭わないため、法ルールの形成に際しても①の利害が混ざる余地がある。他方、④・⑤は役割による分類であり、誰がそこに属するのかは明確であるが、利害は多様である。

　近時の重要な変化としては、法ルールの形成においても機関投資家の影響力を無視できなくなっていることが挙げられる。外国人機関投資家による株式保有の増加や株式持合の解消などによる株式保有構造の変化は、よく知られている。個々の会社との関係では、敵対的買収のみならず、それに至らない株主提案などのアクティビストの活動においても、（他の）機関投資家の支持が大きな影響力をもつことがある。そして、政策的にも経済成長とそれに必要な日本市場への投資を維持・促進する以上、投資家の利害を無視することができなくなる。実際、例えば、コーポレートガバナンス・コードの策定やその後の改訂の場では、機関投資家の意見を代弁できる者がメンバーに加わっている[17]。また、内外の機関投資家が意見を寄せる（あるいは担当する官庁等が意見を積極的に聴取する）こともある。

　(2)　**多層的な法ルールへの関与**　　機関投資家は投資家という属性と投資先の株主という立場から、多層的な法ルールの形成に関与している。関与の態様としては、①法ルールの形成に直接に関与する（各種会議の委員への就任や意見の表明など）、②法ルールの形成に際して他の株主・投資家へ呼びかける、③投資先の株主総会を通じた関与（議決権等の株主権の行使や、他の株主および社会一般を対象とするキャンペーンなど）、④裁判、が考えられる。④は、自己の直接的な利益を守るものであると同時に、裁判例の形成に繋がるという点では①の一種でもある。

　法ルールは、買収や防衛策の可否を決めるのに加えて、③株主総会を通じた関与と④裁判の可否・制約を決める[18]。そのため、敵対的買収に利害をもつ機関投資家は、①法ルールの形成や④裁判に関与するインセンティブをもつ。その一方、フリーライド問題に直面するのに加えて、①につい

---

17)　「コーポレートガバナンス・コードの策定に関する有識者会議」および「スチュワードシップ・コード及びコーポレートガバナンス・コードのフォローアップ会議」のメンバーの名簿は、〈https://www.jpx.co.jp/equities/listing/cg/04.html〉に掲載されている。

18)　日本の会社法は、株主総会を通じた株主の直接的な決定権限を重視しており、招集・提案・委任状勧誘などの制約も大きくない。裁判へのアクセスは問題・形式によって広狭が異なる（前述1(1)参照）。

ては、ルール形成の担当者が影響力の行使を受け入れるかというハードル
もある[19]。Ⅲで検討するのは、企業買収行動指針の形成という①の一場
面である。

Ⅲ　企業買収行動指針の形成過程

1　経　　緯

　企業買収行動指針の検討が始まるまでの背景は、次の通りである[20]。
2005年頃に敵対的買収の事例が相次いで登場し、2007年にブルドックソ
ース事件[21]が起きた後、しばらくは敵対的買収の事案はなかった。しかし、
2019年頃から複数の事案が生じ、2021年から買収防衛策をめぐる重要な
裁判例が相次いで登場した（前述Ⅱ1(1)）。また、この10年の間には、買収
に限らず、全般的に株主利益の向上と資本市場を通じた規律の実効化のた
めの改革が行われてきた。すなわち、2014年のスチュワードシップ・コ
ード策定[22]および2015年のコーポレートガバナンス・コード策定[23]に続
き、2023年のPBRが1を下回る企業における改革の実行を含む資本コス
トを意識した経営の要請[24]など、証券取引所も含むアクターによる取組み

---

19)　直観的には、ハードローよりもソフトローの方が、新たに力をもつようになったアクタ
　　ーの影響力の行使が受け入れられやすいように思われる。
20)　保坂泰貴「『企業買収における行動指針』の解説(上)」商事法務2337号（2023）4頁、4
　　～5頁参照。
21)　最決平成19年8月7日民集61巻5号2215頁。
22)　スチュワードシップ・コード（日本版スチュワードシップ・コードに関する有識者検討
　　会「『責任ある機関投資家』の諸原則《日本版スチュワードシップ・コード》―投資と対話
　　を通じて企業の持続的成長を促すために」）は、2014年2月に策定された。その後、2017年
　　5月と2020年3月に改訂されている。コード本体と関係する資料は、〈https://www.fsa.go.
　　jp/singi/stewardship/〉参照。
23)　コーポレートガバナンス・コードは、2015年3月に原案が公表され、同年6月から施行
　　された。その後、2018年6月と2021年6月に改訂されている。コード本体と関係する資料
　　は、〈https://www.jpx.co.jp/equities/listing/cg/index.html〉参照。
24)　東証は、2023年3月に「資本コストや株価を意識した経営の実現に向けた対応につい
　　て」を公表し、2024年1月、これに基づく「『資本コストや株価を意識した経営の実現に向
　　けた対応』に関する開示企業一覧表」や取組みのポイントなどの公表を始めた。いずれも、
　　〈https://www.jpx.co.jp/equities/follow-up/02.html〉に掲載されている。

272　第12章　会社法とグローバル・多層的な法秩序

がなされた。

　上記の背景の下、2022年11月18日に、第1回の「公正な買収の在り方に関する研究会」（以下、「公正買収研究会」という）が開催され、企業買収行動指針の検討が開始された[25]。委員の構成は、会社法・金商法の研究者3名、ファイナンスの研究者1名、弁護士4名、経済団体関係者・企業関係者3名、国内機関投資家2名（生命保険会社、信託銀行）、証券会社関係者2名、現・元海外機関投資家関係者2名であった[26]。第2回公正買収研究会（同年12月1日）以降、弁護士が1名増員され計5名となった[27]。

　第5回公正買収研究会（2023年3月1日）を経て、中間的な案がパブリックコンサルテーションに付された[28]。ほどなくして、英語メディアで批判的なトーンを含む報道・論評が複数登場した[29]。これらは、敵対的買収の防衛側の専門家が多く、（海外）機関投資家の声が代弁されづらいという委員構成についての指摘と、アクティビストなどの投資家サイドの懸念を伝える点で共通していた。ただ、特に内容との関係では誤解に基づく指摘もあった[30]。

---

25)　同研究会の資料は、〈https://www.meti.go.jp/shingikai/economy/kosei_baishu/index.html〉に掲載されている。同研究会の資料については、一部を除きURLを示さずに引用するが、このウェブサイトからたどることができる。以下、同研究会の資料の掲記においては、研究会の名称を省き、「第○回」として開催回のみで示す。

26)　第1回資料2「委員名簿」。

27)　第2回資料2「委員名簿」。

28)　パブリックコンサルテーションとその資料は、〈https://www.meti.go.jp/press/2022/02/20230222006/20230222006.html〉参照。

29)　Leo Lewis & Kana Inagaki, *Japan's New Anti-takeover Rules Could Spur Protectionism, Investors Warn,* Fin. Times（Mar. 13, 2023）〈https://www.ft.com/content/8eac4934-3c7f-460c-a0dc-d249d425de7e〉（報道時点の案と委員構成について報じるとともに、ファンドの懸念を伝えている）; Stephen Givens, *Japan's M&A Study Groups Wield Uncanny Power: METI-backed Committees Owe Authority to a Collective Leap of Faith,* Nikkei Asia（Apr. 17, 2023）〈https://asia.nikkei.com/Opinion/Japan-s-M-A-study-groups-wield-uncanny-power〉（委員構成について論じ、防衛側のメンバーにより内容が歪められると疑われるのが自然だとする）; Makiko Yamazaki & Ritsuko Shimizu, *Japan's Powerful METI "Eager" for Guidelines that Spur M&A, Official Says,* Reuters（Apr. 19, 2023）〈https://www.reuters.com/world/asia-pacific/japans-powerful-meti-eager-guidelines-that-spur-ma-official-says-2023-04-18/〉（安藤元太経済産業省産業政策局産業組織課長〔当時〕へのインタビューとともに、委員構成や投資家の批判について報じる）。

30)　座談会2023・121〜122頁〔藤田友敬発言〕参照。

パブリックコンサルテーションでは、38 者から 158 件の意見が寄せられた[31]。提出者の属性で最も多いのは機関投資家（19 者）であった[32]。機関投資家のうちファンドは、買収者というよりもアクティビストといえる立場での意見が多かったとされる[33]。意見が寄せられた論点は幅広く、買収一般に関する原則、買収提案をめぐる取締役（会）の行動、買収に関する透明性の向上および買収防衛策のあり方には各 20 件を超える意見があり、総論（研究会・指針の意義・期待）にも 18 件の意見があった[34]。理論的・実務的な観点からの意見もあった一方、方向性や実質的な観点についての批判も多く、2 でみる企業価値概念についての意見のように、機関投資家からの苛烈な批判も少なくない。報道と同様に誤解に基づく意見もあったものの、この時期までの事案に対する評価に加え、経済安全保障の観点に基づく規制強化の懸念や、東芝事件をめぐる経産省の対応についての認識などの外在的な周辺事情も存在したため、買収の活性化に反するルールが設定されることに対する機関投資家の警戒感が高まっていたとも考えられる[35]。

　以上の報道や意見も影響したのか、第 6 回（2023 年 3 月 28 日）から、公正買収研究会の委員として、海外機関投資家関係者 1 名（カーライル・ジャパン副代表）が増員された[36]。また、第 7 回と並行して、2023 年 4 月 17 日～25 日にかけて、機関投資家 6 者、事業会社 3 者、その他 2 者からヒアリングが行われた[37]。

　2023 年 4 月 28 日に開催された第 8 回（最終回）の後、企業買収行動指

---

31)　数え方も含め、第 6 回参考資料 1「パブリックコンサルテーション結果報告」1 頁（以下、「第 6 回参考資料 1」という）。

32)　次に多いのが事業会社（6 者）であり、他の属性（法律実務家など）は、それぞれ 3 者か 4 者であった。第 6 回参考資料 1・1 頁。

33)　第 6 回議事要旨 2 頁〔安藤産業組織課長発言〕（「ファンドについては、買収者としての立場ではなく、株主としてアクティブなエンゲージメントを行う立場の方からのものが中心である」）。

34)　その他に、委員構成について上述の報道と同様の意見が 3 件あった。第 6 回参考資料 1・1 頁・80 頁。

35)　座談会 2023・121～122 頁〔藤田発言〕参照。

36)　第 6 回資料 2「委員名簿」、第 6 回議事要旨 1 頁〔安藤産業組織課長発言〕。

37)　第 8 回参考資料 2「指針原案についての関係者へのヒアリング結果概要」1 頁。

274 第 12 章 会社法とグローバル・多層的な法秩序

針の原案が策定され、パブリックコメントに付された[38]。同年 8 月 31 日、同原案は多少の修正が施された上で、最終的な指針が公表された。

2 普遍性のあるアイディアとグローバルなアクターの影響
——企業価値と株主意思

　企業買収行動指針の内容のうち、企業価値（・株主共同の利益）の概念およびそれと株主意思の関係については、力を増したグローバルなアクターに支持された普遍性のあるアイディアが、内部者に有利に働く余地のある——少なくともそのようにみえた——ローカルな考え方に優越した場面といえる。もちろん、単純化できる部分ばかりではないが、同指針の形成過程を検討して、大筋としてこのように捉えられることを示す。

　(1)　**企業価値および株主の意思をめぐる企業買収行動指針の形成過程**　企業価値の概念と株主意思については、パブリックコンサルテーション直前の段階では、「第一原則：企業価値向上の原則」として「望ましい買収か否かは、企業価値を向上させるか否かを基準に判断されるべきである」とされ、「第二原則：一般株主利益の確保の原則」として「買収は、対象会社と買収者の双方による公正な手続を通じて行われることにより、一般株主が享受すべき利益が確保されるべきである」とされていた[39]。企業価値の定義は、後述する最終的な企業買収行動指針と同様のものが注記されていた[40]。もっとも、上の二つの原則の記述（だけ）をみると、企業価値を向上させるか否かや、複数の買収のうちいずれが望ましいのかを決める主体が株主であるのかが必ずしも明確ではなかった。また、取締役会が企業

---

38)　パブリックコメントに寄せられた意見とそれらへの対応は、「『企業買収における行動指針（案）』のパブリックコメント募集に対する主な御意見の概要及び御意見に対する経済産業省の考え方」（以下、「パブリックコメント概要」という。前掲注 2) のウェブサイトからアクセスできる）参照。合計 320 件と、パブリックコンサルテーションと比べても多数の意見が寄せられた。

39)　第 5 回資料 3「事務局説明資料」2 頁（以下、「第 5 回資料 3」という）。パブリックコンサルテーション時の資料である、経済産業省産業政策局「公正な買収の在り方に関する意見・情報の募集—これまでの議論から見えてきた主な論点」1 頁（以下、「パブリックコンサルテーション資料」という）にも、同様の記述がある。

40)　第 5 回資料 3・2 頁。パブリックコンサルテーション資料には、企業価値の定義は記されていない。

価値の概念を広く捉えて複数の買収提案のうち対価が低い方を恣意的に選ぶことを正当化する余地があるのではないかといった疑念をもつ余地が、完全に払拭されたわけではなかった。実際、パブリックコンサルテーションでは、企業価値についての批判的な意見も多かった[41]。

パブリックコンサルテーション後、企業価値の意義や株主利益との関係などについては、特に第6回および第7回（2023年4月17日）公正買収研究会で議論された。最終的な企業買収行動指針では、次のようになった。

まず、第一原則は、買収の望ましさは、「企業価値ひいては株主共同の利益」の確保・向上を基準に判断されるべきであるとする[42]。企業価値は、「会社の財産、収益力、安定性、効率性、成長力等株主の利益に資する会社の属性又はその程度をいい、概念的には、企業が将来にわたって生み出すキャッシュフローの割引現在価値の総和である」と定義された[43]。そして、企業価値は定量的な概念であること、および、対象会社の経営陣が測定困難な定性的な価値を強調して企業価値の概念を不明確にすること、雇用維持等を口実とすることを含め、経営陣が保身を図ることの道具として用いるべきではない旨が明記された[44]。また、「株主共同の利益」は「株主としての立場で享受する利益」の総体であり、私的利益は含まない[45]。

第二原則は、「会社の経営支配権に関わる事項については、株主の合理的な意思に依拠すべきである」とする[46]。とりわけ、防衛策については取締役会限りでの発動を認める余地を極めて限定し、基本的には株主が明示的に発動を承認することを求める[47]。論理的には企業価値と株主利益とが

---

41) 第6回参考資料1・7〜15頁において、「企業価値／株主利益」の標題の下にまとめられた意見は30件あった。意見の明確な分類は容易ではないが、パブリックコンサルテーション資料の記述に批判的または曖昧さや濫用の可能性に懸念を示すなど、本文で述べた懸念と同じ方向性のものが約6割を占めた。

42) 企業買収行動指針7頁。

43) 企業買収行動指針5頁。

44) 企業買収行動指針9頁。

45) 企業買収行動指針11頁（「株主以外の立場で享受する利益（例えば、買収者、対象会社取締役、及びこれらの者と重要な利害関係を共通にする株主が買収において他の株主と異なる利益を得る場合など）は含まれない」とする）。

46) 企業買収行動指針7頁。

47) 企業買収行動指針43〜44頁・46〜47頁。防衛策をめぐる株主の合理的意思への依拠の方法と取締役会限りでの判断については、松中学「『企業買収における行動指針』の理論的検討(2)—買収への対応方針・対抗措置」ジュリスト1592号（2024）26頁、26〜27頁参照。

乖離する可能性は否定されないものの、これにより、企業価値を確保・向上させるためであると主張して、取締役会が株主意思に反して対抗措置を発動することは容認されないことになる[48]。

(2) **機関投資家の利害と普遍的なアイディアの反映**　企業価値の概念は、2005年指針の段階では、「会社の財産、収益力、安定性、効率性、成長力等株主の利益に資する会社の属性又はその程度をいう」とされていた[49]。ここには、「株主の利益に資する」という限定はあったが、恣意的な理解の余地が残っていた[50]。

そのため、2008年指針では、「『企業価値』とは、概念的には、『企業が生み出すキャッシュフローの割引現在価値』を想定するものであり、この概念を恣意的に拡大して、『指針』［2005年指針］及び本報告書を解釈することのないよう留意すべきである」との注記が加えられた[51]。2019年に策定された「公正なM&Aの在り方に関する指針」も、「企業が生み出すキャッシュフローの割引現在価値」を付加した定義を採用した[52]。企業買収行動指針の定義も、パブリックコンサルテーション時からこれを引き継いだものであり、定義や理解自体が機関投資家の懸念によって変化したわ

---

48) 藤田友敬「『企業買収における行動指針』の意義」ジュリスト1592号（2024）14頁、16〜17頁。取締役会限りでの発動が認められる例外的な場合についても、仮定的な株主意思への依拠（「明示的な株主の承認がなくとも合理的な株主は当然に賛成するはずであるとみなすことができ」る場合）というロジックがとられている（企業買収行動指針46頁）。両原則の関係については、座談会2023・149〜150頁〔藤田発言、飯田発言〕も参照。

49) 2005年指針2頁。

50) とりわけ、2005年指針とともに公表された企業価値研究会「企業価値報告書—公正な企業社会のルール形成に向けた提案」（2005年5月27日）では、2005年指針と概ね同様の企業価値の定義をとりつつ、企業価値と株主価値（利益）との一致よりも、株主価値や株価との乖離（同35〜36頁）や、敵対的買収による企業価値の毀損に重きを置いた記述になっていた（「敵対的買収の企業改革促進効果」が約半頁強〔同31頁〕であるのに対して、「敵対的買収による弊害の類型」は約2頁半〔同31〜34頁〕の分量が割かれていた）。また、「敵対的買収による弊害」のうち、「株主誤信類型」（同33〜34頁）では、「ステークホルダーから株主への所得分配」にも言及していた。これは、敵対的買収に特に焦点を当てた記述であることにも起因する（必ずしも特定のスタンスをとるものではないともいえる）一方、敵対的買収を警戒し、抑制的なスタンスをとるかのように受け止められる余地が残る構成であった。

51) 2008年指針1頁注2。

52) 経済産業省「公正なM&Aの在り方に関する指針—企業価値の向上と株主利益の確保に向けて」（2019年6月28日）5頁（2005年指針と2008年指針を引用している）。

けではない。

　もっとも、企業価値概念の内容以上に、従来の事案における企業価値概念の援用の仕方や、「ステークホルダーの懸念」（主に従業員や取引先）の表明の内容と態様、さらに1でみた事情も組み合わさって、機関投資家の懸念に繋がったと考えられる[53]。パブリックコンサルテーション後の変化は、上でみた企業価値概念の恣意的な使い方を戒める記述を分量的にも目立つレベルで付け加えるなどして、企業買収行動指針が敵対的買収の抑制を狙ったものではなく、機関投資家の期待に反しないことを明確にしようとしたものといえる。

　本章の視点からは、これらの動きは次のように理解できる。「（買収の際に）株主利益を最大化すべきである」あるいは「株主利益をより保護すべきである」といった基本的なスタンスについての普遍性のあるアイディアは、かつての状況に対する機関投資家の懸念や理論的な批判、経済成長を志向する政策の追求などを通じて、内部者の利益追求に繋がるローカルなアイディア（様々な価値を内包できる可能性をもった「企業価値」の概念）をすでに駆逐し、ルール形成を行うアクターにも受け入れられていた。しかし、その状況は、有力になってきた外部アクターである機関投資家には必ずしも明確に伝わっていなかった。そこで、より強固に株主利益の保護にコミットすることを示したものといえる。

　企業価値の概念は、それ自体で何らかの効果を生み出すものというよりも、全体的なスタンスを示すものであり、より実質的な面では、株主意思の尊重という第二原則と企業価値基準を示す第一原則との関係の整理が重要な意味をもつ。とりわけ、買収防衛策の導入・発動との関係では、特定の買収との関係で積極的に株主意思を確認する必要があることに繋がり、企業価値の意味はどうあれ、株主自身が買収の当否を判断するというスタンスが明確になった。これは、2005年指針の頃と大きく異なり、また、近時の裁判例の流れを強化するものといえる。2005年頃から現在にかけて、独立性が低いなどの理由で取締役会が十分に信頼されていないために

---

53) パブリックコンサルテーションへの反応と最終的な企業買収行動指針の記述の理解につき、座談会2023・133〜137頁の議論参照。

事前導入の防衛策が機関投資家の支持を受けていなかったところ、特定の買収者が登場した段階で導入・発動を決める有事導入型防衛策が開発され、会社法上の株主総会決議ではなくとも、株主の積極的な意思確認により支持された場合には法的にも許容するとの裁判例が形成された。取締役会による防衛策の利用や取締役会の構成から生じるエージェンシー問題という一定の普遍性のある懸念[54]に対して、日本の法的文脈に合わせた特有の対処がなされ、有力なアクターの要求にある程度合致する法ルールが形成されたことになる[55]。

　ルール形成を行うアクターに視点を移すと、1でみた報道や（一部の）機関投資家の印象とは異なり、企業買収行動指針の形成にあたった公正買収研究会の事務局は、特定のアクターの利益追求を目的としていたわけではない点に言及する必要もあるだろう。筆者は事務局の動きを直接観察できた立場にはないが、外部から観察できる事情のみをみても、例えば、各回の事務局資料は、議論のある問題をめぐって記述の方向性が頻繁に変化しており、特定の結論に導く意図は見当たらない。もちろん、事務局として何らの政策的な方向性もないということではない。ただ、それは、懸念されていたような対象会社による防衛を容易にするなどの敵対的買収の抑制ではなかった。むしろ、望ましい買収を阻害せずに実現させる方向であったと考えられる[56]。

3　ローカルな法ルールという限界

　企業買収行動指針の基本的なスタンスは2でみた通りであるが、防衛策の限界などのより具体的な規範を設定する部分では、防衛策に批判的なアクターの影響力は限定され、買収を促進し、防衛策に対する制約を設けることの限界もみえる。これは、アクターの影響力自体よりも、企業買収行

---

54)　防衛策に対する市場の反応などについては、井上光太郎「買収防衛策の効果に関する実証研究からの示唆」ジュリスト1582号（2023）44頁、同「（第4回資料4）ファイナンス研究から見た買収防衛策と制度設計への示唆」（2023年1月25日）参照。

55)　もちろん、「株主意思」をどのように形成するのかといった問題次第では、要求に見合うかどうかも変わる。その一つは、3(2)でみる買収者らを排除した決議である。

56)　例えば、後掲注65)で引用する安藤産業組織課長の発言参照。

動指針の全体的な性格による部分もある[57]。すなわち、企業買収行動指針は、裁判例が形成したルールを要約するだけにとどまるわけではない一方、（特に基本的な点については）そこに修正を迫るものでもなかった[58]。もっとも、あり得る選択肢の中でも、機関投資家というアクターの選好に最も近いものが選ばれたわけではなく、そこに法律家の委員が影響を与えていたことを考えると、よりミクロな法ルールをめぐる問題については、（現状の）機関投資家の影響力は相対的に及びにくいとも考えられる。以下、強圧性の排除された「オール・オア・ナッシング」の公開買付けに対する対抗措置の発動の可否と、買収者らの議決権を排除した株主総会決議（いわゆる MoM〔Majority of Minority〕決議）の当否という二点を素材にみていく。

(1)　「オール・オア・ナッシング」の公開買付けに対する対抗措置の発動

強圧性の排除された「オール・オア・ナッシング」の公開買付けとは、全株式を対象とする上限のない公開買付けで、第二段階目の締出しを確実に行える下限を設定した上で、締出しの価格も公開買付価格と同額を予定しており、他に強圧性を生じさせる事情がない買収である[59]。こうした買収には、少なくとも強圧性の排除のために防衛策を用いる理由はない。

　企業買収行動指針は、「オール・オア・ナッシング」の公開買付けについて、取締役会限りで防衛策の導入および発動が正当化される例外的な場合を除き、「対抗措置の必要性は一般的には乏しいと考えられ、対抗措置の発動は抑制的に考える（もしくは発動の余地を排した設計とする）ことが、望ましい買収を阻害しないためには有益である」とする[60]。これは上記の

---

57)　もちろん、裁判例に修正を迫るほどの影響力をもち得るアクターがいないということもでき、完全に外生的な事情でもない。

58)　第 4 回（2023 年 1 月 26 日）議事要旨 30 頁〔藤田友敬委員〕（「現状固定的な判例のリステイトメントになっても始まらないというのはその通りだと思う。ただ、裁判所に行ってもおそらく否定される内容を指針で宣言することが適切かは、よく考えなければならない」）、第 6 回議事要旨 22 頁〔田中亘委員〕（「議論の余地があるところについて研究会で話し合って一定の指針を出しても、そもそも裁判所がそれを採用するか分からない中では、以前に比べて慎重な対応にならざるを得ないという現状もある。そういう意味では controversial な部分にあまり踏み込まない方が良いとの印象を受けている」）、座談会 2023・192〜195 頁参照。

59)　企業買収行動指針による定義は、同 35 頁注 64 参照。

60)　企業買収行動指針 51 頁。また、具体的な制約に繋がるわけではないものの、株主総会決

点を背景に、これまでの裁判例からは「オール・オア・ナッシング」の公開買付けの扱いは明らかではないものの、望ましい買収を阻害しないためのベストプラクティスとしてなされた提言であるとされている[61]。

　もっとも、そうであれば、「オール・オア・ナッシング」の公開買付けに対する対抗措置の発動は端的に否定する方が明確にも思える。実際、第6回公正買収研究会時点の指針原案では、「例えば、対応方針に定められた手続ルールが買収者によって遵守され、買収手法として強圧性の問題が排除された『オール・オア・ナッシング』の公開買付けを用いる場合には、対抗措置の発動の余地を排し、株主が公開買付けに応じるか否かの意思決定に委ねるべきである」とされていた[62]。しかし、これに対する批判も出た第6回の議論[63]を経て、第7回時点の指針原案では、「対抗措置の発動の必要性は一般的には乏しいと考えられ、対抗措置の発動は抑制的に考える（もしくは発動の余地を排した設計とする）ことが、望ましい買収を阻害しないためには有益である」とされ[64]、最終的な記述と概ね同様になった。

　「オール・オア・ナッシング」の公開買付けは、パブリックコンサルテーション時にはさほど注目された点ではないが、情報や検討時間が確保され、強圧性が排除されていてもなお防衛策の必要性を認めるのかといった理論的な観点や、望ましい買収を阻害しないという観点からは、一定の重要性がある[65]。こうした買収に対する対抗措置の発動には株主が賛成しな

　　議に基づく対抗措置の発動については、買収に賛成する株主の売却機会を奪うという点も指摘されている（同50頁）。

61）　保坂泰貴「『企業買収における行動指針』の解説㊦」商事法務2338号（2023）53頁、61頁。

62）　第6回資料3「指針原案（第6回研究会での議論用）」46頁。パブリックコンサルテーション資料とその直前の第5回資料3には記載がないが、第4回資料3「事務局説明資料」16頁では、「例えば手続ルールが遵守され、『オール・オア・ナッシング』のオファー等、買収者が強圧性の排除の一定の工夫をした公開買付け……である場合に、対抗措置を実際に発動するという方法をとることは、制限的に考えることがプラクティスとしては望ましいのではないか」（原文の下線・強調は省略）とされていた。

63）　影響を与えたと思われる発言として、第6回議事要旨19頁〔太田洋委員〕・41頁〔武井一浩委員〕がある（第7回議事要旨5頁〔安藤産業組織課長〕参照）。

64）　第7回資料3「指針原案（第7回研究会での議論用）」55頁。引用では、原文の見え消し部分は除いた。

65）　第7回の原案について、安藤産業組織課長は、「対抗措置が発動されない買収者にとってのある種のセーフハーバーを確保することで、望ましい買収が確実に阻害されないようにし

いことが多いとも考えられるものの、株式の持合や取引先株主が多いなど、株主構成によってはそうとも限らない。しかし、企業買収行動指針は、発動に抑制的な立場を示しつつ、より明確に発動の可能性を否定することはしなかったことになる。

(2) 対抗措置の発動における利害関係者を排除した株主総会の決議　　東京機械製作所事件では、対抗措置の発動に際して、買収者らと対象会社の取締役らを排除した株主総会の決議が用いられ、東京高裁は、株主の意思を示すものとして防衛策の必要性を肯定した[66]。その後も、コスモエネルギーホールディングスが2023年6月の定時総会において対抗措置の発動を予め承認する際に同様の決議を用いた[67]ことが、話題になった。買収者がある程度の株式を市場内外で取得している場合、買収者の反対により議決権行使をした株主の過半数の賛成を得られない可能性が高くなるという現実を踏まえて登場した手法である。理論的に正当化できる範囲や裁判例で許容される場面については、公正買収研究会でも意見が一致しなかったように、様々な議論がある[68]。

企業買収行動指針は、買収者らを排除した決議について、望ましい買収を阻害する可能性に触れた上で、決議要件を設定するのが対象会社（取締役会）であるため、承認を得やすい決議要件が恣意的に設定されるおそれ

たい」とした上で、次の補足をしていた（第7回議事要旨5頁）。

　「現行の日本のM&Aは、欧州などと比べると、全体的にハードローではなく、ソフトローや実務慣行が果たしている役割が多い。仮にこうした状況が今後も続くのであれば、今回の指針が出た後において、日本ではソフトローによって一定の規律が働くという期待がしっかりと維持されることが必要と思われる。ハードローの議論は別途あり得るのかもしれないが、買収に関する法制度を所管していない経産省としては、この指針で買収を阻害する行動を律していくということについて、しっかりとメッセージを出すことが非常に重要だと考えている。」

66）　前掲注4）東京高決令和3年11月9日。

67）　コスモエネルギーホールディングス株式会社「第8回定時株主総会招集ご通知」〈https://www.cosmo-energy.co.jp/content/dam/corp/jp/ja/ir/meeting/008/pdf/all_meeting2023.pdf〉18〜39頁（第5号議案）。

68）　後述の企業買収行動指針の記載のほか、田中亘「防衛策と買収法制の将来—東京機械製作所事件の法的検討」別冊商事法務470号（2022）77頁、84〜87頁、松中学「敵対的買収防衛策に関する懸念と提案—近時の事例を踏まえて」同134頁、136〜138頁、座談会2023・195〜207頁、三苫裕『『企業買収における行動指針』と法律実務」ジュリスト1592号（2024）32頁、37頁参照。

があるとする[69]。これらを踏まえて、利害関係者以外の過半数を要件とする決議に基づく対抗措置の発動は、「濫用されてはならず、これが許容されうるのは、買収の態様等（買収手法の強圧性、適法性、株主意思確認の時間的余裕など）についての事案の特殊事情も踏まえて、非常に例外的かつ限定的な場合に限られることに留意しなければならない」とする[70]。他方、具体的な根拠や除外できる議決権の範囲については、最終段階まで記述内容が変動し、三つの意見を並列するにとどめている[71]。公正買収研究会でも多数の発言があった論点であり[72]、基本的なスタンスは消極的であるが、正当化される論拠や利用できる具体的な範囲などについては将来の議論に委ね、具体的にどこまで利用を限定するのかにも言及しないという結論でなければ、コンセンサスがとれなかったものと考えられる[73]。

買収者らを排除した決議については、利用され始めた頃より機関投資家の批判が非常に強かった[74]。パブリックコンサルテーションでは多数の意

---

69) 企業買収行動指針 45 頁。

70) 企業買収行動指針 45 頁。

71) 企業買収行動指針 45～46 頁注 79。①急速な市場内買付けの問題点（情報開示、時間および売り急ぎ）に着目し、このような問題のある状態で株主が売却に応じた株式の議決権を排除する（買収者らの「（当該部分の）議決権を除外」としており、買収者らの全議決権とは限らないことを示唆している）、②市場内買付けの問題点（情報開示および強圧性）および買収者が買収の是非について利害関係を持つことに着目し、買収者らの全議決権を除外する、③買収者が大量保有報告制度などの買収に関連する法令に重大な違反をした場合に、「当該買収者に問題があると考えた会社が、その議決権を除外」するという見解が紹介されている。

72) 第 2 回・第 4 回・第 5 回〜第 8 回の議事要旨において、様々な立場から 20 件の発言があった（発言者名の記載を単位に数えたため、続けて複数の意見を表明した場合も 1 件と数えている）。

73) 保坂・前掲注 61) 60 頁参照。また、座談会 2023・197～198 頁〔田中亘発言〕（「もしもそういう指摘〔企業買収行動指針 45～46 頁注 79 のこと〕もなく、単に、『非常に例外的かつ限定的』な場合だけ認められるといった表現だけが入ったとすれば、私はこの指針には賛成できなかったです」）参照。

74) 例えば、コスモエネルギーホールディングスの 2023 年 6 月の決議に対する機関投資家の意見につき、磯野真子「有事導入型買収防衛策導入・運用事例の分析―コスモエネルギーホールディングス」資料版商事法務 478 号（2024）6 頁、12〜13 頁参照。同社は、2023 年 12 月に予定していた臨時総会における発動の決議については、買収者らを排除しない普通決議を要件としていたが、最終的には大規模買付行為等が中止され、開催されなかった（コスモエネルギーホールディングス「大規模買付者による当社株券等の大規模買付行為等に対する取締役会評価結果確定及び対抗措置発動に関する当社臨時株主総会における株主意思確認の議案上程についてのお知らせ」（2023 年 10 月 24 日）〈https://www.cosmo-energy.co.jp/con

見が寄せられたが、その中でも懸念の表明が多かった[75]。公正買収研究会の検討過程では、法令違反に対するサンクションといった論拠を否定・制限する案や、排除する議決権の範囲を限定する記述も登場していた[76]。これらの案は、この決議の利用を否定しているわけではないものの、多くの機関投資家の選好により近いとも考えられる。しかし、前述の通り、根拠などが並列されるにとどまった。

(3) **限界とその要因**　(2)で例示したように、ミクロな法的な問題については、必ずしも機関投資家というアクターの選好に沿った選択はなされていない。その要因は複数考えられる。

第一に、基本的なスタンスとは異なり、普遍性のあるアイディアが影響力をもちづらいことが指摘できる。そもそも、そうしたアイディアはある程度抽象的であり、「株主利益最大化を目指すべきである」というアイディアは力をもち得る一方、「MoM決議は禁止すべきだ」といった個々の法的問題のレベルにおいて力をもつアイディアが形成されるわけではないと思われる。

第二に、機関投資家（海外機関投資家も多く含まれる）という外部の結集しづらいアクターが、自己の利益を代表する者をルール形成の場に送るのも容易ではない。仮にそれが実現しても、個々の法的な問題について、技術的・専門的な観点から自己の選好に近い案を実現させる言動をとれるかは、また別の問題である。

上記二つの問題については、いずれも最終的な企業買収行動指針の記述よりも防衛策を制限する案もあったが、一部の法律家の委員の意見もあり、押し戻された（「オール・オア・ナッシング」の公開買付けについては、その声に事

---

tent/dam/corp/jp/ja/news/2023/10/24-2/pdf/231024jp_02.pdf）2頁および同社「臨時株主総会開催中止に関するお知らせ」（2023年12月4日）〈https://www.cosmo-energy.co.jp/content/dam/corp/jp/ja/news/2023/12/04-5/pdf/231204jp_05.pdf）1～2頁）。磯野・前掲17～18頁は、機関投資家の支持を得るためには、12月の総会では通常の決議を用いた方が得策であった可能性を指摘している。

75)　第6回参考資料1・57～73頁の意見を数えたところ、「MoM決議」に言及したものが22件あり、そのうち15件は、少なくとも部分的には、この決議に否定的な見解を示しているか、濫用などを懸念する内容であった。

76)　第5回資料3・15頁、また、第6回資料3「指針原案（第6回研究会での議論用）」39～41頁と、第7回資料3「指針原案（第7回研究会での議論用）」47～49頁を対照。

務局が多少なりとも抵抗した）結果となっている[77]。様々な意見が出されていたものの、法的な問題について技術的・専門的な知見を踏まえて機関投資家の利害を同程度の強さで代弁できる「代表者」が十分にいたわけではなかったともいえる。

やや異なる観点から敷衍する。1でみた通り、委員構成に対する懸念も示されており、上記の帰結は、この点と合致するようにもみえる。しかし、委員構成への懸念は（誤解に基づく部分は別として）外形上理解できる点もあるとしても、委員構成が偏ったから結論も偏ったという単純な話ではないと考えられる。専門性とそれまでに関与した事件から生じる利害——より正確には、そこから生じる利害のイメージも多分に含まれる——には、現状ではトレードオフがあるからである[78]。機関投資家（あるいは投資家一般）というアクターがさらに自己の利害を反映させたければ、専門性を有する代弁者を作る必要があることになる。比喩的にいえば、防衛策を開発した者は当然それに詳しく第一人者となるのであるから、それに対抗する側も同様の人材を擁し、代表として送り込む努力をしない限り、（個々の裁判はともかく）法ルールの形成の場では対等に闘えない。機関投資家という集合行為に直面し、日本市場のみに投資しているわけではないアクターが、どの程度これらにリソースを注ぎ込むインセンティブをもつのかは明らかではないが、さらに変化を望むのであれば、そうした努力が必要になることは指摘できるだろう[79]。逆にいえば、影響力を増してきたアクターであっても、十分なリソースを割いていない（そのインセンティブが低

---

77)　筆者は、「オール・オア・ナッシング」の公開買付けに対する対抗措置の発動は否定すべきであり、買収者らを排除した決議が正当化される場面もごく限定的に捉えている（松中・前掲注68）138頁・142〜143頁参照）。しかし、特に後者は様々な議論があり、本文は公正買収研究会の検討過程における各委員の発言やその影響などを批判する趣旨ではない。むしろ、すぐ後で述べる通り、機関投資家（特定の者ではなく、アクター全体として）が望ましいと考える法ルールを形成するには、適切に影響力を行使するためのリソースを割く必要があると考えている。

78)　典型的には、「防衛側の弁護士」という評価を受けていた委員が、この分野の専門家として深い知見を有する人物であることは否定できないであろう。

79)　例えば、企業買収行動指針のパブリックコンサルテーションやパブリックコメントに際して、公表資料を全て読み込むこともせずに出された意見が少なからず存在することを踏まえると、現状では、（個々の機関投資家ではなく）機関投資家全体としては、内部での分析に十分なリソースが割かれているのかにすら疑問が残る。

い）のであればすぐに限界に直面することになるという、当然のことが起きるにすぎない。

Ⅳ　おわりに

　本章では、敵対的買収と防衛策の規律における規範の多層性とアクターの影響力の変化を概観した上で、企業買収行動指針の形成過程を素材に、普遍性のあるアイディアと機関投資家というグローバルなアクターの影響およびその限界を論じた。本章の議論には異論の余地も当然あるだろう。それでも、国内法で完結する部分が多いテーマである一方、多層的な規範と、関連するアクターがグローバルで普遍的なものと繋がっているという姿を描写できていれば、一応の目的は達したことになる。

第13章 デジタル立憲主義をめぐって
——社会的立憲主義からの展望

山田哲史

Ⅰ　はじめに
Ⅱ　社会的立憲主義再訪
Ⅲ　デジタル立憲主義論の見取図
Ⅳ　社会的立憲主義論からみたデジタル立憲主義
Ⅴ　おわりに

Ⅰ　はじめに

　サイバー・スペースの（国家）法からの独立性は、インターネットが現代社会において一定の意義をもち始めた当初から議論の的となってきた[1]。当初の、国家による規制から解き放たれたユートピアとしての、ナイーブなサイバー・スペース理解とは裏腹に、我々は現在、トランスナショナルに展開される巨大企業による、サイバー・スペースを中心とした、デジタル社会一般の支配を目の当たりにしている[2]。そして、大企業による個人

---

1)　See J.P. BARLOW, A DECLARATION OF THE INDEPENDENCE OF CYBERSPACE (1996)〈https://www.eff.org/cyberspace-independence〉. 併せて、最初期のサイバー・スペース自律論に対抗する形で、一定の「コード」（従来の法も、広義のコードの一種であり、サイバー・スペースのありようを決定付けるソフトウェアやハードウェアによって形成されるのが、サイバー・スペースにとっての狭い意味でのコードである）による規制を通じた秩序形成がなければ、自由を確保できないということを説き、サイバー・スペース特有のコードの機能をどのようにデザインすべきかを論じた、L. LESSIG, CODE AND OTHER LAWS OF CYBERSPACE (1999)（ローレンス・レッシグ（山形浩生＝柏木亮二訳）『CODE インターネットの合法・違法・プライバシー』（翔泳社・2001））、L. LESSIG, CODE VERSION 2.0 (2006)（同（山形浩生訳）『CODE Version 2.0』（翔泳社・2007））も参照。

2)　See e.g. S. ZUBOFF, THE AGE OF SURVEILLANCE CAPITALISM (2019)（ショシャナ・ズボフ（野中香方子訳）『監視資本主義』（東洋経済新報社・2021））.

データの把握とその利用による利潤獲得をどう統制すべきかという、個人の権利利益の保護の文脈においてのみならず、2021年1月のアメリカ連邦議会議事堂襲撃事件とその後のトランプ前大統領の主要 SNS からの排除[3] に象徴されるように、民主政の基盤の確保という観点からも大きな問題が生じている。こうして今や、国家が規律主体であるべきかはともかくとしても、一定の規律の必要性についてはコンセンサスがあるといってよい状況にある。

　さらに、サイバー・スペースというものは、元来国境を知らないものであり、グローバル、あるいは、トランスナショナルに展開される。したがって、サイバー・スペースを中心とした、デジタルな情報の法的規律をめぐる問題は、多層的に法秩序（らしきもの）が形成され、それらが並立することによって、国家が相対化される状況下において、法や法秩序といったものをどのように把握し、それら相互の関係性をどのように整理するかという本書を通底するテーマに対して、格好の素材を提供するものである。

　実際、20世紀末より、デジタルな事象の統制に関わる基本的枠組みを論じる文脈の中で、サイバー・スペースにおける法的問題の処理をめぐる私法上の規律を考察するにあたって、憲法上の価値を考慮することを目論む、「情報（informational）立憲主義[4]」とか「構成的（constitutive）立憲主

　　なお、プラットフォームを介さず、ブロック・チェーンなどにより、個人が直接情報をやりとりする web 3 の時代が到来すれば、プラットフォーム事業者を中心とするビッグ・テック企業の統制という問題は、雲散霧消する可能性がないわけではない。しかし、ブロック・チェーンなどの管理や操作は一般人が難なく日常的に行えるほどには容易ではなく、結局、そういった仕組みを利用する場面で、取次を行う、新たな事業者が登場するだけだという指摘（岡島裕史『Web 3 とは何か—NFT、ブロックチェーン、メタバース』（光文社・2022）67〜68頁）にも頷かされるところであり、デジタル立憲主義の議論は過渡的・暫定的なものにとどまるのではなく、web 3 時代にも、たとえ一定の変遷を経ることとなったとしても、その重要性は失われないと考えている。これに関連して、デジタル通貨のありようを設計するに際して、社会的立憲主義の知見に基づいて、より民主的な仕組みを構築することを試みる、R. Vatanparast, *Digital Monetary Constitutionalism: The Democratic Potential of Money Pluralism and Polycentric Governance*, 30: 2 IND. J. GLOBAL LEGAL STUD. 165 (2023) も参照。

3)　この事件を端緒として、公私区分論の再検討や、プラットフォームに対する公的規律の可能性といった、本章の主題にも密接に関わる議論を展開するものとして、興津征雄「ソーシャル・メディア・プラットフォームと公私の区分(上)(下)」法律時報93巻11号85頁以下・同12号107頁以下（2021）がある。

4)　B.F. Fitzgerald, *Software as Discourse: The Power of Intellectual Property in Digital*

義[5]」といった構想が登場した。このような用語は、2010 年には、デジタル立憲主義[6]という言葉に置き換えられるようになった。

　他方で、最近では、上記のように、サイバー・スペースやデジタルな事象に対する法的規律が必要であるという認識の下、個人の権利利益や民主政の基盤などの公益を確保すべく、「立憲的な」規制をかけようとする議論が有力化している。これを逆の方向から表現するならば、トランスナショナルに展開される巨大企業などに対する活動規制原理として、ある種の立憲主義を構想するものであるが、そのような考えを指すものとしてのデジタル立憲主義という概念が人口に膾炙しつつある[7]。

　デジタル立憲主義と一口に言っても、ここで挙げた年代の違う二つのデジタル立憲主義構想が、似て非なるものであることからもうかがえる通り、デジタル立憲主義論は多様な議論を含んでいる[8]。なお、近時有力なデジタル立憲主義論には、Teubner の社会的立憲主義論を基礎としているとされるものが多い[9]など、一定の共通性をもつ傾向をみせるようになって

Architecture, 18 Cardozo Arts & Ent. L.J. 337 (2000)（知的財産法のデジタル時代に対応した変容のあり方について論じる中で、私法上の法制度が基本的人権のありように影響することを指摘し、憲法研究者が知的財産法などの私法の解釈にも注意を向けることの必要性を説く）．

5)　P.S. Berman, *Cyberspace and the State Action Debate: The Cultural Value of Cyberspace and the State Action Debate: The Cultural Value of Applying Constitutional Norms to 'Private' Regulation,* 71 U. Colo. L. Rev. 1263 (2000)（いわゆるステート・アクション理論の再構成に取り組む論考であり、「憲法」というものがもつ国民心理上の効果〔構成的効果〕を踏まえた、私的アクターへの憲法上の価値の応用を考えるべきであるとする）．

6)　この言葉を（おそらく）初めて用いた Suzor は、情報立憲主義を論じた Fitzgerald の指導の下で博士学位（N.P. Suzor, Digital Constitutionalism and the Role of the Rule of Law in the Governance of Virtual Communities (2010)〈https://eprints.qut.edu.au/37636/〉．当時すでに登場していた、SNS コミュニティにおける紛争処理に関して、契約法の理論での解決が難しい、利用者相互や SNS 外部との法的紛争の規律について、特に、法の支配が要求する公法的規律を加味する枠組みを提唱する）を取得している。

7)　See e.g. G. De Gregorio, Digital Constitutionalism in Europe: Reframing Rights and Powers in the Algorithmic Society (2022); E. Celeste, Digital Constitutionalism：The Role of Internet Bills of Rights (2023).

8)　多様な議論を含んでいることを指摘するのみならず、デジタル立憲主義論の歴史的な沿革にも触れつつ、デジタル立憲主義構想のいくつかの類型を提示するものとして、山本健人「デジタル立憲主義と憲法学」情報法制研究 13 号（2023）62〜64 頁がある。

9)　See e.g. Celeste, *supra* note 7), at 94-95. See also A.J. Golia, *Critique of Digital Constitutionalism: Deconstruction and Reconstruction from a Societal Perspective,* 2023

いないわけではない。それでも、Teubner 自身[10]、あるいは、彼と共著者となることも多い[11]、学術的に近い関係にある若手研究者の筆になる論考[12]において、デジタル立憲主義を社会的立憲主義の立場から再検討する作業もなされるようになっている。このことに象徴されるように、近時のデジタル立憲主義論を、社会的立憲主義論の応用と整理すること自体、果たして妥当なのかという点も含めて、なお検討の余地がある。また、そもそも、デジタル立憲主義という概念がどのように整理されるべきなのか、議論が尽くされているわけでもない。このような状況を踏まえて、本章は、Teubner や Golia の社会的立憲主義に依拠して、デジタル立憲主義論を整理し直そうとするものである。

　ところで、ごく最近まで、日本においては、デジタル立憲主義に関する議論は、本格的に取り上げられていなかった。しかし、この 2、3 年の間に、山本龍彦[13]や曽我部真裕[14]、宍戸常寿[15]といった、有力な論者が言及するようになり、山本健人による精力的な紹介[16]もなされているところである[17]。したがって、3 年前ならともかく、2024 年の段階で、デジタル立

GLOBAL CONSTITUTIONALISM FIRST VIEW 1, 4, published online on Aug. 31st, 2023, 〈doi: 10. 1017/S2045381723000126〉. さらに、山本・前掲注 8）63～64 頁も参照。

10)　*G. Teubner / A.J. Golia,* Digitalverfassung, JZ 2023, S.625ff.; G. Teubner & A.J. Golia, *Societal Constitutionalism in the Digital World: An Introduction,* 30: 2 IND. J. GLOBAL LEGAL STUD. 1（2023）.

11)　社会的立憲主義論の最新版である、A.J. Golia & G. Teubner, *Societal Constitutionalism: Background, Theory, Debates,* 15 VIENNA J. INT'L CONST. L. 357（2021）が象徴的だろう。

12)　Golia, *supra* note 9).

13)　山本龍彦「近代主権国家とデジタル・プラットフォーム―リヴァイアサン対ヒビモス」山元一編『講座 立憲主義と憲法学 第 1 巻 憲法の基礎理論』（日本評論社・2022）181 頁。

14)　曽我部真裕「社会のデジタル化と憲法―最近の諸構想をめぐって」憲法理論研究会編『憲法理論叢書 30 次世代の課題と憲法学』（敬文堂・2022）37 頁以下。

15)　宍戸常寿「憲法と社会のデジタル化についての覚書―『デジタル』か『反デジタル』かを超えて」世界 975 号（2023）162 頁。

16)　一部で重複もするが、主要なものとして、山本健人「EU の AI 規制案とデジタル立憲主義」IFI Working Paper No.13（2023）〈https://ifi.u-tokyo.ac.jp/wp/wp-content/uploads/2023/02/WP013.pdf〉、同・前掲注 8）56 頁以下がある。

17)　このほか、水谷瑛嗣郎が、デジタル立憲主義という用語を前面に出すわけではない（ただし、後掲の 2023 年の論考は、デジタル立憲主義との明確な接続を行っている）が、Facebook（Meta）のいわゆる監督委員会を主たる題材としながら、デジタル・プラットフォームにおける「統治」の側面についての検討を進めている（同「オンライン・プラットフォームの統治論を目指して―デジタル表現環境における『新たな統治者』の登場」判時 2487 号

憲主義論の整理を行おうとする本章は、日本語の言論空間においてさえ、屋上屋を重ねるものだという謗りを免れないであろう。

　もっとも、筆者は、これまで、本書の基礎をなしている研究プロジェクトの一環として、Teubner の社会的立憲主義論に依拠しつつ、法秩序の把握・認識や、現代において多層化・多元化する法秩序相互の抵触関係の調整のありようについて検討してきた[18]。上述したように、社会的立憲主義論の観点からデジタル立憲主義を見直そうとする、本章で展開される作業というのは、従来の研究で扱ってきた社会的立憲主義の総論的議論を、デジタルという個別領域に応用可能かどうかを検討するものと位置付けることができる。また、幸か不幸か、今のところ、山本健人も、社会的立憲主義に関して簡潔に紹介はするものの、デジタル立憲主義に対する Teubner やその周辺からの反応については触れてはいない。そうすると、本章において、Teubner の社会的立憲主義論の中でのデジタル立憲主義の位置付けを整理することにも、一定の意義は見出せよう。

II　社会的立憲主義再訪

　社会的立憲主義の理論については、筆者もすでに紹介してきたところである[19]が、デジタル立憲主義という各論の検討に入る前に、ごく簡単に振り返っておこう。

　この考え方の特徴はいくつかあるが、まず一つには、憲法や立憲主義と

　(2021) 110 頁以下、同「Facebook『最高裁』の可能性―オンライン言論空間の憲法的ガバナンスに向けて」情報法制研究 10 号（2021）79 頁以下、同「デジタルメディア環境の立憲化」同 14 号（2023）119 頁以下）。さらに、立法実務に関わる者によるデジタル立憲主義論の紹介論文（佐藤太樹「EU のデータ保護法制とデジタル立憲主義―AI 規制の憲法的ガバナンス」レファレンス 878 号（2024）25 頁以下）も登場している。

18)　山田哲史「G. Teubner の『抵触法アプローチ』」岡山大学法学会雑誌 70 巻 3・4 号（2021）554 頁以下（以下、「山田（2021）」という）、同「グローバル化時代における憲法・立憲主義の生存戦略」論究ジュリスト 38 号（2022）39 頁以下（以下、「山田（2022）」という）、同「多元化するグローバル法秩序と憲法・立憲主義」憲法問題 35 号（2024）9 頁以下。

19)　以下では、基本的に、Teubner の社会的立憲主義に関する説明の過程において、筆者の旧稿やそこに引用した諸文献を重ねて引用することはせず、Golia が共著者に加わった形で 2021 年に発表された、最新版の Golia & Teubner, *supra* note 11) のみを引用する。

いうものが、地理的範囲を区切った上で、その限りにおいては全体社会を標榜する国民国家について、その権力を創出し、制限するものや考え方を指すのは、歴史的な偶然にすぎないとするのである。社会的立憲主義によれば、憲法というものは、私的なレジームや公私ハイブリッドのレジームにも認められ得るのであり、その反面、全体社会の構成を基礎付け、それを規律するものと位置付けられるべきものではない。このように、社会的立憲主義とは、国家中心の憲法観念を鋭く批判し、揺さぶりをかける理論である[20]。

　以上の説明からもうかがえるように、社会的立憲主義は、ラディカルな多元主義に依拠するものであり[21]、ここで想定される憲法は、一口に憲法と言っても多種多様なものを含み得る。さらに、レジームないし法秩序が、多元的で断片化したものとなることを想定するものであるので、相互に抵触するレジームなり、法秩序なりの、相互の関係性についても視野に入れたものとなっている[22]。

　筆者が従来この見解に注目してきたのは、グローバル化の進展に伴い、法秩序の多元化や断片化が進行しているという認識をもっており、まさに、上述のような基本的な視座は、筆者のそれと基本的に一致していると考えるためである[23]。社会的立憲主義の理論的支柱は、Luhmann のシステム理論にあり、難解なところがあることは否定できない[24]が、以下では、できるだけ簡潔にその概要を確認しておきたい。

1　社会的憲法の認識・分析の枠組み

　Teubner の見解によると、あるレジームが「憲法」を有していると認

---

20)　以上について、Golia & Teubner, *ibid.,* at 374-375 などを参照。

21)　See e.g. Golia & Teubner, *ibid.,* at 384 & 405.

22)　Golia & Teubner, *ibid.,* at 377 & 391ff.　なお、この問題は、前掲注 18) 山田（2021）の主題であった（特に、540〜534 頁を参照）。

23)　前掲注 18) 山田（2021）554〜550 頁参照。

24)　システム理論、すなわち、社会学の概念を借用するところが多く、憲法研究者にとっては耳慣れない言葉も多用されるため、誤解やそれに基づく批判も多いことについては、Golia & Teubner, *supra* note 11), at 361-362 が指摘している。社会的立憲主義論との関係で問題となるシステム理論についての説明は、*ibid.,* at 367-372 でまとめられている。

められるためには、①憲法機能、②憲法領域、③憲法過程[25]、④憲法構造というものを備えている必要がある[26]。

　まず、①憲法機能とは、レジームを形成・構成するとともに、その拡大傾向を抑制し、自己破壊を防止するような機能が備わっていることを指す[27]。これに関連して、あるレジームを他のレジームの圧力から保護する制度的基本権、レジームの構造による個人への圧力から個人を解放する個人的基本権、個人の統合性を保持するための人権といった人権や基本権についての構想も含まれている[28]。

　次に、②憲法領域とは、組織化・専門化されたレジームとしての決定を行うフォーマルな領域と、自生的・自律的領域とが並立していることを指す[29]。これは、レジームという一定のまとまりとして認められる以上、その決定を行っていく必要性と、それがもつ抑圧性を緩和するような仕組みの確保とを両立させるための枠組と位置付けることが可能であろう。国民国家においては、これが代表民主政の形で構想されてきたわけであるが、それは、国民国家に適合的な民主政の形態として想定されたものにすぎない。より一般的には、各レジームの特徴に適合した形で、レジームを構成する者や、内部に取り込まれておらずともレジームの決定によって一定の影響を受ける者の見解が決定に反映されるような、レジーム民主政が要求される[30]。

　続いて、③憲法過程とは、レジームの拡大傾向による個人への抑圧やレジームの自己破壊を防止すべく、自己抑制を行う仕組みが用意されていることを指す。別の言い方をすれば、各レジームに特有のコミュニケーション・メディアのコードと法のコードとの間で、構造的なカップリングが行

---

25)　大藤紀子による訳語（グンター・トイプナー（大藤紀子訳）『憲法のフラグメント：全体社会の立憲主義とグローバリゼーション』（信山社・2022）93 頁〔以下、「大藤訳書」という〕）などを参考にして、旧稿から訳語を改めた。

26)　この四つの概念についての日本語（翻訳）での説明として、筆者の旧稿と刊行が前後したために旧稿では触れることができていない、前掲注 25) 大藤訳書 91 頁以下も参照。

27)　Golia & Teubner, *supra* note 11), at 379.

28)　Golia & Teubner, *ibid.*, at 376-377（憲法機能の一つとして明確に挙げられているわけではないが、社会的立憲主義の大きな目的ないし性質の一つとして、私的なレジームも含むサブシステム内部の基本権保障が挙げられている).

29)　Golia & Teubner, *ibid.*, at 380.

30)　Golia & Teubner, *ibid.*, at 383-385. See also Golia, *supra* note 9), at 10.

われることを指し、法の再帰性、すなわち、法の基盤が法自身に従って導かれることが担保されるとともに、法とコミュニケーション・メディアとの構造的カップリングにより、あるレジームが憲法に基づく規律構造をもっていることをも基礎付けることになる[31]。

最後に、④憲法構造とは、構造的カップリングを安定したものとする、法的コードとレジーム特有のコミュニケーション・メディアのコードとを媒介する仕組みが存在することを意味する[32]。例えば、憲法裁判の仕組みは、国民国家というレジームにおいて、これを制度的に基礎付ける仕組みとして位置付けられる[33]。そのほか、私的レジームにおける近時の例を挙げれば、Facebook（Meta）のいわゆる監督委員会も、憲法構造を提供する仕組みに該当するとされる[34]。

2 社会的立憲主義から規範的に導かれる内容

1でみたのは、社会的憲法、あるいは、それを有すると認められるレジームを認識・分析するための枠組みである。これに対して、1における社会的憲法の把握・性格付けを踏まえて、規範的に要求される内容も論じられている。

まず一つには、前述したように[35]、社会的立憲主義論は、多元的・多層的に併存するレジーム相互の抵触問題の処理を求めるものであるが、この点が社会的立憲主義の規範的要求として整理されている[36]。

これに加えて、レジーム外部からの刺激・圧力への対応というものが、規範的要求と位置付けられている。そこでは、国家法を含む、外部の「環

---

31) Golia & Teubner, *ibid.*, at 385-386.

32) Golia & Teubner, *ibid.*, at 383-385. なお、G. *Teubner,* Verfassungsfragmente: Gesellschaftlicher Konstitutionalismus in der Globalisierung, 2012, S.169ff.（前掲注 25）大藤訳書 133 頁以下では、法的コードでありながら、それより高次のコード〔メタ・コード〕とされる一方、もう一つのシステムのコードとしての側面も有するハイブリッドな性格を有するコードが憲法コードであり、そういったものが用意されていることが憲法構造であるという説明もされている）。

33) Golia & Teubner, *ibid.*, at 387.

34) Golia & Teubner, *ibid.*, at 387.

35) 前掲注 22）と対応する本文参照。

36) Golia & Teubner, *supra* note 11), at 391.

境」からの刺激・圧力によって、内部の自己制限や安定化を進める必要性が増すのだと指摘されている[37]。社会的立憲主義に基づけば、再帰的・自省的な自己規制とレジームの安定化とが図られることが求められるのであり、その意味では、裁判所のようなレジーム内部の紛争裁定機関[38]も、先例を追従するのではなく、創造的な判断を積極的に打ち出していく必要がある[39]。すでに触れたものであるが、内部における自己制限や安定化のための仕組みとして、レジームに適合的な民主政[40]の確保も位置付けられている。

III　デジタル立憲主義論の見取図

続いて、これこそ、山本健人がすでに提示しているものであり、Ⅰでもすでに紹介した内容とも重複する面があるが、社会的立憲主義の観点からデジタル立憲主義論を整理、評価するための前提として、ごく簡単に、デジタル立憲主義論と呼ばれる議論がどのような議論を含むものであるのかを確認しておくことにする。

1　デジタル立憲主義論の源流

山本健人が Celeste に依拠して説明するところ[41]によれば、本章の冒頭においてもすでに言及したように[42]、2000 年頃に登場した、Fitzgerald の

---

37)　Golia & Teubner, *ibid.,* at 388.

38)　関連して、裁判所（ここでは、狭い意味での国内裁判所に限らず、裁判類似の裁定機関を含む）と学説の役割を重視し、コモン・ロー的憲法を構想するのも、Teubner の社会的立憲主義論の特徴である。See, Golia & Teubner, *ibid.,* at 378. これに関連して、Golia は、従来の立憲主義において、一般的・抽象的な法律という規範によるルール形成が原則とされてきたものの、目まぐるしく社会が変化し、法も外部環境から変化を求められる現代にあっては、そのような法形成モデルは変容を迫られる（Golia, *supra* note 9), at 9）とし、法の不完全性を前提にした社会的立憲主義がデジタル社会には適合的であることを主張している（Golia, *ibid.,* at 27-28）。

39)　Golia & Teubner, *ibid.,* at 388.

40)　Golia & Teubner, *ibid.,* at 390.

41)　山本・前掲注 8) 62～63 頁、同・前掲注 16) 8 頁。

42)　前掲注 4) および 5) と、これらに対応する本文参照。

情報立憲主義論やBermanの構成的立憲主義論が、今日にいわゆるデジタル立憲主義の源流を成しており、2010年のSuzor[43]の博士論文によって、この方向性の議論に、「デジタル立憲主義」という名称が与えられた。これらの議論は、山本健人も指摘するように、私的アクター、とりわけ、デジタル空間を開発・設置・運営する主体について、どのような法的規制を課すことが可能であるかを探究するものであり、公法上の規律を、私的アクター向けにどのようにカスタマイズするのかという視点から論じられている。そして、この視点の主体は、国家法や、その下に置かれる裁判所といった国家機関である。もちろん、国家の側で、とりわけ国家に紛争が持ち込まれた場合にどのようなスタンスをとるのか、どのような対応枠組みを構築しておくべきなのかという点を論じることは、今日において、なお重要であるというべきであり、その必要性は低く見積もられるべきではない。

しかし、他方で、国家の規律能力が低下する場面である、デジタル化やグローバル化が問題となる現代において、そのような国家（法）が把握する枠組みを考えるだけでは十分とは言い難いところがあるのも確かである。言い方を変えれば、むしろ、私的な組織の中における権力・権限構造や、個人の権利利益の保障を構想することの方こそが求められていると考えられるのである。

この点に関して、IIで振り返ったように、憲法や立憲主義という概念を国家から解放し、元来、必然的に国家と結び付くものではなく、近代にお

---

43)　Suzorは、その後、法の支配を、プラットフォームによるガバナンスを評価するための基準として用いる論考（N. P. Suzor, *Digital Constitutionalism: Using the Rule of Law to Evaluate the Legitimacy of Governance by Platforms,* GIGA NET：GLOBAL INTERNET GOVERNANCE ACADEMIC NETWORK, ANNUAL SYMPOSIUM 2016〈http://dx.doi.org/10. 2139/ssrn.2909889〉）を発表しており、Celeste（E. Celeste, *Digital Constitutionalism: A New Systematic Theorisation,* 33 INT'L REV. L. COMPUTERS & TECH. 76 (2018)（SSRN掲載の最終原稿〈https://doras.dcu.ie/24697/1/E.%20Celeste_IRLCT_Digital%20Constitutionalism_AM.pdf〉にて参照。See at 7-8 in the manuscript）やこれを引く山本健人（同・前掲注8）63頁）は、FitzgeraldやBermanとは別のデジタル立憲主義論の類型として整理している。これらは、プラットフォームなどの私企業によって運営される枠組みの私的規律に法の支配などの公法的規律ないし価値を読み込む議論を裏側から展開している作業と理解することができる。これを区分することが適切でないとまではいわないものの、あえて区別する必要性も高くないように思われる。

いて、たまたま主権国家と結び付いたにすぎないなどとして、それ以外の
レジームにも妥当すると論じるのが、Teubner の社会的立憲主義である。
したがって、これも山本健人が指摘する通り[44]、Fitzgerald や Berman[45]、
そして、Suzor がそれぞれの用語法でいうところのデジタル立憲主義なる
ものは、社会的立憲主義とは方向性の異なる議論であるといえよう。

2　ボトム・アップ型デジタル立憲主義

そして、近年ではむしろ、国家（法）による規律にばかり着目するので
はなく、社会的立憲主義にも依拠しつつ、ボトム・アップ型のデジタル立
憲主義論を志向する議論が有力化している。その代表格の1人と位置付け
られるのが、デジタル立憲主義に関するモノグラフィーを上梓したことで
知られる Celeste である。彼は、インターネット時代に適合的な基本的権
利を提示することを目論み、多くは草の根的に作成・提案され、法的拘束
力も欠くことが一般的ともいえる、インターネット権利章典群（Internet
Bills of Rights）[46]に強い関心を寄せる[47]。この議論は、従来は公権力を拘束

---

44)　山本・前掲注16) 8頁。

45)　ただし、近時において Berman は、グローバル法多元主義ハンドブック（The Oxford
Handbook of Global Legal Pluralism（P.S. Berman ed., 2020））の編者も務め、コスモポリタ
ン法多元主義者を自認する論者であり、抵触法にも注目している（以上について、P.S. Ber-
man, Global Legal Pluralism: A Jurisprudence of Law Beyond Borders 14 & 17 (2012)）とい
う点では、Teubner の社会的立憲主義との距離は大きくないことに留意すべきである。こ
のような近時の論調と Berman, *supra* note 5) の論調との違いの理由として、一方では、時
期の違いという理由が考えられる。他方で、Berman, *supra* note 5) は、あくまで、国家裁
判所がインターネットの分野において、どのように国家の憲法の基本概念を応用していくの
かという点について論じた論文にすぎず、しかも、その上で「憲法」のもつ意味について再
確認することに主眼が置かれた論文である（see Berman, *supra* note 5), at 1269 & 1310）こ
とに着目すれば、一見異なってみえる、彼の二つの論調が両立していると説明することは不
可能ではないと思われる。ただし、「憲法」をさしあたって国家以外に拡張しようとしない
という限りでは、Berman は憲法については国家志向であり、やはり社会的立憲主義とは距
離があるということはできよう。

46)　あるべきデジタル立憲主義概念を、積極的・規範的に提示するというよりは、デジタル
立憲主義の内容とされるものの、傾向や時代的変遷を実証的に明らかにしようとする試みで
あるが、L. Gill, D. Redecker & U. Gasser, *Towards Digital Constitutionalism?: Mapping
Attempts to Craft an Internet Bill of Rights*, The Berkman Center for Internet & Society at
Harvard University Research Paper No.2015-15, (2015); D. Redecker, L. Gill & U. Gasser,
Towards Digital Constitutionalism?: Mapping Attempts to Craft an Internet Bill of Rights, 80
Int'l Comm. Gazette 302 (2018) も、法的拘束力のないものをも含めたインターネット権利章

する基本的価値として登場した基本権を、私企業をも統制の対象に含む形で展開されるべき価値として提示することを、デジタル時代において基本的な立憲的価値を発展的に維持する手法として注目するのである。

もっとも、Celeste も最終的には、国家等によって、こういった権利章典が実定化され、拘束力をもって実現されていくことを目指しているとみる余地がある。というのも、Celeste の著書には、法的拘束力をもたないプロトタイプとしての権利章典が、憲法的エコシステムの中で、将来的な「憲法体制」の形成にあたり重要性を有することを強調する部分がある[48]。これを踏まえると、Teubner の議論に依拠して、「憲法」への発展の段階を整理しようと試みるものであることには留意する必要があるものの、最終的には、(おそらくは国家の) 憲法の一部として拘束力をもつものになることを是としているように解し得るのである。「憲法」へと昇華する段階の把握に関連して、同じく Teubner の議論に言及しつつも、Celeste 以上に明確に、社会的憲法として認められることを最終段階に据えるというよりは——さしあたっての目標とみる余地はないわけではないが——、政治社会の憲法、すなわち、国家憲法への取込みへの過程として、草の根的でボトム・アップな憲法規範形成のありようを検討している、Graber の議論[49]もある。そうすると、いくらデジタル憲法への発展の段階について、Teubner を参照しているといっても、Celeste も、Graber と同様に、「憲法」への発展・昇華の段階の把握について Teubner の議論を参照するにとどまり、その終着点は Teubner の社会的立憲主義とは異なる立場をとるものであると解する可能性は払拭しきれない。

その他にも、Celeste と同じく Teubner を引きながら、国家の裁判所が、基本権の間接適用などの手法を通じて、ボトム・アップでのデジタル憲法

典に注目している。

47) CELESTE, *supra* note 7), at 46 & 126-128.

48) See e.g. CELESTE, *ibid.*, at 126-127.

49) C.B. Graber, *Bottom-up Constitutionalism: The Case of Net Neutrality*, 7 TRANSNAT'L LEGAL THEORY 524 (2016); C.B. Graber, Net Neutrality: A Fundamental Right in the Digital Constitution?, 30: 2 IND. J. GLOBAL LEGAL STUD. 197 (2023) (特に、224~225 頁では、ソフト・ローによるカップリングに意義を見出しつつも、裁判、立法による実定化を重視し、——裁判所を重視する Teubner とは異なり、——とりわけ立法の役割を重視するなど、国家、公権力志向の立場が鮮明なものとなっている).

の形成を後押しすることを支持する、Karavas の議論がある[50]。この見解は、裁判所を重視するという点で、Celeste とは異なった意味での社会的立憲主義との距離の近さを指摘することはできる[51]一方、従来の憲法の基本権規定に関心が集中しているという点において、Celeste 以上に国家志向が強いものであると整理することができよう。

3　デジタル主権論と親和的なデジタル立憲主義論

　さらに、Celeste は、同じくデジタル立憲主義についてのモノグラフィーを物しており、もう一人のデジタル立憲主義の主要論者と目される De Gregorio[52]と共著で、EU の一般データ保護規則（GDPR）に反映された、立憲的価値に注目する論文を公表している[53]。

　ここで登場した De Gregorio という論者は、——EU を国家と同視する、あるいは、少なくとも国家に引き付けて考えるかどうかについては、議論の余地があることを留保しておく必要はあるものの、——公権力による立憲的統制の必要性を強調する、ある種のデジタル主権論の一つとしてのデジタル立憲主義論を展開する論者[54]と位置付けられ[55]、社会的立憲主義論

---

50)　V. Karavas, *Governance of Virtual Worlds and the Quest for a Digital Constitution*, in: Governance of Digital Game Environments and Cultural Diversity: Transdisciplinary Enquires 153, 168（C.B. Graber & M. Burri-Nenova, eds., 2010）.

51)　前掲注 38）参照。

52)　De Gregorio, *supra* note 7）. なお、このモノグラフィーは、Celeste のものと並ぶ、デジタル立憲主義に関する数少ないモノグラフィーの一つであるが、表題が示す通り、ヨーロッパにおけるデジタル立憲主義に焦点を当てたものである。実際ここでは、GDPR に限らず、デジタルサービス法やデジタル市場法、AI 規則案（当時）等の EU 二次法についての詳細な検討が展開されている。

53)　E. Celeste & G. De Gregorio, *Digital Humanism: The Constitutional Message of the GDPR*, 3(1) Global Privacy L. Rev. 4 (2022)〈SSRN: https://ssrn.com/abstract=4045029〉.

54)　See De Gregorio, *supra* note 7）, at 316-317.

55)　こういった傾向をより鮮明に打ち出す論者として、EU のデジタル立憲主義にアメリカのデジタル自由主義が合流し、中国型のデジタル権威主義と対峙していくことの必要性を強調する、Bradford がいる。See A. Bradford, Digital Empires (Oxford University Press, 2023); A. Bradford, *Europe's Digital Constitution*, 64 Va. J. Int'l L. 1 (2023). この点に関連して、デジタル主権論に引き付けて理解される場合のデジタル立憲主義は、国家やそれに準じる公的組織による規律の重要性を強調するという点において、中国型のデジタル権威主義と親和性があることにも、留意しておくべきであろう。なお、De Gregorio も、G. De Gregorio, *The Normative Power of Artificial Intelligence*, 30: 2 Ind. J. Global Legal Stud. 55, 78

とは異質な見解を展開している。

この点をもう少し敷衍しておこう。社会的立憲主義論とは、レジームの単位をどのように設定することになるのか、必ずしもはっきりとしないところがあるものの、本章の文脈でいえば、デジタル・レジームとでもいうべきものについて、憲法的あるいは立憲的構造を見出し、その内部での権限創出や統制を構想し、さらには、外部レジームとの調整を論じるものである。そのような見解と、国家あるいは準国家的存在としてのEUによる立憲的価値実現を重視するデジタル主権論的議論とは、基本的な性格を異にすることに多言を要しないのである。

なお、Celeste とデジタル主権論的議論との関係については、国家やそれに準じる国際機構による拘束的な文書も、私的組織を含む全体的なデジタル社会やデジタル・レジームにおける、立憲的価値の実現に資するものであり、その意味において Celeste は、GDPR も重視するし、そこではデジタル主権論的見解とも共同歩調をとることが可能ではあろう。

4　まとめ

ここまでの内容を踏まえると、主なデジタル立憲主義論と社会的立憲主義論との位置付けは、次頁の表のように整理することができ、デジタル立憲主義と一口に言っても、やはり、多様な考え方を含んでいることがわかる。さらに、とりわけ近時のデジタル立憲主義論は、社会的立憲主義論を援用し、少なくとも、それに言及しているものが多いが、社会的立憲主義論とは異質なものを含んでいたり、社会的立憲主義論の立場からは不十分なものにとどまっているように見受けられることも、すでに指摘した通りである。

(2023) において、自身の見解として提示するわけではないが、EU の AI 規則が、アルゴリズムの支配から法の支配を守る試みであり、ブリュッセル効果（さしあたって、同じく Bradford の著作である、A. BRADFORD, THE BRUSSELS EFFECT: HOW THE EUROPEAN UNION RULES THE WORLD (2019)〔アニュ・ブラッドフォード（庄司克宏監訳）『ブリュッセル効果 EU の覇権戦略』（白水社・2022）〕を参照）を用いた、デジタル主権論の戦略だとする。

また、関連して、日本では、佐藤・前掲注 17）が、Celeste & De Gregorio, *supra* note 53) を引いて、デジタル立憲主義論を EU におけるデータ保護法制の発展史と不可分に結び付いたものであると理解し（同 30 頁）、EU（の実質的意味における）憲法（の具体化法と位置付けられる EU 二次法）のデータ保護規律のありようを分析している。

300 第13章 デジタル立憲主義をめぐって

そこで、**IV** では、社会的立憲主義論の立場から構想されるべきデジタル立憲主義の概要を素描し、その妥当性等についても検討を行っていくこととしたい。

		(最終的に)「憲法」が展開される対象	
		私的組織を含むデジタル・レジーム	国家等（EU 含む）の公的組織
形成の方向性	上から		初期のデジタル立憲主義論 **Suzor** **De Gregorio**
	下から	**Teubner / Golia** （社会的立憲主義論）	**Graber**

（図中：Celeste）

IV　社会的立憲主義論からみたデジタル立憲主義

1　デジタル世界における従来の立憲主義の限界

Teubner は Golia とともに、現代のデジタル化が進展した世界に、社会的立憲主義をどのように応用すべきかについて、2023 年に論考[56]を公表している。そこでは、デジタル立憲主義論の勃興にも留意しつつ、デジタル世界への社会的立憲主義の応用を通じて、従来の立憲主義論の乗り越えるべきポイントをまず三つ挙げている。

すなわち、一つ目には、国家を議論対象の中心に置くことの超克である[57]。これは、すでにみたように、社会的立憲主義論の肝といってよいものである。デジタル世界における問題は、いわゆるビッグ・テック企業などの私的アクターの規律が問題となっており、従来の立憲主義では十分に対応できなかった部分について、社会的立憲主義の理論が応用できる[58]。

---

56)　*Teubner / Golia*（Anm. 10）; Teubner & Golia, *supra* note 10）.

57)　*Teubner / Golia,* ebd., S.626; Teubner & Golia, *ibid.,* at 4-5.

58)　関連して、Golia, *supra* note 9）, at 11 では、デジタル立憲主義の社会的立憲主義を通じた再構成を論じる上で、公権力だけでなく、私的権力の制限もデジタル立憲主義の対象とすべ

二つ目には、（社会的）権力の問題を超えて対応することが求められるとする[59]。現実と仮想社会がシームレスに結び付いた、ハイパー・リアリティがデジタル技術によってもたらされている現代においては、古典的な権力や強制といった形をとらずに、生活世界が侵食される場面が増えている。このような問題について、従来の立憲主義では対応が十分にできないが、他のシステムを犠牲にして、外部に向けて拡大しようとするシステムを統御する仕組みについて論じてきた社会的立憲主義は、対応する術をもっているとされる[60]。

三つ目は、基本権の効力論の超克の必要性である[61]。従来の立憲主義では、企業などの私的組織による個人などへの抑圧に対して、せいぜい、対国家の文脈で認められる基本権の、個別事案の文脈に落とし込んだ、第三者効または水平効という形での拡張が論じられるにとどまっていた。しかし、上述のように、制度的なものまで含んだ、私的レジームにおける基本権の問題をも視野に入れる社会的立憲主義は、この点でも、従来の立憲主義の限界を超えて応用が効くのである。

2　デジタル世界における社会的立憲主義の応用

　(1)　**総　論**　これに続いて、デジタル世界における問題を、公的セクターのデジタル化された権力による侵食と、私的セクターのデジタル化された利潤による侵食という形で、デジタル社会における二重の植民地化が進んでいることであると位置付ける[62]とともに、社会的立憲主義の立場から次の三つの対抗戦略が語られている。

まず、①デジタル政治への対抗については、生体認証を用いた監視や、統治のためのビッグ・データ利用、AI によって自動生成されるナッジであるハイパー・ナッジなど、デジタル技術を利用した統治への制限を実現することが必要となる。ここでは、従来の立憲主義の道具立てを一般化し、

　　きであるし、市民社会やトランスナショナル企業といった社会的集団から（も）生じる憲法
　　的ルール・メイキングの過程として、デジタル立憲主義を枠付けるべきだという。
59)　*Teubner / Golia*（Anm. 10）, S.626f.; Teubner & Golia, *supra* note 10), at 6-7.
60)　See also Golia, *supra* note 9), at 14.
61)　*Teubner / Golia*（Anm. 10）, S.627; Teubner & Golia, *supra* note 10), at 7-8.
62)　*Teubner / Golia,* ebd., S.627; Teubner & Golia, *ibid.,* at 8-9.

デジタル社会に適合的な形に翻訳し直すことが求められるという[63]。

次に、②デジタル経済への対抗については、国家権力の制限に集中する自由主義的な憲法の伝統においては、デジタルな媒体の経済化が盲点となりがちなところ、デジタル技術は、グローバル資本主義の拡大傾向に拍車をかけるものであり、経済アクターによる経済コードを通じた社会の支配が拡大しているという。その上で、デジタルサービス法やデジタル市場法というEU立法に、GoliaやTeubnerは注目している[64]。ここでは、こういった政治による、経済とデジタルとの調整・規律に重きが置かれるのである。

最後の戦略が、③デジタル市民社会の構築・強化である。これは、権力と利潤による二重の植民地化に抗するために、国家でも、利潤追求を目的とする私企業でもない第三の部門を創出し、その機能強化を図るということである。具体的には、ハッカー集団、デジタルNGO、デジタル・コモンズ、ウィキペディア、オープン・ソースなどが、このデジタル第三部門の例として挙げられている。ここでは、デジタル版コモンズの悲劇が生じないように留意する必要があるし、権力や利潤という外部からの圧力に対抗することができるだけの強固な規則が必要だという[65]。

(2) **各論：Metaの監督委員会**　ここまで紹介してきたTeubnerとGoliaの共著論文では、一般論にとどまっており、あまり立ち入った方策の紹介や検討がされているわけではない。個別の場面では、ここで示された方向性に従って、様々な仕組みの構築が図られるべきことになるし、ま

---

63) *Teubner / Golia,* ebd., S.628; Teubner & Golia, *ibid.,* at 9.

64) *Teubner / Golia,* ebd., S.628f.; Teubner & Golia, *ibid.,* at 10-12. See also Golia, *supra* note 9), at 21-23.

65) *Teubner / Golia,* ebd., S.629f.; Teubner & Golia, *ibid.,* at 12-14. See also Golia, *ibid.,* at 17. これに対して、テック企業と個人との間の構造的な力関係の差や、アルゴリズムによるプロファイリングによる自由意志・判断の侵食を前提とすれば、自生的な領域における、デジタルによる生活世界の植民地化への対抗に期待を寄せるTeubnerの見立ては楽観的すぎるのであり、S. Strangeの構造的権力概念（S. STRANGE, STATES AND MARKETS (1988)〔スーザン・ストレンジ（西川潤＝佐藤元彦訳）『国家と市場—国際政治経済学入門』（筑摩書房・2020）：訳書の底本は1994年刊行の原著第2版〕）など、「法と政治経済学（Law and Political Economy）」の理論を援用することで、社会的立憲主義が機能すべき条件を導くことが可能であるとする、I. Domurath, *Rage Against the Machine: Profiling and Power in the Data Economy,* 30: 2 IND. J. GLOBAL LEGAL STUD. 131 (2023) がある。

た、それに基づいてその妥当性と有用性が評価されることになろう[66]。以下では、具体例として、Golia による Meta の監督委員会についての研究を紹介し、若干検討しておきたい。

Golia によれば、監督委員会の仕組みの整備によって、Meta においては、ハートが言う意味での一次法と二次法の区別が存在し[67]、一定の法化が進んでいるものの、憲法化の範囲は非常に限定的なものである[68]。もう少し敷衍すれば、確かに、範囲は限られるにしても法化が生じており、社会的・法的コードの構造的カップリングという憲法過程の存在が認められる[69]。さらに、監督委員会とは、国家のハード・ローによって強いられたものではなく、拡大し続ける社会的環境からの圧力を受けて、自生的なものではないにせよ、自発的に独立の準裁判所的組織が設置されたものである。このような組織には、外部からの刺激に対し敏感に反応する傾向があり、Meta 内部のガバナンスの問題であるとともに、規制を行う側と利用者や関係する外部の人間との間のやり取りのための仕組みであるとも位置付けられる。その意味では、組織化された領域と自生的領域の存在とその接続という、憲法領域の存在が認められる[70]。そして、監督委員会の審査を通じた、Meta における法の階層構造の形成と憲法過程の登場からは、構成的・制限的双方の機能を備えた「憲法機能」の存在も認めることができるとされる[71]。

その一方で、監督委員会に申立てが行える者は限定されており、監督委員会の管轄権の面でも、個々の投稿やコメントの削除といったものしか問題にできないなど、事項的範囲も不明確であるとともに狭い範囲にとどまっているという。また、いわゆる匿名マトリックス[72]からの個人保護につ

---

66) 関連して、Golia, *ibid.*, at 29-30 は、多元性を踏まえて、デジタルな規範の創出される場所ごとに、その法的な意義の評価のありようは変わることを強調している。

67) A.J. Golia, *The Transformative Potential of Meta's Oversight Board: Strategic Litigation within the Digital Constitution?*, 30: 2 IND. J. GLOBAL LEGAL STUD. 325, 332 (2023).

68) Golia, *ibid.*, at 340.

69) Golia, *ibid.*, at 335-336.

70) See Golia, *ibid.*, at 336-337.

71) Golia, *ibid.*, at 337.

72) レジームの拡大傾向によって生じる制度や人格・個人に対する抑圧であり、特定の人間の特定の行為に起因するものと位置付けることが困難な、制度的・社会的もののことを指

いては、かなり限定的な役割しか果たせないものとなってしまっているなど、憲法機能のうち、制限機能については至って限定的なものにとどまっているという[73]。さらに、Golia は、Meta のようなソーシャル・メディア企業は広告収入に依存するため、利潤のコードによって支配される傾向を基本的にはもつことのほか、Meta の大規模性や知名度から、他のレジームへの影響力が強いことも指摘する[74]。こうして、憲法化、あるいは、デジタルによる生活世界の植民地化への制限を行う仕組みとして、監督委員会は無力か、そうでないにしても、その力は非常に限られているという評価が下されている[75]。

3　デジタル立憲主義への評価

(1)　**国家志向性をめぐる検討**　デジタル立憲主義論に対する社会的立憲主義論からの評価として、まずは、なおも立憲主義について国家が中心に据えられているというものがある。

　確かに、とりわけ最初期のデジタル立憲主義論には、その傾向が強くみられることについては、Ⅲ1で指摘した通りである。ただし、これに関しても、Teubner の社会的立憲主義も、実際のところは、より根本にある憲法・立憲主義を、主権国家の憲法・立憲主義からある種の逆探知を行い、国家以外のレジームに応用していくものとしての面を有することが否定できないところがある点[76]に留意する必要がある。この点を強調すれば、

す。これについては、Golia, *ibid.,* at 338 Fn.60 のほか、前掲注 18) 山田 (2021) 542 頁註 53 や、前掲注 25) 大藤訳書 172 頁も参照。

73)　Golia, *ibid.,* at 337-338.

74)　Golia, *ibid.,* at 338-340.

75)　Golia, *ibid.,* at 340. なお、Golia は、これに続いて、児童の精神への悪影響の是正という具体的主張を想定して、監督委員会を利用してどのように争うことが社会的立憲主義の観点から望ましいかを思考実験する。そこでも結局、広告に依存する Meta の基本的な性質が変化しない限りは、監督委員会の機能も限定的なものであり、監督委員会を過大評価することの危険性を指摘している。他方で、Meta が対外的にも多様な関係性を築いていること、内部構造についても、監督委員会のように一定の独立性をもち、他の内部組織を規制するような存在もみられるなど多面性をもつようになっていることを、監督委員会の機能の限定性は認めたがらもなお肯定的に評価しようとするものとして、C. Arun, *Facebook's Faces,* 135 HARV. L. REV. F. 236, 263-264 (2022) も参照。

76)　詳しい検討については、前掲注 18) 山田 (2021) 542〜540 頁（特に、註 55 および 56) を参照。

主権国家における立憲主義的統制、あるいは公法的規律といってもよいが、これを私的なアクターや組織にどのように類推していくかを論じている、初期のデジタル立憲主義論との差異も、実はそれほど大きくないとも言い得る。

次に、Ⅲ においては、デジタル立憲主義論の代表的論者の一人であるCeleste と社会的立憲主義論との関係性について判断を留保していたが、これも国家の位置付けに関わる問題であった。繰り返しになるが、そこでは、Celeste が、社会的立憲主義を基礎に据え、憲法への発展過程における重要要素として、法的拘束力の有無にかかわらずインターネット権利章典群に注目する反面、結局は、国家レベルで拘束力のある規律が打ち立てられることを最終的な目標に据えているように見受けられる面もあることを指摘した。もっとも、Celeste は、モノグラフィーの結論部分において、自身の議論は、従来の立憲主義を全体としてのデジタル世界（the whole digital universe）に適合的な立憲主義へと変形させることを目指すものだとする[77]。これは、最終的な着地点に、国家憲法などの公的・政治的な憲法としてのデジタル憲法を位置付けるのではなく、私的なレジームや国家もその一部に取り込まれる、デジタル化された社会一般における立憲的価値の実現を目指すものと理解できる。そして、彼は、インターネット権利章典の文言が従来の政治社会の憲法のそれを引き継ぐものでありながら、一度きりの制憲過程ではなく、多様な権利章典の複合的・再帰的な作用によって、全体として、実質的な意味におけるデジタル憲法の創出を目指すという点では、Teubner の議論に通じるものがあるとして、政治社会の憲法と Teubner の憲法の中間に、インターネット権利章典を重視する自身の立場を位置付けている[78]。

他方で Golia も、Celeste が明確に社会的立憲主義論に依拠していることを認識した上で、Celeste によるデジタル立憲主義の定義はいくらか整理されたものとなっており、社会的立憲主義論からみれば、なお問題を捉

---

77) CELESTE, *supra* note 7), at 215.

78) E. Celeste, *Internet Bills of Rights: Generalisation and Re-Specification Toward a Digital Constitution*, 30: 2 IND. J. GLOBAL LEGAL STUD. 25, 50 (2023).

えきれていない部分があることは指摘しつつも、好意的に評価している[79]。

そして何より Teubner 自身も、国家や公権力によるデジタル経済への対応が社会的立憲主義の観点から有用であることは否定しておらず[80]、Golia との共著論文において、デジタルサービス法やデジタル市場法といった EU のデジタル法制に注目し、社会的立憲主義の立場からデジタル社会に対応する仕組みの一環として検討対象としている[81]。社会的立憲主義というのは、国際機構、国家、企業などの私的な組織や、公私のハイブリッドな組織という様々な実体間、そして、内部でのやり取りや相互作用といったものを広く検討対象とするものであり、国家や EU における規律も排他的な検討対象とならないにすぎない。そして、EU による規律に着目したこと自体は、社会的立憲主義と相容れない立場を採用していることを示すものではない。逆にいえば、国家志向性を強くもつ議論も、あくまで、国家での現象に焦点を当てたものとして捉え、社会的立憲主義論の枠内に取り込めないわけではない。そうすると、国家志向性への批判的態度は、国家志向性の強いデジタル立憲主義論を排除するための議論というよりは、国家以外の部分へも視野を広げることを求める改善要求であると整理されることとなろう[82]。

(2) **手続志向性をめぐる検討**　デジタル立憲主義論について社会的立憲主義論から指摘される点として、国家志向性とも関連しないわけではないが、民主政への関心が薄いということがある[83]。この点に関して Golia は、

---

79)　Golia, *supra* note 9), at 12-13. Siehe auch *Teubner / Golia*（Anm. 10）), S.630 Fn.57.

80)　この点に関連して、Teubner は国家がなおも重要なプレーヤーであることを指摘している（Golia & Teubner, *supra* note 11), at 384. 併せて、*Teubner / Golia,* ebd., S.626; Teubner & Golia, *supra* note 10), at 4-5 も参照）。加えて、Golia, *ibid.,* at 18 は、スプリンターネット（splinternet：インターネットを通じた社会分断）などの現象により、国家のプレゼンスが再び高まっているとしても、これは、個々の国家で自己完結するウェストファリア型のグローバル秩序へと戻ることを意味するものではなく、帝国の周縁で遠心力のようなものによって生じる現象と理解すべきだという。

81)　*Teubner / Golia,* ebd., S.628f.; Teubner & Golia, *ibid.,* at 10-12.

82)　このような理解からは、Indiana Journal of Global Legal Studies の 30 巻 2 号に収録されている、社会的立憲主義によるデジタル立憲主義論の発展を目指すシンポジウムに、本章では社会的立憲主義と距離のある論者であると整理した、De Gregorio や Graber が参加していることにも、説明がつくように思われる。

83)　Golia, *supra* note 9), at 16; Golia & Teubner, *supra* note 11), at 405.

国家志向性により、民主政といえば代表民主政が想定されるところ、デジタル社会においてはこれを想定することが困難であるから、手続に関心が向かうためであると分析している[84]。

これに対して、社会的立憲主義はといえば、民主政原理を被影響者同意原理のレベルまで抽象化した上で、各レジームなりシステムなりに適合的な形へと応用することを論じている[85]。もう少し具体的にいえば、参加民主主義という形で実体的な面にも解答を用意しようとするものであるという点で、優位性を有するという[86]。

これに関連して、デジタル立憲主義論を手続志向の議論であると特徴付けた上で、その欺瞞的性格を痛烈に批判するのが Zalnieriute である[87]。彼女は、まず、テック企業の人権規範への直接的な拘束を諦め、ソフト・ローを通じた手続的規律へと傾斜している（手続への傾斜を「手続フェチシズム」と呼ぶ）と、デジタル立憲主義を性格付ける[88]。

こうして、手続フェチシズムの分析へと議論を進める Zalnieriute は、最初に、手続というものは、価値中立的な装いをまといつつ、その実、実質的な議論から目を背けさせ、現状を追認する効果をもつものであると指摘する[89]。また、彼女によれば、それだけにとどまらず、手続に通したということから生まれる正統化効果により、不正な決定が正しいものであるかのように粉飾されるのである[90]。

そして、このような一般的な効果をもつ手続フェチシズムの、デジタル社会への応用によってもたらされるのは、以下のようなものである。すなわち、テック企業は、一つには、自己規制による「手続ウォッシュ」によ

---

84) Golia, *ibid.*, at 16.
85) これについては、さしあたり、前掲注18) 山田（2022）43〜44頁とそこでの引用文献を参照。
86) Golia & Teubner, *supra* note 11), at 390 & 407.
87) M. Zalnieriute, *Against Procedural Fetishism: A Call for a New Digital Constitution,* 30: 2 IND. J. GLOBAL LEGAL STUD. 227 (2023)［Zalnieriute (2023)］. See also M. Zalnieriute, *Against Procedural Fetishism in the Automated State,* in: MONEY, POWER, AND AI: AUTOMATED BANKS AND AUTOMATED STATES 221 (Z. Bendnarz & M. Zalnieriute, eds., 2024).
88) See Zalnieriute (2023), *ibid.,* at 230-235.
89) Zalnieriute (2023), *ibid.,* at 237-238.
90) Zalnieriute (2023), *ibid.,* at 238-239.

308 第 13 章 デジタル立憲主義をめぐって

り、自身の活動を正統化し、利潤を守り、現状を維持させている[91]。さらに、テック企業は、拘束的な法に関しても、その曖昧さを利用したり、一定の制度や枠組みを構築することで十分な遵守がなされているかのような体裁を整えたりもしている。手続フェチシズムは、規制当局や裁判所にも共有されており、自国企業の利潤拡大のために、国家によって、場合によっては、国際規則や国際機構も利用しながら、手続ウォッシュが行われている面もあることが指摘される[92]。ここまでみてきたような現状分析を通じて、Zalnieriute は、この歪な構造を是正すべく、政府・国家は、グローバルに展開されるテック企業に対し、場合によっては巨大企業の分割を行うようなものも含めて、積極的に介入を行うべきだという[93]。

　以上のような Zalnieriute の議論は、民主政の観点から手続偏重の理由を説明する社会的立憲主義とは異なったものであるし、何より、国家偏重と評価し得る点で社会的立憲主義論との距離を感じさせるものを含んでいる。しかし、社会的立憲主義論も、構造的権力に関心をもたないものではない[94]し、場合によっては、国家の積極的な規制を是認する可能性をもっていることは、(1)でみた通りである。そして、Zalnieriute 自身も、社会的立憲主義論がもつ、構造的で不均衡な力関係を問題とするとともに、これに是正する力を認めており、デジタル立憲主義論はその点を見落としていると主張している[95]。そうすると、Zalnieriute の議論は、社会的立憲主義と対立するものではなく、むしろ、その主張内容をデジタル立憲主義により強く反映させていくべきことを提示した議論であると整理することができる。さらに、それでいて、彼女の議論は、ポスト・コロニアリズムの

---

91)　以上について、Zalnieriute (2023), *ibid.*, at 240-246 を参照。

92)　以上について、Zalnieriute (2023), *ibid.*, at 246-253 を参照。

93)　Zalnieriute (2023), *ibid.*, at 253-262. Zalnieriute は、この規制によって、テック企業の「民主化」と、グローバル・サウスの「脱植民地化」を行うことの重要性を指摘している（at 261-262）。

94)　前掲注 65) で紹介した Domurath の指摘にもかかわらず、匿名マトリックスからの個人の保護の必要性を説く点などにおいて（前掲注 72) と対応する本文参照）、社会的立憲主義論は、構造的権力に関心を——それがどの程度必要であり、その程度を満たしているかどうかについては、Domurath からは大いに疑問視できるのかもしれないが、——元来有しているように見受けられる。

95)　Zalnieriute (2023), *supra* note 87), at 229-230.

色彩が強いことをどのように評価すべきかという問題を差し置けば、社会的立憲主義も含めた立憲主義論が西欧中心主義に陥る危険性を十分に認識し、留意した議論の必要性を再確認させてくれるという意味で、根本的な問題に関わる指摘を含んだ重要なものであると評価される。

V　おわりに

　本章では、近時、日本でもにわかに注目を集めつつあるデジタル立憲主義論について、従来筆者が関心を寄せており、かつ、一部のデジタル立憲主義論が援用してもいる社会的立憲主義論の観点から、整理・分析をする作業を行ってきた。

　そこでは、デジタル立憲主義論の多様性が改めて確認されたが、近時有力となっているデジタル立憲主義論は、自認する通り、社会的立憲主義論とも親和性が高いといってさしあたり差し支えのないものであった。もっとも、社会的立憲主義論の包括的性格上、これに基づいて説明できること自体が意味するところは決して多くはない。むしろ、社会的立憲主義の議論に照らし合わせることによって、デジタル立憲主義論が不十分である部分や重点的に補強し論究を深めていくべき点を映し出し、今後の方向性を見出すことができるというイメージをもった方が適切である。つまり、社会的立憲主義論とは、デジタル立憲主義論にとって合わせ鏡のようなものなのである。

　そして、この比喩に従えば、鏡である社会的立憲主義の方も、合わせ鏡としての役割を十分に果たせるよう、磨きがかけられなければならない。また、Zalnieriute──自身の批判の矛先は、必ずしも社会的立憲主義論には向いていないものの、彼女──が問いかけているように、一種の欺瞞に陥っていないかなど、適切な鏡といえるのかが常に問われていかなければならない。その意味では、社会的立憲主義論それ自体も、興味深いことに、まさに再帰的に発展・精緻化していくものなのである。

　【附記】　本章は、JSPS 科研費基盤研究（A）「グローバル法・国家法・ローカ

ル法秩序の多層的構造とその調整法理の分析」（課題番号 19H00568）（代表：原田大樹）のほか、基盤研究(C)「グローバル公法各論、あるいは、個別参照領域の検討」（課題番号 23K01080）（代表：山田哲史）、そして、JST SICORP「プライバシー強化型の移動・社会相互作用分析によるハイパーローカル危機監視とパンデミック対策」（課題番号 JPMJSC2107）（代表：吉川正俊）の助成を受けて行った研究の成果の一部である。

校正作業中、石塚壮太郎編『プラットフォームと権力』（慶應義塾大学出版会・2024）が刊行された。見﨑史拓「社会的立憲主義から見た DPF と国家」同書 72 頁以下を中心に、本章の内容と密接に関わる書籍であるが、本書には反映できていない。

第**14**章 規制手法の多様化とその戦略のあり方・枠組み

松尾　陽

I　問題の所在——行動変容をもたらす多様な規制手法
II　規制概念の展開——拡大と動態化
III　規制戦略論の課題
IV　戦略の方向性——「リスク・マネジメント」における二つの潮流
V　結びに代えて

I　問題の所在——行動変容をもたらす多様な規制手法

　2019 年末に始まった新型コロナウイルスの感染症対策として、「行動変容」という言葉がしばしば聞かれた。実施された行動変容の対策を思いつくままに挙げるだけでも、休業、時短営業、イベントの人数制限、飲食時以外のマスク着用、黙食、分散登下校、リモート会議・授業、店舗入り口での体温測定、入国制限、入国後の検査・待機、外出制限等がある。政府が実施したものもあれば、企業や家庭などで、人々が協調的ないし自主的に行ったものもある。こうした多くの行動変容策の中には、どのような実効性があるのかがわからないまま実施され、予算の無駄遣いになったものもあるだろう。また、仮にソフトな規制であったとしても、強制的な手法を利用するよりも人々の生活を厳しく圧迫してしまったこともあるだろう。

　多様な行動変容策が実施されることは、コロナ禍でより象徴的に突出したかにみえるものの、コロナ禍だけに当てはまる話ではない。むしろ、次の点において、ここ数十年に及ぶ長期的なトレンドでもある。すなわち、一方で、近代的な強制的手法——「命令と統制 command and control」と呼ばれる規制——が後景に退き、ソフトな規制手法をも含めた多様な規制手法が展開され、他方で、そのような多様な規制手法における政府と私人

の役割および相互の関係が変容しつつあるという、長期的なトレンドである[1]。どのように評価するのかには議論があるものの、そのような現象は生じている。

こうした現象の背景として、「規制緩和論争」から始まる一連の規制改革の流れ、情報技術の急速な発展、グローバル化が挙げられる[2]。1970年代から、新自由主義のスローガンの下で政府規制の非効率性が激しく批判されるようになり、1980年代に至ると、イギリス・アメリカ・日本等では、政府レベルで「規制緩和 deregulation」が本格的に議論され、一部民営化が進められていた。これには、貿易摩擦等、グローバル化の影響もある。規制緩和論は、政治や政策論議のレベルでは、その議論は、もっぱら規制を減らすという方向性から、より実効的で効率的な規制を探求する方向性へと移行していった[3]。「規制緩和」の代わりに、イギリスでは「ベター・レギュレーション」という言葉が、日本では「規制改革」という言葉が用いられるようになった。また、グローバル化により各国・各地域の規制が他国・他地域にまで影響を及ぼすことも増え、規制客体側がグローバル化を利用して規制からの回避行動をすることも可能になった。それゆえ、規制主体側には、巧妙に規制を仕掛ける必要が生じた。さらに、情報技術の急速な発展と普及により、人々の生活が間断なくインターネットと接続されるようになった。そして、インターネットでの繋がりの場を提供する主要企業（いわゆるビッグテック、あるいはプラットフォーム事業者）自体が規制主体となり、時には、政府が強制権力を行使する以上の技術的手段で規制することすら可能になった。これらのことを背景に、規制手法の多様化のトレンドは弱まるどころか、強まっているといえよう。

---

1) もっとも、日本の場合、明治以来、西欧型の法システムが導入されてきたものの、強制的手法およびその法的制御の枠組みがしっかりと全般的に根付いていたかといえば、それは限定的あったといえる。インフォーマルな手法は昔から議論されてきたところである。

2) 超長期的なトレンドでみるならば、その背景としては、国家が国民の生に関心をもったところから始まると考えることもできよう。国家それ自体が台頭し、他国との経済面・軍事面での競争が進み、国力の源としての人口問題に関心をもち始めた時から、近代法が予定していたのとは異なる統治のあり方が始まったともいえるものの、本章では、そこまで超長期のトレンドは視野に入れていない。

3) 規制緩和論が「規制」概念をどのように変容させたのかは、II 2で述べる。

Ⅰ　問題の所在　　*313*

　このような状況の中で行動変容手法は、アカデミアにおいては、最広義での「規制」と定義され、その研究が進められている。このような現象の分析と評価については、法学のみならず、政治学・経済学・会計学等の様々な学問分野が、その垣根を超えて取り組んでいる[4]。また、規制の対象領域も、金融、犯罪予防、インターネット上の問題、環境問題、消費者問題、ＡＩの問題等、様々な領野に及ぶ。コロナ禍でみられた行動変容手法の氾濫も、このような長期のトレンドの中に位置付けられる。したがって、コロナ禍が終わったとしても、このトレンドは、何らかの大きな外生的な要因がない限り、今後も続くと考えられる[5]。

　このトレンドは、当然、権利保障のあり方や統治のあり方に大きく関わるものである。ゆえに、これら二つに関心を払ってきた法学に大きな影響を与えないわけがない。問題は、このトレンドを法哲学的にどのように評価するのか、ということにある。誤解を恐れずにいえば、法哲学における伝統的な議論は、①様々な規制手法の中でも、政府が策定し実施する「強制」をベースとする規制手法（前述の用語法でいえば、「命令と統制」）に焦点を当てた上で、②その規制をどのように抑制するのかに関心を払ってきた。また、③その抑制の枠組みの中心には、法的な枠組みがあり、その法的な枠組みは憲法典ないし議会制定法から構築され、それらを最終的に解釈・適用する裁判所の役割に重きが置かれてきた[6]。

---

4)　包括的に概観できる書籍としては、Robert Baldwin, Colin Scott, and Christopher Hood eds., *A Reader on Regulation* (Oxford University Press, 1998); Jacint Jordana and David Levi-Faur eds., *The Politics of Regulation: Institutions and Regulatory Reforms for the Age of Governance* (Edgar Elgar Publishing, 2004); Robert Baldwin, Martin Cave, and Martin Lodge eds., *The Oxford Handbook of Regulation* (Oxford University Press, 2010) 等がある。法律時報1174号（2022）の特集もその一環である。筆者も、極めて不十分ながらもサーヴェイしたことがある（松尾陽「規制形態論への前哨―規制の分散化と規制作用の静態的分析」近畿大学法学60巻1号（2012）119〜160頁）。

5)　例えば、日本の経済産業省の下に設置された検討会（「Society5.0における新たなガバナンスモデル検討会」が打ち出した「Governance Innovation」と「アジャイル・ガバナンス」という構想も、近未来に向けた規制構想の一つであり、このようなトレンドの中に位置付けられる。その議事と報告書については、〈https://www.meti.go.jp/shingikai/mono_info_service/governance_model_kento/index.html〉（2023年11月23日最終アクセス）参照。

6)　1960年代から70年代にかけて、この近代的な法的抑制の枠組みに対しての懐疑論が唱えられていた。公害問題や福祉国家的な問題に対応する形で法の機能拡大が唱えられ、（近代法ならぬ）「現代法」という言葉で捉えられようとしていた時代もあった（田中成明『現代

314 第14章 規制手法の多様化とその戦略のあり方・枠組み

　このような枠組み、いわば近代的な法的抑制の枠組みが、依然として重要性を有していることを否定するつもりは全くない。しかし、このような枠組みでは、強制とは言い難く、また、政府によるものではない、規制手法、いわば、ソフトな規制手法をどのように抑制するのかという問題に十分に対応できているとは言い難い[7]。また、規制手法の多様化という流れにおいては、「抑制」という表現も狭すぎる。多様な規制手法の考察が進められる現在の議論においては、どの規制手法がより実効的で最適であるのかという問題にも関心があり、抑制にのみ関心が置かれているわけではない。そのため、本章では、このような広い関心を捉えるべく、「抑制」という表現ではなく、「制御」という表現を用いる。さらに、この制御のメカニズムを考察するにあたっては、政府のみならず、規制に関わる社会全体のあり方のデザイン、いわゆるガバナンス論にも関心を及ぼすのが通常である。

　本章は、これらの問題意識に十全に答えるものではないものの、このような問題意識をもちつつ、多様な規制・行動変容の手法をどのように制御するのかという戦略のあり方・戦略の枠組みの問題に取り組む[8]。

　日本法の構図〔増補版〕』（悠々社・1992）参照）。本章が注目する規制研究の問題関心は、この「現代法」的関心を継承する部分と切断する部分とがある。後に登場する「応答的規制」は、この「現代法」的関心の下で創出された「応答的法」の概念を継承するものの、しかし、規制研究の問題関心は、法への期待がだいぶ失われた後の時代のものである。

7)　そのため、近代的な法的抑制メカニズムに囚われている論者は、ソフトな規制手法が登場した場合、「強制的手法」に引き寄せて、その手法を位置付けようとする。例えば、コロナ禍での一般市民による「自粛警察」を問題視する論者も、「自粛警察」の暴力的な側面（業務妨害罪等）にのみ注目することになる。しかし、ここでの問題関心は、そのような引き寄せには限界があり、非暴力的な手法（非暴力だからといって問題がないわけではない）をどのように制御するのか、というところにある。本章では、この問題を正面から検討しないが、背景には、そのような問題意識があることに留意いただきたい。

8)　行政法学において戦略を論じるものとして、原田大樹「規制戦略論からみたデジタルプラットフォーム取引」現代消費者法48号（2020）35～43頁参照。

II　規制概念の展開——拡大と動態化

1　出発点としての規制概念の拡大

　まず、「規制」が概念として拡大していることの確認から始めたい。「規制」をめぐる議論の現状をみれば、法学における伝統的な定義から極めて拡大した内容を有するようになっている[9]。

　現在の規制研究においては、「規制」は「人々の行動を変容させる全ての手法」である、と極めて広く捉えられる[10]。規制の主体には、政府のみならず私人も含まれ、後述するように、市場メカニズムそれ自体も規制に含まれる。この定義からこぼれ落ちる行動変容の手法を見つけるのが難しいほど、広範に及ぶ。

　このように広く捉えるのは、狭い定義を採用することで、現在の規制に関わる現象を捉えられない事態を防ぐためである。したがって、広い定義を採用することは、それらの現象を捉えるための出発点でしかない。また、ある行動変容の手法が規制と位置付けられたら、すぐに減らすべきものという評価がなされるわけでもない。ともあれ、広い規制の定義を採用する以上、それを細かく分析するためのツールが重要となる。

　本章で分析ツールの全てを紹介することはできないものの、最低限重要なところだけ挙げれば、まず、規制作用も規制の実際のあり方に沿ってより細かく分類され、①規準の設定、②モニタリング、③エンフォースメントの三つに区分される。この三つの局面に即して規制が分析される。

　また、規制の定義拡大に応じて、規制の力となる資源も多様化する。（近代的な法学が焦点に当てた）暴力や（20世紀の法学が焦点に当てていた）

---

9)　例えば、行政法学における行政指導の分類において、助言的行政指導、調整的行政指導、規制的行政指導という三分類があるものの、本章でいう「規制」は、助言・調整・規制の全てを含むことになるだろう。また、「規制 regulation」とは行政が制定する規則のことを指すこともあるが、もちろん、ここでの「規制」がそれに限定されるわけでもない。

10)　Baldwin, Scott and Hood (eds.), *supra* note 4); Baldwin, Cave and Lodge (eds.), *supra* note 4) 等、各種ハンドブックが出版されており、「規制」概念の拡がりについては、どの書でも最初に語られる内容である。松尾・前掲注 4) も参照。

お金のみならず、情報も含まれる。

さらに、より重要なことには、行動経済学や心理学にみられるように、規制が行動変容を起こさせようとする「人間」も、理性的で合理的な主体のみならず、一定の不合理な心理的特性を備えた存在として捉えられる。人間の後者の側面に焦点を当てた規制、特に「ナッジ」と呼ばれる規制は、「行動的規制 behavioral regulation」とも呼ばれる[11]。

2　市場に基づく規制——政府と市場の二項対立を超えて

ここで、規制と市場との関係について触れておこう。結論からいえば、規制概念の拡大および市場の捉え直しによって、市場が規制の下位概念として位置付けられることになる。その流れを簡単に説明する。

先に述べたように、規制概念の拡大のきっかけは規制緩和論である。「規制緩和」は、英語の「*de*regulation」の接頭辞「de」に示されるように、「規制から離れていく」、「規制を脱していく」ことを意味する。当初の規制緩和論においては、「規制」の撤廃を強調するきらいがあった。

規制緩和論が批判の対象とした「規制」は、「命令と統制」と呼ばれる規制である。「命令と統制」ベースの規制論は、その正当化につき、「市場の失敗」という理屈に相当程度依拠していた。「市場の失敗」とは、本来ならば、完全競争市場が生み出す（パレート的な意味での）効率性が実現されるところ、市場が機能せずに非効率な状態（あるいは、その他の望ましくない結果）が生み出されることをいう。例えば、独占状態による非効率性・外部性に基づく望ましくない結果の発生（例えば、環境破壊）、公共財の供給の失敗、情報の非対称性のことである[12]。このような正当化論が示すように、規制は市場の埋め合わせとして理解され、市場と規制とが対置

---

11)　Avishalom Tor, "The Law and Economics of Behavioral Regulation", *Review of Law and Economics* Vol. 18, 223-241 (2022).

12)　厳密には、外部性を「市場の失敗」として位置付けるのはおかしい。外部性は市場が与える外部への影響のことであるものの、当該「外部」は市場がない状態でもある。その外部も市場の中に組み込むこと、すなわち、外部とされる環境でも市場競争が生じるように私的所有権を設定し内部化することによって、外部性の問題は解決し得るという提案がされる。このような観点からみると、外部性は「市場の失敗」というよりも、「市場が欠如していることから生じる失敗」といえる。その他、外部性についての法哲学的批判としては、亀本洋『法哲学』（成文堂・2011）第7章参照。

され、また、規制は政府側に位置付けられ、規制がない状態が市場側に位置付けられることになった。そして、政府と市場との二項対立の枠組みで捉えられた。規範的主張としての規制緩和論においては、当初、政府の権限を廃止し、市場に任せるべきだという側面が強調されるきらいがあった。

ただ、規範的主張としてではなく現象としての規制緩和は、当初から、そのような二項対立のみで把握することはできない。1980年代に行われた国営事業の民営化を例に考えれば明らかであろう。民営化は、国営企業を完全に他の私企業と同じ状態にするべく進められたわけではなく、政府による監督付きの民営化であったことに注意を要する。例えば、1986年に日本国有鉄道が分割民営化された時も、鉄道関連の法制度を整備し、鉄道事業法が制定され、鉄道民営化も新たな規制を生み出しつつ実施された。

また、市場の制度的条件の明確化や市場概念の抽象化の問題もある。市場が競争市場として機能するためには、財産権制度等、一定の制度的条件が必要であることが広く認知されるようになった。その条件は、人為的なメカニズムによるところが大きい（この人為的なメカニズムの必要性が政府の正当化となるか否かは、別途議論が必要である）。このような市場理解が進むことと並行して、現象としての市場と原理としての市場とが切り離されることになった。その結果、市場原理は、市場にのみ存するものではなく、政府の内部に組み込むことも可能になる。規制緩和論が進むと、あの手この手で、市場原理を政府の決定プロセスの中に導入する試みが提案され、一部は実施された。その意味では、規制「緩和」は、政府規制の撤廃のみならず、政府メカニズムの変容をもたらすものである。

このような理路の中で、市場原理は、「競争状態」を創出することによって人々の行動の変容を促すメカニズムとして理解されるようになる。ここに至って、「市場に基づく規制 market-based regulation」という言葉が使用され始め、市場原理やメカニズムそれ自体が規制の一種となる。もちろん、レトリックとしての政府や市場の意義は依然として強く残るところはあるものの、規制と市場とを素朴に対置することは難しくなる。

3　動態的な規制手法──応答規制論を中心に

規制概念が変容していく中で、「応答的規制」、「メタ規制」、「スマー

ト・レギュレーション」、「新シカゴ学派」等、様々な規制理論が登場する
ことになった。これらの規制理論の各々に統一した規範的理念を求めるこ
とはできないものの、いずれにも、従来の「命令と統制」型規制がもつ狭
隘さに対する不満があったことは確かである。ここでは、規制戦略のあり
方の一つを示すものとして、動態的な規制手法の代表格である「応答的規
制」を紹介しよう。

　「応答的規制」は、オーストラリアの犯罪学者ジョン・ブレイスウェイ
トとアメリカの法と経済学者イアン・エアーズが共同で執筆した著作のタ
イトルでもある[13]。同書は、刊行以来、規制理論の中で多大な影響を与え
てきた[14]。

　「応答的規制」とは、ごく簡単にいえば、規制対象となる人々の出方に
応じて、エンフォースメントの厳しさを変えるというものである。応答的
規制には、二つの前提がある。

　まず、応答的規制論は、規制対象となる人々（法人含む）は多様な動機
や多様な能力を備えていることを前提とし、規制に協力的な人もいれば、

---

[13]　Ian Ayres and John Braithwaite, *Responsive Regulation: Transcending the Deregulation Debate* (Oxford University Press, 1992). 「応答的規制」のアイデア自体は、彼ら自身が認めるように、ノネとセルズニックの「応答的法」の概念（P. ノネ＝P. セルズニック（六本佳平訳）『法と社会の変動理論』（岩波書店・1981））に由来するものの、応答的法論が「抑圧的法→自律的法→応答的法」という発展段階論の図式を有しているのに対して、応答的規制論はそのような前提をあえてとらず、規制理論として提示している点で異なる。また、以下の二つの前提で示される規制客体の態度に応じてエンフォースメントを変えるという「しっぺ返し戦略」の着想は、ショルツの議論からきている（John T. Scholz, "Voluntary Compliance and Regulatory Enforcement", *Law & Policy* vol. 6, no. 4, 385-404 (1984)）。なお、『Responsive Regulation』はエアーズとブレイスウェイトの共著ではあるものの、同書の出版20年を記念した『Regulation & Governance』誌の特集でエアーズが記しているように、同書の出版もブレイスウェイト主導で始まったもので、エアーズの貢献は、ゲーム理論に基づく精緻化の部分と部分的産業規制に関する部分のみであり、限定的である（Ian Ayres, "Responsive Regulation: A Co-Author's Appreciation", *Regulation & Governance*, vol. 7, no. 1, March 2013, 145-152）。エアーズとブレイスウェイトの研究上の展開を振り返っても、エアーズのこの言葉は単なる謙遜ではないと推察される。

[14]　前掲注13）の著作の刊行後、エアーズとブレイスウェイトの応答的規制を応用する研究が多く現れる。後続研究の紹介も含めた応答的規制論の発展については、Robert Baldwin and Julia Black, "Really Responsive Regulation", *The Modern Law Review* Vol. 71, No. 1, 59-94 (2008); Mellisa Rorie, 'Responsive Regulation', *Oxford Handbook Topics in Criminology and Criminal Justice* (2012; online edn, Oxford Academic, 2 June 2014), 〈https://doi.org/10.1093/oxfordhb/9780199935383.013.109〉, accessed 14 Aug. 2024 参照。

非協力的な人もいることを想定する。

　次に、多様なエンフォースメントの段階を想定する。これは、個別企業を想定したものと産業全体を対象としたものとに分けられる。個別企業を想定したものとしては、説得、警告、民事罰、刑事罰、ライセンスの停止、ライセンスの取消しという順に次第に厳しくなっていくエンフォースメントの諸段階がある。そして、産業全体を対象としたエンフォースメント戦略としては、自主規制、エンフォースされる自主規制、裁量的刑罰による命令規制、非裁量的刑罰による命令規制という順に次第に厳しくなっていく諸段階がある。ブレイスウェイトとエアーズは、これらの段階をピラミッド型で表し、これを「エンフォースメントのピラミッド」と呼び[15]、その名称が規制理論の中で普及している。

　このような前提の下で、規制対象の態度によって、規制主体は、エンフォースメントの戦略を変える。規制に対し協力的な人々には、緩やかなエンフォースメント（規制趣旨の説明等）を実施し、非協力的な人々は、厳しいエンフォースメントを実施する。ここでの戦略は、ゲーム理論でいうところの「囚人のジレンマ」状況における「しっぺ返し戦略 tit-for-tat」によって記述されている[16]。すなわち、規制の問題を、規制主体と規制客体という二人のプレイヤーによる「囚人のジレンマ」状況（厳密には、繰り返しゲームにおける「囚人のジレンマ」状況）と捉え、規制客体が協調行動をとる限りは、規制主体も協調を選択し、規制客体が裏切れば厳しいサンクションを課すという「しっぺ返し」を行うのである。

　ここまでの応答的規制の描写は、ブレイスウェイトとエアーズの著作（前掲注 13)）の一部の記述をベースにした、ほんの素描にすぎない[17]。規制戦略のあり方を構想する本章の目的からすれば、この素描だけでも、応

---

15)　Ayres and Braithwaite, *supra* note 13), at 35, 39.

16)　*Id.,* ch. 2.

17)　1992 年の著作には、色々なアイデアも含まれている（とりわけ、ブレイスウェイトは、リベラリズムよりも共和主義を推奨しており、共和主義と結び付けながら共和主義を論じている）。また、ブレイスウェイト自身が、このアプローチを単なる服従戦略を超えた文脈に拡張している。後続研究の紹介も含めた応答的規制論の発展については、Baldwin and Black, *supra* note 14); Rorie, *supra* note 14) 参照。

答的規制論が規制の動態性の一つの形を捉え[18]、ひいては、規制を戦略的に実施していくかについての理論的視座を付与するものであるかがわかるであろう。III では、応答的規制を念頭に置きながら、戦略論の課題を考察する。

III 規制戦略論の課題

1 戦略論とは？

II で紹介した応答的規制論における戦略は、主に服従に向けた戦略であった。III では、もう少し広い視座で「戦略」について考えていこう。広く定義すれば、戦略とは、「大局（環境）や相手の出方に応じて規制を選んでいくこと（あるいは、選ばないこと）」である。

戦略には、必ずしもある時点で完結する選択のみならず、繰延べする選択も含まれる。すなわち、「現時点では状況は複雑で流動的なので、しばらく静観する」というのも、一つの戦略である[19]。これに関連して、戦略を考える際には、ある時点での選択のみならず、異時点間でなされる複数の選択も含まれる。特に規制の動態的な性格を考える際には、そのような視点は必須である。

ここでいう「大局（環境）」とは、当該規制にとっての「環境」であり、

---

18) 経済学者ジョージ・スティグラーの「規制の経済学」以後、規制の形成時点から多様な当事者が参画する戦略的な状況が緻密に描かれるようになった（Cento Veljanovski, "Strategic Use of Regulation", in Baldwin, Cave, and Lodge (eds.), *supra* note 4), ch. 5, 89-92)。また、規制手法の動態性を捉えるものとしては、実験主義がある（cf. Michael C. Dorf and Charles F. Sabel, "A Constitution of Democratic Experimentalism", *Columbia Law Review* Vol. 98, 267 (1998))。

19) 法的意思決定の文脈で、この「選択しないことの選択」のあり方を様々な形で提示しているのは、アメリカの法学者キャス・サンスティーンである。抽象的な概念としては、「不完全に理論化された合意 incompletely theorized agreement」や「物事を決定しないままにしておくこと leaving things undecided」を提示し、司法的決定の文脈では、「司法ミニマリズム」の考えを打ち出している。サンスティーンの全ての論考を掲げることはできないものの、日本語で入手できる代表的文献を挙げれば、那須耕介監訳による『熟議が壊れるとき─民主政と憲法解釈の統治理論』（勁草書房・2012）がある（特に第4章は、様々な決定戦略、サンスティーンの言葉でいえば「第2階の決定」が類型化されている）。

それ以外の規制も「環境」の中に含まれる。国内の場面を想定すれば、ある法規制を選択するか否かを考慮する際には、当該法規制によって達成しようとする目的がすでに何らかの社会規範（社会規範も規制の一種である）によって達成されている場合、当該法規制の導入は不要であると判断されるだろう[20]。「大局（環境）」の中には、同種の規制領域における他の国家・地域の規制のあり方も含まれる[21]。

　また、ここでいう「相手」には、規制の対象となる企業や自然人、および、企業が属する産業自体も含まれる。当該規制がある産業に向けられている場合、規制当局と当該産業に属する諸企業とのコミュニケーションの場が十分に形成されているならば、規制当局が取り得る規制手法は異なってくる（応答的規制が十分に可能となる）。あるいは、新規産業で新興の各企業が鎬を削っているような状況であり、規制当局とのコミュニケーションの場が十分に形成されていない産業である場合、応答的規制を実施するのは困難である。

2　戦略論に伴う課題——恣意性の制御

　戦略を考えることに伴う最も大きな問題——とりわけ、法学的な関心を呼び起こす問題——は、戦略が規制主体の恣意性を招いてしまうという問題である[22]。例えば、「法の下の平等」（あるいは平等原則）という理念によるならば、同じ要件が充足される限りは、同じような対応をすべきであるということになりそうである。しかし本当に、規制客体の「態度」によって対応を変えてよいのか。応答的規制論にみられるように、規制戦略は、その遵守の効率性・実効性を達成しようとするものであるが、法の公平な

---

20)　筆者も、コロナ禍の状況を検討素材としつつ、法的強制と社会規範との関係を素描したことがある（松尾陽「事細かで穏やかな専制？―法的強制と社会規範のあいだで」法律時報1192号（2023）16～21頁）。

21)　EU が策定するルールがもたらすグローバルな影響力については、「ブリュッセル効果」として描いたアヌ・ブラッドフォードの著作が詳しい（Anu Bradford, *The Brussels Effect: How the European Union Rules the World* (Oxford University Press, 2020)）。彼女自身、議論を発展させ、EU、アメリカ、中国における規制のダイナミクスを描いている（Anu Bradford, *Digital Empires: The Global Battle to Regulate Technology* (Oxford University Press, 2023)）。

22)　規制客体側が、規制主体側の戦略それ自体を戦略的に利用することについての問題もある。

運用との関係で緊張関係を有する場合がある。

また、恣意を招く構造的癒着をもたらす可能性すらある。規制主体と規制客体との密なコミュニケーションを前提とする応答的規制は、そのようなコミュニケーションの結果、規制主体が規制客体側に取り込まれてしまうのではないかという問題があり、これは、規制理論では「規制の虜 regulatory capture」と呼ばれている。

これらの問題は、規制理論家の間でも課題として認識されている。先に紹介した応答的規制論の主唱者であるエアーズとブレイスウェイトも、「規制の虜」となる危険を強く意識しており、規制主体と規制客体の二者関係だけではなく、そのコミュニケーション（交渉）の輪の中に第三者[23]を入れること（つまり、「三者構成原則 tripartism」）によって、その危険を乗り越えるべきだと主張している。もっといえば、彼らは、共和主義を自認しており、様々な制度的アクターが相互に抑制均衡し合いながら制御することの重要性に触れている[24]。

戦略論を構想する際には、どの規制が効率的で実効的かを考えるのみならず、当該規制の戦略が恣意性を招き、癒着や汚職の原因とならないように考えることも重要である。

3　戦略論のレベル

戦略を考えるといっても、戦略のレベルが多様であることに注意することも重要である。すでに選択すべき規制目標も明確で、あとは、対象企業の出方次第でどの規制手段を選択するかという単純なレベル（いわばプリミティブ・レベル）から、規制目標をどのように理解するか、および、規制目標から手段へと繋げる知識をどのように理解するかということ自体が関係当事者の間で意見が大きく分かれているような複雑なレベルまである。

コロナ禍の規制においては、時には、感染症対策と経済対策とで規制目

---

23)　エアーズとブレイスウェイトは、公益思考の利益集団を第三者として想定しており、当該集団をエンパワーすることを軸に考えている（Ayres and Braithwaite, *supra* note 13), ch. 3)。

24)　Ayres and Braithwaite, *supra* note 13), at 17. なお、共和主義のアイデアについても、エアーズよりもブレイスウェイトの発想に基づくところが大きいであろう。他の著作でも、ブレイスウェイトは、彼のアイデアと共和主義との繋がりにしばしば触れている。

標の設定レベルが対立していたし、時には、目標を実現する科学的知識（例えば、COVID-19 の特性に関する知識）が不確実な中で対策が進められていた場面もある。

IIでは、応答的規制論を、エンフォースメントのあり方を規定する戦略として紹介した。しかしながら、規制戦略に関する議論が進む中で、応答的規制は、射程を拡大する形で議論を展開させていった[25]。

規制戦略といっても、当然ながら、戦略が構築され実施される「場」の多様性を踏まえる必要がある[26]。

IV　戦略の方向性
──「リスク・マネジメント」における二つの潮流

1　規制の現場を捉える枠組み

戦略が構築され実施される「場」の多様性、この現場をどのように捉えるべきなのか。この現場を捉えるための大きな視点を提供してくれているのが、イギリスの環境法学者エリザベス・フィッシャーのパラダイム論である（後述 2 参照）。規制戦略を構想する本章の目的からみて興味深いのは、彼女が技術的リスクの規制の現場でみられる二つの潮流を区別しているところである[27]。

フィッシャーは、第一の潮流は、技術的リスクの問題を解決するためには、科学者や専門家が意思決定へと参画することの促進が重要だと考える。

---

25)　もちろん、射程の拡大ばかりではなく、応答的規制が通用しにくい領域の発見にも繋がっていく部分も大いにある。例えば、メリッサ・ロリーは、アメリカでは応答的規制があまり浸透しなかったと評価し、（ロビイストが跋扈する）「高度に政治化された規制環境」では応答的規制の実施は難しいと述べている（Mellisa Rorie, 'Responsive Regulation', *Oxford Handbook Topics in Criminology and Criminal Justice* (2012; online edn, Oxford Academic, 2 June 2014), 〈https://doi.org/10.1093/oxfordhb/9780199935383.013.109〉, accessed 14 Aug. 2024）。

26)　そのような「場」の問題を考察しつつ、応答的規制を「より現実的」な手法として練り上げるものとして、Baldwin and Black, *supra* note 14）がある。

27)　Elizabeth Fisher, *Risk: Regulation and Administrative Constitutionalism* (Hart Publishing, 2007); "Framing Risk Regulation: A Critical Reflection", *European Journal of Risk Regulation* Vol. 4, no. 2, 125-132 (2013).

リスク規制は、直線的なプロセスとして描かれる。すなわち、まずは、リスクを査定するという科学的なプロセスがあり、その次にリスクを管理し、リスク・コミュニケーション[28]を行う政治的なプロセスが来る、と考えるのである。第一の潮流では、「査定 assessment」と「管理 management」の峻別がみられるので、以下では、「峻別説」と呼ぼう。

　第二の潮流は、リスク規制を、直線的なプロセスではなく、循環的なプロセスとして捉える。科学的なプロセスと政治的なプロセスとは峻別できるものではなく、規制を策定し実施する様々な段階で両プロセスは重なり合い、科学的な視点と政治的な視点とが、決定過程で繰り返し組み込まれると捉える。第二の潮流は、第一の潮流とは逆に査定と管理との峻別を否定するので、「融合説」と呼ぼう。

　フィッシャーの分析に依拠すれば、これら二つの潮流は、例えば、リスク規制についての全米研究評議会（United States National Research Council）が公刊している報告書の中でもみられる[29]。1983 年に公刊した報告書 "Risk Assessment in the Federal Government——Managing the Process" においては、リスクの査定とリスクの管理の峻別が前提とされ、まさに第一の潮流の直線的なプロセスが描かれる。加えて、リスクを明らかにすることは、リスクの「分析 analysis」であるとされていた。すなわち、峻別説の捉え方をしている。これに対して、1994 年の報告書 "Science and Judgement——in Risk Assessment" においては、以上の峻別が必要不可欠ではないとされ、1996 年の報告書 "Understanding Risk——Informing Decisions in a Democratic Society" においては、リスクを明らかにするためには、分析に加えて「熟議 deliberation」が重要であるとされている。融合説の捉え方をして、その都度の熟議が重要とされている。

　ただ、このように検討経過を展開として描くと、第二の潮流が支配的見解になったようにみえるものの、しかし、実務上は、依然として第一の潮

---

28)　リスク・コミュニケーションとは、一般に、リスクに関して個人・集団間での情報や意見を交換する相互作用過程のことである。リスク規制を実施するにあたって、専門家と非専門家とのリスクの認識の違いは、リスク規制にも大きな影響を及ぼすため、近時、リスク・コミュニケーションの必要性・重要性が唱えられるようになっている。

29)　Fisher 2013, *supra* note 27), at 127.

流が根強い[30]。一例だけ[31]挙げれば、欧州食品法（Regulation（EC）No. 178/2002）6条では、「リスク分析」が規定されているものの、リスク査定とリスク管理とを峻別する峻別説の考え方が前提とされた規定ぶりである。

2 RI パラダイムと DC パラダイム

上記二つの潮流が存在することに基づき、フィッシャーは、規制を実施する枠組みを大きく捉える二つのパラダイムを、その著作[32]で提示している。

フィッシャーの著作全体は、①「技術的リスク」の規制の問題に焦点を当てつつ、②科学と民主政の単純な二分法を克服すべく、③リスク規制の枠組み（「公的管理 public administration」[33]と呼ばれる）を捉える二つのパラダイムを提示し、④その二つのパラダイムを用いつつ、国内レベル（イギリス、アメリカ、オーストラリア）や国際レベル（WTO、EU）の具体的な規制事例を分析している。本章では、規制戦略を構築する枠組みとして参考にするという目的から、③で提示される二つのパラダイムに焦点を当てて紹介する。

二つのパラダイムは、「合理主義―手段主義 Rationalism-Instrumentalism」パラダイム（以下、「RI パラダイム」という）と「熟議的―構成主義 Deliberative-Constructivism」パラダイム（以下、「DC パラダイム」という）のことである[34]。フィッシャー自身は、これらのパラダイムにつき、通訳不可能な二つの極を示すものとして提示している。

(1) **RI パラダイム**　RI パラダイムの特徴は、リスクの公的管理を立法の「道具」として捉え、明確化された目標を達成すべく、最適な手段を

---

30)　*Id.*, at 128.
31)　フィッシャーは、峻別説が根強い四つの理由を説明し、分析している（*Id.*, at 128-130）。
32)　Fisher 2007, *supra* note 27).
33)　「公的行政」と訳してもよいところではあるものの、立法の捉え方も含まれているので、「管理」と訳した。ハーバート・サイモンの著作『経営行動 Administrative Behavior』（Herbert A. Simon, *Administrative Behavior: A Study of Decision-Making Processes in Administrative Organizations 4th edition*（Free Press, 2013））は、政府や私企業の双方を含めた組織の意思決定を捉えるものであるが、ここでの「管理」は、そうした組織の意思決定メカニズムとして捉えればよい。
34)　Fisher 2007, *supra* note 27), at 26-35.

選択するというところにある。前述した峻別説に概ね対応している。リスクは、基本的に、客観的で量化可能なものとして捉えられ、不確実であったとしても、科学的に対応可能だとされる。また、RI モデルにおいては、目標は民主的な過程（立法機関における立法過程）ですでに明確に選択されたものとして捉えられ、その後の公的管理は、手段の選択段階として位置付けられており、公的管理の中に民主政の要素はない。立法機関がプリンパルであり、公的管理はその代理人というプリンシパル・エージェントの形で捉えられる。

　目標がある程度明確化されていることを想定しているので、問題は、その目標を効率的かつ実効的に達成する手段は何かということになる。その役割を担うのは、客観的な分析を行うためのトレーニングを受けた科学者や専門家である。また、手段の選択の中で、関係当事者（例えば、利益集団）の選好が考慮されるものの、それは、あくまでも目標を特定の状況で具体化するために必要な知識として収集されるものである（RI パラダイムでは、価値判断は、目標の選択段階で終わっている）。すなわち、すでに明確化された目標、トレーニングを受けた科学者・専門家、具体化の中で考慮される選好によって、公的管理における裁量が統制される。

　また、公的管理におけるアカウンタビリティーは、規制の影響評価やリスクの査定を通じて達成され、その意義は、公的管理における意志決定者が、目標が定められている法の命令を逸脱しないようにすることにある。

　(2)　**DC パラダイム**　　DC パラダイムは、RI パラダイムとはリスクの捉え方が全く異なり、技術的リスクを評価することは、事実に関する判断と規範に関する判断とが交錯する複雑なプロセスだと捉える。不確実性の問題を正面から見据え、個別の問題を解決する上では、公的管理に対して実質的な裁量を付与することは回避できないとする。公的管理は、熟議的であることが求められる。また、様々な人々と議論をして、その議論を踏まえて機械的に手段を選択するのではなく、熟考して選択することが求められる。立法は、明確な目標設定としては捉えられず、公的管理において考慮すべきパラメーターの設定として捉えられる。したがって、公的管理は立法機関の代理人ではない。

　リスクの評価の性質も、RI パラダイムのそれとは全く異なる。リスク

を評価する上で、人々の経験や素人的な指摘も重要であり、選好も日々移ろいゆくものとして捉えられる[35]。したがって、これらの情報も重要となるために、公的管理の担い手は、科学的トレーニングを受けるのみならず、こうした社会的文脈にも配慮できる専門家であることが求められる。また、公的管理の過程で、専門家だけでなく素人も参加することが重要となる。

さらに、アカウンタビリティーは、単なる影響評価やリスクの査定を超えて、その都度、そのような決定をした実質的理由を説明するものでなければならない。

3 二つのパラダイムの意義と限界

上記二つのパラダイムは、あくまで二つの極として提示されている。規制実務においては、RIパラダイムが支配的な場面があるとしても、いずれかのパラダイムが規範的に優越するという話ではない。両者を対立的に把握するのではなく、場面に応じてどのように使い分けるのかが重要であり、それぞれの領分を理解することが肝要である。対立的把握ではなく、分業的把握が大事なのである。

規制目標が明確で官僚的に規制手段を実施していくことが可能な場合には、その規制過程をRIパラダイムで捉えることが有用であるのに対して、規制目標が複雑に解釈され、規制手段を実施していく際にもその都度、関係当事者の合意形成をしていかないと難しい場合には、その規制過程をDCパラダイムで捉えることが有用であろう。そして、注意すべきは、どちらのパラダイムが妥当する状況かを冷静に見極めていくことである。

規制理論には様々なアプローチがあるものの、上記二つのパラダイムを分ける視点は、それらのアプローチを分類する際にも使えるし、また、それらのアプローチをどのように実施するのかを考える際にも重要になるだろう。例えば、ヴァーミュールの「最適化立憲主義」[36]は、RIパラダイム

---

35) 例えば、自動運転車の実験のリスクの審査において、その査定の大部分は確かに科学的専門知識によるところが大きいものの、実験場所についての知識（道路状況や住民の実験認知度等についての知識）は、必ずしも科学的専門知識ではないものの、リスクの審査に影響を与えているところがある。

36) Adrian Vermeule, *The Constitution of Risk. Cambridge* (Cambridge University Press, 2014)（エイドリアン・ヴァーミュール（吉良貴之訳）『リスクの立憲主義—権力を縛るだけ

の豊かさを示すものとして理解することが有用であるし、政策形成の過程の中に熟議の理念を取り込もうとしているヘンリー・リチャードソンの「民主的推論」の議論[37]は、DC パラダイムの中に位置付けるのがよいだろう[38]。前述 II の応答的規制は、捉え方次第で、どちらのパラダイムにも位置付けられる。先に紹介した範囲では、RI パラダイムの中に位置付けられるものの、ブレイスウェイト自身が共和主義を打ち出し、関係当事者の参加の視点を強調している点を考えれば、DC パラダイム側に寄せて考えることもできる。

　もっとも、フィッシャーの二つのパラダイム論は、フィッシャー自身が認めるように、規制理論で注目される私的主体の役割について十分な考察を与えるものではない。あくまでも、「公的管理」という言葉が示すように、規制をどのように構成し、実現していくのかを考えるにあたって、政府や行政が主軸となる場面が想定されている。私的主体が登場するとしても、あくまでも政府や行政が管理しているプロセスにおける参加者としての役割である。本章の冒頭で「ガバナンス」という言葉を使いながら、IV では「ガバナンス」ではなく「枠組み」という言葉を使った理由は、この点にある。やはり私的主体の役割[39]を十分に考察しないと、「ガバナンス論」とは言い難い。

でなく、生かす憲法へ』（勁草書房・2019））。その分析検討として、吉良貴之「行政国家と行政立憲主義の法原理—A・ヴァーミュールの統治機構論と憲法解釈論の接続」長谷川晃ほか編『法の理論 39』（成文堂 2021）101〜121 頁。

37)　Henry S. Richardson, *Democratic Autonomy: Public Reasoning about the Ends of Policy* (Oxford University Press, 2002).

38)　後者については、フィッシャー自身がそのように位置付けている（Fisher 2007, *supra* note 27), at 30)。

39)　法律時報 1174 号（2022）の特集において、ゲートキーパーの役割を論じた松中学「ゲートキーパーを通じた規制」同 34〜38 頁と、須田守「ゲートキーピングとしての評価・等級付け」同 39〜45 頁は、そのような議論に位置付けられる（それぞれの分析についてのコメントとしては、松尾陽「規制手法の多様化と法哲学の課題」同 52〜57 頁）。

V　結びに代えて

　本章では、法の役割に触れることはできなかった。フィッシャーも述べているように、規制戦略（フィッシャーの言葉では、公的管理）にとって、法は二つの役割を有する[40]。一つは、法は、規制戦略の枠組みを構成し、したがって同時に、制限する役割がある。法は、諸機関に権限（原）分配をし、その権限の行使のあり方を規定し、および、そのチェックを行う司法審査の制度を準備する。もう一つは、法的な言説それ自体が、公的な管理のアリーナとなっていることである。すなわち、法は、議論の枠組みを構成するのみならず、当該議論の内容となる権利や利益の言語となっている。

　多様な規制手法における法の役割をこのように理解し、二つ目の役割を真剣に受け止めようとするならば、国内で妥当する実定化された法に焦点を当てるだけでは不十分である。実定法化される前に作られる産業内部の自主的なルール（いわゆるソフト・ロー）の役割およびグローバルな状況で影響力を行使してくる域外のルール（例えば、EU におけるルール形成およびその影響力）等も視野に入れる必要がある。

　これらの課題を残しつつ、規制戦略の枠組みに向けた本章の考察を終えることにする。

---

40)　Fisher 2007, *supra* note 27), at 23. 筆者は以下で述べる法の二つの役割を、それぞれ「制御としての法」、「規制としての法」として描こうと考えているが、その詳細は他日を期したい。

終 章　グローバル化と法学
—— 多層的法秩序間の「調整」という営み

・・・・・・・・・・・・・・・・・・・・・・・・・・・・藤谷武史

```
Ⅰ　はじめに
Ⅱ　「グローバル化と法学」の現在地
Ⅲ　「グローバル化と法学」の展開——グローバル・国家・ローカルの関係
Ⅳ　おわりに——ポスト「グローバル化」社会における法学の自己規定
```

Ⅰ　はじめに

　本書序章は、近年の「グローバル化」が法学に突き付けた課題の性質を、「国家」（という単位、あるいは国家機関）を基軸とする法（学）の構想の動揺として捉える見方を示し、これに対する法学の理論的対応の概要を提示した。そして、これまでの成果を踏まえて新たに本書が取り組むべき課題として、多層的な法秩序の「調整」の態様を把握し、これを整序・指導する法理論の提示を掲げた。その指針は、「単一の価値秩序に基づく統一的な法秩序」に対置されるところの「多様性」と「統合」であり、「相互牽制」と「調整」である。かかる指針は、確かに、2010 年代後半以降に表面化したグローバル化への対抗言説の急速な台頭という新たな状況を踏まえたものではあるが、本書に至る一連の共同研究プロジェクトの初期段階から中心メンバーの間で緩やかに共有されたものでもあったことは強調しておきたい。それは、一方で、法学における「国家」の脱中心化・相対化を説きつつ、他方で、法規範の正統性と実効性の両面における「係留点としての国家」の可能性をなお模索するという、一見するとアンビヴァレントにも思えるような構えに表れている[1]。しかして、この構えに基づく

---

　1)　国際法学の観点からは、本書に至る共同研究プロジェクトは、「国内法学からの」「国家

「グローバル化と法学」は、「グローバル化」現象が退潮するかのように映る現在の状況においてもなお有用性を失わない、と主張することが、本章の第1の目的である（II）。

本書に収録された各論稿が上述した企図との関係でいかなる位置付けを与えられるかについては、序章で簡潔に述べられており、本書の構成（第1部〜第3部）もこれに沿ったものである。とはいえ、素材もアプローチも極めて多様な諸論稿が本書の企図とどのように繋がるのか、とりわけ「ローカル（法）」という、「グローバル化と法学」プロジェクトにとって必ずしも自明とはいえない要素の導入がもつ意味について、筆者なりの解釈を示しておくことは、無益な試みではないだろう。それが決して唯一の正解ではないことを留保しつつ、本書全体の解題を試みることが、本章の第2の目的である（III）。

これらの作業を踏まえた結語として、「グローバル化」のインパクトを受けた法学が今後どのようなものであるべきと考えるか、若干の見通しを示すこととしたい（IV）。

II 「グローバル化と法学」の現在地

1 法学にとっての「グローバル化」

人が物事を認識するには、一定の枠組みを前提とせざるを得ない。「グローバル化」と総称される現象[2]についても、経済、社会、政治、公衆衛生等の諸側面からの認識が可能である中、法学は、まずは法学の枠組みでこの現象を認識するほかない。もちろん、法学自体は近代主権国家成立前

（法）の役割の相対化」を懸念し対応を模索するものとして評価されていた。酒井啓亘＝濵本正太郎＝森肇志「『グローバルな公共空間』における法の役割」論究ジュリスト23号（2017）4〜7頁（5頁）参照。

[2]　「グローバル化」は「人・物・貨幣・情報の移動範囲やその量の拡大」という現象面において把握されるのが常道であるが（原田・序章I1(1)、横溝・第1章注1）参照。本書以外でも、例えば、横大道聡ほか編著『グローバル化のなかで考える憲法』（弘文堂・2021）ii頁等参照）、法学が殊更に課題として認識すべき「グローバル化」は、これらの量的な現象とは区別した方がよさそうである（例えば後掲注6）参照）。

から存在するが、現代の法学（者）は、「政治社会が統合されたとみなされる単位としての《国家》」を明示または黙示の前提とした議論に慣れてしまっている[3]。そこで、法学的に殊更に認識される「グローバル化」とは、国家を前提とする法学の認識枠組みにうまく整合しない諸現象の謂であると、ここでは定義しておきたい[4]。

　周知の通り、1990年代以降[5]、国家法の規律が次第に緩み、国境を越えた人や物や資本の移動・活動が拡大すると、新たなガバナンス課題が認識されるようになるとともに、これに対応して、（国内法・国際法を問わず）国家を経由して形成される伝統的な法規範とは異質な様々な規範（的現象[6]）が叢生した。それらのうちには、国家機関が（伝統的な国際条約の枠

---

3)　公法学が理念化された（現実を批判する準拠点となる）「国家」を前提とするのに対して、私法学においては、国家と（私）法の関係は一筋縄ではいかない。少なくとも、私法の原形・原イメージは、国家に依存しない（濱・第10章Ⅳ2）は、ラズの理論からこの点を提示している）。それでも、現代の私法学は、法規範体系に複数の選択肢があり得る中で立法政策として一つを選択するという契機（民事基本法における「立法の時代」。得津晶「民事法学が政治学を必要とする理由」法律時報94巻8号（2022）4頁参照）を認めるので、全員同意ではあり得ない決定・選択の規範的負荷を支える正統化メカニズム──それが「国家」法秩序である必要はないが、少なくともこれに相当する規範的・実効的基礎を与えるシステム──を必要とするはずである（原田大樹「グローバル化時代の公法・私法関係論」『グローバル化Ⅰ』17〜46頁（40頁））。とはいえ、現代においてもなお、（理性か歴史か経験か、ともかく何らかの）間主観的な回路で法が「自ずと」成るという「私法」観も、ことごとく放逐されたとまではいえないし、現実の「国家」という政治的単位による法産出の結果が現実的・合理的である保証もない。したがって、法学における〈国家＝法〉の規範的正統性は、現実との緊張関係を伏在させた擬制的要素を伴うものであることは、留意されるべきであろう。
4)　原田大樹「行政法解釈とグローバルな法規範」公法研究85号（2024）89頁は、考察の対象を画するために、「グローバルな」という言葉を、「国内議会が規範を定立し、国内行政機関・裁判所が適用・執行するという典型的な国内法ではないという控除的な意味でさしあたり把握する」として論を進めているが、本章も同様の考え方に立つ。
5)　いわゆる第二次グローバリゼーションの起点をどこに求めるかは諸説あり得るが、冷戦終結、情報通信技術・金融技術の革新、新自由主義的経済政策の世界的影響力の拡大が生じた1990年代とするのが、一般的であろう。
6)　国家法（例えば準拠法選択規則）からみて国家法に準じて扱える法秩序と呼べるものとそうでないもの、国家法（国際法や国内法）に立脚したもの、ソフトローや一定の規範的通用要求を含んだ実践・慣行等、ガバナンス課題に対する規律付け機能を有するものを可能な限り広く捉える趣旨である。原田・前掲注4）では「国家・私人の行動規範となりうるものを幅広く含める」としているが、これらの主体が従うべき規範（第一次的ルール）のみならず、「何が従うべき規範か」に関わる（ものだと自ら主張するような）規範命題（第二次的ルール）も、ここに含めてよいであろう。このような言説がとりわけ私法の領域において、（主

334 終 章 グローバル化と法学

組みに収まらない国際ネットワーク[7]の形態で）形成したものもあれば、
NGO や国際機関のイニシアティブ、企業による合理的な受容といった動
態的な規範形成の結果であるものもある。これらは、法学にとって従来の
枠組みには収まらず、それゆえに新たな説明を要する現象として認識され
る。裏を返せば、国境を越える移動・活動があったとしても、国家に基礎
付けられた法規範（国内法・国際法）のみで対応可能なのであれば、「国際
化」とは区別された「グローバル化」として殊更に認識する必要は生じな
い[8]。

　つまり、「グローバル化と法学」の課題（挑戦）とは、国境を越えた人
や物や資本の移動・活動という経済社会的事象、また、それらがもたらす
諸課題それ自体ではなく、こうした諸課題への対応から生じた（あるいは
必要とされる）規範的現象を、自らが従来から維持してきた国家を基軸と
した体系といかに整合的に説明できるか（もし説明できないとすれば、自ら
の体系をアップデートするか、その現象をアノマリー〔例外〕として批判する
か）という、法学のインテグリティにとっての課題である[9]。

　なぜ「説明」なのか。法学は、人や事物が恣意的に取り扱われることを
嫌う。平等原則が、（絶対的平等の要求ではなく）差別、すなわち、合理的
説明のできない区別を禁じるものと読み替えられるのが典型であり、本書
における素材との関係では、特に外国人の地位・処遇をめぐって問題とな
る。ある規範的現象が既存の法体系と整合的に「説明できる」ことは、そ
の規範が人や事物を恣意的に取り扱うものではないことの必要条件である。
もちろん、「説明」できることは、その規範の内容的・道徳的「正しさ」
を担保しない（十分条件ではない）[10]。そもそも、不整合（説明できないこ

　　権国家の枠を越えて伝播するという意味で）グローバルな規範形成の動態に関わることにつ
　　いては、清水・第 11 章や松中・第 12 章が活写するところである。
　7)　原田大樹「多元的システムにおける行政法学」『公共制度設計の基礎理論』（弘文堂・
　　2014）21 頁、横溝・第 1 章参照。
　8)　例えば中川丈久は、「政策実現過程のグローバル化」が提起する課題には、国内の行政国
　　家化現象に共通する部分があることや、国家の黙示の承認の上に成り立っているとも考え得
　　ることを指摘する（「日本公法学会第 76 回総会第一部会シンポジウム討論要旨」公法研究
　　74 号（2012）158 頁参照）。
　9)　本書の基礎を成す共同研究プロジェクトは、まさにこの点に取り組んできた。原田・序章
　　I 参照。

と）が、国家法（を基軸とする従来の体系）の側の誤りに起因する場合もある。整合的な「説明」を試みた結果、そのような誤りが検知された場合には、国家法（に立脚する法学の体系）の反省の契機ともなり、法学は国家法そのもの、ないしはその解釈を改めるべきだ、と主張することになろう[11]。いずれにせよ法学の「説明」とは、そのような（恣意の拒絶という「薄い」価値的コミットメントを帯びた）営為であり、法学にとっての「グローバル化」は、そのような説明を殊更に要するような規範的現象である、ということである。

2　グローバリゼーションの終焉と「グローバル化と法学」

　本章がかくも迂遠な議論から出発したのは、2024年末現在、グローバリゼーションの退潮・終焉が語られる状況にあることを意識したものである[12]。しかし、結論からいえば、たとえ経済・社会における「現象」としてのグローバル化が停滞・後退したとしても、そのことは、直ちに「グローバル化と法学」という問題領域の縮退を意味するものではない（むしろ、逆ですらある）。

　確かに、経済社会的事象だけを眺めれば、第二次グローバリゼーションが始まった時期と現在とでは、支配的な経済思想は一変しており（新自由主義優勢の時代から、新たな保護主義・産業政策の時代へ）、グローバル化の負の側面の強調と、国家「共同体（の幻想）」への回帰（米欧における移民排斥を主動機とするポピュリズムの台頭）も顕著である。世界各地での戦争・地政学的リスクを意識した「デカップリング」や「フレンドショアリング」現象も、全地球が一つの市場として統合されるかのような熱狂を帯びていた1990年代との懸隔を感じさせる。グローバル・ガバナンスを主導してきた先進国（特に欧州）の地位低下、米国の一国主義的な傾向の強まり等も、グローバル化時代の終焉を意識させるものである。

---

10)　法実証主義において、法としての妥当性は、内容（merit）における正当化とは区別されるが（濱・第10章II参照）、それと同様の考え方である。

11)　IIIで論じるように、興津・第5章は、極めて「法学的な」手法でこのような作業を実践したものと理解できる。

12)　例えば、中野剛志「グローバリゼーションの崩壊」文藝春秋2022年10月特集号188〜199頁。

にもかかわらず、前述のように筆者が考えるのは、第一に、資本主義経済のダイナミズムからして、グローバル企業が再び国家という鳥籠に回帰するとは考えにくく[13]、2024 年 11 月の米国大統領選挙後の米国テック大手企業経営陣によるトランプ氏への「接近」を観察する限り、むしろ、手っ取り早く成果をアピールしたい政治指導者とグローバル企業との間での、アドホックで不透明な「手打ち」に終わるのではないか——少なくとも、法治主義的な意味での国家法の復権にはほど遠いのではないか——という昏い予測があるためである（筆者としては、この予測が外れることを願っているが)[14]。かくして、国家がかつてのような権威的・資源的優位性を取り戻せないのであれば、国家（法）は実効的な統治のための規制戦略として[15]、多元的・多層的な諸規範との協働・調整を引き受けざるを得ない。

　第二に、第一よりも本質的な理由であるが、「グローバル化と法学」という研究プログラムのポテンシャルは、もはや、「『右肩上がり』のグローバル化像」[16]の消長に左右されるものではない。確かに、本書序章が述べ

---

13)　小竹洋之「されどグローバル化は続く　トランプ氏もあらがえぬ現実」（日本経済新聞電子版 2024 年 12 月 2 日）参照。この記事も触れるように、「脱グローバル化」は西側先進国に限局されたモノの見方である可能性が高く、グローバル・サウスから見える景色はまた異なる、ということには注意が必要である。この点で、近年存在感を高めつつあるイスラーム金融を取り上げた加藤・第 2 章は、本章では必ずしも展開できなかったグローバル化と法学のもう一つの可能性を示すものとして、重要な意味をもつことを強調しておきたい。すなわち、イスラーム金融における多層的なイスラーム認証の仕組みと国家裁判所との交錯は、日本の金融機関が国際的に展開する中で直面し得る具体的な問題である（加藤紫帆「我が国裁判所におけるイスラム金融をめぐる国際民事紛争の解決」法学会雑誌 63 巻 1 号（2022）231〜265 頁（233 頁））のみならず、グローバル法・国家法・ローカル法がよりラディカルかつ動態的に交錯する態様を示すものとして、理論的にも極めて興味深い問題だからである。

14)　あるいは政治指導者の側でも、十分な配慮なしに、デジタル空間のアーキテクチャルな権力への接近・癒着を図るかのような動きがみられる。その一例が、第二次トランプ政権における暗号通貨への接近（および中央銀行デジタル通貨への攻撃）である。確かに、通貨＝金融に係るレガシーシステムの閉鎖性・特権性は否定し難く、その点で暗号通貨の解放的（emancipating）なポテンシャルを一概に否定するものではないが、上記の動きは、むしろ前掲注 3）で述べた「理念化された」国家としての責務を放棄し、国家の「私化」を進めようとするものに思われてならない。この点に関する掘り下げた検討は、別稿を期さざるを得ない。

15)　松尾・第 14 章 III 1 は、規制にとっての「大局（環境）」が、同種の規制領域における他の国家・地域の規制のあり方を含むことを指摘する。

16)　山田哲史「多元化するグローバル法秩序と憲法・立憲主義」憲法問題 35 号（2024）9〜20 頁（9 頁）。

るように、「現象」としてのグローバル化が、（前掲注4）の意味で）「グローバルな」ガバナンス課題の増大とそれに対応する多元的・多層的な諸規範の繁茂をもたらし、それらが翻って、国内法学による「対応」（あるいはグローバル立憲主義のような積極的な受容）という形で「グローバル化と法学」の性格を刻印したことは否めない。いわば、「黒船」的なインバウンドのモメントが重視されていたのである。しかし、過去30年間のグローバル化の帰結として、日本社会はすでに多数の外国人を受け入れ[17]、日本企業や日本人の活動領域も世界に拡散している[18]。日本法という国家法が前提ないし対象とする〈社会〉[19]の内と外とは相当程度に溶け合っているとみることが可能であり、少なくとも、（安易に国家法中心モデルへと回帰するのではなく）そのような感受性を持つことが、（道徳的正しさ以前の問題として）法の実効性維持のために必要であろう。また万が一、今後の世界と日本が、1930年代と同様のブロック経済化・一国経済化へと退行することになるのだとしても、その「巻き戻し」をどのように行うのか（とりわけ、すでに国境を越えて移動した人や資本をどのように扱うのか）は、やはり法学的な検討を要する課題である。

III 「グローバル化と法学」の展開
―― グローバル・国家・ローカルの関係

1 検討の方針

II 2後段で述べた今後の「グローバル化と法学」という研究プログラム

---

17) 本書第4章～第8章は、「ローカル」という契機においてこれを捉えようとしている。本章IIIで詳述するように、これは「ローカル」であって「グローバルな」問題機制である。

18) 2011年の東日本大震災以降、日本の経常収支黒字の大半は、第一次所得収支（日本企業の海外子会社等からの配当等）によるものである（経済産業省「通商白書2024」第I部第3章第2節）。また、上場会社の外国人株主比率も3割を超えている（「外国人の日本株保有比率、過去最高31.8%に 2023年度」日本経済新聞電子版2024年7月2日）。松中・第12章が扱う日本会社法の改革のインパクトは、事業活動・収益分配の両面においてすでに国境を越えているという言い方もできようか。

19) 本章が想定する法と〈社会〉の関係については、藤谷武史「グローバル化と公法・私法の再編」『グローバル化I』339頁以下に加えて、濱・第10章III3参照。

は、どのような形をとるのか。この問いに対して、**III** では、本書各章の解題を兼ねて、サンプル的な例証を与えることを試みたい。もちろん、各論稿は、序章で提示された指針を共有しつつも、各自の学問的関心・方法論から展開されており、これを無理に繋ぎ合わせることは適当ではない。それでも、①なぜ「ローカル」か、②市場と企業の区別、③「国家法の相対化」の意味、という角度から、一定の描像を提示することは可能であるように思われる。

2　グローバル化と「ローカル」の相互作用・相互牽制としての「調整」

　序章でも、「グローバル化と法学」を主題とする本書が、なぜ「ローカル」という契機を扱うのかについて説明がなされたところであるが、本章ではさらに掘り下げて、積極的な位置付けを与えたい。すなわち、①グローバル化が惹起するガバナンス課題の着地点としての「地域＝ローカル」という側面と、②国家法自体の「ローカル」性という二つの側面を指摘することができる。

　前者については、原田・第4章が整理するように、グローバル化の帰結としての「人の移動」および「移動後の状態（としての定住・居住）」が、資本の移動とは異質の課題を惹起することに関わる。グローバルな人の移動の動因はあくまでも経済＝機能の論理であり、そこでは、人は経済的有用性によって捉えられる「対象」である。市場経済の論理のみならず、受入れ国・地域の政策（「移動の誘導」[20]）も、人を（労働力・技能・財産保有といった）機能に着目し「対象」として把握することに変わりはない[21]。ところが、「生身の人間」[22]は、身体性（生存のための物理的空間を必要とする）・一体性（労働者でもあるが、生活者でもあり、家族の成員でもある）によって特徴付けられる主体であるから、その物理的存在のゆえに様々なギャッ

---

20)　飯島・第7章 **IV**。
21)　小畑郁「日本の外国人法史における『在留資格』概念の肥大化」広渡清吾＝大西楠テア編『移動と帰属の法理論―変容するアイデンティティ』（岩波書店・2022）76〜98頁（81頁）。小畑は、日本の在留資格制度が、外国人の生活そのものを一つの「在留資格」で割り切って捉えようとするものであり、かつ、在留資格は原則として外国人が日本で行う特定の類型の活動にリンクしている、と指摘する。
22)　さらに、飯島・第7章 **II** 2 (2) の整理を参照。

プ・軋轢を生じ得る（さらに「主体」である以上、公共サービスの受益者としてのみならず、民主的自己統治への参画も早晩問題とならざるを得ない[23]）。それらの「問題」をともかくも受け止めるのは、開放的強制加入団体[24]としての地方公共団体である（し、まずもって外国人住民の地方参政権が従来から問題となってきた）。興味深いことに、この局面では、国家（法）の関与は第二次的である。なぜなら、人の移動（流入）に対する日本の国家法の認識枠組みは基本的に在留資格制度のみであって、これに抵触する場合を除き、国家法は、自国領域内における外国人を「法的に」認識する枠組みを持たない（国家法レベルで「法化」されていない）からである（前述II 1参照）。したがって、人の移動のグローバル化が生じ得る諸課題は、国家法のレベルを透過して、まず、「ローカルに」認識されるのである。それゆえに、「国法の欠如に直面した地域による対応がローカルルールの策定・運用として展開され、それが国レベルに反映され」るという経路をたどることになる（飯島・第7章III 1(3)）。

とはいえ、国家法・ローカル法という多層的規範構造において、認知的先導性を有するローカルルールを国家法が尊重し、適宜支援を与えるという「調整」原理はとられていない。国の施策レベルでは、前述の通り、外国人を主体的存在として捉える以前に政策的対象として扱っていることはもちろんのこと、その枠内でのローカルルールについても、「包摂」のみならず「排除」（あるいは選別）の要素を含むことが指摘されている。政府（なかんずく、公共サービス供給者としての地方公共団体）の財政問題が絡むからである。浅野・第9章が検討の俎上に載せる「保険」の原理は、人の移動によって利益の共同性（保険集団的互恵性）への素朴な信頼が掘り崩される中では、むしろ排除の論理として働く[25]。物理的に存在することを許すだけならばともかく、それが財政コストを伴うならば御免被る、とい

---

23) しかるに、大西・第8章が、民主政の基体となるべき「国民」の画定が一筋縄ではいかないことを明らかにしている。

24) 太田匡彦「住所・住民・地方公共団体」地方自治727号（2008）2～22頁（5頁）。

25) 福祉国家的財政は、不徹底かつ曖昧な形で「保険」のイメージに依拠してきたが、まさにそれゆえに今日、自らの基盤を掘り崩しつつあるように思われる。この点のさらなる検討も、他日を期さざるを得ない。

340 終 章 グローバル化と法学

う理屈である[26]。それならば、「保険」を機能的に精緻化することによっ
て、こうした縺れを緩和することはできるだろうか。

さて、本書が「ローカル」に着目する第二の契機として、以上のような
文字通りの「地域＝ローカル」としての側面のみならず、国家法自身が、
国際標準＝普遍性を主張する規範命題や、事実としての多数国・多数主体
の実践による圧力によって、「ローカルな」立場に置かれる場面の重要性
がある[27]。松中・第12章は、国際的に受容され一定の普遍性をもつアイ
ディアが、国内の敵対的買収を規律するルール形成（なお、この際にソフト
ローも視野に収めるべきことも重要である。この点については、後述3で改めて論じ
る）に影響を及ぼした事例を紹介し、その要因を分析している。同様に、
清水・第11章も、日本では未だ十分に認識されていないが、近い将来、
確実に流入してくるであろうアイディアとしての人権・環境デューディリ
ジェンスの形成・伝播・変容のメカニズムを分析している。こうした（前
掲注4）の意味での）「グローバルな」政策入力過程は、国際条約上の地位
をもたず、実質的に国内立法過程をもバイパス（先取り）する形で進んで
きた国際ネットワーク主導の金融規制[28]と同様に、しかし、そこで重要な
役割を果たしているのがグローバル企業や投資家であるという点にも留意
しつつ、さらなる法学的検討が必要とされる課題であると思われる。特に、
これらグローバルなアイディア・主張の入力が、公式の立法ではなくガイ

---

26) 近時、（多分に悪意を含んで誇張されているように思われる）「外国人短期滞在者による
　　国民健康保険へのただ乗り問題」を想起されたい。なお、排除されているのは外国人だけで
　　はない。日本国民であっても、いわば、財政的な「お荷物」と認識される人々は、住所を与
　　えることの拒絶という形で「住民」から排除されてきた。後述するように、グローバル化は、
　　このような根深い問題を顕在化させやすい契機でしかない（問題の根源そのものではない）
　　ように思われる。
27) この文脈に、会沢・第3章が指摘する、一国主義的な米国 FCPA の対外国人・対外国企
　　業適用が、国際的に受け入れられているという事例も位置付けられようか。すなわち、腐敗
　　防止の必要性につき国際的なコンセンサスが成立しており、米国企業にとっても国際的な競
　　争条件の平準化という点で好ましく（国内政治的にインセンティブ整合的であり）、さらに、
　　国際的な広がりをもつ事案の包括的な解決が他国機関と協調的に（かつ主にソフトな手法を
　　用いて）なされることが規制としての合理性を有することが、要素として指摘できよう。こ
　　のような条件がある場合には、米国「ローカル」な法執行が普遍的な規範性を獲得し、他の
　　主権国家のローカル秩序においても受容される、ということであろう。
28) 横溝・第1章。さらに、原田大樹「銀行監督のグローバル化と国内行政法の変容」『グロ
　　ーバル化II』50〜66頁。

ドラインの改定という（それ自体、行政的な）場[29]で行われることが、機関投資家がインフォーマルな影響力を及ぼすことを可能にした反面、従来の国内法秩序・法実践から大きく乖離した新規方針を採用する際のハードルになる（もし、そのようなことを望むのであれば、立法で行う必要があるという反論が予想されるためである）、という点も、「ローカルな国家法秩序」とグローバルな規範命題の相互牽制的な関係[30]、すなわち、本書の重視する「多層的法秩序間における調整」の一齣を示すものとして、興味深く指摘できる。ここに例えば、ハイエク的な「local knowledge」の優位性を適切に反映させるような調整の枠組みといったものを組み込むことも、将来的な課題として挙げられようか。

3　市場と企業の区別——規範の在処としての私的レジーム

　1990 年代以降に進展したグローバリゼーションは、国内における規制緩和・新自由主義と軌を一にするものであったために、ともすれば、無人称で客観法的な「原理」としての市場が国家法（規制）に対置された上で、前者が普遍的な妥当性をもち、後者が parochial で特殊利益に支配されたものであるかのように語られる傾向があった。しかし、松尾・第 14 章 **II** 2 が指摘する通り、市場もまた、規制によって構成されるものでありながら、同時に、規制戦略論の一翼を担うものとして位置付けられる。ところが、そうした冷静な議論が広く認識されるより前に、グローバル経済におけるグローバル企業の支配力がいや増すこととなった。今日、デジタルプラットフォーム企業の影響力は、国境を超えたデジタル空間[31]を通じて人々の生活に浸潤し、消費生活にとどまらず、国家の政治過程にまで影響を及ぼすようになっている。

---

29)　松中・第 12 章 **III** 3 は、「ローカルな法ルールという限界」という表題でこれを論じている。本章における「ローカル」とは違う表現だが、理論的含意としては矛盾しない。

30)　「普遍」を掲げる側の普遍性が問い直されるべきことにつき、清水・第 11 章 V（「第三世界からの国際法へのアプローチ（TWAIL）」に関する議論の紹介）。

31)　もっとも、中国のような権威主義体制においてはその限りではないように思われるが、前掲注 14）で述べたように、デジタル空間で企業と国家とが無媒介に統合した権力によって自由主義国家法秩序を掘り崩しつつあるようにみえる現状では、いずれにせよ厳しいものがあるように思われる。

342　終　章　グローバル化と法学

　そこで、自らの法が（少なくとも自国領域内において）普遍的に妥当すべきことを要求する[32]国家としては、デジタルプラットフォーム企業を中心としたグローバルな私的権力を、あくまでも「私的主体」として規制対象とすることを試みるものの、事実のレベルにおいて（一部の大国を除き）国家の資源・影響力を遙かに凌駕する存在となったこれらの企業に対して、実効性ある規律を行うことは容易ではない。しかも、資源配分メカニズムとしてみたときに、トップダウンのグローバル企業は市場よりもよほど国家（というよりもむしろ、民主政や公法によって制約されないがゆえに「効率的な」官僚機構というべきか）に近く[33]、少なくとも、「市場」の私的主体の側に無批判に位置付け続けることは疑問である。こうした現状認識から、様々なデジタル立憲主義が試みられてきており、その中でも、本書の関心からは、私的権力の内部に権力制限的契機を涵養しようという社会的立憲主義論が注目される。

　その理論的成否の評価については山田・第13章に譲るとして、本章の観点から興味深いのは、社会的立憲主義論が自らの議論の規範的位相をいかなるものとして捉えているのか、である。濱・第10章が示すように、法実証主義からは、あるべき法（内容〔merit〕によって正当化される）とは別に、ある法秩序における法とそうでないものとを識別するルール（第二次的ルール）の存在が観念されるのであるが、社会的立憲主義論においては、もう少し動態的で再帰的な規範が想定されていそうである。すなわち、私的なレジーム内部にも「憲法」的な要素はあってよく（伝統的な公私二元論の否定）、また、そのような要素をもつことが当該私的レジームの目的・実効性の観点からも望ましく、かつ、現実にもそのような萌芽的実践が見出される（はずだ）という法理論的主張を行うことによって、「それゆえに、当該私的レジームは、その『憲法』的自己規律を維持し発展させるはず／

---

32)　濱・第10章 V 3 参照。
33)　取引費用経済学（ロナルド・コース、オリヴァー・ウィリアムソン）によれば、企業は国家とともに、組織内部の指揮命令系統に服するヒエラルキーであって、水平的な関係である市場とは対置される。国家と異なり、グローバル企業といえども市場の自由競争にさらされるから国家とは区別される自由を享受すべき私的主体だ、という理屈は、国家にも退出の自由（足による投票）による圧力が働くではないか、と主張することと、どの程度の隔たりがあるであろうか。

べきだ」という「解釈」を通じた説得を行っていることになるのではないか。この解釈へと人々を招き入れることに成功するならば、この言明（解釈＝現状認識）が次第に規範的な実効性を帯び、次なる規範意識・規範実践を導く、という再帰的なプロセスが働く。これは、国家法の一部を形成するソフトロー形成過程として松中・第12章が指摘する、私的なアイディアや規範命題が、国家法により部分的に受容されることによってさらに規範性を強めるというプロセスとも、相似的である。実のところ、実定法学者が国内の実定法秩序の担い手（裁判官や立法者）を名宛人に行っている作業も、これと本質的に差はないのではないか[34]。国家を凌駕するグローバル企業の法的統制という、現在の「グローバル化と法学」の最前線の論点が、あくまでも伝統的な法学と「地続き」の営為によって取り組まれていることは、強調されてよい。

4　国家法の相対化——国家（法）を疑いつつ、なお起点とする

つまり、本章の考える「法学」にとって、国家（法）中心主義から距離をとりつつ、なお国家法を起点として議論を行うことは、何ら矛盾ではない。恣意性が紛れ込みかねないグローバルな規範を直輸入するのではなく、あくまでも国家法を足場としつつ、グローバルな課題の文脈に即した丁寧な利益状況の検討によって、国家法の内部から（従来の法体系・法実践との連続性をもって「説得」しつつ）その読み直しを行う、という作業である[35]。また、このように国家法にひとまず係留した立論を行うことは、規範的主張の受容可能性を高めるという議論戦略上の利点にとどまらず、むしろガバナンス課題を宙に浮かせないために、ひとまず国家を名宛人とするとい

34）　筆者自身は、この考え方の原形を「解釈学モデル」として提示したことがある。藤谷武史『『より良き立法』の制度論的基礎・序説—アメリカ法における『立法』の位置づけを手がかりに」新世代法政策学研究7号（2010）149～213頁（195頁以下）。

35）　つとに、山田哲史「国内法の国際法適合的解釈の意義」論究ジュリスト23号（2017）20～26頁（21頁）が述べるように、解釈者に都合の良い外来法の取り込みを警戒しつつ、各法秩序の相互浸透を前提として、外来法についても開かれた立場を採用しこれをできるだけ尊重した上で、自国法秩序の基本的価値と抵触する場合にはこれを排除する余地を認めておくという、プラグマティックな処理の方法（同論文24頁は、これを「法秩序間の調整」と呼んでいる）である。

う実践的な意義においても重要である[36]。

　興津・第5章は、まさに、このような観点からの法的立論を行ったものとして（本章の観点からは）位置付けが可能である。興津は、グローバル立憲主義からは厳しく批判される出入国管理及び難民認定法（入管法）に係る実務や判例法理（マクリーン判決）への実体的評価をあえて留保した上で（興津自身は、決してこれらの実務に無批判というわけではない）、外国人の申請権が平等に保障されていないという手続法上の問題点を抉り出し、「一在留一資格の原則」が訴えの利益を否定する理由にならないことを、あくまでも現行法の解釈と「地続き」の論拠のみを手がかりに論証する。論者が実体的価値判断としていかなる不満をもっていようが、実定法の問題としてマクリーン事件判決（最大判昭和53年10月4日民集32巻7号1223頁）は与件とせざるを得ない。そこで、あえて戦略的に、相手方と共通の実定法的基盤を堅持した上で、訴えの利益に関する現行判例実務が（価値判断としてではなく）法論理的に矛盾していることを衝いているのである[37]。

　このようにあえて論拠を堅くとる議論の作法によって、法学は、国家法の parochialism とグローバルな規範的契機の恣意性および政治的リスク[38]とを相互牽制させ、両者をともに批判的に検証すること——法解釈論を通じた複数の規範の「調整」——が可能になる。それ自体としては国家法で

36)　大屋雄裕「割当国籍論の可能性と限界」アステイオン89号（2018）98〜110頁（102頁）が、割当責任論の本質を、「重要なのはいずれにせよいまボールが誰の手元にあるのか、第一義的に義務を負う主体の所在が明確化されていることであり、それ以上でもそれ以下でもない」と指摘することから示唆を得た。法自体が、ひとまず占有や権限を割り当てることで、このような規範的宙吊り状態を避ける構造をもつことは強調されてよい。

37)　正確には、外国人というだけで著しいリスクを負わなければならないという実体的不平等を甘受することなしには現行実務の立場を取り得ない、という意味で、最小限の価値判断に訴えているのだが（興津・第5章Ⅲ1）、これだけ狭く焦点を絞り込まれた平等原則の主張には、国際人権の観点から外国人と日本人を平等に扱うべしという大雑把な議論よりも遥かに強い説得力が認められる。

38)　「普遍的」で「合理的」なグローバル規範の形成過程が、非合理な情念や利害の渦巻く国内の政治過程をバイパスできることは、理性的な人々にとっては魅力的であるが、政治的危険性をはらむ（新井誠「グローバル化と民主主義」横大道ほか編著・前掲注2）19〜32頁〔25頁〕参照）。2024年の米国大統領選挙をはじめとする自由民主主義各国における政治状況は、まさに、この危険が噴出したものであるように思われる。グローバル・ガバナンスにおける「政治」の契機の軽視に警鐘を鳴らす議論として、藤谷・前掲注19）358頁参照。もっとも筆者は、2015年当時、現状のような深刻な反動を予想していたわけではなく、なお見通しが甘かったことは認めざるを得ない。

ある入管法を扱う興津・第5章が「ローカル」を柱とする第2部に位置付けられていることは、このような観点から了解が可能である[39]。

IV　おわりに
——ポスト「グローバル化」社会における法学の自己規定

　以上、本書に収められた14本の論稿を手がかりとして、「解題」というには甚だ不十分であることをお詫びしなければならないが、「グローバル化と法学」がいかなるものであり得るか、そのスケッチを提示した。本章冒頭にも述べたように、現象としてのグローバル化を受動的に後追いするだけものであるならば、「グローバル化」現象の退潮とともに「グローバル化と法学」も早晩衰退することになるだろう。しかし、我々が国家法だけでは完結しない多層的規範の世界に住み、人々の所在や活動が国民国家の枠に収まらない状況がもはや与件となっている以上、それらを国家法中心主義への回帰や、グローバル立憲主義の優位性で押し流してしまうことなく[40]、一つ一つ丁寧な「調整」を施しながら取り扱っていく法学の手法、

---

39)　同様に、須田・第6章も、国際的な指針（国連難民高等弁務官事務所（UNHCR）駐日事務所『難民認定基準ハンドブック〔改訂版〕』〔2015年7月〕）に従って難民該当性の立証責任を変更すべきという「大きな」議論に対しては慎重な姿勢を示しつつ、日独の裁判例・実務の実証的な分析から、事実認定の具体的手法の工夫によって事案に即した適切な処理も可能ではないかと示唆する。ここにも、興津・第5章と同様の、従来の国家法・実務との連続性（ゆえの法学的「説得」の成功可能性）を意識しながら、国家法の内部からの改革を促す議論の構えを見出せよう。

40)　なお、この点に関連して、山元一「グローバル化と憲法秩序」『国境を越える憲法理論——〈法のグローバル化〉と立憲主義の変容』（日本評論社・2023）238～247頁が紹介する「信念体系（belief system）としての法」という捉え方、法学の機能がこの信念体系へのコミットメントを自覚的に「留保」し無批判的な受容を停止すること（d'Aspremontの所説）は、筆者の観点からも賛成できるものであることは付言しておきたい。このような意味で「方法論的国家主義」と距離をとることは、『グローバル化I』の時点から一貫して実行してきたことである（藤谷・前掲注19）は、特に、法が「政治」の下支えを必要とするという観点から、なるべく限定的に問題を扱う実定法学のミクロな調整・接続の原理が有用であるという点を強調した。浅野有紀「私法理論から法多元主義へ」『グローバル化I』309～318頁参照）。そして、本章でもかかる姿勢は維持したつもりである。その意味で筆者は、山元・前掲注40）247頁でいう「法学という営為」に対する姿勢を共有した上で、具体的処方箋の方向性において異なる立論を行っているということになる。

さらには、そのような手法をもつことによって取扱い可能な問題を発見できることの意義は、今後も減退しないはずである。「グローバル化と法学」は未だ発展途上の法学方法論であり、本書がその（未だ全容を見通せない）ポテンシャルのごく一端を示すものであることを論証できたとすれば、本書終章としての責は塞がれたことになる。

事項・人名索引

あ

RI（Rationalism-Instrumentalism：
合理主義―手段主義）パラダイム……… 325
ICANN（The Internet Corporation for
Assigned Names and Numbers）……… 196
アイディア…………………………………… 268
アウトプット的正統性…………………………23
アクティビスト…………………………… 270
アジャイル・ガバナンス……………………… 313

い

イーナ（*inah*）………………………………31
EU 市民権…………………………………… 174
イスラーム金融……………………………………29
イスラーム金融機関会計監査機構
（AAOIFI）……………………………………37
イスラーム金融サービス委員会（IFSB）…37
一在留一資格の原則……………………………86
一般データ保護規則（General Data
Protection Regulation; GDPR）………… 298
インシュアテック…………………………… 204
インターネット権利章典群…………………… 296
インプット的正統性……………………………23

う

ウォーターゲート事件…………………………48
ウクライナ避難民………………………………90
訴えの利益………………………………… 101

え

永住市民（denizen）……………………… 191
エージェント……………………………………61
MoM（Majority of Minority）決議……… 279

お

応答的規制………………………………… 318
OECD 外国公務員贈賄防止条約……………44
「オール・オア・ナッシング」の公開買付け
………………………………………………… 279
オンデマンド保険商品……………………… 204

か

海外汚職行為防止法（Foreign Corrupt Prac-
tices Act of 1977; FCPA）………………44
会計条項………………………………………45
外国人………………………………………… 153
外国人機関投資家………………………… 270
外国人情報センター（現、多文化共生セン
ター）……………………………………… 155
外国人登録制度…………………………… 157
開示規則………………………………………19
解釈共同体………………………………… 152
会社法……………………………………… 265
ガイドライン……………………………… 203
外部性……………………………………… 316
ガストアルバイター（Gastarbeiter）…… 184
仮想保険…………………………………… 209
活動の連鎖………………………………… 257
ガバナンス……………………………………… 4
ガバナンス・ギャップ…………………… 240
ガバナンス論……………………………… 314
株価純資産倍率（Price Book-value Ratio;
PBR）…………………………………… 268
株主平等原則……………………………… 266
株主利益の最大化………………………… 268
完全競争市場……………………………… 316
感染症…………………………………………80
監督機関の代表者によるネットワーク
（European Network of Supervisory
Authorities）…………………………… 258
監理措置………………………………………89

き

議会制定法………………………………… 313
機関投資家………………………………… 270
企業のサステナビリティ・デューディリジェ
ンス指令（Corporate Sustainability Due
Diligence Directive; CSDDD）………… 238
企業買収行動指針………………………… 267
寄港国…………………………………………81
基準………………………………………… 315

規制·····315
　——上の裁定（regulatory arbitrage）····26
　——の虜·····322
　市場に基づく——·····317
規整·····16
規制緩和·····312
　——論争·····312
議題設定機関·····18
規範の要件·····141
基本権の間接適用·····297
基本的機関·····228
給付反対給付均等の原則·····202
強行的適用法規·····4
共生·····161
行政指導·····85
行政不服審査法·····91
共同体·····335
共謀（conspiracy）·····62
規律能力·····295
金融安定理事会（FSB）·····18
金融活動作業部会（FATF）·····19
金融セクター評価プログラム（FSAP）····20

く

グローバル化·····1, 332
　「現象」としての——·····335
グローバルガバナンス·····2
グローバル行政法論·····2
グローバル・サウス·····308

け

経済協力開発機構（OECD）·····19
係留点·····4
決済・市場インフラ委員会（CPMI）·····19
血統主義·····178
検疫·····81
「現象」としてのグローバル化·····335
原処分·····123

こ

公開買付け·····264
公共財·····316
公権力行使等地方公務員·····97
構成的（constitutive）立憲主義·····287
公的管理·····328

行動的規制·····316
行動変容·····311
高度経済成長·····162
高度の蓋然性基準·····136
公法・私法二元論·····1
合理主義—手段主義（Rationalism-
　Instrumentalism; RI）パラダイム·····325
コーポレートガバナンス・コード·····270
国際衛生会議·····81
国際衛生協定·····81
国際会計基準審議会（IASB）·····18
国際会計士連盟（IFAC）·····19
国際基準の遵守状況に関する報告書
　（ROSCs）·····20
国際人権条約体制·····79
国際スワップ・デリバティブ協会（ISDA）
　·····19
国際通貨基金（IMF）·····19
国際的行政法論·····2
国際的保護の付与及び撤回のための共通の
　手続に関する2013年6月26日の欧州議
　会及び欧州理事会指令·····149
国際法·····16
国際保健規則（IHR）·····81
国際保健協力·····81
国際預金保険協会（IADI）·····19
国籍·····94
国籍者·····176
国籍選択義務·····185
国籍法·····173
国内関係者·····56
国民·····176
国民化·····179
国民主権·····95
国連難民高等弁務官事務所（UNHCR）···132
護送船団方式·····204
国家·····333
国家志向性·····306
国家中心的ディスコース·····250
個別把握論·····92
コレラ·····82
根幹的主張の是認可能性基準·····139
コンベンショナル金融·····31
根本規範·····218

さ

在日コリアン	154
サイバー・スペース	286
裁判を受ける権利	124
細分化された主権	21
在留期間	86, 103
在留資格	86, 101
在留資格変更申請	101
在留特別許可	87
裁量基準	85
査定	324
サプライチェーン	238
サプライチェーンにおけるデューディリジェンスに関する法律（ドイツ）	246
サプライヤー	244
三者構成原則	322
参政権	170

し

事案解明	146
G7	25
G20	18
資格外活動許可の制度	107
自己規制	294
自己資本比率	19
市場主義的ディスコース	250
市場に基づく規制	317
事情変更	144
執行協力	3
実効的権利救済の要請	124
市民権	177
社会規範	222, 226
社会的立憲主義	290, 342
借用	231
シャリーア・ガバナンス	29
シャリーア抗弁放棄	42
シャリーア適格性	29
シャリーア標準	34
シャリーア・ボード	34
終止条項	144
収支相等の原則	202
住所を有する者	93
囚人のジレンマ	319
住民	94

住民基本台帳	94, 158
習律	226
熟議的一構成主義（Deliberative-Constructivism; DC）パラダイム	325
出生地主義	174
峻別説	324
消極的移動	80
証券監督者国際機構（IOSCO）	18
証拠の蓄積	235
承認	160
——のルール	218
情報の非対称性	202, 316
情報（informational）立憲主義	287
証明度	135
植民地主義	262
職権探知	150
新型コロナウイルス感染症	82, 311
人権デューディリジェンス	242
申請権	117

す

スクーク（sukuk）	31
スチュワードシップ・コード	271
ステークホルダー	244, 277

せ

成員団体	181
政策実現過程	3
政治規範	226
政治組織	224
政治の諸法	225
正統性	23
アウトプット的——	23
インプット的——	23
民主的——	2
制度準拠的思考	168
政府調達	47
生命保険	199
世界貿易機関（WTO）	28
世界保健機関（WHO）	81
世代限定モデル	188
積極的移動	80
全件収容主義	87
戦略	320

そ

相互扶助……………………………196
贈賄禁止条項…………………………45
即時強制（即時執行）………………84
訴訟担当……………………………258
訴追猶予合意…………………………47
ソフトロー………………………17, 239
損益分配の原則………………………32

た

退去強制令書…………………………87
退去命令………………………………88
滞在権………………………………175
第三国国民又は無国籍者の国際的保護の受
　益者としての資格、難民又は補充的保護
　を受ける資格のある者の統一した地位及
　び与えられる保護内容についての基準に
　関する 2011 年 12 月 13 日の欧州議会及び
　欧州理事会指令……………………143
第三世界からの国際法へのアプローチ…262
大量保有報告………………………264
宅地開発指導要綱…………………162
多国籍企業…………………………196
多中心的ガバナンス・ディスコース……251
ダナ・ガス（Dana Gas）事件………33
ダブリン・システム………………149
多文化共生推進……………………156
多文化共生センター（旧、外国人情報セン
　ター）………………………………155

ち

地域共生社会………………………163
地域における事務……………………93
地縁団体………………………………93
治外法権………………………………83
地方参政権………………………94, 173
地方自治体……………………………93
Charming Betsy 準則…………………68
注意義務法（フランス）……………243
調査権限……………………………146
調整………………………………4, 339
帳簿・記録条項………………………45

て

定型約款……………………………203
帝国国籍法（ドイツ）………………183
帝国籍…………………………………94
DC（Deliberative-Constructivism：熟議的—
　構成主義）パラダイム……………325
デカップリング……………………335
敵対的買収…………………………264
デジタルサービス法………………302
デジタル世界………………………305
デジタル立憲主義…………………288
手続フェチシズム…………………307
デュー・ディリジェンス……………19

と

等位理論………………………………3
統合…………………………………331
投資協定仲裁…………………………3
答責性…………………………………24
統治団体………………………………98
答弁合意………………………………47
特殊利益……………………………341
特定活動……………………………106
特定技能……………………………157
独立した政治社会…………………223
取消判決の拘束力……………112, 144
トルコ国籍者………………………189

な

ナイジェリア石油開発事件…………62
内部統制条項…………………………46
ナッジ……………………………301, 316
『難民該当性判断の手引』……………92
難民審査参与員………………………91
難民認定…………………………90, 131
『難民認定基準ハンドブック』……92, 132
難民の地位に関する議定書（難民議定書）
　………………………………………131
難民の地位に関する条約（難民条約）……89

に

ニューカマー………………………155

ね

ネットワーク理論…………………………18

の

ノンリケット………………………………134

は

バーゼル銀行監督委員会（BCBS）………18
ハードロー………………………239, 266
灰色の利益（benefit of the doubt）……92, 137
ハイリスク産業……………………………256
発行者………………………………………56
パブリックコメント…………………26, 274
パブリックコンサルテーション…………272
バリューチェーン…………………………257

ひ

P2P 保険……………………………………213
PDCA サイクル（Plan-Do-Check-Act cycle）
………………………………………………163
PBR（Price Book-value Ratio：株価純資産
倍率）…………………………………………268
被影響者同意原理…………………………307
非営利性……………………………………214
引受人………………………………………161
非国家法規範…………………………………40
ビジネスと人権に関する国別行動計画
（Nastional Action Plan; NAP）………247
ビジネスと人権に関する指導原則………239
ビッグ・データ……………………………204
ビッグテック………………………………312
人の移動………………………………………79
非法的規範…………………………………224
評価根拠事実………………………………141
評価障害事実………………………………141
標的的…………………………………………134
平等原則……………………………………321

ふ

ファトワー（*fatwa*：法学裁定）…………35
ファトワー・ショッピング…………………36
ファンド……………………………………269
Facebook（Meta）監督委員会……………293
複数国籍……………………………………188

不公正発行……………………………………266

不整合処分の取消義務……………………112
不訴追合意……………………………………47
負担分担義務…………………………………93
不法在留………………………………………95
不法滞在者…………………………………158
フランクリン国立銀行………………………17
フリーライド………………………………270
ブレグジット（Brexit）…………………217
フレンドショアリング……………………335
Flock Cover…………………………………206
ブロック経済化……………………………337

へ

pay-as-you-go………………………………205
併合提起……………………………………145
米国預託証券…………………………………59
ヘイトスピーチ……………………………155
ベーシック・インカム……………………215
ベスト・プラクティス………………………19
ベター・レギュレーション………………312
ヘルシュタット銀行…………………………17

ほ

法学裁定（ファトワー〔*fatwa*〕）…………35
法整備支援……………………………………26
法体系………………………………………218
　——の包括性……………………………230
法多元主義…………………………………195
法秩序………………………………………219
法なきガバナンス……………………………17
補完的保護対象者……………………………90
保険…………………………………………195
保険監督者国際機構（IAIS）………………18
保険団体……………………………………196
保険本質論…………………………………200
保険約款……………………………………203
Hoskins Ⅰ判決………………………………64
Hoskins Ⅱ判決………………………………66
ポスト・コロニアリズム…………………308

ま

マクリーン事件………………………………85
マネーロンダリング…………………………19

み

民営化······················317
民間主導のガバナンス（private govern-
ance）··················250
民事制裁金··················46
民事責任···················258
民主主義の赤字···············24
民主政原理··················307
民主政的正統化（民主的正統性）·······2

め

命令と統制··················311

も

モラル・ハザード··············202

ゆ

融合説····················324

ら

ラズ、ジョセフ（Raz, Joseph）·······217

ラディカルな多元主義···········291
ラナ・プラザ崩落事故···········245

り

利益集団···················326
リスク分散··················196
立証責任·················91, 131
利得の吐出し·················48
領域団体···················181

れ

レジーム···················291
連邦司法省（DOJ）·············46
連邦証券取引委員会（SEC）········46
連邦籍····················175

ろ

ローカル················5, 340
ローカルルール···············164
60日ルール·················147
ロッキード事件···············44

●編著者紹介●

浅野有紀（あさの　ゆき）

1969 年生まれ。1991 年京都大学法学部卒業、1994 年同大学大学院法学研究科修士課程修了（博士（法学））。金沢大学法学部助教授、近畿大学大学院法務研究科助教授・教授、学習院大学大学院法務研究科教授を経て、現在、同志社大学大学院司法研究科教授。
『法と社会的権力』（岩波書店・2002）、「権利と法秩序―自己決定権論の一側面」民商法雑誌 134 巻 4 号（2006）、『グローバル化と公法・私法関係の再編』（共編著、弘文堂・2015）、「社会保障制度の再構築」井上達夫編『現代法哲学講義〔第 2 版〕』（信山社・2018）、『法多元主義―交錯する国家法と非国家法』（弘文堂・2018）、『政策実現過程のグローバル化』（共編著、弘文堂・2019）、『法思想史』（共著、有斐閣・2019）

原田大樹（はらだ　ひろき）

1977 年生まれ。2005 年九州大学大学院法学府博士後期課程修了（博士（法学））。九州大学法学研究院講師、助（准）教授、京都大学大学院法学研究科准教授、コンスタンツ大学客員研究者を経て、現在、京都大学法学系（大学院法学研究科）教授。
『自主規制の公法学的研究』（有斐閣・2007）、『例解 行政法』（東京大学出版会・2013）、『公共制度設計の基礎理論』（弘文堂・2014）、『グローバル化と公法・私法関係の再編』（共編著、弘文堂・2015）、『行政法学と主要参照領域』（東京大学出版会・2015）、『政策実現過程のグローバル化』（共編著、弘文堂・2019）、『公共紛争解決の基礎理論』（弘文堂・2021）、『現代実定法入門〔第 3 版〕』（弘文堂・2023）、『公共部門法の組織と手続』（東京大学出版会・2024）

藤谷武史（ふじたに　たけし）

1976 年生まれ。1999 年東京大学法学部卒業。同年より同大学大学院法学政治学研究科助手（租税法専攻）。2009 年ハーバード大学 S.J.D. 課程修了（S.J.D.）。北海道大学大学院法学研究科助（准）教授、シカゴ大学客員准教授等を経て、現在、東京大学社会科学研究所教授。
「非営利公益団体課税の機能的分析―政策税制の租税法学的考察(1)〜（4・完）」国家学会雑誌 117 巻 11・12 号〜118 巻 5・6 号（2004〜2005）、『グローバル化と公法・私法関係の再編』（共編著、弘文堂・2015）、「租税法と財政法」中里実ほか編『現代租税法講座 1』（日本評論社・2017）、『政策実現過程のグローバル化』（共編著、弘文堂・2019）

横溝　大（よこみぞ　だい）

1970 年生まれ。1993 年東京大学法学部卒業、1997 年同大学大学院法学政治学研究科博士課程中退。金沢大学法学部助教授、北海道大学大学院法学研究科助教授、名古屋大学大学院法学研究科准教授を経て、現在、名古屋大学大学院法学研究科教授。
『国際私法（Legal Quest）〔第 3 版〕』（共著、有斐閣・2022）、『グローバル化と公法・私法関係の再編』（共編著、弘文堂・2015）、『政策実現過程のグローバル化』（共編著、弘文堂・2019）、Changing Orders in International Economic Law: A Japanese Perspective（co-edited, Routledge, 2023）, Vol. 1 & 2

●著者紹介●

会沢　恒（あいざわ　ひさし）

1971 年生まれ。東京大学法学部卒業、同大学院法学政治学研究科博士課程退学。ノースウェスタン大学ロースクール LL.M. 課程修了。北海道大学大学院法学研究科助（准）教授を経て、現在、北海道大学大学院法学研究科教授。

『岐路に立つ市民の司法参加制度』（共著、日本評論社・2023）、『基礎から学べるアメリカ法』（共著、弘文堂・2020）、『アメリカの憲法訴訟手続』（共著、成文堂・2020）、「連邦仲裁法をめぐる合衆国最高裁の判例動向」法と政治（関西学院大学）70巻1号（2019）、『違憲審査基準』（共著、弘文堂・2018）、『アメリカ文化事典』（編集委員、丸善出版・2018）

飯島淳子（いいじま　じゅんこ）

東京大学法学部卒業、東京大学大学院法学政治学研究科修士課程修了、同博士課程修了（博士（法学））。東北大学大学院法学研究科助教授・准教授・教授を経て、現在、慶應義塾大学大学院法務研究科教授。

『行政法〔第3版〕』（共著、有斐閣・2023）、「地方自治と行政法　再論」太田匡彦＝山本隆司編著『行政法の基礎理論―複眼的考察』（日本評論社・2023）、「権限の集中と分散（国と自治体との関係）」公法研究84号（2023）、「住民論について」自治総研533号（2023）

大西 楠テア（おおにし　なみてあ）

1982年生まれ。2005年東京大学法学部卒業、2007年同大学院法学政治学研究科修士課程修了。東京大学大学院法学政治学研究科助教、駒澤大学法学部講師、専修大学法学部准教授・教授を経て、現在、東京大学大学院法学政治学研究科教授。

「ドイツにおける外国人の地方参政権」国家学会雑誌121巻5・6号（2008）、「『帝国監督』と公法学における利益法学―トリーペルによる連邦国家の動態的分析(1)(2)」法学協会雑誌131巻3号・132巻1号（2014～2015）、「グローバル化時代の移民法制―多元的システムから見たドイツの移民法制」『グローバル化と公法・私法関係の再編』（共著、弘文堂・2015）、『移動と帰属の法理論』（共編著、岩波書店・2022）

興津征雄（おきつ　ゆきお）

1977年生まれ。2000年東京大学法学部卒業、2002年同大学大学院法学政治学研究科修士課程修了、2005年パリ第2大学DEA課程修了。パリ第13大学招聘教授、ニューヨーク大学グローバル・リサーチ・フェローなどを経て、現在、神戸大学大学院法学研究科教授。

『違法是正と判決効―行政訴訟の機能と構造』（弘文堂・2010）、『ヨーロッパという秩序』（共編著、勁草書房・2013）、「グローバル行政法とアカウンタビリティ―国家なき行政法ははたして、またいかにして可能か」『グローバル化と公法・私法関係の再編』（弘文堂・2015）、『行政法I　行政法総論』（新世社・2023）

加藤紫帆（かとう　しほ）

1990年生まれ。2013年名古屋大学法学部卒業。2018年名古屋大学大学院法学研究科総合法政専攻博士後期課程修了（博士（法学））。広島大学大学院社会科学研究科准教授、東京都立大学法学政治学研究科准教授を経て、現在、東京大学社会科学研究所准教授。

『文化財の不正取引と抵触法』（信山社・2024）、「国際的な身分関係の継続に向けた抵触法的対応(1)～(4・完)」名古屋大学法政論集262～264号・266号（2015～2016）

清水真希子（しみず　まきこ）

1973年生まれ。1998年東京大学法学部卒業。東京大学大学院法学政治学研究科助手、東京都立大学法学部助教授、東北大学大学院法学研究科准教授等を経て、現在、大阪大学大学院法学研究科教授。

「ソフトロー―民事法のパースペクティブ(1)～(3・完)」阪大法学67巻6号・68巻2号・同3号（2018）、「規範の形成とエンフォースメント―ハードローとソフトローの相対化のための枠組み」河上正二＝大澤彩編『人間の尊厳と法の役割』（有斐閣・2018）、「EUコーポレート・サステナビリティ・デューディリジェンス指令案の争点」法律時報96巻1号（2023）

須田 守（すだ　まもる）

1987年生まれ。2010年京都大学法学部卒業、2012年同大学大学院法学研究科法曹養成専攻

修了、2015 年同研究科法政理論専攻博士後期課程修了。現在、京都大学法学系（大学院法学研究科）准教授。

「私人による情報提供と行政判断」太田匡彦＝山本隆司編著『行政法の基礎理論』（日本評論社・2023）、「全自動発布処分を追試する」法律時報 91 巻 9 号（2019）、「取消訴訟における『完全な審査』(1)～(5・完)」法学論叢 178 巻 1 ～ 3 号・5 号・6 号（2015～2016）

濱 真一郎（はま しんいちろう）

1968 年生まれ。1992 年早稲田大学法学部卒業、1999 年同志社大学大学院法学研究科博士後期課程中退（2008 年博士（法学））。現在、同志社大学法学部教授。

『バーリンの自由論―多元論的リベラリズムの系譜』（勁草書房・2008）、『法実証主義の現代的展開』（成文堂・2014）、『バーリンとロマン主義』（成文堂・2017）、『ハート対ドゥオーキン論争のコンテクスト』（成文堂・2020）

松尾 陽（まつお よう）

1979 年生まれ。2001 年立命館大学法学部卒業、2009 年京都大学大学院（博士（法学））を取得。京都大学助教、近畿大学講師・准教授を経て、現在、名古屋大学大学院法学研究科教授・日本法教育研究センター長。

「コロナ禍における多様な規制手法とその制御のあり方―ポスト／ウィズ・コロナの法哲学」学術と動向 27 巻 3 号（2022）、「『法とアーキテクチャ』研究のインターフェース―代替性・正当性・正統性という三つの課題」『アーキテクチャと法』（編著、弘文堂・2016）

松中 学（まつなか まなぶ）

1979 年生まれ。2003 年大阪大学法学部卒業、2007 年大阪大学大学院法学研究科博士後期課程退学。大阪大学助教大学院法学研究科助教、新潟大学法学部准教授、名古屋大学大学院法学研究科准教授を経て、現在、名古屋大学大学院法学研究科教授。

Politics of Japanese Corporate Governance Reform: Politicians do Matter, 15-1 Berkeley Business L.J 154 (2018)、「敵対的買収防衛策に関する懸念と提案―近時の事例を踏まえて」別冊商事法務編集部編『新しい買収防衛策の考え方』（商事法務・2022）、「『企業買収における行動指針』の理論的検討(2)―買収への対応方針・対抗措置」ジュリスト 1592 号（2024）

山田哲史（やまだ さとし）

1984 年生まれ。2007 年京都大学法学部卒業。2012 年京都大学大学院法学研究科法政理論専攻博士後期課程修了（博士（法学））。京都大学助教、帝京大学助教、岡山大学准教授・教授を経て、現在、京都大学法学系（大学院法学研究科附属法政策共同研究センター）教授。

『グローバル化と憲法』（弘文堂・2017）、『憲法適合的解釈の比較研究』（共著、有斐閣・2018）、「パンデミック下における統治構造」行政法研究 46 号（2022）、「グローバルな感染症対応―その意義と限界」公法研究 84 号（2023）、「多元化するグローバル法秩序と憲法・立憲主義」憲法問題 35 号（2024）

【編著者】

浅野　有紀	同志社大学大学院司法研究科教授
原田　大樹	京都大学法学系（大学院法学研究科）教授
藤谷　武史	東京大学社会科学研究所教授
横溝　　大	名古屋大学大学院法学研究科教授

【著　者】

会沢　　恒	北海道大学大学院法学研究科教授
飯島　淳子	慶應義塾大学大学院法務研究科教授
大西　楠テア	東京大学大学院法学政治学研究科教授
興津　征雄	神戸大学大学院法学研究科教授
加藤　紫帆	東京大学社会科学研究所准教授
須田　　守	京都大学法学系（大学院法学研究科）准教授
清水真希子	大阪大学大学院法学研究科教授
濱　真一郎	同志社大学法学部教授
松尾　　陽	名古屋大学大学院法学研究科教授・日本法教育研究センター長
松中　　学	名古屋大学大学院法学研究科教授
山田　哲史	京都大学法学系（大学院法学研究科附属法政策共同研究センター）教授

グローバル法・国家法・ローカル法

2025（令和7）年3月30日　初版1刷発行

編著者	浅野有紀・原田大樹・藤谷武史・横溝大
発行者	鯉渕　友南
発行所	株式会社　弘文堂　101-0062 東京都千代田区神田駿河台1の7 TEL 03(3294)4801　振替 00120-6-53909 https://www.koubundou.co.jp
装　丁	後藤トシノブ
印　刷	三　陽　社
製　本	牧製本印刷

© 2025 Yuki Asano, Hiroki Harada, Takeshi Fujitani & Dai Yokomizo
　　et al. Printed in Japan

[JCOPY] 〈(社)出版者著作権管理機構　委託出版物〉

本書の無断複写は著作権法上での例外を除き禁じられています。複写される場合は、そのつど事前に、出版者著作権管理機構（電話 03-5244-5088、FAX 03-5244-5089、e-mail: info@jcopy.or.jp）の許諾を得てください。
また、本書を代行業者等の第三者に依頼してスキャンやデジタル化することは、たとえ個人や家庭内での利用であっても一切認められておりません。

ISBN 978-4-335-36018-3

━━━ 好評発売中 ━━━

グローバル化と
公法・私法関係の再編

浅野有紀・原田大樹・藤谷武史・横溝大 =編著
大西楠·テア・興津征雄・小畑郁・村西良太 =著

学問の垣根を越えた若手・中堅の研究者が、公法・私法間で共通の理論的
プラットフォームの形成をめざした共同研究の成果、第1弾。経済や社会
のグローバル化によって生じた公法・私法関係の変容に焦点をあて、グロー
バル化に対応する法理論の現状、法制度や法実務の変化を具体的な素材を
もとに実証分析したうえで、グローバル化時代の公法・私法関係を整序す
るための法理論を提示した果敢な試み。A5判 上製 384頁　本体4600円

政策実現過程の
グローバル化

浅野有紀・原田大樹・藤谷武史・横溝大 =編著
大西楠·テア・興津征雄・加藤紫帆・須田守・内記香子・
中川晶比兒・村西良太・山田哲史・吉政知宏 =著

学問の垣根を越えた若手・中堅の研究者が、共通の理論的プラットフォー
ム作りをめざす共同プロジェクトの第2弾。グローバル化と国民主権が衝
突する法執行や権利救済に焦点をあて、具体的な法制度の展開を分析する
とともに、その成果を法学一般あるいは公法学・私法学の議論と結びつけ、
理論的な革新を図る。グローバル化時代において「法学」の果たすべき役割
とは何かを根本から問い直す注目の書。　A5判 上製 400頁　本体4000円

━━━━━━━━━━━━━━━━━━━━━━━━

＊定価(税抜)は、2025年3月現在のものです。